URSULA-EVA WIESE

Das Ruhestandsverhältnis

Schriften zum Sozial- und Arbeitsrecht

Band 106

Das Ruhestandsverhältnis

Ein Beitrag zur Rechtsnatur des betrieblichen Versorgungsverhältnisses

Von

Dr. Ursula-Eva Wiese

Duncker & Humblot · Berlin

CIP-Titelaufnahme der Deutschen Bibliothek

Wiese, Ursula-Eva:
Das Ruhestandsverhältnis: ein Beitrag zur Rechtsnatur des betrieblichen Versorgungsverhältnisses / von Ursula-Eva Wiese. — Berlin: Duncker und Humblot, 1990
(Schriften zum Sozial- und Arbeitsrecht; Bd. 106)
Zugl.: Konstanz, Univ., Diss., 1989
ISBN 3-428-06943-9
NE: GT

Druck: Druckerei Gerike GmbH, Berlin 36
Printed in Germany

ISSN 0582-0227
ISBN 3-428-06943-9

Vorwort

Diese Arbeit hat der Rechtswissenschaftlichen Fakultät der Universität Konstanz im Wintersemester 1988/89 als Dissertation vorgelegen. Einschlägige Neuerscheinungen wurden noch bis August 1989 berücksichtigt und eingearbeitet.

Herzlich danken möchte ich an dieser Stelle dem Erstgutachter Herrn Prof. Dr. Bertram *Schulin*, der die Bearbeitung des Themas anregte und förderte. Mein besonderer Dank gilt ferner Herrn Prof. Dr. Winfried *Mummenhoff* für seine Unterstützung während meiner Mitarbeit an seinem Lehrstuhl sowie Herrn Prof. Dr. Bernd *Rüthers* für die Erstellung des Zweitgutachtens.

Die Arbeit widme ich meinen Eltern und Dr. Klaus Kraimer.

Ursula-Eva Wiese

Inhaltsverzeichnis

Dritter Teil

Die Rechtsbeziehungen im Versorgungsverhältnis 127

1. Abschnitt

Die Ruhestandsleistung der betrieblichen Altersversorgung 127

2. Abschnitt

Die Auswirkungen der Ruhegeldleistung auf die Pensionärspflichten 131

Abkürzungsverzeichnis

Abs.	= Absatz
AcP	= Archiv für die civilistische Praxis
Anm.	= Anmerkung
AOG	= Gesetz zur Ordnung der nationalen Arbeit vom 20. 1. 1934
AP	= Arbeitsrechtliche Praxis (Nachschlagewerk des Bundesarbeitsgerichts)
Arb.Gr.	= Arbeitsrechtlicher Grundriß
ArbKrankhG	= Gesetz zur Verbesserung der wirtschaftlichen Sicherung der Arbeiter im Krankheitsfall
AR-Blattei	= Arbeitsrecht-Blattei (= Recht und Wirtschaftspraxis, Gruppe 1 [Loseblatt])
ArbnErfG	= Gesetz über Arbeitnehmererfindungen vom 25. 7. 1957
ArbuR	= Arbeit und Recht (Zeitschrift)
ARS	= Arbeitsrechtssammlung, Entscheidungen des Reichsarbeitsgerichts und der Landesarbeitsgerichte (sog. Bensheimer Sammlung)
AT	= Allgemeiner Teil
AVG	= Angestelltenversicherungsgesetz
Az.	= Aktenzeichen
BAG	= Bundesarbeitsgericht
BAGE	= Entscheidungen des Bundesarbeitsgerichts, Amtliche Sammlung
BAG-GS	= Bundesarbeitsgericht-Großer Senat
BArbBl.	= Bundesarbeitsblatt (Zeitschrift)
BB	= Betriebsberater (Zeitschrift)
BBiG	= Berufsbildungsgesetz vom 14. 8. 1969
Bd.	= Band
BetrAV	= Betriebliche Altersversorgung (Zeitschrift)
BetrAVG	= Gesetz zur Verbesserung der betrieblichen Altersversorgung vom 19. 12. 1974
BetrVG	= Betriebsverfassungsgesetz vom 15. 1. 1972
BFuP	= Betriebswirtschaftliche Forschung und Praxis
BGB	= Bürgerliches Gesetzbuch
BGH	= Bundesgerichtshof
BGHZ	= Amtliche Sammlung von Entscheidungen des Bundesgerichtshofs in Zivilsachen
Bl.	= Blatt/Blätter
BMA	= Bundesministerium für Arbeit und Sozialordnung
BRG	= Betriebsrätegesetz vom 4. 2. 1920
BT	= Deutscher Bundestag

BT-Drucks.	= Drucksache des Bundestages
BUrlG	= Mindesturlaubsgesetz für Arbeitnehmer (Bundesurlaubsgesetz)
BVerfG	= Bundesverfassungsgericht
BVerfGE	= Entscheidungen des Bundesverfassungsgerichts, Amtliche Sammlung
BVerwG	= Bundesverwaltungsgericht
c.i.c.	= culpa in contrahendo
DAngVers.	= Die Angestelltenversicherung (Zeitschrift)
DB	= Der Betrieb (Zeitschrift)
ders.	= derselbe
dies.	= dieselbe/dieselben
DJT	= Deutscher Juristentag
d. Verf.	= des Verfassers/durch Verfasser
Einl.	= Einleitung
Entsch.	= Entscheidung
ErfVO	= Erfinder-Verordnung
EStR	= Einkommensteuer-Richtlinien
EzA	= Entscheidungen zum Arbeitsrecht
f.	= folgende
ff.	= fortfolgende
GewO	= Gewerbeordnung
GRUR	= Gewerblicher Rechtsschutz und Urheberrecht (Zeitschrift)
HGB	= Handelsgesetzbuch
h. M.	= herrschende Meinung
hrsg.	= herausgegeben
Ifo	= Institut für Wirtschaftsforschung
insbes.	= insbesondere
i. V. m.	= in Verbindung mit
JherJb	= Jherings Jahrbücher für die Dogmatik des bürgerlichen Rechts
JuS	= Juristische Schulung (Zeitschrift)
JW	= Juristische Wochenschrift (Zeitschrift)
JZ	= Juristenzeitung (Zeitschrift)
KG	= Kammergericht
LAG	= Landesarbeitsgericht
LM	= Nachschlagewerk des Bundesgerichtshofs in Zivilsachen, hrsg. von Lindenmaier, Möhring u. a. (Loseblattsammlung)
m. w. N.	= mit weiteren Nachweisen
NJW	= Neue Juristische Wochenschrift (Zeitschrift)
Nr.	= Nummer
NZA	= Neue Zeitschrift für Arbeits- und Sozialrecht
ÖZW	= Österreichische Zeitschrift für Wirtschaftsrecht
OLG	= Oberlandesgericht
o. V.	= ohne Vornamen
R	= Rückseite
RABl.	= Reichsarbeitsblatt

RAG	= Reichsarbeitsgericht (Amtliche Sammlung)
RdA	= Recht der Arbeit (Zeitschrift)
Rdn.	= Randnummer
RFH	= Reichsfinanzhof
RG	= Reichsgericht
RGBl.	= Reichsgesetzblatt
RGZ	= Entscheidungen des Reichsgerichts in Zivilsachen
RKG	= Reichskammergericht
Rspr.	= Rechtsprechung
RT	= Reichstag
RVO	= Reichsversicherungsordnung
SAE	= Sammlung arbeitsrechtlicher Entscheidungen (Zeitschrift)
sc.	= scilicet (ergänze)
SozSich	= Soziale Sicherheit (Zeitschrift)
UWG	= Gesetz gegen den unlauteren Wettbewerb
VA	= Veröffentlichungen des Reichsaufsichtsamtes für Privatversicherung
VAG	= Versicherungsaufsichtsgesetz
VerBAV	= Veröffentlichungen des Bundesaufsichtsamtes für das Versicherungs- und Bausparwesen
VersR	= Versicherungsrecht (Zeitschrift)
vgl.	= vergleiche
Vorbem.	= Vorbemerkung
VVG	= Versicherungsvertragsgesetz
WGG	= Wegfall der Geschäftsgrundlage
WM	= Wertpapier-Mitteilungen (Zeitschrift)
ZAkDR	= Zeitschrift der Akademie für Deutsches Recht
ZfA	= Zeitschrift für Arbeitsrecht
ZfS	= Zentralblatt für Sozialversicherung (Zeitschrift)
Ziff.	= Ziffer
ZIP	= Zeitschrift für Wirtschaftsrecht und Insolvenzpraxis
ZRP	= Zeitschrift für Rechtspolitik
ZSR	= Zeitschrift für Sozialreform
ZStW	= Zeitschrift für die gesamte Staatswissenschaft
ZVers.Wiss.	= Zeitschrift für die gesamte Versicherungswissenschaft

Einführung

Das Arbeitsrecht regelt bekanntlich die Rechtsbeziehungen zwischen Arbeitgeber und Arbeitnehmer, deren Grundlage ein Arbeitsvertrag ist. Ein Arbeitsverhältnis endet spätestens dann, wenn der Arbeitnehmer ein vorgegebenes (meist rentenversicherungsrechtliches) Pensionsalter erreicht und damit in den Ruhestand tritt. Daß auch zwischen den ehemaligen Vertragspartnern noch nachvertragliche Beziehungen bestehen können, ist unbestritten. Wenig Klarheit besteht allerdings oftmals über Inhalt und rechtliche Einordnung der Pflichten und Rechte des ehemaligen Arbeitnehmers. Die Arbeitsrechtswissenschaft kennzeichnet diese überwiegend als nachwirkende Treuepflichten des Arbeitsverhältnisses. Welche rechtlichen Beziehungen dabei zwischen Pensionär und ehemaligem Arbeitgeber bestehen und ob sich aus dem Ruhestand des Arbeitnehmers besondere Folgen für die weiteren Rechtsbeziehungen ergeben können, diese Fragenkomplexe sind systematisch — soweit ersichtlich — bislang nicht erörtert worden und bilden einen Schwerpunkt dieser Arbeit.

Hauptgegenstand dieser Arbeit wird die Untersuchung des für das Ruhestandsverhältnis allgemein als prägend angesehenen Versorgungsverhältnisses sein. Eine Frage ist dabei die nach den Auswirkungen der Ruhegeldleistungen für die Pflichten des pensionierten Arbeitnehmers und die Rechtsstellung des Betriebsrentenempfängers. Dieser Frage soll anhand von zwei im Ruhegeldrecht bedeutsamen Problemkreisen, der Wettbewerbstätigkeit des Betriebspensionärs und der wirtschaftlichen Notlage des Versorgungsverpflichteten, nachgegangen werden. Eine andere betrifft die rechtliche Zuordnung des betrieblichen Versorgungsverhältnisses. Die Arbeit beschränkt sich hierbei auf die Erörterung der meistgewählten Versorgungsform der Direktzusage, mit der der Arbeitgeber sich verpflichtet, betriebliche Altersversorgungsleistungen an den Berechtigten direkt zu erbringen. Am Schluß der Arbeit wird dann unter Berücksichtigung der gewonnenen Erkenntnisse überprüft, inwieweit die in der Rechtsprechung und von einem überwiegenden Teil der Literatur vertretene Auffassung, bereits laufende Versorgungsverhältnisse seien einer kollektivrechtlichen Gestaltung entzogen, noch zutreffend erscheint.

Zum besseren Verständnis der mit dem Ruhestand und den Ruhegeldleistungen verknüpften Problematik erscheint eine Besinnung auf die Entstehung und Entwicklung der Alterssicherungsformen unerläßlich. Diese für die Institution „Ruhestand" bedeutsame Entwicklungsgeschichte soll vorab dargestellt werden.

Der Gang der Untersuchung ist danach folgender:

1. Teil: Darstellung der Entstehung der Institution „Ruhestand“

2. Teil: Untersuchung der Rechtsbeziehungen zwischen dem in den Ruhestand getretenen Arbeitnehmer und dem ehemaligen Arbeitgeber

3. Teil: Untersuchung von Inhalt und Rechtsnatur des betrieblichen Versorgungsverhältnisses

4. Teil: Prüfung der Zulässigkeit kollektiver Regelungsbefugnis für Ruhegeldansprüche.

Erster Teil

Entwicklungsgeschichtliche Ursachen für die Entstehung der Institution „Ruhestand"

I. Arbeitsverfassung und soziale Sicherung in vorindustrieller Zeit

1. Formen der Sicherung

Über konkrete Formen der sozialen Sicherung, insbesondere der Alterssicherung in archaischen Gesellschaften ist wenig bekannt. In den agraisch geprägten Sozialordnungen vorindustrieller Zeit prägte das Haus, die „Hausgemeinschaft", die Lebensform und die Organisationsform der Arbeit. Zur Hausgemeinschaft zählten nicht nur Familienangehörige, sondern auch die als „Gesinde" bezeichneten land- und hauswirtschaftlichen Hilfs- und Arbeitskräfte[1]. Der Gesindevertrag war durch einen starken personenrechtlichen Einschlag gekennzeichnet[2]; dem persönlichen Abhängigkeitsverhältnis zum Dienstherrn entsprach auf der anderen Seite das Recht auf Fürsorge und Versorgung durch den Hausherrn[3]. Für sogenannte Unfreie[4] des mittelalterlichen Feudalsystems ergab sich diese Fürsorgeverpflichtung traditionell aus der Lehnsherrschaft. Die bisherige Darstellung läßt bereits erahnen, daß auch die Alterssicherungsformen — entsprechend der komplexen Sozialstruktur der mittelalterlichen Feudalgesellschaft - unterschiedlich ausgestaltet waren. Die Möglichkeit der Alterssicherung hing nicht nur vom rechtlichen Status des einzelnen und seiner Standeszugehörigkeit ab, sondern auch von dessen wirtschaftlichen Verhältnissen. Danach lassen sich Unterschiede in der Altersversorgung des Adels, des städtischen Bürgertums und der ländlichen Bevölkerung feststellen[5].

---

1 *Partsch*, Prinzipien und Formen sozialer Sicherung, S. 126 ff. (insbesondere S. 130).

2 Zu den unterschiedlichen Ausgestaltungen der Arbeitsverhältnisse *van der Ven*, Sozialgeschichte, Band 2, S. 49 ff.

3 Vgl. *Ogris*, RdA 1967, S. 286 (288 ff.) bezüglich des Gesindevertrages und des Arbeitsverhältnisses der Handwerksgesellen. Dem patriarchalischen Prinzip entsprach es, wenn der Meister dem in seiner Hausgemeinschaft lebenden Gesellen im Notfall half; vgl. *Peters*, Geschichte der sozialen Versicherung, S. 25, zum „sozialen Fürsorgeverhältnis" zwischen Meister und Geselle; auch *Schröder*, Arbeitsverfassung, S. 111.

4 Als unfrei galt, wer nicht aufgrund vertraglicher Beziehung, sondern aufgrund personenrechtlicher Gebundenheit zur Arbeit verpflichtet war, *Ogris*, RdA 1967, S. 286; ähnlich *Mayer-Maly*, RdA 1975, S. 59, bezüglich der Gefolgschaftsdienste.

5 Vgl. dazu *Mitterauer*, Arbeitsorganisation und Altenversorgung seit dem Mittelalter, S. 91 (S. 94 ff.); *ders.*, Familienwirtschaft und Altenversorgung, S. 181 ff.

Mit dem Adelsstand war eine zeitlebens bestehende Herrenstellung verbunden, die im Falle altersbedingter Gebrechlichkeit allenfalls aufgrund vorzeitiger Aufgabe durch den Adeligen selbst und der Übertragung des Besitzes durch Eintritt in ein Kloster zur Altersversorgung (sog. Klosterverpfründung)[6] aufgegeben werden konnte. Das Aufkommen der Spitäler im 13. Jahrhundert als Versorgungsanstalten brachte eine Versachlichung der Versorgung durch Stärkung der mehr rechtsgeschäftlichen Merkmale der Verpfründung; aus der ursprünglich mehr personal konzipierten Verpfründung durch Selbstübergabe von Leib und Gut an eine geistliche Anstalt entwickelte sich der Leibrentenvertrag, der gegen Übergabe eines Vermögens kontinuierliche Rentenleistung (Naturalien und mit Aufkommen der Geldwirtschaft ab Mitte des 13. Jahrhunderts auch Geldleistungen) zum Inhalt hatte[7]. Vor allem in den mittelalterlichen Städten entwickelte sich die Leibrente zu einer wichtigen Versorgungsform der Alten- und Krankenversicherung für wohlhabende Bürger[8].

Eine andere Form der Alterssicherung boten berufsständische Korporationen wie Zünfte oder Gesellenvereine. Die Zunft war ein Zwangsverband von Handwerkern gleicher oder ähnlicher Berufe, in dem alle Mitglieder eine Gemeinschaft des füreinander Einstehens bildeten. Zunftkassen, die im Umlageverfahren durch Beiträge finanziert wurden, boten unter anderem Sicherheit in erwerbslosen Phasen wie Krankheit oder Alter. Bemerkenswert ist, daß den Zünften zur Versorgung alter Meister mehrere Möglichkeiten offen standen: Neben der Leistung von Naturalien und der Bestellung eines Gesellen zur Aufrechterhaltung des Handwerksbetriebs konnte eine Unterbringung in Hospitälern[9] oder — ähnlich unserem heutigen System — die Gewährung einer regelmäßigen Rente erfolgen. Die Fürsorge der Zunft erstreckte sich auch auf Witwen und Waisen[10]. Finanzielle Unterstützungsleistungen aus der Zunft oder der Büchsenkasse waren jedoch funktional beschränkt: Zumeist als Zunftdarlehen gewährt, schied eine Rückzahlung nur bei unveränderter wirtschaftlicher Notlage aus[11]. Dies spricht dafür, daß Rentenleistungen denn auch nicht einem arbeitsfreien Ruhegenuß dienten, sondern der Unterstützung bei altersbedingter Invalidität im Notfall. Die in der Höhe genau fixierten Rentenzahlungen waren zudem nicht allein vom Bedürfnis, sondern auch von den finanziellen Möglichkeiten der Zunft abhängig, so daß es zumindest fraglich erscheint, ob Rentenleistungen im Alter den Lebensunterhalt

---

6 Ergänzend ist hinzuzufügen, daß die sog. Klosterpfründung neben der Alterssicherung in starkem Maße spirituell geprägt war; vgl. *Mitterauer,* Familienwirtschaft und Altenversorgung, S. 179 (184).

7 *Ogris,* Der mittelalterliche Leibrentenvertrag, S. 173.

8 Zur Entwicklung und Bedeutung des Spitalwesens und dessen Aufgaben. *Fröhlich,* Soziale Sicherung, S. 196 ff.; *v. Steynitz,* Mittelalterliche Hospitäler, S. 103 ff.

9 Die Unterbringung erfolgte meist aufgrund eines Vertrages der Zunft mit den Spitälern oder aufgrund verliehenen Rechts durch das Spital, vgl. *Fröhlich,* Die soziale Sicherung, S. 79; *Peters,* Geschichte der sozialen Versicherung, S. 24.

10 *Fröhlich,* Soziale Sicherung, S. 78 mit Quellennachweisen.

11 *Teuteberg,* Industrielle Mitbestimmung, S. 119.

im erforderlichen Maße sicherten [12]. Rückblickend erscheint die Feststellung bemerkenswert, daß bereits in vorindustrieller Zeit berufsständische Selbsthilfeeinrichtungen existierten, die nach dem Prinzip der Solidariät und nach dem Versicherungsgedanken [13] strukturiert und überbetrieblich organisiert waren. Einzelne Elemente dieser Sicherungsformen dienten denn auch in den Anfängen der Sozialgesetzgebung im 19. Jahrhundert als Grundlage der Reformvorschläge.

Eine „Vorprägung der späteren Sozialversicherungsgesetzgebung“ [14] ist insbesondere durch die Knappschaftsversicherung der Bergleute anerkannt. Bereits im Mittelalter bestand im Montanwesen eine lohnabhängige Arbeiterschaft, deren Mitglieder sich zum Schutz vor allgemeinen Risiken wie krankheits- oder altersbedingter Arbeitsunfähigkeit und frühzeitiger unfallbedingter Invalidität zu Knappschaften zusammengeschlossen hatten. Die Leistungen an die Knappen und deren Angehörige wurden zunächst durch freiwillige Zahlungen in die Knappschaftskassen, den sog. „Büchsenpfennig“, später durch obligatorische Beiträge aufgrund landesherrlicher Bergordnungen finanziert [15].Mit dem Gesetz, betreffend die Vereinigung der Berg-, Hütten- und Salinenarbeiter in Knappschaften, vom 10. 4. 1854 [16] wurde die erste öffentlich-rechtliche Arbeiterversicherung für alle Lohnarbeiter der Montanindustrie geschaffen. Das Gesetz schrieb unter anderem die Bildung von Knappschaftskassen mit beschränkter Selbstverwaltung und einer Beitragspflicht auch für Arbeitgeber vor [17]. Allerdings kannte auch diese Versicherungseinrichtung — ebenso wie jene berufsständischen Korporationen der Gesellen und Meister — keine gesonderte Sicherung für das Alter. Altersgrenzen im heutigen Sinne, mit denen ein Anrecht auf Versorgungsleistungen verknüpft wird und die damit in der Regel auch die Pensionierung zur Folge haben, gab es nicht. Eine fixe Altersgrenze wurde im Montanwesen erst in der zweiten Hälfte des 19. Jahrhunderts eingeführt [18]. Bis dahin erhielt fortlaufende Leistungen nur, wer infolge Invalidität erwerbsunfähig war; die altersbedingte Arbeitsunfähigkeit galt als Unterfall der Invalidität [19].

---

[12] Ebenso *Fröhlich,* Soziale Sicherung, S. 78 und 80; *Partsch,* Prinzipien und Formen sozialer Sicherung, S. 148.

[13] Dazu ausführlich *D. Zöllner,* Landesbericht Deutschland, S. 45 (79 f.).

[14] *D. Zöllner,* Landesbericht Deutschland, S. 45 (82).

[15] Zum Sonderstatus der Bergleute und der Entwicklung des Knappschaftswesens: *Gladen,* Geschichte der Sozialpolitik, S. 27 ff.; *Kleeis,* Die Geschichte der sozialen Versicherung, S. 43 ff. und 87 ff.

[16] Gesetz vom 10. April 1854, betreffend die Vereinigung der Berg-, Hütten-, Salinen- und Aufbereitungsarbeiter in Knappschaften, in: Zeitschrift für das Berg-, Hütten- und Salinenwesen, Bd. 3, 1856, S. 23 ff., zitiert nach *Gladen,* Geschichte der Sozialpolitik, S. 30 und 139.

[17] *D. Zöllner,* Landesbericht Deutschland, S. 51 (82); *Kleeis,* Geschichte der sozialen Versicherung, S. 88.

[18] *Mitterauer,* Familienwirtschaft und Altenversorgung, S. 179 (197).

[19] Wobei Knappschaftsvereine eine Invalidenunterstützung nur bei einer ohne grobes Verschulden eingetretenen Arbeitsunfähigkeit leisteten; vgl. *Peters,* Geschichte der sozialen Versicherung, S. 36 f.

Die Betrachtung zeigt, daß der Lebensphase „Alter“ kein gesonderter Stellenwert für die Daseinssicherung eingeräumt wurde. Einen Ruhestandsstatus im heutigen Sinne als erwerblosen Ruhegenuß gab es für die Mehrheit der Bevölkerung nicht. Nur wenigen Vermögenden, grundherrschaftlichen Eigentümern oder wohlhabenden Bürgern war es möglich, mit Abschluß eines Leibrentenvertrages bei entsprechender Rentenhöhe einen arbeitsfreien Lebensabend genießen zu können. Auch im Bereich der Landwirtschaft diente das Altenteil nicht zur Versorgung eines arbeitsfreien Ruhestandes. Es sicherte zwar die Altersversorgung des Bauern und dessen Angehörigen nach der Hofübergabe; diese erfolgte aber keineswegs nur in Fällen altersbedingter Leistungsabnahme des Altbauern, sondern war ebenso durch familiäre oder gesellschaftliche Faktoren bedingt[20]. Der Verbleib in der Hausgemeinschaft bedingte eine weitere Mitarbeit im Rahmen der Leistungsfähigkeit[21]. Besitzlose Inwohner oder landwirtschaftliche Taglöhner waren im Alter gänzlich auf die Hilfe Angehöriger oder die Gnade ihres Arbeitgebers angewiesen[22]. Insgesamt ist festzuhalten, daß die Alterssicherung in vorindustrieller Zeit weitgehend von sozialen oder personalen Bindungen abhängig war.

2. Erwerbstätigkeit und Alterssicherung

Damit stellt sich die Frage, welchen Stellenwert das Arbeitsverhältnis und insbesondere (arbeits-)rechtliche Normen für die soziale Sicherung der abhängig Beschäftigten im Mittelalter hatten.

Nachdem lange Zeit das Verständnis vorherrschte, das Arbeitsrecht verdanke seine Entstehung und Entwicklung der industriellen Revolution und den daraus resultierenden sozio-ökonomischen Veränderungen und damit die Existenz eines vorindustriellen Arbeitsrechts von vornherein verneint wurde[23], belegen neuere arbeitsrechtshistorische Forschungen[24] das genaue Gegenteil. Auch der mittelalterliche Arbeitsmarkt war geprägt durch eine Arbeitsverfassung, deren Normen den Inhalt von Arbeitsverträgen und Arbeitsverhältnissen gestalteten. Nicht die personenrechtliche Verbundenheit, sondern der Arbeitsvertrag als freier Schuld-

---

20 Dazu zählen u. a.: Das Mitentscheidungsrecht des Grundherrn, Verwitwung des Bauern, Hoferwerb des Sohnes als Voraussetzung für eine Familiengründung, vgl. *v. Miaskowski / Wygodzinski*, Altenteilverträge, S. 252 ff.; *Mitterauer*, Arbeitsorganisation und Altenversorgung, S. 91 (100 ff.).

21 *Mitterauer*, Familienwirtschaft und Altenversorgung, S. 179 (187).

22 *Mitterauer*, Familienwirtschaft und Altenversorgung, S. 179 (193).

23 Symptomatisch dafür die Formulierungen von *Kaskel*: „Das Arbeitsrecht ... ist ein Kind des letzten Jahrhunderts ..., von dem frühere Spuren finden zu wollen daher zwecklos ist“, Arbeitsrecht, 3. Auflage, 1928, S. 5.

24 Dazu etwa *Mayer-Maly*, RdA 1975, S. 59 ff.; *Ogris*, RdA 1967, S. 286 ff; *Schröder*, Arbeitsverfassung, passim; *Willoweit*, JuS 1977, S. 573 ff. Mit der dogmatischen Analyse rechtswissenschaftlicher Lehren im 19. Jahrhundert befaßt sich *Bernert*, Arbeitsverhältnisse im 19. Jahrhundert, Habilitationsschrift, Marburg 1972.

vertrag prägte die Rechtsbeziehungen zwischen in freier Lohnarbeit Beschäftigten und dem Dienstberechtigten[25]. Das Gros der abhängigen Arbeitskräfte, insbesondere in den Städten, bestritt seinen Lebensunterhalt aus jenen Lohnarbeitsverhältnissen; dies verdeutlicht folgende — von *Henning*[26] — dargelegte Sozialstruktur der Städte des 14. Jahrhunderts: Danach umfaßte die Gruppe der Tagelöhner, Lohnabhängigen, des Gesindes und der Gehilfen 50 v. H. und mehr der Einwohnerzahl, während der sogenannten Oberschicht (Adel, Landbesitzer, Einzelhändler) etwa 7 bis 8 v. H. der Bevölkerung angehörten. Eine Existenzsicherung gegen die allgemeinen Lebensrisiken bot für die Mehrheit der Lohnabhängigen außer den sozialen Bindungen nur das Arbeitsverhältnis. Die schuldrechtlichen Verhältnisse boten jedoch nur eine minimale Sicherung. Insbesondere eine Alterssicherung für die Arbeitskräfte war unbekannt. So endete beispielsweise das Dienstverhältnis des Gesindes außer mit Zeitablauf oder Tod auch bei Eintritt *dauernder Arbeitsunfähigkeit*[27] des Dienstboten. Fürsorgeleistungen des Dienstherrn waren auf den laufenden Vertrag beschränkt. Damit hing der Verbleib eines alternden Dienstboten im Hause des Hausherrn von dessen Wohltätigkeit ab. Entsprechendes galt auch für die Versorgung alternder Gesellen. Wo diese Form der Alterssicherung nicht bestand, blieb der Erwerb als Tagelöhner[28] und bei gänzlicher Arbeitsunfähigkeit die Armenpflege und der Bettel[29].

Damit ist festzuhalten, daß die Altersversorgung vorindustrieller Zeit durch zwei Faktoren bestimmt war: Der Zugehörigkeit zu einem Sozialverband (Familie, Zunft-, Gesellenverband) und/oder von der individuellen Arbeitsfähigkeit des einzelnen. Das Alter im Sinne einer erwerbslosen, arbeitsfreien Ruhephase, unabhängig von Gesundheitszustand und Arbeitsfähigkeit, war unbekannt.

II. Die Bedeutung der Industrialisierung für die Entstehung der Altersphase „Ruhestand"

Berücksichtigt man, daß bereits vor Beginn der Industrialisierung für einen nicht unerheblichen Teil der Bevölkerung das Problem von Lohnarbeit und ungesichertem Alter bei Leistungsunfähigkeit bestand, erscheint es zweifelhaft, allein die Zunahme der Lohnabhängigkeit als ursächlich für die Entstehung der „sozialen Frage" des 19. Jahrhunderts anzunehmen. Ebensowenig kann allein

25 Grundlegend dazu die Untersuchung von Wilhelm *Ebel*, Gewerbliches Arbeitsvertragsrecht im deutschen Mittelalter, Weimar 1934.

26 *Henning*, Vorindustrielles Deutschland, S. 101 f.

27 *Ogris*, RdA 1967, S. 286 (288).

28 *Mitterauer*, Familienwirtschaft und Altenversorgung, S. 179 (195), zum Arbeitsverhältnis der Taglöhner *Ogris*, RdA 1967, S. 286 (293).

29 *Mitterauer*, Familienwirtschaft und Altenversorgung, S. 179 (195 f.); zur Struktur städtischer Armut im Mittelalter: *Sachsse / Tennstedt*, Geschichte der Armenfürsorge, S. 27 f.

der Funktionsverlust und Verfall bereits beschriebener Sicherungseinrichtungen, hierbei insbesondere die Auflösung der Familie als Mehrgenerationenverband und deren Bedeutung für die familiale Altersfürsorge, das zunehmende Armenproblem erklären. Insbesondere *Achinger*[30] deutet das Problem der sozialen Sicherung des Industriezeitalters als Folge verlorengegangener natürlicher familiärer Bindungen. Die modernen Sicherungsformen gegen Krankheit und Alter seien danach als Ersatz für die verlorengegangenen schützenden Lebensformen zu verstehen. Das romantisch verklärte Bild von der schützenden Großfamilie vorindustrieller Zeit entspricht nach neueren Erkenntnissen aber nicht der historischen Realität[31]. Ebenso wurden „Alter“ und „Alterssicherung“ nicht als spezifische Probleme gesehen, abgesehen davon, daß erwerbsloser Ruhestand im heutigen Sinne unbekannt war[32]. Viele Menschen starben bei noch relativ niedriger Lebenserwartung aufgrund frühzeitiger Auszehrung, so daß ein besonderes Altenproblem nicht bestand[33]. Ursächlich für das mit der Industrialisierung wachsende Armenproblem, das den Anstoß für die Sozialversicherung gab, waren mehrere Faktoren. Neben ökonomischen spielten insbesondere soziale, demographische, rechtliche und politische Veränderungen eine Rolle[34]. Eine umfassende Darstellung und Analyse der historischen Entwicklung kann hier nicht erfolgen, vielmehr sollen nur die für die Entstehung des Altenproblems relevanten Faktoren kurz skizziert werden:

In der Arbeitswelt vollzog sich bis Mitte des 19. Jahrhunderts ein grundlegender Wandel der Arbeitsverhältnisse und der Erwerbsbedingungen. Die außerhäusliche Erwerbstätigkeit in Industrie und Handwerk nahm zulasten der Beschäftigtenzahlen in der Landwirtschaft zu[35]. Produktivitätssteigerungen durch Arbeitsteilung und Arbeitsstraffung sowie die fortschreitende Technisierung der Produktion erhöhten die Leistungsanforderungen an die Lohntätigen und das Bedürfnis der Arbeitgeber an einer geschulten, leistungsfähigen Arbeiterschaft. Zugleich stieg mit Verbesserung der medizinischen Versorgung und der sanitären Verhältnisse — insbesondere in den Städten — die Lebenserwartung der Heranwachsenden[36].

---

30 *Achinger*, Soziale Sicherheit, S. 33 f. In diesem Sinne ausdrücklich: *ders.*, Sozialpolitik als Gesellschaftspolitik, S. 23.

31 Zum Bild der vorindustriellen Großfamilie kritisch *Mitterauer*, Mythos, S. 38 ff.; kritisch auch zur These von der Ersatzinstitution *Köhler*, Entstehung von Sozialversicherung, S. 19 (47, 49).

32 *Partsch*, Prinzipien und Formen sozialer Sicherung, S. 41.

33 Für Neugeborene lag noch Ende des letzten Jahrhunderts die durchschnittliche Lebenserwartung bei 35 Jahren. Der Bundesminister des Innern 1980, S. 10, zitiert nach *Balluseck*, Soz. Sich. 1982, S. 106 (108).

34 Ausführlich *Lampert*, Sozialpolitik, S. 26 ff.; *Henning*, Industrialisierung, passim; *D. Zöllner*, Landesbericht Deutschland, S. 51 (57 ff.).

35 Zahlenangaben zur Bevölkerungsentwicklung und der Verlagerung der Beschäftigtenzahlen von der Landwirtschaft in die Industrie und das Handwerk bei *Tennstedt*, Sozialgeschichte, S. 80.

36 Dazu *Sieder*, Probleme des Alterns, S. 162 (164 ff.).

Die Auflösung sozialer Bindungen und Schutzgemeinschaften führte auch zum Abbau damit verbundener traditioneller Reglementierungen wie Heiratsverboten Unvermögender[37] und bewirkte ab Mitte des 18. Jahrhunderts ein Anwachsen der Bevölkerung sowie ein Überangebot an Arbeitskräften auf dem Arbeitsmarkt[38]. Das Einkommen der Mehrzahl der Lohnabhängigen reichte meist nur knapp zur Sicherung des Existenzminimums und ließ für Ersparnisse und Rücklagen für Notfälle keinen Spielraum. Die wachsenden Anforderungen der Arbeitswelt führten zu einer Verdrängung älterer Arbeitnehmer aus dem Arbeitsmarkt. Diese wurden, soweit sie aufgrund ihrer Seneszenz die geforderte Leistungsfähigkeit nicht mehr erbringen konnten, in schlechter bezahlte Arbeitsstellen umgesetzt oder freigestellt[39]. Die altersbedingte Erwerbslosigkeit führte damit zwangsläufig zu einer Verarmung der Lohnarbeiter und deren Familien.

Die sozioökonomischen Veränderungen hatten auf die Privatrechtswissenschaft und deren rechtliche Beurteilung der Arbeitsverträge zunächst keine Auswirkungen. Arbeitsverträge und Arbeitsverhältnisse wurden systematisch den Schuldverhältnissen mit gegenseitiger Leistung zugeordnet. Das Schuldverhältnis als komplexer Begriff im Sinne einer engeren auf die Leistungsbeziehung gerichteten und einer weiteren als Organismus[40] und Gefüge[41] begriffenen Deutung war ebenso unbekannt wie die dogmatische Erfassung der Dauerschuldverhältnisse[42]. Soziale Aspekte, wie insbesondere die existentielle Bedeutung der Arbeit für die Beschäftigten, und die personelle Verflechtung des Arbeitnehmers mit der Arbeitsleistung, fanden in arbeitsvertraglichen Regelungen keine Berücksichtigung. Leitbild liberaler Reformgesetzgebung nach Auflösung der ständischen Ordnung war der freie Arbeitsvertrag, dessen rechtsdogmatische Ausgestaltung durch die römisch- rechtliche Auffassung vom Arbeitsvertrag als „Dienstmiete" beeinflußt war[43]. Der Arbeitnehmerschutzgedanke fand erst allmählich, zu Beginn des 20. Jahrhunderts, Eingang in die Arbeitsvertragsdogmatik.

Zusammenfassend kann festgestellt werden, daß der Industrialisierungsprozeß einen tiefgreifenden Wandel in der Arbeitswelt und den Erwerbsbedingungen

---

37 *Balluseck*, Soz. Sich. 1982, S. 106 (107 f.).

38 Wobei zu berücksichtigen ist, daß das Wirtschaftswachstum hinter dem Bevölkerungswachstum zurückblieb. So war von 1800 bis 1900 die Bevölkerung Deutschlands von 22 auf 56 Mio. gestiegen. Zahlenangaben nach *Sachsse / Tennstedt*, Geschichte der Armenfürsorge, S. 181.

39 Um 1900 lag die „Altersgrenze", bei der eine „geminderte ‚Tauglichkeit' für industrielle Berufsarbeit" einsetzte, bei etwa 40 Jahren. *Tennstedt*, Sozialgeschichte, S. 184, *ders.*, Sozialgeschichte der Sozialversicherung, S. 385 (449).

40 So die Kennzeichnung von *Planck / Siber* 1914, Vorbem. I 1 a, § 305, Erl. II 2.

41 So heute *Larenz*, Schuldrecht Bd. I, § 2 V (S. 27).

42 *Bernert*, Arbeitsverhältnisse im 19. Jahrhundert, S. 178.

43 Mit dem Nachweis der Prägung des bürgerlich-rechtlichen Dienstvertragsrechts durch die römische Dienstmiete beschäftigt sich eingehend *Cottmann*, Rechtstheoretische Grundlagen, S. 67 ff. Vgl. aber auch *Bernert*, Arbeitsverhältnisse im 19. Jahrhundert, S. 176; *Söllner*, Der industrielle Arbeitsvertrag, S. 288 ff.

sowie im sozialen Bereich bewirkt hat. Traditionelle Sicherungsformen verfielen, ohne daß neue an deren Stelle traten. Die Existenzsicherung war für eine wachsende Zahl der Bevölkerung immer mehr mit der Arbeitsfähigkeit verknüpft, während steigende Leistungsanforderungen dazu führten, daß ältere Arbeitnehmer bei natürlicher Leistungsminderung aus dem Arbeitsprozeß ausschieden. Als „alt“ galt, wer für die industrielle Arbeitstätigkeit nicht mehr oder nur vermindert tauglich schien. Altersbedingte Leistungsminderung leitete damit eine (zumeist zwangsweise) Phase der Erwerbslosigkeit ein, die, mangels entsprechender materieller Sicherung, häufig zum unversorgten Ruhestand und folglich zur Verarmung führte[44].

III. Sozialpolitische Maßnahmen und betriebliche Wohlfahrtspflege zur materiellen Existenzsicherung alter Arbeitnehmer

Die erwähnten Auswirkungen der sog. industriellen Revolution und die zunehmende Verelendung der Arbeiterschaft führten zu einem Umdenken in der bis dahin dominierenden liberalistischen Grundhaltung. Neben staatlichen Interventionsbestrebungen wurde auch auf Unternehmerseite durch Einrichtung „betrieblicher Wohlfahrtseinrichtungen“ versucht, die soziale Lage der Arbeiterschaft zu verbessern. Betriebliche Unterstützungs- und Hilfskassen, von den Fabrikherren initiiert und finanziert, leiteten Maßnahmen betrieblicher Sozialpolitik ein[45]. Als Vorbild für die Versorgungseinrichtungen auf Unternehmensebene dienten die genossenschaftlichen Selbsthilfeeinrichtungen der Feudalzeit. Insbesondere das betriebliche Kassenwesen ist durch die Einrichtungen der Zunft und Büchsenkassen besonders geprägt worden[46].

Sowohl die staatlichen als auch die privaten Maßnahmen waren neben der Verbesserung der sozialen Lage der aktiven Arbeitnehmerschaft auch auf eine materielle Sicherung für das Alter gerichtet. Ziel war, materielle Sicherung auch für die erwerbslose Phase zu schaffen und damit ein Absinken in die Armut zu verhindern. Daß im Zuge dieser Maßnahmen zugleich eine Verfestigung und Konsolidierung der Ruhestandsphase bewirkt wurde, soll im folgenden herausgearbeitet werden. Die staatlich initiierten Maßnahmen müssen hierbei getrennt von den privatwirtschaftlichen Initiativen erörtert werden, um die Unterschied-

---

[44] Zur Interdependenz von Armut und Alter auch *Balluseck*, Soz. Sich. 1982, S. 106 (108); *Köhler*, Entstehung von Sozialversicherung, S. 19 (48 f.).

[45] Zu den ältesten Versorgungseinrichtungen dieser Art gehören die bereits 1850 gegründete Arbeiter- und Unterstützungskasse der *Gutehoffnungshütte* in Oberhausen-Sterkrade und die 1856 entstandene Kranken- und Pensionskasse der Firma *Krupp*. Ausführlich dazu *W. Fischer*, Zeitschrift für Unternehmensgeschichte, Beiheft 12, Wiesbaden 1978, S. 34 (40 ff.).

[46] *Teuteberg*, Industrielle Mitbestimmung, S. 115 ff. *Graef*, Betriebliche Altersfürsorge, S. 16.

lichkeit der Maßnahmen und der damit verbundenen Zwecke und Motive deutlich zu machen. Da die staatlichen Reglementierungen nachhaltig zur Verfestigung und Verbesserung der Institution „Ruhestand“ beigetragen und auch die betriebliche Altersfürsorge mit beeinflußt haben, sollen diese als erstes behandelt werden.

1. Die Invaliditäts- und Alterssicherung als Teil deutscher Sozialversicherungsgesetzgebung

Als Ergebnis sozialpolitischer Reformbestrebungen wurde am 22. 6. 1889 das „Gesetz betreffend die Invaliditäts- und Altersversicherung“ verabschiedet[47]. Neben einer neu geschaffenen Unfall- und Krankenversicherung sollte es der sozialen Sicherung der Arbeiterschaft gegen Berufs- und Lebensrisiken dienen. Angekündigt worden waren jene Reformvorschläge bereits in der Kaiserlichen Botschaft zur sozialen Frage vom 17. 11. 1881: Neben Gründen innerpolitischer Staatsräson zur Verfestigung der bestehenden Ordnung[48] wurde „eine positive Förderung des Wohles der Arbeiter“ bezweckt, um dem Vaterlande „inneren Frieden“ und den „Hilfsbedürftigen größere Sicherheit und Ergiebigkeit des Beistandes, auf den sie Anspruch haben“, zu gewähren[49].

Der Sicherungseffekt der Arbeiterversicherung war jedoch nur ein begrenzter. Die Höhe der Altersrenten war danach bemessen, Leistungsminderungen zu kompensieren, nicht aber eine völlige Aufgabe der Erwerbstätigkeit zu ermöglichen; ein altersbedingtes Ausscheiden mit Erreichen einer kalendarischen Altersgrenze war ohnehin unbekannt. Altersrenten dienten nicht als Einkommensersatz im heutigen Sinne, sondern nur als „Zuschuß zu dem noch vorhandenen Arbeitsverdienst“[50]. Der Konzeption des Gesetzes über die Invaliditäts- und Altersversicherung lag die Vorstellung zugrunde, daß nicht „Alter“ an sich, sondern der Eintritt der Erwerbsunfähigkeit einen Versorgungsanspruch begründen sollte. Ein versorgter Ruhestand, unabhängig vom individuellen Gesundheitszustand, war nicht erklärtes Ziel der Altersversicherung.

Deutlich wird dies im Vergleich der Leistungsvoraussetzungen von Invaliditäts- und Altersleistungen. Aus Furcht vor einem „Pensionsspekulantentum“[51]

---

[47] RGBl 1889, S. 97.

[48] Dazu *Achinger*, Sozialpolitik als Gesellschaftspolitik, S. 59; *Neumann / Schaper*, Die Sozialordnung, S. 16 f.

[49] Stenographische Berichte über die Verhandlungen des Deutschen Reichstages nebst Anlagebänden, Bd. 66, S. 1 (gezählt nach dem Generalregister von 1896). Zur Geschichte der Entstehung der Invaliditäts- und Altersversicherung *Peters*, Geschichte der sozialen Versicherung, S. 49 ff. und 64 ff.; *Benöhr*, ZfA 1982, S. 19 ff.

[50] Stenographische Berichte über die Verhandlungen des Deutschen Reichstages vom 11. 5. 1889, Bd. 108, Aktenstück Nr. 10, S. 49; dazu auch *Döring*, Das System der gesetzlichen Rentenversicherung, S. 16 m. w. N.

[51] *Tennstedt*, Sozialgeschichte, S. 183.

war die Altersrente niedriger angesetzt als die Invalidenrente[52]. Nur der notdürftigste Lebensunterhalt sollte abgedeckt werden können, um einen Anreiz für den Einsatz der verbliebenen Erwerbsfähigkeit zu erhalten[53]. Die Wartezeiten für einen Anspruch auf Altersversorgung waren länger bemessen als für die Invalidenrente: Während für die Inanspruchnahme der Invalidenrente eine Karenzzeit von fünf Beitragsjahren bestand, war der Bezug der Altersrente an eine dreißigjährige Beitragszeit geknüpft[54]. Die Festsetzung der Rentenleistung auf das 70. Lebensjahr (erst 1916 wurden sie in der Arbeiterversicherung auf das 65. Lebensjahr festgelegt) hatte zur Folge, daß nur ein geringer Prozentsatz der Lohnabhängigen überhaupt in den Genuß der Leistungen kam[55].

Trotz der zunächst nur begrenzten Effektivität der staatlichen Sozialmaßnahmen im Bereich der Altersversicherung ist festzuhalten, daß durch sie die Grundlagen für die Entstehung der arbeitsfreien Altersphase Ruhestand geschaffen wurden. Erstmals blieb die Alterssicherung nicht mehr nur dem einzelnen als private Aufgabe belassen, sondern sie wurde mit Einführung des Versicherungsprinzips auch zu einer „öffentlichen Aufgabe“. Die Altersrente war kein Almosen, sondern wurde aufgrund erworbenen Rechtsanspruchs gewährt[56]. Die Einführung der Pflichtversicherung ab dem 16. Lebensjahr für Lohnarbeiter und untere Betriebsbeamte mit einem Jahreseinkommen bis zu 2 000 Mark bot zumindest im Ansatz[57] einer wachsenden Bevölkerungsgruppe eine bescheidene Daseinssicherung, die bislang ohne Versicherungsschutz war.

Der weitere Ausbau und die Fortentwicklung der staatlichen Altersversicherung schufen dann die Voraussetzungen für die gesamtgesellschaftlich anerkannte Durchsetzung der Institution „Ruhestand“.

Eine Fortentwicklung und Ausweitung der anfangs auf die Lohnarbeiter begrenzten Altersversicherung wurde zunächst durch die Ausweitung des Versichertenkreises und die Einbeziehung weiterer Bevölkerungsgruppen in die Rentenversicherung erreicht[58]. Die Einführung der Hinterbliebenenversorgung durch die

---

52 Wobei auch der Invaliditätsbegriff restriktiv definiert wurde: Nur bei Verlust von zwei Dritteln der Erwerbsfähigkeit entstand ein Versorgungsanspruch, weshalb ältere Arbeitnehmer vor allem Invaliditätsrenten in Anspruch nahmen.

53 Begründung des Gesetzesentwurfs, Verhandlungen des Deutschen Reichstages, Bd. 108, Aktenstück Nr. 10, S. 49.

54 Vgl. dazu die Gegenüberstellung bei *Peters*, Geschichte der sozialen Versicherung, S. 64 ff.

55 Während beispielsweise 1913 1,1 Millionen Menschen eine Invalidenrente bezogen, betrug die Zahl der Altersrentenbezieher nur gut 100 000. Zahlenangaben nach *Hentschel*, Archiv für Sozialgeschichte, Bd. 18, S. 307 (330).

56 Deren Mittel wurden neben Staatszuschüssen und Beiträgen der Arbeitgeber durch Beiträge der Versicherten aufgebracht.

57 Der Sicherungszweck war anfangs begrenzt, weil Rentenleistungen an Hinterbliebene in der ersten Gesetzesfassung — außerhalb der Unfallversicherung — nicht vorgesehen waren und Familienangehörige bei vorzeitigem Ableben des Versicherten ohne Versicherungsschutz waren.

Reichsversicherungsordnung von 1911 bewirkte, daß der Versicherungsschutz auch auf Familienangehörige ausgedehnt wurde[59]. Mit Gesetz vom 28. 2. 1911 wurde auch die neue Arbeitnehmergruppe der Angestellten endgültig in das staatliche Sozialversicherungswesen einbezogen[60]. Durch das „Gesetz über die Altersversorgung für das Deutsche Handwerk“ wurde die Gruppe der selbständig Erwerbstätigen in die Rentenversicherung der Angestellten aufgenommen[61]. Mit dem Rentenreformgesetz von 1972 erfolgte eine generelle Öffnung der Rentenversicherung für Selbständige und andere Bevölkerungsgruppen. Neben der quantitativen Ausweitung der staatlichen Rentenversicherung auf neue Berufsgruppen und Personenkreise dürfte jedoch vor allem die qualitative Verbesserung der Versicherungsleistungen die Einführung einer allgemein anerkannten arbeitsfreien Altersphase entscheidend beeinflußt haben.

Eine grundlegende Verbesserung der Rentenleistungen wurde mit der Rentenreform von 1957 realisiert. Diese brachte neben der Einführung einer „Dynamisierung“ der Renten durch Anpassung an die Lohn- und Gehaltsentwicklung eine nachhaltige Rentenaufstockung um ungefähr 60 %[62]. Entscheidende Änderungen vollzogen sich in der Aufgabenstellung und Zielsetzung der sozialen Rentenversicherung. Deutlich abgegrenzt wurde die Alterssicherung von der Versicherung wegen Berufs- und Erwerbsunfähigkeit[63]. Zwar diente die Altersrente auch weiterhin der Kompensation abnehmender Leistungsfähigkeit, allerdings verlor sie ihren Zuschußcharakter. Als Leistung mit „Lohnersatzfunktion“[64] sollte sie fortan dem Ruhegeldberechtigten als selbständige Lebensgrundlage dienen und damit den Rentner aus der Nähe des Fürsorgeempfängers in die Nachbarschaft des Lohnempfängers rücken[65]. Es liegt auf der Hand, daß die Änderungen der Rentenreform von 1957 nachhaltig die Situation der Rentner verbessert haben. Die Rentenerhöhung und Dynamisierung der Renten brachten eine verbesserte materielle Sicherung, die nach ihrer Funktion und quantitativen Bemessung einen versorgten Ruhestand ohne notwendigen Zwang zur weiteren Erwerbstätigkeit gewährleisten sollte. Damit wandelte sich das soziale Leitbild vom Rentnerdasein.

---

58 Ausführlich zur weiteren Entwicklung der Sozialversicherung. *Henschel*, Archiv für Sozialgeschichte, Bd. 18, S. 307 ff.; *D. Zöllner*, Landesbericht Deutschland, S. 47 ff.; speziell zur Rentenversicherung: *Döring*, Das System der gesetzlichen Rentenversicherung, S. 11 ff.; *Tennstedt*, ZSR 1975, S. 225 ff.; *Wannagat*, Lehrbuch, S. 76 ff.

59 Zur unterschiedlichen Ausgestaltung der Hinterbliebenenversorgung der Arbeiter- und Angestelltenversicherung: *Hockerts*, Sicherung im Alter, S. 296 (302 f.); dazu auch *D. Zöllner*, Alterssicherung im Rückblick, S. 195 (198 f.).

60 *Gladen*, Geschichte der Sozialpolitik, S. 87.

61 1962 erfolgte dann die Überführung in die Arbeiterversicherung.

62 So *Hockerts*, Sicherung im Alter, S. 296 (314).

63 *Wannagat*, Lehrbuch, S. 120 f.

64 Vgl. BT-Drucks. II/2432, S. 58; *Wannagat*, Lehrbuch, S. 115.

65 So ausdrücklich die Begründung zum Entwurf eines Gesetzes zur Neuregelung des Rechts der Rentenversicherung der Arbeiter und der Angestellten, Drucks. 2437, S. 57 f., in: Verhandlungen des Deutschen Bundestages, 2. WP, Anlagen zu den stenographischen Berichten, Bd. 42, Bonn 1956.

Alter war nicht mehr synonym mit Armut; Alter und Ruhestand bedeuteten nicht notwendig materielle Not[66] und sozialen Abstieg, sondern wurden zunehmend mit der Erwartung verknüpft, bei Sicherung des im Erwerbsleben erworbenen Lebensstandards eine der eigenen Planung offene Lebensphase zu erreichen[67]. Eine weitere Konsolidierung und gesellschaftliche Aufwertung des Ruhestandes brachte die zweite Rentenreform 1972: Die Einführung der „Rente nach Mindesteinkommen“ und die Öffnung der Rentenversicherung für die gesamte Bevölkerung trugen ein weiteres dazu bei, daß heute der Ruhestand eine „etablierte und allgemeine Erwartung des Lebensablaufs“[68] geworden ist.

2. Funktionswandlungen betrieblicher Altersversorgungsleistungen

In den rechtswissenschaftlichen Lehren des 19. Jahrhunderts und in dem noch im 19. Jahrhundert konzipierten Dienstvertragsrecht des Bürgerlichen Gesetzbuches wurde der Dienstvertrag lediglich als schuldrechtlicher Austauschvertrag begriffen, wobei der Arbeitgeber als Gläubiger der vertraglichen Arbeitsleistung erschien und nur die vertragliche Vergütung schuldete. Der „soziale Gehalt“ des Arbeitsverhältnisses, seine — im Vergleich zu sonstigen Schuldverträgen — zweifellos größere wirtschaftliche Bedeutung für die Existenzsicherung des Arbeitnehmers, waren noch nicht erkannt und dogmatisch aufbereitet. Die rein schuldrechtliche Betrachtung des Arbeitsverhältnisses hatte zur Folge, daß die Arbeitsleistung als ‚Ware‘ betrachtet wurde, deren Nichtleistung bei Arbeitsunfähigkeit zum Wegfall der Gegenleistung ‚Lohn‘ führte. Leistungen des Arbeitgebers außerhalb des Austauschverhältnisses blieben der Eigeninitiative des Arbeitgebers überlassen und waren als freiwillige Leistungen dem Bereich der „betrieblichen Wohlfahrtspflege“ zugewiesen.

Die Erfüllung betrieblicher Sozialleistungen wurde zumeist eigens hierfür errichteten betrieblichen Hilfs- und Unterstützungskassen übertragen, die anfangs — in der Frühphase der Industrialisierung — nach dem Vorbild zünftiger Selbsthilfeeinrichtungen durch Arbeitnehmer- und Arbeitgeberbeiträge finanziert wurden, später aber als reine Wohlfahrtskassen der Verwaltung des Fabrikherrn unterstanden[69]. Sie erbrachten Unterstützungsleistungen in Unfall-, Krankheits-

---

66 Zur Assoziation „Alter“ und „materielle Not“ als häufigste Vorstellung noch Mitte der 50er Jahre: *Friedeburg / Weltz*, Altersbild und Altersvorsorge der Arbeiter und Angestellten, S. 21 f. Grundlage war eine 1955 durchgeführte Umfrage des Frankfurter Instituts für Sozialforschung.

67 Zur veränderten sozialen Rolle der Altersrentner nach der Rentenreform: Zur Entstehungsgeschichte eines neuen Standes: Die Altersrentner nach 1957. Bericht über Trendbeobachtungen des Instituts für Demoskopie, Allensbach, in: BArbBl. 1960, S. 66 f.

68 *Rosenmayr*, Der alte Mensch, S. 103.

69 Zum Ursprung und der Entwicklung der betrieblichen Unterstützungskassen unter besonderer Berücksichtigung der Mitbestimmungsbefugnis der Arbeitnehmerschaft vgl. *Teuteberg*, Industrielle Mitbestimmung, S. 115 ff., 204 ff.

oder Todesfällen. Einige Unternehmen, wie die Gutehoffnungshütte in Oberhausen-Sterkrade, die Firmen Krupp und Siemens, gewährten durch ihre Unterstützungs- und Pensionskassen schon Altersfürsorgeleistungen an Unternehmensangehörige zu einer Zeit, als die sozialpolitische Diskussion über die Schaffung einer Sozialversicherung zur Lösung der sozialen Frage noch in den Anfängen steckte[70]. Allerdings darf nicht vergessen werden, daß auch diese Leistungen nach ihrem Umfang und Zweck nicht der Alters*versorgung* im heutigen Sinne entsprachen. Altersunterstützung erhielt, wer infolge altersbedingter Gebrechlichkeit nicht mehr arbeitsfähig war. So kannte beispielsweise das Pensionsstatut der Firma Krupp nur den Leistungsfall der Altersinvalidität[71]. Die Versorgungsleistung war von Anfang an nur als *Zuschuß* für die von anderer Seite erbrachte Altershilfe, insbesondere die familiäre Unterstützung, gedacht und sollte nicht den Zweck einer selbständigen Lebensgrundlage erfüllen[72]. Ein rechtsverbindlicher Anspruch auf die Altershilfe bestand ohnehin nicht. Sowohl die Einführung betrieblicher Sozialleistungen als auch deren Ausgestaltung blieben der freien Entscheidung des Unternehmers vorbehalten. Betriebliche Altersleistungen erfolgten fast immer freiwillig und ohne verbindliche Zusage[73], obwohl neben karitativen und religiösen Motiven auch ökonomische Interessen Motiv für die Errichtung von Hilfs- und Unterstützungseinrichtungen gewesen sein dürften[74]. Die Inaussichtstellung betrieblicher Leistungen in Notfällen wie Krankheit oder Alter bot die Möglichkeit, Arbeitskräfte langfristig an das Unternehmen zu binden und zu disziplinieren[75]. Altersleistungen waren somit nach ihrer rechtlichen Ausgestaltung und Funktion von Anfang an Maßnahmen der *ergänzenden Fürsorge*.

---

70 Bereits 1848 errichtete die Gutehoffnungshütte eine Arbeiterunterstützungskasse, 1849 folgte die Einführung einer Witwenunterstützung; 1858 wurde ein „Pensionsreglement" bei der Firma Krupp verabschiedet, 1872 richtete Werner Siemens eine Pensions-, Witwen- und Waisenkasse ein. Weitere Beispiele betrieblicher Wohlfahrtspflege des 19. Jahrhunderts bei *W. Fischer*, Zeitschrift für Unternehmensgeschichte, Beiheft 12, Wiesbaden 1978, S. 34 ff.; zur Entwicklung des Kassenwesens vgl. *Reichwein*, Funktionswandlungen, S. 16 ff.

71 *Vielhauer*, BetrAV 1965, S. 1.

72 Genauere Angaben zur Höhe des Zuschusses sind nicht möglich, da sowohl die Leistungsvoraussetzungen als auch der Leistungsumfang in den einzelnen betrieblichen Pensionsordnungen unterschiedlich festgelegt wurden und nicht selten die Höhe der Unterstützung nach dem Einzelfall bestimmt wurde.

73 *Graef*, Betriebliche Altersfürsorge, S. 39.

74 So z. B. als Mittel zur Anwerbung von Facharbeitern zu Beginn der Industrialisierung, *Teuteberg*, Industrielle Mitbestimmung, S. 204 f.

75 Nachweislich durch patriarchalisch motiviertes Fürsorgedenken beeinflußt waren betriebliche Sozialmaßnahmen Alfred Krupps. Neben der Gewinnung einer qualifizierten Stammbelegschaft verfolgte er gleichermaßen erzieherische Zwecke. Vergleiche dazu die Nachweise bei *W. Fischer*, Zeitschrift für Unternehmensgeschichte, Beiheft 12, Wiesbaden 1978, S. 34 (44); *Gladen*, Geschichte der Sozialpolitik, S. 34; *Vielhauer*, BetrAV 1965, S. 1. Instruktiv zu den Motiven, Absichten und Zielsetzungen betrieblicher Wohlfahrtspflege des 19. Jahrhunderts *Reichwein*, Funktionswandlungen, S. 74 ff.; *Pleiss*, Freiwillige soziale Leistungen, S. 21 ff.; auch *Teuteberg*, Industrielle Mitbestimmung, S. 204 f. unter Bezug auf Kassenstatuten.

a) Die Einführung der gesetzlichen Altersversorgung für Arbeiter im Jahre 1889

Die Einführung der gesetzlichen Invaliditäts- und Alterssicherung machte die unternehmerische Altersfürsorge keineswegs überflüssig, da die getroffenen gesetzlichen Maßnahmen für eine umfassende Sicherung nicht ausreichten. Für die Gruppe der Rentenversicherten[76] blieben die Altersleistungen bedeutsam, weil die Sozialrente nur das Existenzminimum abdecken sollte und vom Leistungsumfang her meist zu niedrig war, um den Lebensunterhalt sichern zu können. Allgemeingültige Angaben über das Rentenniveau (im Vergleich zu den Löhnen) im ersten Jahrzehnt nach Einführung der Altersversicherung fehlen; einen Anhaltspunkt bietet der Vergleich der durchschnittlichen Höhe der Versichertenrente mit dem durchschnittlichen Jahresarbeitsverdienst[77]: Danach betrug 1897 die Rente 18 v. H. des Jahresarbeitsverdienstes. Die freiwillige Altersfürsorge blieb daneben notwendige Ergänzung zur Existenzsicherung. Für die Gruppe der Mehrverdienenden ohne Versicherungspflicht und die Arbeitnehmergruppe der Angestellten[78], die erst durch die Reichsversicherungsordnung von 1911 endgültig in das staatliche Sozialversicherungswesen einbezogen wurde, war sie die einzige Altershilfe. Auch die gesetzlichen Verbesserungen in der Versorgung der Arbeitnehmer und Angestellten — etwa durch Einführung der Hinterbliebenenversorgung 1911 oder die einheitliche Gewährung von Invalidenrente nach Erreichen der Altersgrenze von 65 Jahren, eingeführt mit dem Gesetz vom 10. 11. 1922[79] — machten die betrieblichen Versorgungseinrichtungen nicht überflüssig, da für die Rentenleistungen der Zuschußcharakter bestimmend blieb.

b) Auswirkungen der Rentenreform von 1957

Die Neuregelung des Rechts der Rentenversicherung der Arbeiter und Angestellten durch Gesetz vom 23. Februar 1957[80] blieb ohne Auswirkungen für die rechtliche Beurteilung der betrieblichen Altersfürsorge. Ausgangspunkt für die betrieblichen Versorgungsleistungen war und blieb das Arbeitsverhältnis. Ein Rechtsanspruch auf die Versorgung bestand nicht. Da diese freiwillig versprochen

---

[76] Vgl. dazu unter III.1.

[77] Berechnungsbeispiel nach *D. Zöllner*, Alterssicherung im Rückblick, S. 195 (199 f.) unter Hervorhebung des vereinfachten Maßstabes. Zum Problem der Ermittlung und Beurteilung der Einkommenssituation von Rentnern und der Berechnung des „durchschnittlichen Rentenniveaus" ausführlich *Schmähl*, DAngVers 1978, S. 417 ff. und 483 ff.

[78] Keine Pflichtversicherung bestand für Lohnarbeiter und Betriebsbeamte mit einem Jahresverdienst von mehr als 2 000 Mark und für Angestellte mit einem Jahresgehalt über 5 000 Mark. Vgl. *Gladen*, Geschichte der Sozialpolitik, S. 67 und 87; *Tennstedt*, Sozialgeschichte der Sozialversicherung, S. 385 (452).

[79] RGBl I, S. 849; dazu *Döring*, Das System der gesetzlichen Rentenversicherung, S. 31.

[80] BGBl I, S. 45 und 88.

wurde, konnten auch die Leistungsbedingungen weitgehend frei bestimmt werden. Die Änderungen der Rentenreform zwangen jedoch dazu, Funktion und Zielsetzung der betrieblichen Altershilfe neu zu überdenken. Die Neukonzeption der Sozialrente als Lohnersatz, die nunmehr der Aufrechterhaltung des im Berufsleben erreichten Lebensstandards dienen sollte[81], gab Anlaß zu der Frage, inwieweit betriebliche Altersunterstützungen nach der Rentenreform noch sozialpolitisch berechtigt waren. Diskutiert wurde dieser Aspekt vor allem unter dem Gesichtspunkt der „Überversorgung" und der „Widerrufsbefugnis" von Ruhegeldleistungen[82].

Die Praxis zeigte jedoch bald, daß die nach der neuen Rentenformel bemessenen Leistungen vielfach nicht ausreichten, jenes Sicherungsziel zu gewährleisten. Die sozialpolitische Zielsetzung der Reformgesetzgebung ging dahin, daß die reale Standardrente nach 40 Versicherungsjahren etwa 60 v. H. des durchschnittlichen Bruttoarbeitseinkommens bzw. 75 v. H. des Einkommens eines vergleichbar noch tätigen Aktiven[83] betragen sollte. Das Nettorentenniveau[84], welches als Indikator für die Stellung der Rentner im Einkommensgefüge angesehen wird, lag, ausgehend von 40 Versicherungsjahren eines Durchschnittsverdieners, 1957 bei 59,3 %[85] und damit unterhalb des angestrebten Versorgungsniveaus. Größere Versorgungslücken blieben auch nach der Rentenreform stets für jene Arbeitnehmer aufzufüllen, deren Einkommensteile oberhalb der Beitragsbemessungsgrenze nicht durch die Sozialversicherungsrente abgesichert wurden[86]. Die betriebliche Altersversorgung behielt deshalb neben der Sozialrente ihren ergänzenden Charakter bei, nur daß sie im Verhältnis zur gesetzlichen Rente nicht nur Beihilfe zur Existenzsicherung blieb, sondern sich zur Beihilfe zur Aufrechterhaltung des Lebensstandards im Ruhestand entwickelte. Deutlich wird dieser Anpassungsprozeß in den vor allem in den 50er und 60er Jahren verstärkt getroffenen Gesamtversorgungszusagen, die Versorgungsleistungen nur für den Fall einer Versorgungslücke zusagen und mit der sich der Arbeitgeber unter Anrechnung der gesetzlichen Rente zur Aufstockung der Rentenleistung bis auf ein bestimmtes Versorgungsniveau verpflichtet[87].

---

81 Vgl. die Begründung des Regierungsentwurfs des Rentenregelungsgesetzes, 23. Mai 1956, BT-Drucks. II/2314, S. 57, 61.

82 Hueck, RdA 1957, S. 401 ff. m. w. N.; *ders.*, Einwirkungen, passim; *Hilger*, BB 1957, S. 296 ff.; *Heissmann*, BB 1957, S. 780.

83 *Schaub / Schusinski / Ströer*, Altersvorsorge, S. 1.

84 Es kennzeichnet das Verhältnis zwischen der Rente eines Durchschnittsverdieners mit 40 Versicherungsjahren und dem Nettoarbeitseinkommen eines vergleichbaren Erwerbstätigen.

85 *Hauck*, Deutsche Rentenversicherung, S. 161 (163). Bis 1985 ist das Nettorentenniveau auf 64,7 % angestiegen. Zum Versorgungsniveau vgl. auch *Forsbach*, BetrAV 1987, S. 237.

86 *Ahrend / Walkiewicz*, DAngVers 1986, S. 226 (227); vgl. allgemein auch *Blum*, ZSR 1977, S. 152 (154).

87 *Blomeyer*, Rahmenbedingungen, S. 8. Zu den verschiedenen Formen der Gesamtversorgung vgl. *Blomeyer / Otto*, BetrAVG, § 5, Rdn. 13 ff.

c) *Betriebliche Altersrente als ergänzende Versorgung*

Der Funktionswandel des Sozialrechts und der Sozialpolitik erfaßte in immer stärkerem Maße auch die betrieblichen Sozialleistungen und führte insbesondere bei den Altersleistungen zu widersprüchlichen Wertungen in der Beurteilung der betrieblichen Altersfürsorge.

Bedingt durch ihren historischen Werdegang wurden Ruhegeldleistungen z. T. bis in die jüngste Zeit hinein arbeitsrechtlich als freiwillige Fürsorgeleistungen des Arbeitgebers charakterisiert[88]. Vom sozialpolitischen Standpunkt aus bekam die betriebliche Altersversorgung zunehmend die Bedeutung einer wichtigen Zusatzversorgung, je deutlicher wurde, daß die gesetzliche Altersrente vielfach nicht jene sozialpolitisch beabsichtigte Vollversorgung im Ruhestand gewährleistete und der Versorgungszweck erst in Verbindung mit betrieblichen Ruhegeldleistungen erreicht wurde[89]. Die Freiwilligkeit der Leistung stellte jedoch nicht sicher, daß alle Arbeitnehmer (vergleichbar der Zusatzversorgung im öffentlichen Dienst) gleichermaßen in den Genuß dieser Ergänzungsleistungen kamen. Hinzu kam, daß der Fürsorgecharakter der Leistung — im Gegensatz zum Anspruchscharakter der gesetzlichen Rentenleistung — diese sozialpsychologisch als mildtätig-karitative Leistung erscheinen ließ. Diesem „Wesensbild“ entsprechend wurde die betriebliche Altersversorgung bis Ende der sechziger Jahre in der Rechtsprechung als Fürsorgeleistung ohne Rechtsanspruch behandelt[90]. Diese Zuordnung geriet zunehmend in Widerspruch zu der gesellschafts- und sozialpolitischen sowie arbeitsökonomischen Bewertung der Leistung, die im folgenden nur kurz skizziert werden kann[91]: Neben der für den Wohltätigkeitscharakter des Ruhegeldes zunächst bestimmenden Zwecksetzung, bei altersbedingter Not zu helfen und der Sicherung der Lebensgrundlage zu dienen, spielten zunehmend auch arbeitsökonomische Zielsetzungen bei der Zusage von Ruhegeldleistungen eine Rolle[92]. Vor allem in Zeiten des Arbeitskräftemangels dienten Sozialleistun-

---

[88] Aus dem älteren Schrifttum: *Hueck / Nipperdey,* Arbeitsrecht Bd. I, § 52 VIII 1 (S. 491); *Nikisch,* Arbeitsrecht Bd. I, § 41 I 1 (S. 570 ff.); *Mavridis,* ArbuR 1957, S. 225 (228). *Graef,* Betriebliche Altersfürsorge, S. 42. Nach LAG Hamm v. 29. 1. 1985 ist der Entgeltcharakter und die freiwillige Fürsorge des Arbeitgebers für Leistungen der betrieblichen Altersversorgung bestimmend, EzA Nr. 35 zu § 611 BGB, Bl. 169; ebenso *Höfer / Abt,* BetrAVG, Arb.Gr., Rdn. 41.

[89] *Hueck,* RdA 1957, S. 401; *ders.,* Einwirkungen, S. 6; *Lorz,* Die Rentenversicherung 1983, S. 1 (3); *Heissmann,* Die betriebliche Altersversorgung im System der sozialen Sicherung, S. 16 ff. Die sozialpolitische Bedeutung ausdrücklich hervorhebend: Sachverständigenkommission Alterssicherungssysteme, Darstellung der Alterssicherungssysteme und der Besteuerung von Alterseinkommen, Berichtsband 2, S. 248, veröffentlicht vom BMA.

[90] RAG ARS 33, S. 183 (185); 42, S. 141 (143); 43, S. 148 ff. BAG AP Nr. 8 zu § 242 BGB Ruhegehalt, Bl. 22 R; BAGE 9, S. 85 (89 f., 91).

[91] Zu den Strukturwandlungen ausführlicher *Reichwein,* Funktionswandlungen, S. 172. Zu den wechselnden Zielsetzungen betrieblicher Wohlfahrtspflege allgemein *Pleiss,* Freiwillige soziale Leistungen, S. 32 ff.; zu den arbeitsökonomischen Zwecksetzungen im besonderen, S. 54 ff.

gen wie die betriebliche Altersversorgung als personalpolitisches Instrument zur Anwerbung und Bindung qualifizierter Arbeitskräfte[93]. Steuerliche Rückstellungsmöglichkeiten forcierten zudem den Ausbau und die Errichtung betrieblicher Versorgungseinrichtungen[94]. Die Ruhegeldzusage erhielt damit neben anderen betrieblichen Sozialleistungen mehr und mehr den Charakter einer geldwerten Leistung, die sich der Arbeitnehmer durch langjährige Betriebstreue „verdienen" konnte[95]. Dieser Wandel ging einher mit einer veränderten Auffassung über die Bedeutung und Höhe des Einkommens im Alter. Einem wachsenden Sicherheitsbewußtsein[96] der Bevölkerung entsprach es, auch die betrieblichen Ruhegeldleistungen zu einem kalkulierbaren Bestandteil der Alterssicherung zu machen. Dem stand jedoch deren Einordnung als freiwillige Fürsorgeleistung entgegen.

Erste Veränderungen in der rechtlichen Beurteilung der Ruhegeldleistung wurden durch die Rechtsprechung im Wege richterlicher Rechtsfortbildung innerhalb der durch das Rechtsstaatsprinzip gesetzten Grenzen[97] eingeleitet: In einem Urteil vom 10. Februar 1968 erklärte das BAG[98] erstmals, daß dem Ruhegeld neben dem Fürsorge- auch Vergütungscharakter beizumessen sei. In weiteren Urteilen wurde der „Versorgungs- und Entgeltcharakter"[99] betont. Eine Verfestigung zum Ruhegeldanspruch brachte eine grundlegende Entscheidung im Jahre 1972[100], in der die Unverfallbarkeit der Ruhegeldanwartschaft bei 20jähriger Betriebszugehörigkeit bejaht wurde; ebenso billigte das BAG[101] auch Arbeitnehmern, denen

---

92 Nach *Pleiss*, Freiwillige soziale Leistungen, S. 54, läßt sich eine entsprechende wirtschaftliche Zwecksetzung schon von etwa 1900 ab feststellen.

93 Insbesondere ein in den 50er und 60er Jahren bestehender Arbeitskräftemangel war Anlaß für viele deutsche Unternehmen, betriebliche Sozialleistungen als Mittel zur Werbung von Arbeitskräften einzusetzen. *Lelonek*, Die Aufwendungen für den arbeitenden Menschen, S. 172; *Blomeyer*, Rahmenbedingungen, S. 1 (2).

94 *Blomeyer*, Rahmenbedingungen, S. 1 (2).

95 Zum Lohncharakter der Leistung: Sozialenquête, Soziale Sicherung in der Bundesrepublik Deutschland, Ziff. 530.

96 Zu den Einwirkungen sozialpolitischer Maßnahmen auf das Sicherheitsbewußtsein *Graef*, Betriebliche Altersfürsorge, S. 23; *Heissmann*, Die betriebliche Altersversorgung im Spiegel der sozialpolitischen Diskussion, S. 6.

97 Zur Zulässigkeit sogenannter gesetzesvertretender Rechtsfortbildung im allgemeinen *Larenz*, Methodenlehre, S. 287 ff.; für die betriebliche Altersversorgung im besonderen *Blomeyer*, Betriebliche Altersversorgung 1979, S. 78; *Hilger*, RdA 1981, S. 6 f. Zu den aus dem Rechtsstaatsprinzip abgeleiteten Rechtsgrundsätzen vgl. auch BVerfG, Beschluß vom 14. 1. 1987, NZA 1987, S. 347 m. w. N.

98 BAG Urt. vom 10. 2. 1968, AP Nr. 2 zu § 119 BGB = DB 1968, S. 1074.

99 BAG AP Nr. 2 zu § 242 BGB Ruhegehalt — VBL; BAG AP Nr. 3 zu § 242 BGB Ruhegehalt-Unterstützungskassen, Bl. 470 R; BAG AP Nr. 156 zu § 242 BGB Ruhegehalt, Bl. 562. Vgl. auch BVerfG, Beschluß v. 19. 10. 1983, NJW 1984, S. 476 (477), in dem diese Beurteilung des Ruhegeldes anerkannt und bestätigt wurde.

100 BAG Urt. vom 10. 3. 1972, AP Nr. 156 zu § 242 Ruhegehalt; kritisch hierzu: *Diederichsen*, Rechtsfortbildung, S. 225 ff.

101 Vgl. BAG Urt. v. 17. 5. 1973, AP Nr. 6 zu § 242 BGB Ruhegehalt-Unterstützungskassen. Die Verfassungsgemäßheit dieser Rechtsprechung insoweit bestätigend: BVerfG, AP Nr. 12 zu § 1 BetrAVG Unterstützungskassen, Bl. 331 m. w. N.

Leistungen durch eine betriebliche Unterstützungskasse in Aussicht gestellt werden, im Ergebnis einen Rechtsanspruch auf das Ruhegeld zu, indem es die Ausschlußklausel als an sachliche Gründe gebundenes Widerrufsrecht deutete. In einer weiteren Entscheidung aus dem Jahre 1973[102] bejahte das BAG eine Anpassungsprüfungspflicht für Ruhegeldleistungen im Rahmen des § 315 BGB. Mit dem Gesetz zur Verbesserung der betrieblichen Altersversorgung vom 19. Dezember 1974[103] wurden schließlich jene Rechtssätze weitgehend übernommen und kodifiziert und die sozialpolitische Funktion der betrieblichen Altersversorgung anerkannt[104]. Zwar besteht seitdem nach wie vor für Arbeitnehmer kein Rechtsanspruch auf die Errichtung von betrieblichen Versorgungseinrichtungen, doch sind einmal gegebene Ruhegeldzusagen nach der Gesetzesregelung weitgehend bestandsfest geworden. Die Leistungen der betrieblichen Versorgungseinrichtungen wurden mit jenen der gesetzlichen Rentenversicherung koordiniert, indem Arbeitnehmer, die von der Möglichkeit des flexiblen Altersruhegeldes Gebrauch machen, mit Beginn der Rentenzahlungen aus der gesetzlichen Rentenversicherung auch ihre Betriebsrenten beanspruchen können (§ 6 BetrAVG). Ein weiterer Anspruch geht dahin, daß der Arbeitgeber laufende Versorgungsleistungen alle drei Jahre im Hinblick auf eine mögliche Anpassung zu überprüfen hat (§ 16 BetrAVG).

Der Versorgungs- und Entgeltcharakter ist heute kennzeichnend für die betriebliche Altersversorgung[105]. Als sogenannte zweite Säule[106] der Alterssicherung wird die Institution betrieblicher Altersversorgung als Teil des Systems der sozialen Sicherung betrachtet[107]. Für solche Arbeitnehmer, die über eine Ruhegeldzusage des Arbeitgebers und über unverfallbare Anwartschaften verfügen und die die gesetzlichen Leistungsvoraussetzungen erfüllen, ist das betriebliche Altersruhegeld zu einem festen, kalkulierbaren Teil ihres Ruhestandseinkommens geworden.

---

102 BAG Urt. vom 30. 3. 1973, AP Nr. 4 und 5 zu § 242 BGB Ruhegehalt — Geldentwertung.

103 BGBl I, S. 3610.

104 Erklärtes Ziel des Gesetzes war es, „die betriebliche Altersversorgung für die Arbeitnehmer und Versorgungsempfänger wirkungsvoller und sicherer“ zu gestalten, damit diese „ihre soziale Funktion als wertvolle Ergänzung der Sozialversicherung wirkungsvoll“ erfüllen könne, Bericht des Abgeordneten *Lutz*, BT-Drucks. 7/2843, S. 4. Vgl. auch den Bericht des Ausschusses für Arbeit und Sozialordnung, BT-Drucks. 7/1167, S. 19.

105 BAG AP Nr. 3 und 9 zu § 242 BGB Ruhegehalt-Unterstützungskassen; BAG AP Nr. 154, Bl. 174 R; Nr. 156, Bl. 562; Nr. 162, Bl. 388; Nr. 188, Bl. 384 R zu § 242 BGB-Ruhegehalt; BAGE 25, S. 146 ff. = AP Nr. 4 zu § 242 BGB Ruhegehalt — Geldentwertung; BVerfG-Beschluß vom 19. 10. 1983, NJW 1984, S. 476 (477) mit Verweis auf den Wandel in der betrieblichen Altersversorgung; *Hilger*, RdA 1981, S. 6 (8); *Blomeyer / Otto*, BetrAVG, Einl. Rdn. 177 m. w. N.

106 Sachverständigenkommission Alterssicherungssysteme, Berichtsband 2, S. 248.

107 *Blum*, ZSR 1977, S. 152 (158).

IV. Verbreitung der betrieblichen Altersversorgung

Die Bedeutung der Betriebsrente für die materielle Sicherung der Arbeitnehmer im Ruhestand läßt sich anhand von Durchschnittswerten nur ungenau erfassen. Zu sehr wird im Bereich der betrieblichen Altersversorgung wegen der hier bestehenden Gestaltungsfreiheit der Leistungsumfang durch die jeweils im Betrieb gültige Versorgungsregelung und deren Leistungskonditionen bestimmt[108]. Individuell bemessen — da vom Lohnverlauf in der Erwerbsphase mitbestimmt — ist auch das Absicherungsniveau des pensionierten Arbeitnehmers in der Rentenversicherung und die — etwa in Gesamtversorgungssystemen — verbleibende Versorgungslücke. Welche große Bedeutung diese Versorgungsleistung innerhalb des Alterssicherungssystems einnimmt, läßt sich jedoch an deren Verbreitungsgrad und am Leistungsaufwand ablesen: Die letzte umfassende Erhebung durch das Statistische Bundesamt stammt aus dem Jahre 1976, wonach rund 43 000 Unternehmen mit 10 und mehr Arbeitnehmern Einrichtungen der betrieblichen Altersversorgung besaßen; gemessen an der Anzahl der Unternehmen in den erfaßten Wirtschaftsbereichen hatten 35 % der Unternehmen betriebliche Versorgungsleistungen angegeben[109]. Die Anzahl der in betriebliche Versorgungseinrichtungen einbezogenen Arbeitnehmer betrug 1976 knapp 7 Mio. und lag damit bei 65 % der in der Privatwirtschaft beschäftigten Arbeitnehmer[110]. Weitere vier — im Auftrag des Bundesministeriums für Arbeits- und Sozialordnung — durchgeführte Stichprobenerhebungen des Ifo- Instituts für Wirtschaftsforschung aus den Jahren 1979, 1981, 1984 und 1987 erlauben zumindest Tendenzaussagen über die weitere Entwicklung der betrieblichen Alterssicherung[111]. Danach ist zwar die sozialpolitisch allgemein als wünschenswert erachtete Ausweitung der betrieblichen Altersversorgung ausgeblieben, doch scheint auch die vor allem nach 1981 festgestellte Tendenz zu Einschränkungen und Schließungen gestoppt[112]. So ist nach den Erhebungen des Ifo-Instituts der Anteil der Beschäf-

---

108 Neben dem Zeitfaktor für den Aufbau von Anwartschaften (Jahre der Betriebszugehörigkeit) hängt die Höhe der Betriebsrente auch davon ab, ob eine Festgeldzusage oder eine gehaltsabhängige Zusage besteht.

109 Vgl. dazu *Berie*, Arbeits- und Sozialstatistik 1978, S. 135 ff., *Ahrend / Dorow*, DB 1978, Beilage 19.

110 *Ahrend*, Die Zukunft der betrieblichen Altersversorgung, S. 28 (31); Sachverständigenkommission Alterssicherungssysteme, Berichtsband 2, S. 251, veröffentlicht vom BMA; kritisch zur Erhebung unter Ausklammerung kleinerer Betriebe: *Hilfer*, System sozialer Alterssicherung, S. 58.

111 Ein Vergleich der Ergebnisse mit jenen vom Statistischen Bundesamt von 1974 und 1976 ist aufgrund Unterschiede in der Erhebung nicht möglich. Zur Erhebungsmethode und damit verbundenen Unsicherheiten zur Repräsentativität vgl. insbesondere: Viertes Forschungsvorhaben zur Situation und Entwicklung der betrieblichen Arbeitsversorgung, Ergebnisse und Analyse einer im November/Dezember 1987 durchgeführten Befragung in Industrie und Handel des Ifo-Instituts für Wirtschaftsforschung (Bearbeiter: *W. Ruppert*), München 1988.

112 Vgl. auch: Bericht der Bundesregierung über die Situation und Entwicklung der betrieblichen Altersversorgung unter Berücksichtigung der Einführung eines Kranken-

tigten mit betrieblicher Altersversorgung in der Industrie von 1979 bis 1984 von 66 % auf 72 % angestiegen und seitdem konstant geblieben[113]. Ebenso hat der Anteil der Beschäftigten im Handel nach einem vorübergehenden Rückgang auf 26 % von 1981 bis 1984 mit 28 % für 1987 wieder das Niveau von 1981 erreicht. Während im Handel auch der Verbreitungsgrad, gemessen nach dem Anteil der Unternehmen, im Vergleichszeitraum von 1984 bis 1987 auf 32 % angestiegen ist[114], sank der Anteil bei Industrieunternehmen erneut auf 61 % und damit unter den 1984 ermittelten Wert von 63 %. Ursächlich hierfür war vor allem der Rückgang bei Unternehmen mit unter 50 Beschäftigten, während der Verbreitungsgrad bei größeren Unternehmen konstant blieb, wie überhaupt der Verbreitungsgrad der betrieblichen Altersversorgung entscheidend von der Unternehmensgröße abhängt[115]. Ebenso ist festzustellen, daß die seit Anfang der achtziger Jahre vorgenommenen Leistungseinschränkungen und die sinkende Bereitschaft zur Neueinführung dieser Leistung ihre wesentliche Ursache in der ungünstigen wirtschaftlichen Entwicklung hat[116], daneben aber auch sonstige Gründe, wie die langfristigen Kostenbelastungen oder die Anpassungsrechtsprechung, ausschlaggebend sind. Allerdings darf hierbei nicht übersehen werden, daß es auch in den letzten Jahren für eine Vielzahl von Beschäftigten Leistungsverbesserungen gegeben hat. So wurden, gemessen an der Zahl der begünstigten bzw. betroffenen Arbeitnehmer, nach 1984 in der Industrie für 600 000 Personen Verbesserungen eingeführt, für 430 000 Personen Einschränkungen vorgenommen[117]. Insgesamt bleibt festzuhalten, daß — gemessen an dem Beschäftigtenanteil — nach der neuesten Erhebung immerhin 72 % in der Industrie und 28 % der Beschäftigten im Handel neben Leistungen aus der gesetzlichen Rentenversicherung eine betriebliche Ruhegeldleistung erwarten. Nach Berechnungen des BMA[118] erhalten rund 2,3 Mio. Rentner eine Betriebsrente. Dies sind zirka 30 v. H. von rund 7,7 Mio. Rentenbeziehern der gesetzlichen Rentenversicherung der ehemals in Betrieben der Privatwirtschaft Beschäftigten, in denen betriebliche Versorgungsleistungen gewährt werden können.

---

versicherungsbeitrages von Versorgungsbezügen und der Änderung des Rechnungszinsfußes für Pensionsrückstellungen. BT-Drucks. 10/2681, S. 1 ff.

113 Vgl. dazu BT-Drucks. 1/2681, S. 3 und 5 sowie die Ifo-Untersuchung Ende 1987, S. 6.

114 Von 1979 auf 1981 stieg er von 28 auf 30 %. In den Erhebungen 1981 und 1984 lag der Anteil konstant bei 30 %.

115 Vgl. dazu neben der Analyse der vierten Befragung aus 1987, S. 6 und S. 8 ff. auch BT-Drucks. 10/2681, Tabelle 1 und 2, S. 11.

116 So das Ergebnis der dritten Umfrage des Ifo-Instituts 1984, in: BT-Drucks. 10/2681, S. 7 f. Zu dem gleichen Ergebnis gelangt auch die vierte Umfrage 1987, S. 11 f. und S. 20 ff.

117 Vgl. das Ergebnis und die Analyse der Ifo-Befragung 1987, S. 14 f. Ähnliches ist für den Handel mit 60 000 Begünstigten zu 50 000 von Einschränkungen Betroffenen feststellbar, S. 21. Zu berücksichtigen ist hierbei allerdings die Neuordnung der betrieblichen Hinterbliebenenversorgung.

118 Angaben nach: Sachverständigenkommission Alterssicherungssysteme, Anlageband A, S. 19.

V. Ergebnis

Die historische Betrachtung zur Entstehung des Ruhestandes hat gezeigt, daß die Entwicklung des heute vor allem als erwerbsfreie Lebensphase verstandenen Ruhestandes entscheidend durch den Ausbau finanzieller Altersleistungen geprägt war. Einen wesentlichen Beitrag zu dieser Entwicklung hat neben der gesetzlichen Rentenversicherung auch die betriebliche Altersversorgung geleistet. Der besondere Stellenwert dieser freiwilligen Arbeitgeberleistung für die Alterssicherung ist trotz einer nicht alle Arbeitnehmer erfassenden Sicherung unbestritten. Die damit verbundenen rechtlichen Beziehungen gilt es im folgenden zu untersuchen.

Zweiter Teil

Das Rechtsverhältnis zwischen dem Arbeitgeber und dem in den Ruhestand getretenen ehemaligen Arbeitnehmer

I. Einführung — Der Meinungsstand zur Rechtsnatur des Ruhestandsverhältnisses

Die rechtliche Erfassung des Ruhestandsverhältnisses scheint aufs engste mit den betrieblichen Versorgungsleistungen des Arbeitgebers verknüpft zu sein. Stellungnahmen zur Rechtsnatur des Ruhestandsverhältnisses finden sich ausschließlich im Kontext der mit Ruhegeldleistungen erwachsenden Problembereiche. Die Auffassungen sind kontrovers.

Eine eindeutige Stellungnahme der Rechtsprechung fehlt bislang. Deren Standpunkt läßt sich nur vage anhand von Einzelaussagen aus Urteilen ermitteln: Danach scheidet der in den Ruhestand tretende Arbeitnehmer aus dem Betrieb aus. Der aktiven Belegschaft gehört er nicht mehr an[1]. Ebensowenig verbindet ihn mit dem Arbeitgeber noch ein Arbeitsverhältnis. Jedenfalls ist nach Auffassung der Rechtsprechung das Ruhestandsverhältnis von dem aktiven Arbeitsverhältnis zu unterscheiden[2]. Auf der anderen Seite betont die Rechtsprechung einen engen Zusammenhang des Ruhestandsverhältnisses mit dem aktiven Arbeitsverhältnis. In älteren Entscheidungen wird dieser enge Zuammenhang durch Aussagen deutlich, wonach das Ruhestandsverhältnis nicht ohne das alte Arbeitsverhältnis gesehen werden dürfe[3] oder durch Formulierungen wie: „Das Ruhestandsverhältnis beruht auf dem vorangegangenen Arbeitsverhältnis; es ist gleichsam die Fortsetzung der Rechtsbeziehungen in anderer Form“[4]. So berief sich das BAG in einer Entscheidung aus dem Jahre 1970[5] auf eine Einheit des Arbeits- und Ruhestandsverhältnisses zur Begründung eines Ruhegeldentzugs für Verfehlungen, die zwar im aktiven Arbeitsverhältnis begangen, aber erst zu einem Zeitpunkt

---

[1] Vgl. BAG AP Nr. 1 zu § 57 BetrVG; BAG AP Nr. 2 zu § 57 BetrVG; BAG AP Nr. 142 zu § 242 BGB Ruhegehalt; BAG AP Nr. 175 zu § 242 BGB Ruhegehalt; LAG Hamm, DB 1984, S. 316 und BAG Urteil vom 25. 10. 1988, NZA 1989, S. 522 ff., die kollektive Regelungsbefugnis des Betriebsrates für Pensionäre und damit für das Ruhestandsverhältnis verneinend.

[2] BAG, DB 1977, S. 1369; LAG Düsseldorf, DB 1976, S. 2067, betreffend die Nichtanwendbarkeit des § 613 a BGB auf Ruhestandsverhältnisse.

[3] BAGE 17, S. 331 (337).

[4] BAGE 18, S. 286 (290).

[5] BAG, SAE 1971, S. 16 (18).

aufgedeckt worden waren, in dem sich der Arbeitnehmer bereits im Ruhestand befand. Als Fortsetzung eines durch Arbeitsvertrag begründeten Dauerschuldverhältnisses für den Fall des Bestehens einer Pensionsverpflichtung kennzeichnet der BGH[6] das Ruhestandsverhältnis. Weiteres zur Rechtsnatur des Ruhestandsverhältnisses läßt sich der Rechtsprechung nicht entnehmen.

In der Literatur wird die Rechtsnatur des Ruhestandsverhältnisses gegensätzlich diskutiert. Einige Autoren vertreten die Ansicht, bei dem Ruhestandsverhältnis handele es sich um ein Rechtsverhältnis eigener Art[7]. Die Abgrenzung zum Arbeitsverhältnis wird dabei teilweise formal begründet. So ist nach *A. Hueck*[8] und — ihm folgend — *Linnenkohl*[9] mit dem Eintritt in den Ruhestand notwendigerweise die Beendigung des Arbeitsverhältnisses verbunden. Es bestehe weder eine Dienstleistungspflicht noch ein Lohnanspruch. Versorgungsleistungen des Arbeitgebers beruhen demnach auf einem ‚neuen' Rechtsverhältnis, dem Ruhestandsverhältnis, das als eine „Art Nachwirkung" das eigentliche Arbeitsverhältnis ablöse[10]. Andere knüpfen an die im Arbeitsverhältnis erteilte Versorgungszusage und deren Bedeutung für die Entstehung des Ruhestandsverhältnisses an. Danach ist das Ruhestandsverhältnis ein vertragliches Rechtsverhältnis, das den (ehemaligen) Arbeitgeber und den (früheren) Arbeitnehmer verbindet, wenn das Arbeitsverhältnis endet und statt dessen nur noch Versorgungsleistungen des Arbeitgebers erbracht werden[11]. Der Eintritt des Versorgungsfalles sei konstitutiv für die Entstehung des Ruhestandsverhältnisses, während das Arbeitsverhältnis beendet werde[12].

Demgegenüber verneinen starke Gegenauffassungen einen besonderen Rechtscharakter des Ruhestandsverhältnisses. Das „Ruhestandverhältnis" kennzeichne die auch im Ruhestand bestehenden rechtlichen Beziehungen zwischen dem ehemaligen Arbeitgeber und dem früheren Arbeitnehmer, es bezeichne aber kein neues Rechtsverhältnis[13]. Zur Begründung wird auf dogmatische Zusammenhänge mit dem Arbeitsverhältnis verwiesen. Das Ruhestandsverhältnis basiere — arbeitsrechtlich betrachtet — auf dem früheren Arbeitsverhältnis[14]. Die Ruhegeld-

---

6 BGH AP Nr. 151 zu § 242 BGB Ruhegehalt, Bl. 459 = BGHZ 55, S. 274.

7 *Bobrowski / Gaul*, Arbeitsrecht, Bd. II, L VI (S. 253 f.); *Bohn*, DB 1967, S. 641; *Hueck / Nipperdey*, Arbeitsrecht, Bd. I, § 52 VII (S. 488); *ders.*, Einwirkungen, S. 24; *Linnenkohl*, BB 1984, S. 603 (604); *Schering*, Verbindlichkeiten, S. 58.

8 *Hueck / Nipperdey*, Arbeitsrecht, Bd. I, § 52 VII (S. 488).

9 *Linnenkohl*, BB 1984, S. 603 (604).

10 So *Hueck / Nipperdey*, Arbeitsrecht, Bd. I, § 52 VII (S. 488); vgl. ebenso *Schering*, Verbindlichkeiten, S. 58.

11 *Dieterich / Rühle*, AR-Blattei, Betriebliche Altersversorgung II, D I 1.

12 *Bobrowski / Gaul*, Arbeitsrecht, Bd. II, L VI (S. 253 f.).

13 Ausdrücklich *Grell*, Der Betriebsinhaberwechsel, S. 159; im Ergebnis ebenso *Nikisch*, Arbeitsrecht, Bd. I, § 41 V (S. 586); gegen die Entstehung eines neuen Rechtsverhältnisses auch *Hilger*, Das betriebliche Ruhegeld, S. 16; *Säcker / Joost*, DB 1977, S. 1030 (1034).

14 *Nikisch*, Arbeitsrecht, Bd. I, § 41 V (S. 586).

leistungen des Arbeitgebers seien in dem Arbeitsverhältnis als dem eigentlichen Grundverhältnis angesiedelt[15]. Die Ruhegeldzusage habe ihren Rechtsgrund in dem früheren Arbeitsverhältnis; aus §§ 1, 17 BetrAVG folge, daß die Versorgungszusage aus Anlaß eines Arbeits- oder sonstigen Tätigkeitsverhältnisses erteilt sein müsse[16]. Der Ruheständler habe sich die Leistungen im Rahmen seiner aktiven Tätigkeit im Arbeitsverhältnis verdient[17]. Mit anderen Worten: Ein Ruhestandsverhältnis sei ohne vorangegangenes Arbeitsverhältnis nicht denkbar. Dem engen Zusammenhang zwischen dem Arbeits- und Ruhestandsverhältnis widerspreche es, das Ruhestandsverhältnis isoliert vom Arbeitsverhältnis als Schuldverhältnis eigener Art zu behandeln. Innerhalb dieser Meinungsgruppe läßt sich ein breiter Konsens dahingehend feststellen, daß der inneren Verbundenheit der beiden Rechtsverhältnisse durch eine entsprechende dogmatische Einordnung des Ruhestandsverhältnisses Rechnung getragen werden müsse. Streitig ist hierbei die rechtliche Qualifizierung des Ruhestandsverhältnisses im Verhältnis zum Arbeitsverhältnis.

Einige Autoren betrachten das Ruhestandsverhältnis als „restliches" Arbeitsverhältnis[18] oder „Abwicklungsverhältnis"[19], das im Vergleich zum aktiven Arbeitsverhältnis durch Rechtsbeziehungen von geringerer Intensität gekennzeichnet sei. Andere gehen zwar ebenfalls von einem veränderten Gehalt des Ruhestandsverhältnisses gegenüber dem Arbeitsverhältnis aus, wollen aber unter dem Gesichtspunkt des Dauerschuldcharakters des Arbeitsverhältnisses das Ruhestandsverhältnis als fortgesetztes Arbeitsverhältnis behandeln[20]. Mit dem altersbedingten Ausscheiden des Arbeitnehmers und dem Eintritt des Versorgungsfalles erlösche nicht das Arbeitsverhältnis als Ganzes, sondern nur der Teil des Dauerschuldverhältnisses, der fortlaufende Dienstleistungs- und Vergütungspflichten begründe. Die Verpflichtung des Arbeitgebers zu Ruhegeldleistungen führe zur Fortsetzung des Arbeitsverhältnisses mit anderem Inhalt[21].

Die wohl überwiegende Auffassung geht jedoch aufgrund der unlösbaren Verbindung des Ruhestandsverhältnisses mit dem vorangegangenen Arbeitsverhältnis davon aus, daß das Pensionsverhältnis eine vereinbarte Nachwirkung des

---

15 Vgl. schon *Hilger,* Das betriebliche Ruhegeld, S. 16; *Nikisch,* Arbeitsrecht, Bd. I, § 41 II 1 (S. 574 f.).

16 *Schaub,* Handbuch, § 81 IV 2 d (S. 465).

17 *Dieterich,* AR-Blattei, Ruhegeld I, D III 1; *Säcker,* Rechtliche Probleme, S. 23 (35); *Schaub,* Handbuch, § 81 VIII 1 (S. 507); *Söllner,* Arbeitsrecht, § 34 IV (S. 277); *W. Zöllner,* Arbeitsrecht, § 26 II 3 (S. 261 f.).

18 *Grell,* Der Betriebsinhaberwechsel, S. 159.

19 *Schaub,* BB 1972, S. 223 (226).

20 *Mickler,* Ruhegeldzahlungen, S. 139; *Säcker / Joost,* DB 1978, S. 1030 (1035); *Schwerdtner,* ZfA 1975, S. 171 (183 f.); ähnlich schon *Sieg,* SAE 1968, S. 177.

21 So schon *Hilger,* Das betriebliche Ruhegeld, S. 16, die zwar eine Fortsetzung „in anderer Form" bejaht, damit aber im Ergebnis auch nur den veränderten Fortbestand des Rechtsverhältnisses bezeichnen will. In diesem Sinne ausdrücklich *Säcker / Joost,* DB 1978, S. 1030 (1035); im Ergebnis auch *Schwerdtner,* ZfA 1975, S. 171 (183 f.).

früheren Arbeitsverhältnisses sei[22]: Da der pensionierte Arbeitnehmer Versorgungsansprüche aufgrund einer Versorgungszusage erhalte und diese ihren Rechtsgrund immer in dem früheren Arbeitsverhältnis habe, seien die Altersleistungen Auswirkungen des beendeten Vertragsverhältnisses[23]. Diese Leistungspflicht setze — aufgrund ihrer besonderen Zweckbestimmung — erst nach Beendigung des Beschäftigungsverhältnisses ein. Die dadurch fortbestehenden rechtlichen Beziehungen zwischen dem Pensionär und dem ehemaligen Arbeitgeber seien damit als Nachwirkungen des Arbeitsverhältnisses zu betrachten.

II. Problemstellung: Auswirkungen betrieblicher Ruhegeldleistungen

So umstritten die Frage ist, ob das Ruhestandsverhältnis als Schuldverhältnis eigener Art oder als Fortsetzung des Arbeitsverhältnisses zu erfassen ist oder ob es sich um eine Nachwirkung des früheren Arbeitsverhältnisses handelt, so besteht doch bemerkenswerterweise über folgendes breiter Konsens: Alle im einzelnen vertretenen Auffassungen gehen nämlich ohne nähere Begründung von der Annahme aus, daß sich das Ruhestandsverhältnis arbeitsrechtlich in einem Versorgungsverhältnis erschöpft. Hauptpflicht dieses Rechtsverhältnisses ist die Gewährung von Versorgungsleistungen durch den Pensionsverpflichteten. Eine entsprechende Gegenleistung schuldet der Pensionär nicht. Ihn treffen jedoch gewisse nachwirkende Nebenpflichten[24] bzw. abgeschwächte Treuepflichten[25]. „Besondere Pflichten“ des Ruhegehaltsempfängers bejahen auch die Befürworter eines Rechtsverhältnisses eigener Art[26]. Nicht die Frage, ob besondere Pflichten des

---

22 Aus der älteren Literatur: *Galperin,* DB 1950, S. 559; *Kull,* Grundlagen, S. 92; *Käuffer,* Vor- und Nachwirkungen, S. 79 und 89, *Schwarze,* Nachwirkungen, S. 68; *Nikisch,* Arbeitsrecht, Bd. I, § 41 V (S. 586); *Söllner / Meyer,* AR-Blattei, Arbeitsvertrag — Arbeitsverhältnis X, B IV. Aus der neueren Literatur: Vgl. *Ahrend / Rühmann,* DB 1977, Beilage 2, S. 1 (5 f.); *Säcker,* Gruppenautonomie, S. 365; *ders.,* Rechtliche Probleme, S. 23 (51): „Das Ruhestandsverhältnis ist eine Nachwirkung des früheren Arbeitsverhältnisses“ und „Insoweit ist das Ruhestandsverhältnis die organische Fortsetzung des Arbeitsverhältnisses; es muß als einheitlicher Komplex begriffen werden.“; *W. Zöllner,* Arbeitsrecht, § 26 II (S. 258): „Das Ruhestandsverhältnis ist eine vereinbarte Nachwirkung des Arbeitsverhältnisses von besonderer Intensität und Bedeutung.“

23 *Galperin,* DB 1950, S. 559; *Ahrend / Rühmann,* DB 1979, Beilage 2, S. 1 (5).

24 *Dieterich / Rühle,* AR-Blattei, Betriebliche Altersversorgung II, D I; *Söllner / Meyer,* AR-Blattei, Arbeitsvertrag — Arbeitsverhältnis X, B V; *Söllner,* Arbeitsrecht, § 34 III (S. 226); *W. Zöllner,* Arbeitsrecht, § 26 II 3 (S. 262).

25 *Monjau,* BB 1962, S. 1439 (1442) bejaht eine erhöhte Treuepflicht während des Versorgungsverhältnisses; *Nikisch,* Arbeitsrecht, Bd. I, § 41 V (S. 586) eine abgeschwächte Treuepflicht; *Schaub,* BB 1972, S. 223 (226) beschreibt diese als eine über die allgemeine nachvertragliche Treuepflicht hinausgehende Treueverpflichtung.

26 Die Terminologie und Kennzeichnung der Pflichten ist uneinheitlich: *Bobrowski / Gaul,* Arbeitsrecht, Bd. II, L V (S. 329) beschreiben sie noch in der *7. Auflage* als in beschränktem Umfange fortwirkende gegenseitige Treue- und Fürsorgepflicht; differenzierender nunmehr die *8. Auflage* unter L VI (S. 263); *Hueck / Nipperdey,* Arbeitsrecht, Bd. I, § 52 VII 1 (S. 488) bejahen eine „gewisse Treuepflicht“, die allerdings nicht den gleichen Umfang habe wie diejenige des aktiven Arbeitnehmers.

Ruhegeldempfängers gegenüber dem Leistungsverpflichteten bestehen, sondern in welchem Umfang diese anzuerkennen sind, ist im Streit. Das Bedürfnis, den Ruhegehaltsempfänger nach Arbeitsvertragsende in einer gewissen Pflichtenstellung zum Arbeitgeber zu lassen, scheint sich zwanglos aus dem sachlichen Zusammenhang mit dem früheren Arbeitsverhältnis und einer fortbestehenden Verbundenheit der beiden Vertragspartner zu ergeben.

Die Anerkennung besonderer Neben-(Treue-)Pflichten basiert damit auf unsicherer Grundlage, wie folgendes Beispiel zeigt: Zu den Treuepflichten des Pensionsberechtigten zählt unstreitig eine gewisse Rücksichtspflicht. Dieser muß auf lebenswichtige Belange des Pensionsverpflichteten Rücksicht nehmen und bei wirtschaftlicher Notlage notwendige Pensionskürzungen hinnehmen[27] oder — im günstigen Fall — auf eine Rentenanhebung verzichten, wenn wesentliche Belange innerhalb des Betriebes dies erfordern[28]. Ebenso darf er nach weit verbreiteter Meinung den Interessen seines (ehemaligen) Arbeitgebers nicht entgegenarbeiten und unmittelbaren und schädigenden Wettbewerb im Ruhestand betreiben[29]. Die Verfolgung des Ruhegeldanspruchs erscheint rechtsmißbräuchlich, wenn der Pensionär in Konkurrenz zu dem Verpflichteten tritt und dessen wirtschaftliche Existenz gefährdet[30]. Ein Anknüpfungspunkt im früheren Arbeitsverhältnis, aus dem sich die Existenz dieser Pflichten begründen ließe, besteht nicht. Rücksichtspflichten des Arbeitnehmers haben ihren Grund in den besonderen Beziehungen im Arbeitsverhältnis. Wettbewerbsbeschränkungen über den Beendigungszeitpunkt hinaus erfordern nach § 74 HGB eine vertragliche Vereinbarung mit Karenzentschädigung[31]. Die Pflichten des Ruheständlers dienen dem wirtschaftlichen Schutz des Leistungsverpflichteten und knüpfen an die Ruhegeldleistung an. Hier liegt der Gedanke zugrunde, daß der Pensionsberechtigte die Quelle, aus der er seine Versorgungsleistungen bezieht, nicht gefährden darf.

---

27 BAG AP Nr. 3, 4, 134, 157, 167, 175 zu § 242 BGB Ruhegehalt; zustimmend BGH, ZIP 1985, S. 760 (762) in einem obiter dictum. Mit unterschiedlicher Begründung: *Feudner,* DB 1984, S. 613 (615); *Höfer / Abt,* BetrAVG, ArbGr., Rdn. 354; *Säcker,* Gruppenautonomie, S. 412; *Sieg,* Betriebliche Altersversorgung 1982, S. 206.

28 BAG AP Nr. 5 zu § 16 BetrAVG = EzA Nr. 6 zu § 16 BetrAVG mit Anm. *Schulin;* BAG AP Nr. 8 zu § 16 BetrAVG; BGH, WM 1979, S. 250 (251); BAG AP Nr. 13 zu § 16 BetrAVG = EzA Nr. 11 zu § 16 BetrAVG mit Anm. *Schulin;* BAG, ZIP 1984, S. 1268; BAG, ZIP 1985, S. 889 (891); ebenso *Ahrend / Förster / Rössler,* BB 1978, Beilage 3, S. 1 (8); *dies.,* BB 1980, Beilage 6, S. 1 (9 ff.); *Schaub,* NJW 1978, S. 2076 (2079 f.); *Schwerdtner,* ZfA 1978, S. 553 (593).

29 Für Wettbewerbsbeschränkungen des Versorgungsempfängers: *Galperin,* DB 1950, S. 559; *Hueck / Nipperdey,* Arbeitsrecht, Bd. I, § 52 VII (S. 488); *Moos,* RdA 1962, S. 301 (306); *Söllner / Meyer,* AR-Blattei, Arbeitsvertrag — Arbeitsverhältnis X, B V; zweifelnd: *Schaub,* BB 1972, S. 223 (227); *ders.,* Handbuch, § 58 I 1 (S. 295); ablehnend: *Götz,* Nachvertraglicher Wettbewerb, S. 203 ff.

30 Bei ruinösem Wettbewerb: BGH AP Nr. 151 zu § 242 BGB Ruhegehalt = BGHZ 55, S. 274 ff. Rechtsmißbräuchliches Verhalten bei Konkurrenztätigkeit bejahend: schon *Bohn,* DB 1967, S. 641 (643); auch *Buchner,* AR-Blattei, Wettbewerbsverbot III, E II 2; *Gaul,* BB 1980, S. 57 (61) für eine hauptamtliche Tätigkeit des Pensionärs; *ders.,* BB 1984, S. 346 (349); *Hölters,* DB 1975, S. 2179 (2182) bei schikanösem Wettbewerb.

31 *Schaub,* Handbuch, § 58 I 1 und 2 (S. 294 ff.).

Es gilt daher nachzuprüfen, ob Inhalt und Eigenart des Versorgungsverhältnisses besondere Pflichten des Pensionärs begründen können. Um Inhalt und Eigenart des Ruhegeldleistungsverhältnisses näher bestimmen zu können, bedarf es zunächst der Klärung und rechtlichen Einordnung der im Ruhestandsverhältnis bestehenden Pflichten. Erst wenn über Inhalt und Umfang der im Ruhestand des Arbeitnehmers bestehenden Rechte und Pflichten Klarheit herrscht, kann geprüft werden, ob und ggf. in welcher Weise Versorgungsleistungen des Arbeitgebers diese Rechtsbeziehungen gestalten.

1. Abschnitt

Die grundsätzliche Beurteilung nachvertraglicher Rechtsbeziehungen des Arbeitsverhältnisses

Die altersbedingte Beendigung des Arbeitsverhältnisses durch Berufsaustritt und Pensionierung ist nur einer von mehreren Beendigungsgründen für privatrechtliche Arbeitsverhältnisse. Ein gesondert geregeltes Institut der Pensionierung kennt das Arbeitsrecht nicht. Bei der Untersuchung, welche rechtlichen Beziehungen im sogenannten Ruhestandsverhältnis bestehen, ist daher zunächst der Frage nachzugehen, welche Rechtsverhältnisse im allgemeinen zwischen dem Arbeitgeber und den ausgeschiedenen Arbeitnehmern bestehen, um danach überprüfen zu können, ob durch den Ruhestand des Arbeitnehmers eine Sonderverbindung begründet wird.

I. Die nachvertraglichen Pflichten der Arbeitsvertragsparteien

Wird das Arbeitsverhältnis durch Kündigung oder auf andere Weise für die Zukunft beendet, so erlöschen mit Ablauf des Vertragsverhältnisses zugleich die hierdurch begründeten Rechte und Pflichten. Dies sind bekanntlich die im Gegenseitigkeitsverhältnis stehenden Hauptleistungspflichten, die Pflicht zur Arbeitsleistung und die Vergütungspflicht. Vertragliche Leistungspflichten, soweit sie noch nicht erfüllt wurden, bestehen zwar auch nach Vertragsende bis zu ihrer Erfüllung fort, dies macht sie jedoch nicht zu einer nachvertraglichen Verpflichtung. Ein Charakteristikum der nachvertraglichen Pflichten soll sein, daß sie gerade an das Vertragsende, an die nach Wegfall der Hauptleistungspflichten fortbestehenden Verhaltenspflichten anknüpfen[1]. Andere Autoren verwenden die Bezeichnung „nachwirkende Vertragspflichten“[2] bzw. „nachwirkende Treuepflichten“[3] oder

---

1 *Blomeyer,* Schuldrecht, § 21 XI (S. 72); *Emmermann,* Nachwirkung, S. 8; Schuldrecht, Bd. I, § 19 II a (S. 272 f.); RGRK/ALFF, § 242, Rdn. 50.

2 *Moos,* RdA 1962, S. 301 ff.

3 *Esser / Schmidt,* Schuldrecht, Bd. I, § 6 V (S. 91); *Münch.Komm. / Emmerich,* Vor. § 275, Rdn. 176 und 181.

sprechen einfach von „Nachwirkungen“ zur Kennzeichnung der nach dem Erlöschen der Leistungsbeziehung fortdauernden Pflichten. Ihre Rechtsgrundlage sollen diese in der früheren vertraglichen Bindung haben[4].

1. Sachliche Eingrenzung

a) Zu den sogenannten Abwicklungspflichten

Die Eingrenzung der nachvertraglichen Pflichten auf die nach Erfüllung der Hauptleistungspflichten fortbestehenden Pflichten legt es nahe, alle im Zeitpunkt des Erlöschens des Leistungsverhältnisses bestehenden oder entstehenden Pflichten zu den nach-vertraglichen zu zählen. Dieser Einteilung folgend, werden häufig auch schuldrechtliche Pflichten, die erst aus Anlaß der Beendigung des Arbeitsverhältnisses entstehen, den nachvertraglichen Pflichten des Arbeitsverhältnisses zugerechnet[5]. So ist der Arbeitgeber „bei Beendigung des Dienstverhältnisses“ zur Erteilung eines schriftlichen Zeugnisses verpflichtet (§§ 630 BGB, 73 HGB; beim „Abgang“ gemäß § 113 GewO). Aufgrund anderer normativer Regelungen ist der Arbeitgeber zur Aushändigung der Arbeitspapiere wie der Lohnsteuerkarte oder der Versicherungskarte mit Vertragsende verpflichtet[6]. Dem Arbeitnehmer obliegt es, die ihm zur Verfügung gestellten Arbeitsmittel wie Werkzeuge und Geschäftsunterlagen dem Arbeitgeber auszuhändigen und Rechenschaft sowie Auskunft über seine Tätigkeit zu geben. Gemeinsam ist diesen Pflichten, daß sie gerade wegen der Lösung des Vertragsverhältnisses entstehen und damit an den Endigungstatbestand der Leistungsbeziehung anknüpfen. Gleichwohl handelt es sich um schuldrechtliche Pflichten *aus* dem Arbeitsverhältnis. Sowohl die Zeugnispflicht gemäß § 630 BGB als auch die Herausgabepflicht zur Aushändigung der Arbeitspapiere sind Inhalt des Arbeitsverhältnisses, die im Gegensatz zu den gewöhnlichen Leistungspflichten erst mit Vertragsende "aktualisiert“ werden[7]. Der Arbeitgeber ist aufgrund öffentlich-rechtlicher Verpflichtung und aus dem Arbeitsvertrag zur ordnungsgemäßen Berechnung der Lohnsteuer und Abführung der Sozialversicherungsbeiträge verpflichtet[8]. Die Aushändigung der Arbeitspapiere mit Beginn des Beschäftigungsverhältnisses ermöglicht ihm, die-

---

4 *Strätz*, Sog. „Nachwirkungen“, S. 999 (1002).

5 *Emmermann*, Nachwirkung, S. 98, für die Zeugnis- und Auskunftspflicht des Arbeitgebers; vgl. auch *Hueck / Nipperdey*, Arbeitsrecht, Bd. I, § 51 II 2 (S. 472); *Käuffer*, Vor- und Nachwirkungen, S. 31; ausdrücklich für die sogenannten Abwicklungspflichten: *Müller*, Leistungsbegriff, S. 117; *Münch.Komm. / Söllner*, § 611, Rdn. 437 und 438; *Nikisch*, Arbeitsrecht, Bd. I, § 54 V (S. 865 f.); für die Auskunftspflicht: *Schlegelberger / Schröder*, HGB, § 59, Rdn. 38 b für die Zeugniserteilungs- und Auskunftspflicht; *Söllner / Meyer*, AR-Blattei, Arbeitsvertrag — Arbeitsverhältnis X, B I – III.

6 Weitere Nachweise bei *Schaub*, Handbuch, § 149 I (S. 1008).

7 Für die Zeugnispflicht auch *Strätz*, Sog. „Nachwirkungen“, S. 999 (1006).

8 *Söllner*, Arbeitsrecht, § 8 II 3 (S. 50) und § 31 II (S. 264); *Wertenbruch*, Anm. zu BAG AP Nr. 79 zu § 611 BGB Fürsorgepflicht; *W. Zöllner*, Arbeitsrecht, § 16 I 4 (S. 170).

ser Verpflichtung nachzukommen. Die Herausgabeverpflichtung mit Vertragsbeendigung entspricht dem Überlassungsanspruch bei Beginn. Beide ergeben sich aus dem Arbeitsverhältnis. Entsprechendes gilt für die mit Beendigung für den Arbeitnehmer erwachsenden Pflichten zur Herausgabe von Unterlagen und Arbeitsmitteln. Auch sie haben ihren Rechtsgrund nach übereinstimmender Ansicht[9] im Arbeitsverhältnis und unterscheiden sich von den übrigen Vertragspflichten nur durch ihre nachträgliche Erfüllung[10]. Nichts anderes gilt für die Auskunfts- und Rechenschaftspflicht des ausscheidenden Arbeitnehmers[11].

b) Das Schuldverhältnis im engeren und weiteren Sinne

Die Ansicht, nach der — in zeitlicher Folge betrachtet — die am Ende des Vertragsverhältnisses bestehenden Pflichten als nachvertragliche Pflichten zu begreifen sind, steht im Widerspruch zum heutigen Verständnis von Inhalt und Struktur des Schuldverhältnisses. Danach ist zwischen dem Schuldverhältnis im engeren und im weiteren Sinne zu unterscheiden[12]. Das Schuldverhältnis im engeren Sinne kennzeichnet die Leistungsbeziehung, kraft derer die eine Person von der anderen eine Leistung fordern kann. Die entsprechende Legaldefinition findet sich in § 241 BGB. Das Schuldverhältnis im weiteren Sinne umfaßt dagegen das gesamte Rechtsverhältnis zwischen Schuldner und Gläubiger, das neben den Leistungspflichten weitere Verhaltenspflichten, Gestaltungsrechte und „Rechtslagen" erfaßt[13]. Zur Kennzeichnung von Inhalt und Struktur des Schuldverhältnisses im weiteren Sinne werden unterschiedliche Bezeichnungen verwendet. *Siber*[14] prägte den Ausdruck vom Schuldverhältnis als „Organismus", *Larenz*[15] beschreibt es als „sinnhaftes Gefüge", während andere das Schuldverhältnis als „Prozeß"[16] oder als „konstante Rahmenbeziehung"[17] erklären. Alle diese Beschreibungen wollen aber zum Ausdruck bringen, daß das Schuldverhältnis nicht mit dem Leistungsverhältnis identisch ist, sondern die Rechtsgrundlage bildet, auf der die verschiedensten Rechte und Rechtspositionen entstehen kön-

---

9 Unterschiedlich sind die Begründungen: z. T. wird die Herausgabepflicht aus der Treuepflicht des Arbeitnehmers hergeleitet, vgl. z. B. BAG AP Nr. 1 zu § 242 BGB Nachvertragliche Treuepflicht, Bl. 792 R, 793; z. T. werden die §§ 675, 667 BGB herangezogen, vgl. *Söllner,* Arbeitsrecht, § 34 III 5 (S. 279); *Münch.Komm. / Söllner,* § 611, Rdn. 31 und 441.

10 *W. Zöllner,* Arbeitsrecht, § 26 I 1 (S. 257).

11 Vergleiche die Quellenangaben in Fußnote 1.

12 *Larenz,* Schuldrecht, Bd. I, § 2 V (S. 26 ff.); *Soergel / Teichmann,* Vorbem. III zu § 241; *Erman / Sirp,* Einl. zu § 241 BGB, Rdn. 3, § 241, Rdn. 5; *Palandt / Heinrichs,* BGB, Einl. vor § 241, Anm. 1 a.

13 *Larenz,* Schuldrecht, Bd. I, § 2 V (S. 26).

14 *Siber,* 1931, Schuldrecht, S. 1.

15 *Larenz,* Schuldrecht, Bd. I, § 2 V (S. 27).

16 *Emmerich,* Grundlagen, S. 283 (294).

17 *Herholz,* AcP 130, S. 257.

nen[18]. Das Erlöschen einzelner aus dem Schuldverhältnis entstandener Leistungspflichten muß nicht notwendigerweise zum Erlöschen des Schuldverhältnisses als Ganzem führen. Leistungsbeziehung und Schuldverhältnis sind zu unterscheiden[19].

Die Zuordnung der erst im Zeitpunkt der Beendigung des Arbeitsvertrages entstehenden *Abwicklungspflichten* zum nachvertraglichen Pflichtenbereich erweist sich folglich in zweifacher Hinsicht als unzutreffend. Die Annahme, diese Pflichten seien notwendigerweise dem nachvertraglichen Stadium zuzurechnen, da andernfalls von einer wirklichen Beendigung des Vertrages nicht die Rede sein könne, verkennt, daß mit der Auflösung des Vertragsverhältnisses die wechselseitigen Leistungspflichten für die Zukunft erlöschen, während bestehende Verbindlichkeiten bis zu ihrer Erfüllung fortbestehen[20]. Das Schuldverhältnis erlischt erst, wenn alle bestehenden Forderungsrechte erfüllt und damit erloschen sind. Mit dem Begriff der Nachwirkung, insbesondere der nachvertraglichen Pflichten, wird der Eindruck erweckt, daß das Schuldverhältnis, aus dem die Pflichten entstehen, zu Ende ist. In Wirklichkeit endet jedoch die Leistungsbeziehung und damit das Schuldverhältnis im engeren Sinne, während das Schuldverhältnis im umfassenden Sinne durchaus noch fortbestehen kann. Welcher Art diese im Nachstadium des Leistungsverhältnisses bestehenden Pflichten sind, wird noch zu untersuchen sein. Die komplexe Struktur des Schuldverhältnisses legt zumindest nahe, die im Vertragsverhältnis begründeten Abwicklungspflichten als fortbestehende Vertragspflichten[21] zu behandeln.

2. Entwicklungsgeschichte und Begründung der „nachwirkenden" Pflichten

Aus den vorherigen Ausführungen ergibt sich, daß die Bezeichnung und rechtliche Einordnung der nachwirkenden Pflichten einer zeitlichen Einteilung folgt. Die Nachwirkungen bezeichnen einen Pflichtenkomplex, der nach vollständiger Abwicklung des Vertragsverhältnisses die weiteren Rechtsbeziehungen zwischen den Parteien bestimmt. Wie es dazu gekommen ist, läßt sich der Entwicklungsgeschichte der nachwirkenden Pflichten entnehmen.

Begründung und Anerkennung der nachwirkenden Vertragspflichten sind maßgeblich durch die Rechtsprechung im Wege richterlicher Rechtsfortbildung erarbeitet worden. Ausgangspunkt der Überlegungen war die Frage, ob mit der

---

[18] *Esser*, Schuldrecht, Bd. I, § 3 III (S. 13 f.); *Larenz*, Schuldrecht, Bd. I, § 2 V (S. 26 f.); *Wiese*, Dauerschuldverhältnisse, S. 837 (838 f.).

[19] *Herholz*, AcP 130, S. 257 (276); *Siber*, 1931, Schuldrecht, S. 1 f.

[20] Zur Unterscheidung zwischen Beendigung und Erfüllung: *Wiese*, Dauerschuldverhältnisse, S. 837 (843).

[21] Dafür auch *W. Zöllner*, Arbeitsrecht, § 26 I 1 (S. 257); *ders.*, Die vorvertragliche und die nachwirkende Treue- und Fürsorgepflicht, S. 91 (96). Ähnlich auch *Larenz*, Schuldrecht, Bd. I, § 10 II f (S. 141 f.).

ordnungsgemäßen Erfüllung der Leistungspflichten die Parteien ihre Vertragspflichten erfüllt und damit von jeder weiteren Verpflichtung gegenüber dem anderen frei sind oder ob — aufgrund des Vertragszwecks und der damit verbundenen Interessen der Vertragspartner — über die rechtliche Beendigung des Vertragsverhältnisses hinaus weitere Verhaltenspflichten bestehen können. Reichsgericht[22] und Reichsarbeitsgericht[23] vertraten zunächst die Auffassung, daß Nachwirkungen, soweit sie nicht ausdrücklich vereinbart wurden, nicht anzuerkennen waren. Insbesondere für das Arbeitsverhältnis wurden nachwirkende Pflichten verneint, um den ausscheidenden Arbeitnehmer nicht in der freien Ausübung seiner Erwerbstätigkeit zu behindern. Als erstes bejahte das Reichsgericht in drei — unterschiedliche Sachverhalte betreffende — Entscheidungen nachwirkende Pflichten, die es aus der Eigenart des jeweiligen Vertragsverhältnisses und dem Vertragszweck begründete[24]. Seither wurde in der Zivilrechtsprechung die Zulässigkeit von Nachwirkungen anerkannt[25]. Nachdem auch das *soziale Element* des Dienstvertrages in die Lehre vom Arbeitsvertrag Eingang gefunden hatte und das Arbeitsverhältnis zunehmend als personenrechtliches Gemeinschaftsverhältnis[26] mit entsprechenden Treue- und Fürsorgepflichten behandelt wurde, fand auch der Gedanke der Nachwirkung arbeitsrechtlicher Pflichten in der Rechtsprechung der Arbeitsgerichte Anerkennung und Ausbreitung[27]. Vor allem die Hervorhebung des personenrechtlichen Gehalts des Arbeitsvertrages im Gegensatz zu den sonstigen schuldrechtlichen Austauschverträgen sowie die Begründung von damit verbundenen — über die allgemeine Vertragstreue (§ 242 BGB) hinausgehenden — Treuepflichten[28] für die Parteien ließ es nur als konsequent erscheinen, daß derlei Treuepflichten nicht automatisch mit dem Vertragsende erlöschen konnten, sondern in gewissem Umfang fortbestanden.

---

22 RGZ 65, S. 333 (337) für die Geheimhaltungspflicht; RG, JW 1913, S. 195 gegen „Fortwirkungen" des Vertragsverhältnisses; JW 1935, S. 1091 f.; JW 1938, S. 118 ff.

23 RAG, JW 1929, S. 2780 gegen eine Fortwirkung der Geheimhaltungs- und Verschwiegenheitspflicht; RAG ARS 26, S. 256.

24 RGZ 111, S. 303 betraf den Fall einer Forderungsabtretung und der nachwirkenden Verpflichtung für den Zedenten, alles zu unterlassen, was die Einziehung der Forderung durch den Zessionar beeinträchtigen könnte. RGZ 113, S. 70 behandelte die nachträgliche Verpflichtung des Herausgebers gegenüber dem Verleger zum Unterlassen von Wettbewerbshandlungen durch andere Verlage. RGZ 161, S. 330 bejahte eine aus dem Gebot redlicher und verkehrsüblicher Vertragserfüllung (§ 242 BGB) begründete Rechtspflicht zu bestimmten Handlungen und Unterlasssungen (hier: Bebauung eines Nachbargrundstücks).

25 BGHZ 16, S. 4 (10); BGH Nr. 2 zu § 362 BGB Nr. 2; BGH NJW 1955, S. 463 (464); BGH AP Nr. 2 zu § 630 BGB; BGH, NJW 1981, S. 1089 (1090).

26 Dazu grundlegend Otto von *Gierke*, Die Wurzeln des Dienstvertrags, in: Festschrift für Heinrich *Brunner*, München, Leipzig 1914. Zur historischen Herleitung des Arbeitsvertrags aus dem Treudienstvertrag: *ders.*, Deutsches Privatrecht, Bd. 3, 1917, S. 590 ff.

27 RAG ARS 14, S. 160 (164) mit Anmerkung von *Dersch;* ARS 46, S. 287 ff., obwohl eine nachwirkende *Schweigepflicht* im konkreten Fall verneint wurde.

28 *Die Treuepflicht* als Oberbegriff bezeichnete sowohl die Treuepflicht des Arbeitnehmers als auch die Fürsorgepflicht des Arbeitgebers.

Die Annahme einer über den Vertragsinhalt hinausgehenden Treuepflicht bot damit eine Brücke, mit der sich die Existenz vertragsbezogener Pflichten trotz rechtlicher Beendigung des Vertragsverhältnisses erklären ließ.

Unter der nationalsozialistischen Herrschaft mit ihrer totalitären Ideologie einer Volks- und Betriebsgemeinschaft schließlich wurde die Treuepflicht zur umfassenden Grundpflicht des Arbeitsrechts erhoben. So wurde im Gesetz zur Ordnung der nationalen Arbeit vom 20. 1. 1934 in § 2 AOG neben der „Führungsordnung" (durch den Unternehmer als „Betriebsführer" und die Arbeitnehmer als „Gefolgschaft") dem betrieblichen Treue- und Gemeinschaftsgedanken eine überragende Bedeutung für das gesamte Arbeitsrecht eingeräumt[29]. Dem Leitgedanken der Betriebsgemeinschaft entsprach es, das Arbeitsverhältnis als ein von schuldrechtlichen Grundsätzen gelöstes, durch Treue geprägtes „Gliedschaftsverhältnis" zu verstehen[30].

Nach 1945 hat die Rechtsprechung unter Berücksichtigung der Rechtsprechung von Reichs- und Reichsarbeitsgericht eine zunächst eingeschränkte Nachwirkung für den Dienstvertrag bejaht, indem sie an die Argumentation der älteren Entscheidungen anknüpfte. Beispielhaft ist die Entscheidung des Bundesgerichtshofs vom 13. 7. 1956[31], in der zur Nachwirkung des Dienstvertrages folgendes ausgeführt wird:

> "... So kann aus dem Gebot redlicher und verkehrsüblicher Vertragserfüllung für den Schuldner, auch nach der eigentlichen Vertragsleistung, eine Rechtspflicht zu bestimmten Handlungen übrigbleiben. Das ist in der Rechtsprechung und im Schrifttum anerkannt (RGZ 161, 330 [338], *Staudinger*, BGB 10. Aufl. § 242 Anm. 440). Der Bundesgerichtshof hat auch bei einem durch beiderseitige Leistungen erfüllten Warenumsatzgeschäft Nachwirkungen des Vertrages, insbesondere die Verpflichtung der Vertragsteile zu einem mit Treu und Glauben im Einklang stehenden Verhalten bejaht (Urteil vom 28. 5. 1952 – II ZR 253/51 = LM Nr. 2 zu § 362 BGB = NJW 1952, 867 und BGHZ 16, 4 [10] = NJW 55, 460). Dann muß das gleiche aber in noch stärkerem Maße gelten, wenn es sich wie hier um ein Dienstverhältnis handelt, das von der beiderseitigen Treupflicht und auf seiten des Dienstherrn vor allem durch die Fürsorgepflicht beherrscht ist."

Auch das Bundesarbeitsgericht hat in der Folgezeit wiederholt mit dem Argument von der nachwirkenden Treue- und Fürsorgepflicht und damit letztlich aus einem personenbegrifflichen Verständnis des Arbeitsverhältnisses heraus nach-

---

29 § 2 II des Gesetzes zur Ordnung der nationalen Arbeit: „Er (sc. Führer des Betriebes) hat für das Wohl der Gefolgschaft zu sorgen. Diese hat ihm die in der Betriebsgemeinschaft begründete Treue zu halten." *Elger*, Nachwirkungen, S. 12 f.; *Heil*, Die Nachwirkung der Treuepflicht, S. 16 f.; zur Treuepflicht als einer umfassenden Grundpflicht der Betriebsgemeinschaft: *Kreller*, ZAkDR 1938, S. 302 ff.; auch *Siebert*, Das Arbeitsverhältnis, 1935, S. 100.

30 Vgl. *Siebert*, Das Arbeitsverhältnis, 1935, S. 100 ff. Eingehender zum nationalsozialistischen Ordnungs- und Gestaltungsdenken: *Rüthers*, Die unbegrenzte Auslegung, S. 277 ff. (insbes. S. 293 ff.); für das Arbeitsverhältnis, S. 379 ff.

31 BGH AP Nr. 2 zu § 611 Fürsorgepflicht, Bl. 112 R.

vertragliche Pflichten begründet[32]. Im Recht der Ruhegeldleistungen war und ist nach wie vor die Treuepflicht ein wesentliches Begründungsmoment[33].

3. Vergleichende Betrachtung der Begründungen — Analyse der heutigen Rechtsprechung

Die vorangegangene Darstellung läßt im Hinblick auf die rechtliche Erfassung und Begründung nachvertraglicher Pflichten bereits einige Feststellungen zu:

Die ältere Rechtsprechung leitete die Existenzberechtigung nachvertraglicher Pflichten aus dem vorangegangenen Vertragsverhältnis ab.Die Vertragsabhängigkeit dieser Pflichten erklärte sie aus dem Vertragszweck und/oder der Eigenart des Vertragsverhältnisses. Während im Zivilrecht vor allem der Vertragszweck und das Verbot des venire contra factum proprium als Ausprägung des Treu-und-Glauben-Grundsatzes zur Rechtfertigung nachwirkender Verhaltenspflichten herangezogen wurde und auch heute noch wird[34], wurde im Arbeitsrecht stets auf die Eigenart des Arbeitsverhältnisses, dessen personenrechtliche Elemente und damit verknüpfte personenbezogene Treue- und Fürsorgepflichten verwiesen[35]. Die Rechtsprechung des BAG, die zumindest im Ergebnis von einem überwiegenden Teil der Literatur[36] Zustimmung erfährt, basiert in ihrer Begründung der nachwirkenden Vertragspflichten auf den vom Reichs- und Reichsar-

[32] BAG Nr. 3 und 4 zu § 611 BGB Fürsorgepflicht; AP Nr. 1 zu § 242 BGB Nachvertragliche Treuepflicht, AP Nr. 50 zu § 611 BGB Fürsorgepflicht; auch LAG Hamburg, BB 1985, S. 804; AP Nr. 80 zu § 611 BGB Fürsorgepflicht, Bl. 193; BAG, NJW 1983, S. 134 (135) bezüglich der Verschwiegenheitspflicht des Arbeitnehmers.

[33] Vgl. etwa die Rechtsprechung bis zum Inkrafttreten des Betriebsrentengesetzes zum Widerruf von Versorgungszusagen wegen *Treuepflichtverletzungen* des Pensionärs: BAG AP Nr. 8, 100, 109 zu § 242 BGB Ruhegehalt; BAG AR-Blattei Ruhegeld(-gehalt) Entsch. 91; BGH AP Nr. 151 zu § 242 BGB Ruhegehalt. Für die Widerrufsmöglichkeit bei wirtschaftlicher Notlage: BAG AP Nr. 3 zu § 242 BGB Ruhegehalt, Bl. 356 R unter Verweis auf die Rechtsprechung des Reichs und Reichsarbeitsgerichts. Ebenso BAG AP Nr. 4, Bl. 360 und AP Nr. 154 zu § 242 BGB Ruhegehalt, Bl. 174, wobei in letzterer Entscheidung statt des Begriffs „Treuepflicht" die Formulierung „fortbestehende Verbundenheit" verwandt wird; dazu auch *G. Hueck,* Anm. zu AP Nr. 154 zu § 242 BGB Ruhegehalt, Bl. 178. Eine wechselseitige nachwirkende Betriebstreue sowie Fürsorgepflicht bejahend: BGH, ZIP 1985, S. 760 (762); für eine „nachwirkende Betriebstreue" zuvor schon BGH, WM 1979, S. 250 (251).

[34] *Larenz,* Schuldrecht, Bd. I, § 10 II f (S. 141).

[35] BAG AP Nr. 1 zu § 242 BGB Nachvertragliche Treuepflicht, Bl. 792 R, 793 f.; BAG AP Nr. 1 zu § 630 BGB, Bl. 546; BGH AP Nr. 2 zu § 630 BGB, Bl. 848 und BGH AP Nr. 2 zu § 611 Fürsorgepflicht, Bl. 112 R und BAG AP Nr. 3 zu § 611 BGB, Bl. 116.

[36] *Bobrowski / Gaul,* Bd. II, L III (S. 224); *Buchner,* AR-Blattei Wettbewerbsverbot III, A I 1; *Erman / Küchenhoff,* § 611, Rdn. 130; *Hueck / Nipperdey,* Arbeitsrecht, Bd. I, § 37 III 2 (S. 245); *Mohnen,* RdA 1957, S. 361 (366); *Nikisch,* Arbeitsrecht, Bd. I, § 36 VII 2 (S. 497); für den Handlungsgehilfen: *Schlegelberger / Schröder,* HGB, § 59, Rdn. 41 a.

beitsgericht entwickelten Grundsätzen. Dies zeigen zum einen schon die zahlreichen Verweise, mit denen anstelle einer sachlichen Begründung auf die Anerkennung nachwirkender Pflichten durch die vorausgegangene Rechtsprechung und Literatur Bezug genommen wird[37]. Zum anderen wird aber auch in einzelnen Argumentationen noch deutlich, daß die Rechtsprechung einerseits zwar eine Versachlichung der Treue- und Fürsorgepflichten befürwortet, andererseits aber auf das personale Element nicht verzichten will, wenn es um die Festsetzung nachvertraglicher Pflichten geht. In einer Entscheidung vom 31. 10.1972[38] bejahte das BAG aufgrund nachwirkender Fürsorgepflicht „wegen des personellen Faktors des beendeten Arbeitsverhältnisses" eine Verpflichtung des Arbeitgebers, nach Maßgabe des billigerweise von ihm zu Verlangenden alles zu vermeiden, was den Arbeitnehmer in seinem Fortkommen beeinträchtigen würde. Das BAG begründete mit dieser Argumentation eine Verletzung der nachvertraglichen Fürsorgepflicht eines Arbeitgebers, der seinem leitenden Angestellten nach dessen wirksamer Kündigung seinerseits fristlos gekündigt hatte.

Bei der Festsetzung nachwirkender Pflichten des ausgeschiedenen Arbeitnehmers läßt die Rechtsprechung eine weitgehende Zurückhaltung erkennen. So lehnte das BAG im Gegensatz zu einem Teil des Schrifttums[39] noch bis vor kurzem neben einem nachvertraglichen Wettbewerbsverbot auch eine nachvertragliche Verschwiegenheitspflicht weitgehend ab, damit das berufliche Fortkommen des Arbeitnehmers nicht gefährdet sei[40]. In zwei neueren Urteilen[41] bestätigte das BAG nunmehr, daß sich aus einem Arbeitsverhältnis auch nach seiner Beendigung nachvertragliche Verschwiegenheitspflichten ergeben können. In dem ersten — 1982 — entschiedenen Fall stand zur Entscheidung, ob ein Arbeitnehmer durch vertragliche Vereinbarung ohne Karenzentschädigung auch über das Vertragsende hinaus zur Wahrung von Betriebsgeheimnissen verpflichtet werden kann. Das BAG bejahte allgemein die Zulässigkeit einer entsprechenden Vereinbarung, weil sie berechtigte Interessen des Arbeitnehmers nicht unzulässig einschränke. Eine solche Pflicht stelle den Betroffenen nur mit denjenigen Arbeitneh-

---

37 Vgl. nur BAG AP Nr. 1 zu § 611 Fürsorgepflicht, Bl. 167 R ff. BGH AP Nr. 2 zu § 611 Fürsorgepflicht, Bl. 112 R. BAG AP Nr. 80 zu § 611 BGB Fürsorgepflicht, Bl. 193; BAG AP Nr. 1 zu § 611 Betriebsgeheimnis, unter B III 2 b der Gründe, Bl. 1278.

38 BAG AP Nr. 80 zu § 611 Fürsorgepflicht, Bl. 193 mit einer dazu zustimmenden Anmerkung von *Herschel*, Bl. 193. *Kreutz*, ZfA 1973, S. 321 (358) erkennt hierin einen Rückgriff auf das Argument vom personenrechtlichen Gemeinschaftsverhältnis. Auf die „wechselseitigen personalen" Bezüge bei der Ermittlung nachvertraglicher Pflichten verweisend auch BGH, NJW 1981, S. 1089 (1090).

39 *Erman / Küchenhoff*, § 611, Rdn. 130; *Staudinger / Nipperdey / Mohnen / Neumann*, § 611, Rdn. 164 bezüglich Betriebsgeheimnisse; *W. Zöllner*, Arbeitsrecht, § 13 VI 2 (S. 148).

40 BAG AP Nr. 1 und 4 zu § 242 BGB nachvertragliche Treuepflicht; BAGE 7, S. 239 (244); anders hingegen LAG Frankfurt, AP Nr. 2 zu § 611 BGB Schweigepflicht = DB 1967, S. 2121 (2122).

41 BAG AP Nr. 1 zu § 611 BGB Betriebsgeheimnis, Bl. 2; BAG, NZA 1988, S. 502 ff. = AP Nr. 5 zu § 611 Betriebsgeheimnis.

mern gleich, die keine Geheimnisträger seien, führe aber nicht zu einer weiteren Behinderung. Diese Argumentation entspricht im Kern einer bereits von *Dietz*[42] im Jahre 1938 vertretenen Stellungnahme, der allerdings eine entsprechende nachwirkende Schweigepflicht seinerzeit ohne ausdrückliche Vereinbarung aus dem personenrechtlichen Charakter des Arbeitsverhältnisses und dessen Treuepflichten ableitete. Zur Stützung seiner Begründung verweist das Gericht auf den besonderen Schutz des Betriebsgeheimnisses durch die Rechtsordnung und dessen Anerkennung auch im Arbeitsrecht, um dann festzustellen, daß selbst ohne einen ausdrücklichen Geheimhaltungsvertrag „die Nachwirkung des Arbeitsvertrags" den Arbeitnehmer zur Wahrung des Betriebsgeheimnisses verpflichten könne. In seinem zweiten Urteil vom 15. 12. 1987[43] bestätigte der 3. Senat nochmals eine über das Vertragsende hinaus bestehende Verschwiegenheitspflicht des Arbeitnehmers für geheimzuhaltende Tatsachen. Berücksichtigt man, daß auch das BAG mit dem überwiegenden Schrifttum die Treuepflicht des Arbeitnehmers heute zunehmend als vertragliche Nebenpflichten erfaßt, die sich aus dem Grundsatz von Treu und Glauben (§ 242 BGB) ergeben[44], so bleibt die Frage, wie sich entsprechende vertragliche Nachwirkungen rechtfertigen lassen. Das BAG begründet die Nachwirkungen nicht, sondern unterstellt offenbar die auf einem personenrechtlichen Element des Arbeitsverhältnisses basierende Argumentation der älteren Rechtsprechung, mit der im Arbeitsrecht Abweichungen gegenüber sonstigen schuldrechtlichen Austauschverträgen begründet wurden.

Die Bedeutung des personalen Elements in der Rechtsprechung wird vollends deutlich in einem anderen Zusammenhang — bei den betrieblichen Versorgungsleistungen —, wo das Argument von der „fortbestehenden Verbundenheit"[45] nach wie vor zur Rechtfertigung einer Verknüpfung der Versorgungsleistungen mit der wirtschaftlichen Lage des Arbeitgebers verwandt wird. Die Haltbarkeit dieser Begründung soll aber erst in dem genannten Sachzusammenhang untersucht werden[46]. Zunächst ist die Tragfähigkeit des personalen Elements zur Begründung nachvertraglicher Pflichten zu überprüfen.

---

42 *Dietz,* Die Pflicht der ehemaligen Beschäftigten zur Verschwiegenheit über Betriebsgeheimnisse, S. 330 (342).

43 BAG, NZA 1988, S. 502 (503) = NJW 1988, S. 1686 f.

44 So ausdrücklich BAG AP Nr. 103 BetrVG 1972, Bl. 217 R; BAG, ZIP 1985, S. 1214 (1220).

45 Dazu grundlegend: BAG AP Nr. 154 zu § 242 BGB Ruhegehalt, Bl. 174.

46 Siehe dazu Dritter Teil, 2. Abschnitt, III.

II. Der Bedeutungsgehalt der Personenrechtlichkeit zur Begründung der Nachwirkungen

Die Auffassung von der personenrechtlichen Prägung des Dienstvertrages ist nachhaltig von Otto *von Gierke* vertreten und begründet worden. Er wollte damit den Wesensunterschied des Dienstvertrages gegenüber den sonstigen vermögensrechtlichen Austauschverträgen herausarbeiten und auf eine deutsch-rechtliche Tradition zurückführen[47]. Obwohl seitdem das personenrechtliche Element zu den charakteristischen Merkmalen des Arbeitsvertragsrechts zählt und nach wie vor zur Kennzeichnung der spezifischen Rechtsnatur des Arbeitsverhältnisses verwandt wird, bestehen über den Bedeutungsgehalt des Begriffs und dessen Stellenwert für die dogmatische Erfassung des Arbeitsverhältnisses weitgehende Differenzen. Teils wird dem Begriff der Personen*rechtlichkeit* das Kriterium der „Personenbezogenheit" des Arbeitsverhältnisses entgegengesetzt[48], zum Teil werden die Begriffe synonym verwandt[49], wobei deutlich wird, daß auch mit dem Merkmal der Personenbezogenheit Unterschiedliches gemeint ist. Unterschiedliche Auffassungen bestehen auch in methodischer Hinsicht, soweit es darum geht, rechtliche Folgen aus der zuvor anerkannten Eigenart des Arbeitsverhältnisses zu begründen. Je nach Standpunkt soll das personenrechtliche Element mehr oder weniger stark die Rechte und Pflichten der Vertragspartner prägen und damit auch auf die vertraglichen Nachwirkungen Einfluß nehmen. Die insoweit vertretenen Auffassungen sollen im folgenden zusammengestellt und dahin überprüft werden, ob die nachvertraglichen Rechtsbeziehungen zwischen Arbeitgeber und ehemaligem Arbeitnehmer eine personale oder personenrechtliche Prägung aufweisen. Die Ausführungen zu den einzelnen zur Rechtsnatur des Arbeitsverhältnisses vertretenen Ansichten sollen dabei im wesentlichen auf die Argumente beschränkt werden, die für die Begründung der nachvertraglichen Pflichten relevant sind[50].

1. Zur Lehre vom „personenrechtlichen Gemeinschaftsverhältnis"

a) Die persönliche „Verbundenheit" als wesentliches Element

Neben der Betonung des Personenrechtlichen zählte zu den bislang gängigsten Beschreibungen des Arbeitsverhältnisses in Rechtsprechung und Lehre dessen

---

47 Zum Einfluß der Vorstellung *Gierkes* von der personenrechtlichen Prägung des Dienstvertragsrechts auf das moderne Arbeitsrecht: *Isele,* Die Bedeutung Otto von *Gierkes* für das moderne Arbeitsrecht, S. 285 ff.; *Jobs,* Otto von *Gierke* und das moderne Arbeitsrecht, passim; *ders.,* ZfA 1972, S. 305 ff.; *Thieme,* Was bedeutet uns Otto von *Gierke?,* S. 407 ff.

48 *Schwerdtner,* Fürsorge- und Entgelttheorie, S. 86 f.

49 Vgl. *Schaub,* Handbuch, § 29 I 4 (S. 114).

50 Eine Übersicht über die einzelnen Arbeitsvertragslehren geben *Schwarz / Holzer,* Die Treuepflicht des Arbeitnehmers, S. 20 ff.

Kennzeichnung als ein personenrechtliches Gemeinschaftsverhältnis[51]. Zur Erfassung des damit verbundenen Verständnisses vom Inhalt des Schuldverhältnisses muß auf die im Anschluß an Otto *von Gierke* entwickelte und nach 1945[52] neu begründete Gemeinschaftslehre zurückgegriffen werden. Der Auffassung *Gierkes* vom Dienstverhältnis als einem personenrechtlichen Herrschaftsverhältnis[53], nach dem die persönliche Tätigkeit für den Dienstberechtigten zugleich zu einer Unterordnung der Person des Dienstverpflichteten und damit zu herrschaftlicher Gewalt führe, setzten *Hueck/Nipperdey*[54] den Gedanken einer persönlichen Verbundenheit der Vertragspartner entgegen. Eine personenrechtliche Gemeinschaft kraft herrschaftlicher Gewalt[55] im *Gierke*schen Sinne lehnten sie mit dem Argument, der Arbeitnehmer werde zu einem Objekt des Rechtsverhältnisses degradiert[56], ab und bejahten statt dessen ein Gemeinschaftsverhältnis, das aus der engen persönlichen Beziehung der Beteiligten hervorgehen sollte und neben dem schuldrechtlichen Charakter das Arbeitsverhältnis prägen sollte.

Innerhalb der nationalsozialistischen Ära wurde schließlich der Gemeinschaftsgedanke zum beherrschenden Element der Arbeitsverfassung verfremdet, mit dem sich die Existenz eines ausschließlichen Treueverhältnisses und daraus erwachsender beiderseitiger Treuepflichten begründen ließ[57].

Nach 1945 bemühte *Hueck*[58] sich um die Wiederbelebung jenes unter nationalsozialistischer Herrschaft mißbrauchten Gemeinschaftsgedankens, indem er erneut die enge persönliche Beziehung, die durch das Arbeitsverhältnis begründet wurde, hervorhob. Im Arbeitsverhältnis verspreche der Arbeitnehmer nicht nur die Arbeitsleistung in persönlicher Abhängigkeit vom Arbeitgeber, sondern auch den Einsatz seiner Person. Die enge persönliche Verbundenheit aber mache das

---

51 BAG AP Nr. 1 zu § 615 BGB Betriebsrisiko, Bl. 125; AP Nr. 2 zu § 611 BGB Beschäftigungspflicht, Bl. 119; BGHZ 10, S. 187 (190); auch noch BAG, ZIP 1983, S. 1499 (1501); *Hueck / Nipperdey*, Arbeitsrecht, Bd. I, § 22 II 1 (S. 129) mit weiteren Nachweisen aus dem Schrifttum in Fußnote 6; *Wiedemann*, Austausch und Gemeinschaftsverhältnis, S. 25 ff. So heute noch *Palandt / Putzo*, Einführung vor § 611, Anm. 1 e.

52 *Hueck*, Der Treuegedanke im modernen Privatrecht, 1947; *ders.* in: *Hueck / Nipperdey*, Arbeitsrecht, Bd. I, § 22 II 1 (S. 129 ff.).

53 *Gierke*, Die Wurzeln des Dienstvertrages, S. 37 (55 f.) unter Bezugnahme auf die Struktur des Treudienstvertrages, S. 44 f.

54 *Hueck / Nipperdey*, Arbeitsrecht, Bd. I, 1928, § 20 III (S. 88 ff.); *dies.*, Arbeitsrecht, Bd. I, 1931, § 20 III, IV (S. 102 ff.). Auf die Darstellung der weitergehenden Diskussion zur Lehre vom Herrschaftsverhältnis muß hier verzichtet werden. Vgl. dazu etwa *Schwarz / Holzer*, Die Treuepflicht des Arbeitnehmers, S. 20 ff.

55 Zur Deutung des Gemeinschaftsbegriffs in diesem Sinne durch *Gierke* instruktiv: *Spindler*, Genossenschaft, S. 131 ff. und 137 ff.

56 So noch *Hueck / Nipperdey*, Arbeitsrecht, Bd. I, § 22 II 1 a (S. 130); auch *Siebert*, Das Arbeitsverhältnis, 1935, S. 70.

57 Vgl. *Siebert*, Das Arbeitsverhältnis, 1935, S. 70 ff. (insbesondere S. 82 ff.); *Kreller*, ZAkDR 1938, S. 302; *Dietz*, Die Pflicht der ehemaligen Beschäftigten zur Verschwiegenheit über Betriebsgemeimnnisse, S. 330.

58 Grundlegend *Hueck*, Der Treuegedanke im modernen Privatrecht, 1947.

Arbeitsverhältnis zu einem gemeinschaftsbegründenden Rechtsverhältnis, aus dem für beide Teile über die allgemeinen schuldrechtlichen Pflichten hinausgehende Treuepflichten erwachsen.

Bereits diese kurze Darstellung der Gemeinschaftslehre zeigt, welche Bedeutung gerade dem personalen Element bei der rechtlichen Erfassung des Arbeitsverhältnisses beigemessen wurde. Die bei Schaffung des Bürgerlichen Gesetzbuches in den Dienstvertragsbestimmungen mitenthaltenen Regelungen für den Arbeitsvertrag erfaßten diesen bekanntlich als rein vermögensrechtlichen Austauschvertrag und enthielten — mit Ausnahme einzelner Schutzbestimmungen — keine Vorschriften, welche die durch die Leistungserbringung bedingte personelle Verflechtung des Arbeitnehmers berücksichtigen[59]. Damit bot gerade das personale Element einen Ansatz, von dem aus sich die Besonderheit des Arbeitsverhältnisses gegenüber den sonstigen schuldrechtlichen Austauschverträgen begründen ließ. Die Erkenntnis, daß das Arbeitsverhältnis eine besondere persönliche Bindung zwischen den Parteien bewirke, schuf zugleich eine Grundlage, von der aus sich das Entstehen besonderer „personenrechtlicher" Pflichten legitimieren ließ: die über den Grundsatz von Treu und Glauben hinausreichenden Treue-(Fürsorge-)Pflichten[60].

b) Folgen für die Begründung nachwirkender Pflichten

Es liegt auf der Hand, daß sich aufgrund einer dementsprechend begründeten, gleichsam vom schuldrechtlichen Kern gelösten personenrechtlichen Treuepflicht auch leicht nachwirkende Pflichten begründen lassen. Die Treuepflicht als Ausdruck innerer persönlicher Verbundenheit überdauert auch den Zeitpunkt, in dem die tatsächliche „Verbindung" endet. Es ist daher wenig verwunderlich, wenn man bei der Suche nach einer sachlichen Begründung für die Konzeption der nachwirkenden Treuepflichten den lapidaren Hinweis findet, diese entsprächen der funktionsgerechten Ausgestaltung des Arbeitsverhältnisses[61] und es liege in der Natur der Sache[62], daß die persönliche Beziehung nicht sogleich mit der vertraglichen ende[63], weitgehend aber auch nur auf die allgemeine Anerkanntheit

---

[59] Die Schutzbestimmungen für Leben und Gesundheit der Arbeitnehmer in der heutigen Fassung der §§ 617, 618 BGB wurden erst zögernd im Gesetzgebungsverfahren in die Dienstvertragsregelungen aufgenommen. Vgl. die Beratungsprotokolle der zweiten Kommission, *Mugdan,* Materialien, Bd. 2, S. 903 f. und 905 f.

[60] *Hueck / Nipperdey,* Arbeitsrecht, Bd. I, § 22 II 2 (S. 131); ebenso *Nikisch,* Arbeitsrecht, Bd. I, § 19 II 6 (S. 169); auch *Wiedemann,* Austausch- und Gemeinschaftsverhältnis, S. 40, eine gegenseitige Pflicht zu „gemeinschaftstreuem Verhalten" bejahend, die (S. 28) „sich nicht mit den geläufigen Anzeige-, Aufklärungs-, Obhuts- und Fürsorgepflichten jedes Schuldners" deckt; ebenso *Palandt / Putzo,* § 611, Anm. 4.

[61] So *Buchner,* AR-Blattei Wettbewerbsverbot III, A I 1; *ders.,* Wettbewerbsverbot, S. 16.

[62] Zum Begründungswert des Wesensarguments kritisch *Scheuerle,* AcP 163, S. 430 f. und 469; vgl. auch *Rüthers,* Entartetes Recht, S. 196 f.

entsprechender Nachwirkungen[64] und auf die Treuepflicht als Ausdruck der personenrechtlichen Bindung verwiesen wird[65].

c) Methodenkritische Aspekte

Betrachten wir vom heutigen — um mehr Objektivität bemühten — Verständnis vom Arbeitsverhältnis die Gemeinschaftslehre, so stellen wir rückblickend fest, daß der Gemeinschaftsgedanke, wenn auch mit unterschiedlich intensiver Ausprägung und Ideologisierung, vor allem dazu diente, im Arbeitsverhältnis bislang nicht anerkannte Treuepflichten als *Rechtspflichten* zu begründen. Die Existenz entsprechender Rechtspflichten erklärten die Befürworter der Lehre damit, daß es personenrechtliche Gemeinschaften gebe wie die Ehe, Familie und Hausgemeinschaft[66] oder die Volksgemeinschaft, in denen die sittliche Verpflichtung zur Treue zugleich auch eine Rechtspflicht sei[67]. Für das Arbeitsverhältnis lag es demnach nahe, auf die personelle Verflechtung von Arbeitsleistung und Person des Arbeitnehmers zu verweisen und daraus eine persönliche *Verbindung* der Vertragspartner, eine Gemeinschaft, abzuleiten. Daß dieser Gedankengang in mehrfacher Hinsicht zu beanstanden war, wurde schon recht bald erkannt. Die mit dem Begriff der Gemeinschaft verknüpfte Assoziation einer Zweck- und Interessengemeinschaft schien mit der in realiter gegebenen Interessenkonstellation unvereinbar. Diese zeichne sich durch unterschiedliche Zielsetzungen wie etwa jener des Arbeitnehmers auf einen möglichst hohen Lohnerwerb gegenüber der des Arbeitgebers auf möglichst niedrige Betriebskosten aus, so daß von einer Gegensätzlichkeit der Interessenlage auszugehen sei[68]. Die Konstruktion eines aus einer gemeinschaftlichen Verbundenheit erwachsenen Treuebandes basiere weniger auf einer rechtlichen Grundlage, denn auf einer sozial-romantischen

---

63 So *Bobrowski / Gaul,* Arbeitsrecht, Bd. II, L III (S. 224); zuvor schon *Hueck,* Anm. zu RAG ARS 26, S. 262 (263), darauf hinweisend, daß es eine merkwürdige Treue wäre, die mit dem Augenblick des Wirksamwerdens der Kündigung völlig erledigt wäre. Auch *Schwarze,* Nachwirkungen, S. 91.

64 *Monjau,* BB 1962, S. 1439 und 1442; *ders.,* ArbuR 1965, S. 323.

65 Vgl. nur *Mohnen,* RdA 1957, S. 361 (365); *Monjau,* ArbuR 1965, S. 323 (324); *Dietz,* Die Pflicht des ehemaligen Beschäftigten zur Verschwiegenheit über Betriebsgeheimnisse, S. 330 (332); ohne Begründung Nachwirkungen bejahend auch *Schlegelberger / Schröder,* HGB, § 59, Rdn. 38 b (S. 134).

66 So die Lehre vom deutschrechtlichen Ursprung des Dienstvertrags, *Gierke,* Die Wurzeln des Dienstvertrages, S. 37 (40 f. u. 56). Zur übersteigerten nationalsozialistischen Ideologie: *Siebert,* Das Arbeitsverhältnis, 1935, S. 71.

67 Nach dem Ende der nationalsozialistischen Ära: *Hueck,* Der Treuegedanke im modernen Privatrecht, S. 12; auch *Frey,* ArbuR 1953, S. 167 (170), der das Arbeitsverhältnis unmittelbar mit der Ehe, dessen Auflösung mit einer Ehescheidung vergleicht; ähnlich auch *Käuffer,* Vor- und Nachwirkungen, S. 34.

68 So schon *Farthmann,* RdA 1960, S. 5 (6); auch *Pinther,* ArbuR 1961, S. 225 (228 und 229); *Schwerdtner,* Fürsorge- und Entgelttheorie, S. 48 f. verdeutlicht die Interessengegensätze am Arbeitskampfrecht; ihm zustimmend *Weber,* RdA 1980, S. 289 (293). Eine Gemeinschaft im Arbeitsverhältnis verneinend auch *Fabricius,* Leistungsstörungen, S. 26; ähnlich auch *Raiser,* ZRP 1973, S. 13 (16 f.).

Vorstellung, die diametral zu den tatsächlichen Gegebenheiten des Arbeitslebens stünden. Diese entwickelten sich mit fortschreitender Industrialisierung und zunehmend arbeitsteiliger Organisationsform hin zu einer Entpersönlichung der Arbeitsbeziehungen zwischen den Vertragspartnern, in denen den Arbeitnehmern nicht mehr ein Arbeitgeber als persönlicher Vertragspartner gegenübertritt, sondern eine Vielzahl von Arbeitgeberbefugnissen ausübende Personen[69], so daß von einer persönlichen Bindung nicht mehr gesprochen werden kann.

Heftig kritisiert werden auch die aus dem Gemeinschaftsgedanken resultierenden Rechtswirkungen für das Pflichtengefüge im Arbeitsverhältnis. Eine personenrechtliche Prägung des Arbeitsverhältnisses zeitigt ja nicht nur für den Arbeitgeber Fürsorgepflichten, sondern begründet auch Arbeitnehmerpflichten im und nach der Beendigung des Beschäftigungsverhältnisses. Für den Arbeitnehmer hat die Treuepflicht eine umfassende — über die Arbeitspflicht hinausgehende — Verpflichtung der Rücksichtnahme auf die Belange des Arbeitgebers zur Folge, die seine Rechtsstellung nicht verbessert, sondern verschlechtert. Aufgrund der zwischen den Parteien bestehenden persönlichen Beziehungen wird der Arbeitnehmer verpflichtet, die Interessen des Arbeitgebers und seines Betriebes nach besten Kräften wahrzunehmen und alles zu unterlassen, was diese Interessen schädigen kann[70]. *Schwerdtner*[71] verurteilt die Lehre vom personenrechtlichen Gemeinschaftsverhältnis denn auch als eine Ideologie, mit deren „‚dogmatischem' Ansatzpunkt" freiheitsbedrohende und freiheitseinschränkende Maßnahmen zu Lasten des Arbeitnehmers legitimiert werden können[72]. Ebenso sieht *Kempff*[73] in der allgemeinen Treuepflicht ein Instrumentarium, das den Belangen des Arbeitgebers einseitig Vorschub leistet.

Eine Betrachtung der aufgrund nachwirkender Treuepflicht begründeten Arbeitnehmerpflichten bestätigt diesen Einwand. Gerade die im Nachstadium des Arbeitsverhältnisses bestehenden Pflichten bedürfen, soweit sie nicht aufgrund Gesetzes oder zulässiger Vereinbarung bestehen, einer besonderen Rechtfertigung, da es nach dem Ausscheiden des Arbeitnehmers an einer tatsächlichen Verbundenheit fehlt. Der Arbeitnehmer ist nicht länger in den Betrieb „eingebunden" und den Weisungen des Arbeitgebers unterstellt; er schuldet weder weitere Arbeitsleistungen noch — damit verbunden — persönlichen Einsatz und Rück-

---

69 Zur Abstraktion und Entpersönlichung des Arbeitgeberbegriffs vor allem *Ramm*, Die Anfechtung des Arbeitsvertrages, S. 21; *ders.*, ZfA 1973, S. 263 (293).

70 So die allgemeine Umschreibung der Treuepflicht: *Hueck / Nipperdey*, Arbeitsrecht, Bd. I, § 37 I (242); auch *Nikisch*, Arbeitsrecht, Bd. I, § 34 I 1 (S. 446); *Staudinger / Nipperdey / Mohnen / Neumann*, § 611, Rdn. 162 und 163; BAG AP Nr. 1 zu § 611 Treuepflicht; BAG AP Nr. 7 zu § 611 BGB Treuepflicht.

71 *Schwerdtner*, Fürsorge- und Entgelttheorie, S. 68 ff.

72 *Schwerdtner*, Fürsorge- und Entgelttheorie, S. 72; ihm zustimmend *Fenn*, ArbuR 1971, S. 321 (324).

73 *Kempff*, DB 1979, S. 790 (794) unter Hervorhebung der kündigungsschutzrechtlichen Konsequenz, welche die Treuepflicht im Rahmen der nach § 1 Abs. 2 KSchG erforderlichen Interessenabwägung hat.

sichtnahme. Hier mit Rücksicht auf die frühere vertragliche Bindung fortbestehende Pflichten aufgrund einer ehemals angenommenen persönlichen Verbundenheit zu bejahen, setzt voraus, was zunächst erst einmal zu beweisen wäre: das Fortbestehen einzelner *Rechtspflichten* über das tatsächliche und rechtliche Ende des Vertragsverhältnisses hinaus. Der Gemeinschaftsgedanke bietet dazu keinen Anknüpfungspunkt. Das Argument, es entspreche dem Wesen des Rechtsverhältnisses und der Natur der Sache[74], daß die persönliche Verbindung Rechtswirkungen auch über den Beendigungszeitpunkt hinaus entfalte, erweist sich zur Begründung nachwirkender Pflichten als nicht tragfähig. Das Prinzip der „Natur der Sache" ist keine positiv-rechtliche Grundlage[75], mit der sich die Existenz besonderer Pflichten rechtfertigen ließe. Die Natur der Sache ist vielmehr ein Auslegungskriterium, das die Überwindung von Lücken und Widersprüchen des Gesetzes ermöglicht. So weist *Henkel*[76] darauf hin, daß sie lediglich Ordnungs- und Gestaltungselemente als Vorformen des Rechts enthalten, „die geeignet sind, auf den Rechtsbildungsprozeß einzuwirken, die jedoch die rechtliche Normierung im Hinblick auf anderweitige Gestaltungsfaktoren noch mehr oder weniger offen lassen".

Nachvertragliche Treuepflichten in Gestalt von Rechtspflichten können deshalb nicht aus der Eigenart des Arbeitsverhältnisses als personenrechtlichem Gemeinschaftsverhältnis begründet werden.

Die Herleitung nachwirkender Treuepflichten aus der Eigenart des Arbeitsverhältnisses als einer gemeinschaftsbegründenden Sonderverbindung erweist sich schließlich auch deshalb als anfechtbar, weil Gedankengang und Konstruktion der Lehre auf der historischen Begründung vom deutschrechtlichen Ursprung des Arbeitsverhältnisses aufbauen. Ihre Vertreter beziehen sich zur Stützung ihrer Ansicht auf die bereits skizzierten Untersuchungen Otto *von Gierkes*[77]. Daß diese historische Herleitung wissenschaftlich stark anzuzweifeln ist, haben gerade jüngere Untersuchungen zum Dienstvertrag des BGB sowie zum gewerblichen Arbeitsvertragsrecht des Mittelalters belegt[78]. Berücksichtigt man den zeitlichen

---

74 So aber *Bobrowski / Gaul*, Arbeitsrecht, Bd. II, L III (S. 224).

75 Weitergehend das Argument der „Natur der Sache" als Scheinargument ansehend *Rüthers*, Entartetes Recht, S. 198.

76 *Henkel*, Rechtsphilosophie, S. 381.

77 *Hueck / Nipperdey*, Arbeitsrecht, Bd. I, § 26 II (S. 163); *Jobs*, Otto von *Gierke* und das moderne Arbeitsrecht, S. 54; *ders.*, ZfA 1972, S. 305 (341); *Nikisch*, Arbeitsrecht, Bd. I, § 2 I 2 (S. 14).

78 Die Einflußnahme der Regelungen über die römische Dienstmiete auf die Gestaltung des Dienstvertragsrechts des BGB untersucht und bejaht *Cottmann*, Rechtstheoretische Grundlagen der Regelungen über die Vergütung von Arbeitsleistungen, S. 67 ff.; kritisch zu den *Gierke*schen Ableitungen auch *Ogris*, RdA 1967, S. 286 (294), Fußnote 31; *Thieme*, Was bedeutet uns Otto von *Gierke?*, S. 407 (411). Den *Vertragscharakter* gewerblicher Arbeitsverträge im Mittelalter hat bereits *Ebel* in den dreißiger Jahren durch umfangreiche Quellennachweise belegt und damit die These vom personenrechtlichen Treuedienstverhältnis widerlegt. Vgl. *Ebel*, Gewerbliches Arbeitsvertragsrecht im

Rahmen zu Beginn unseres Jahrhunderts, in dem die historische These entwickelt und fortgeschrieben wurde und vergleicht sie mit den bereits geschilderten wirtschaftlichen und sozialen Gegebenheiten der Industrialisierung, so bieten die weithin „unpersönlichen" Massenarbeitsverträge ohnehin keine Vergleichsmöglichkeit mit dem angenommenen Treuedienstvertrag. Vom heutigen Standpunkt aus wissen wir, daß die These vom personenrechtlichen Einschlag des Arbeitsverhältnisses als Merkmal gemeinschaftlicher Verbundenheit von Arbeitnehmer und Arbeitgeber lediglich als Begründungsformel diente, dem Arbeitsverhältnis ein soziales Element[79] zu geben, daß aber diese Konstruktion die Existenz besonderer vertraglicher wie nachvertraglicher Treuepflichten nicht zu rechtfertigen vermag.

2. Das Merkmal der „Personenrechtlichkeit" als prägendes Element des Arbeitsverhältnisses

Die scharfe Kritik, die vor allem an der Konstruktion des Treue- und Gemeinschaftsverhältnisses kraft persönlicher Verbundenheit geübt wurde, führte dazu, daß der Gemeinschaftsgedanke zur Rechtfertigung besonderer arbeitsvertraglicher Pflichten an Bedeutung verlor. An der Konstruktion spezifisch arbeitsrechtlicher Treue- und Fürsorgepflichten gegenüber den allgemeinen aus Treu und Glauben gemäß § 242 BGB resultierenden Nebenpflichten wurde aber und wird zum Teil noch heute festgehalten[80]. Als Rechtfertigung für die Annahme jener besonderen Pflichten diente auch hier die besondere Eigenart des Arbeitsverhältnisses, nur daß diese nicht im Gemeinschaftscharakter des Rechtsverhältnisses, sondern in der personenrechtlichen Prägung der Rechtsbeziehungen erkannt wurde. Anders als in der Lehre vom Gemeinschaftsverhältnis soll das personenrechtliche Element nicht Ausdruck persönlicher Verbundenheit sein, sondern allein die besondere Betroffenheit der Person des Arbeitnehmers durch das Arbeitsverhältnis dokumentieren. Diese beruhe darauf, daß im Vergleich zu den überwiegend auf Sachaustausch ausgerichteten Schuldverhältnissen im Arbeitsverhältnis die Person des Leistenden und dessen Arbeitsleistung *untrennbar* verknüpft seien. Die Arbeitnehmerleistung weise im Gegensatz zur sachbezogenen Leistung einen *personalen Gehalt* auf. Das Arbeitsverhältnis begründe daher eine Sonderverbindung mit personenrechtlichem Einschlag[81]. Der dogmatische Begründungswert

---

deutschen Mittelalter, Weimar 1934; *ders.*, Zeitschrift für die gesamte Staatswissenschaft, Bd. 96, S. 319 ff.

[79] Dies gegenüber der allgemeinen Kritik hervorhebend: *Fenn*, ArbuR 1971, S. 321 (324); vgl. auch *Hanau / Adomeit*, Arbeitsrecht, S. 156 f.; *Richardi*, Entwicklungstendenzen, S. 41 (54 f.).

[80] Mit unterschiedlichen Begründungen sprechen sich für die Anerkennung spezifisch arbeitsrechtlicher Pflichten aus: *Bobrowski / Gaul*, Arbeitsrecht, Bd. I, F I (S. 408); *Erman / Küchenhoff*, Vor § 611, Rdn. 6; *Mayer-Maly*, Treue- und Fürsorgepflicht, S. 71 (83); *W. Zöllner*, Arbeitsrecht, § 13 III (S. 146), eine nicht unerhebliche, über das Maß bei anderen Schuldverhältnissen hinausgehende Treubindung bejahend.

und die Aussagekraft der „Personenrechtlichkeit“ für die Erfassung der Rechtsnatur des Arbeitsverhältnisses und dessen Pflichtengehalt sind damit aber keineswegs geklärt, wie sich im folgenden zeigen wird.

a) Art und Umfang der Betroffenheit

Schon die Einordnung als „personenrechtliches Rechtsverhältnis“ begegnet Bedenken, soweit mit dem Begriff des Personenrechtlichen eine Subjekt-/Objektstellung des Arbeitnehmers assoziiert wird[82]; statt dessen soll von einem „personenbezogenen Rechtsverhältnis“ ausgegangen werden. Bei näherer Untersuchung zeigt sich jedoch, daß mit den Begriffen „Personenrechtlichkeit“ und „Personenbezogenheit“ in der Ausgangsbetrachtung für die systematische Einordnung des Rechtsverhältnisses ein kongruenter Bedeutungsgehalt verbunden wird: Den rein vermögensrechtlichen Austauschverträgen werden die personenbezogenen bzw. personenrechtlichen Schuldverhältnisse gegenübergestellt, um zu verdeutlichen, daß in letzteren der Mensch als Person in besonderer Weise von den Rechtsverhältnissen berührt und ergriffen wird[83]. Unterschiedlich sind die Konsequenzen, die aus jener persönlichen Betroffenheit für die Rechtsbeziehungen der Vertragspartner abgeleitet werden. Unterschiede lassen sich vor allem bei der Begründung der Vertragsnebenpflichten und daraus resultierender Nachwirkungen feststellen[84].

Verschiedentlich wird die Auffassung vertreten, daß mit einer „personenrechtlichen Natur“ die Existenz von Treue und Fürsorgepflichten nicht erklärt werden könne: Zum einen wird kritisiert, das Arbeitsverhältnis könne keinen personenrechtlichen Charakter, sondern allenfalls einen personenbezogenen Gehalt aufweisen, dessen Bedeutungsgehalt sich darin erschöpfe, die besondere Qualität des Vertragsgegenstandes „Arbeit“ aufzuzeigen[85]; zum anderen wird geltend

---

81 *Schaub*, Handbuch, § 29 I 4 (S. 114); *Münch. Komm. / Söllner*, § 611, Rdn. 123; (in der Formulierung zurückhaltender *Söllner*, Arbeitsrecht, § 28 III 2 [S. 246 f.]). Eine personenrechtliche Struktur bejahend auch BAG AP Nr. 21 zu § 616 BGB, Bl. 162 R = BAGE 8, S. 285 (297).

82 *Schwerdtner*, Fürsorge- und Entgelttheorie, S. 87; gegen die Kennzeichnung als personenrechtlicher Vertrag auch *Erman / Küchenhoff*, Vor § 611, Rdn. 7.

83 *Farthmann*, RdA 1960, S. 5 (7); *Siebert*, Faktische Vertragsverhältnisse, S. 83; eine besondere „personenrechtliche Bindung“ bejaht auch *Fabricius*, Leistungsstörungen, S. 27; den „personalen Charakter“ hervorhebend: *Larenz*, Schuldrecht, Bd. II, § 52 II c (S. 323); *W. Zöllner*, Arbeitsrecht, § 11 II 7 b (S. 129); dagegen verneint *Mavridis*, RdA 1956, S. 444 (445) einen Wesensunterschied zwischen sach- und personenrechtlichen Verhältnissen mit dem Argument, daß jedes Rechtsverhältnis die Persönlichkeit des Menschen irgendwie berühre.

84 Ausführungen zu einer besonderen Vertragssubjektstellung des Arbeitnehmers aufgrund personenrechtlicher Bindung im Sinne eines Statusverhältnisses, wie es insbesondere von *Siebert*, Faktische Vertragsverhältnisse, S. 83, aus der Personenrechtlichkeit geschlossen wurde, erübrigen sich angesichts des heute unstreitig anerkannten *schuldrechtlichen* Austauschcharakters des Arbeitsvertrages.

85 *Schwerdtner*, Fürsorge- und Entgelttheorie, S. 86.

gemacht, daß jedes Rechtsverhältnis die Persönlichkeit des Menschen irgendwie berühre, die „Personenrechtlichkeit" somit keinen Wesensunterschied zwischen dem Arbeitsverhältnis und sonstigen Schuldverhältnissen bedinge[86]. *Larenz*[87] erkennt in der persönlichen Leistung eine besondere Personenbezogenheit des Dienst- und Arbeitsverhältnisses, die zu einer besonderen Steigerung der Pflichten zu einer beiderseitigen Treuepflicht führe.

Überwiegend wird im Zusammenhang mit dem Merkmal der Personenbezogenheit auf die persönliche *Abhängigkeit* des Arbeitnehmers verwiesen[88]. Die Abhängigkeit des Arbeitnehmers vom Arbeitgeber wird gemeinhin dahin umschrieben, daß der Arbeitnehmer sich für die Dauer des Arbeitsverhältnisses dem Weisungsrecht des Arbeitgebers unterordne und damit eine erhebliche Einbuße an persönlicher Selbständigkeit erleide[89]. Auch verliere er durch die Leistung fremdbestimmter Arbeit die Möglichkeit, seine Arbeitskraft selbst wirtschaftlich zu nutzen[90]. Damit werde der Arbeitnehmer in seiner Persönlichkeit selbst in gewissem Umfang beschränkt.

Das personale Element des Arbeitsverhältnisses beinhaltet hier einen völlig anders gelagerten Bedeutungsgehalt: Nicht persönliche Verbundenheit, sondern Untergeordnetheit aufgrund Weisungsgebundenheit kennzeichnen die Rechtsbeziehungen; statt eines Gemeinschaftsverhältnisses wird ein für den Arbeitnehmer bestehendes Abhängigkeitsverhältnis aufgezeigt.

b) Konsequenzen für den Pflichtengehalt

Konsequenzen ergeben sich aus dieser Beurteilung vor allem für die Legitimation der Treue- und Fürsorgepflichten im Arbeitsverhältnis, insbesondere für die bis heute nachwirkende Begründung der „allgemeinen Fürsorgepflicht" des Arbeitgebers.

Der Erkenntnis, daß die Stellung des Arbeitnehmers im Arbeitsverhältnis durch eine persönliche und wirtschaftliche[91] Abhängigkeit gekennzeichnet sei, folgte

---

86 *Mavridis,* RdA 1956, S. 444 (445), der letztlich auf eine rein schuldrechtliche Struktur der Pflichten schließt.

87 *Larenz,* Schuldrecht, Bd. II, § 52 II c (S. 323). Dagegen bereits *Wolf,* Das Arbeitsverhältnis, S. 16, wonach die *persönliche* Leistungspflicht, also die Verpflichtung zur Leistung in Person, keinen Erkenntniswert für das Arbeitsverhältnis habe.

88 *Farthmann,* RdA 1960, S. 5 (8); *Fabricius,* Leistungsstörungen, S. 27; *Jobs,* ZfA 1972, S. 305 (335); *Larenz,* Schuldrecht, Bd. II, § 52 II c (S. 323); *Schaub,* Handbuch, § 29 I 4 (S. 114).

89 *Fabricius,* Leistungsstörungen, S. 27; *Schaub,* Handbuch, § 2 II 1 (S. 2); *W. Zöllner,* Arbeitsrecht, § 11 7 c (S. 130).

90 *Farthmann,* RdA 1960, S. 5 (8) auf eine persönliche und wirtschaftliche Abhängigkeit verweisend; auch *Wiedemann,* Austausch- und Gemeinschaftsverhältnis, S. 15, den Verlust der Dispositionsfähigkeit über die Arbeitskraft herausstellend; ihm folgend *Schwerdtner,* Fürsorge- und Entgelttheorie, S. 71.

die Einsicht, daß der abhängig Beschäftigte wegen seiner persönlichen Abhängigkeit auch sozial schutzbedürftig sei, gerade weil er sich durch die Arbeitsaufnahme in persönliche Unselbständigkeit und wirtschaftliche Abhängigkeit begebe[92]. Der soziale Schutzgedanke wird denn auch als Ausgangspunkt genommen, von dem aus Herkunft und Funktion der allgemeinen Fürsorgepflichten begründet werden. So leiten *Farthmann*[93] und *Pinther*[94] aus dem Arbeitnehmerschutzgedanken allgemeine Fürsorgepflichten des Arbeitgebers (und als Pendant der Fürsorge naturgemäß die Treuepflicht des Beschäftigten[95]) ab.

Fürsorgepflichten als Ausgleich persönlicher Unfreiheit und Unselbständigkeit des Arbeitnehmers im Arbeitsverhältnis bejahen auch *Fabricius*[96] und *Wlotzke*[97]. Ebenso wie im laufenden Arbeitsverhältnis soll schließlich der soziale Schutzgedanke auch die Existenz nachwirkender Fürsorgepflichten seitens des Arbeitgebers rechtfertigen[98].

c) Analyse

Auf den ersten Blick unterscheidet sich der hier skizzierte Begründungsansatz grundlegend von der traditionellen Lehre vom Gemeinschaftsverhältnis. Mit dem Schutzgedanken wird ganz im Gegensatz zu den Gemeinschaftsvorstellungen gerade ein fehlendes Partnergleichgewicht und ein soziales Machtgefälle zwischen Arbeitgeber und Arbeitnehmer hervorgehoben. Während die Gemeinschaftslehre in ihrer Konzeption eine harmonische Gleichgerichtetheit der Vertragspartner unterstellt, bemüht sich die Lehre von der personenrechtlichen bzw. personenbezogenen Prägung anhand einer an der sozialen Wirklichkeit des Arbeitslebens orientierten Analyse, die Besonderheit des Arbeitsverhältnisses zu erfassen. Diese erblickt sie darin, daß die in persönlicher Abhängigkeit zu erbrin-

---

91 Wobei der Stellenwert der wirtschaftlichen Abhängigkeit neben der persönlichen unklar ist. Vgl. *W. Zöllner*, Arbeitsrecht, § 4 III 5 (S. 45), der sie gleichrangig neben der persönlichen Abhängigkeit nennt, während *Söllner, Münch.Komm.*, § 611, Rdn. 135 das Kriterium der wirtschaftlichen Abhängigkeit für „unerheblich" hält. Das BAG vermeidet im Rahmen der Beurteilung einer Arbeitnehmerschaft das Abgrenzungskriterium „wirtschaftliche Abhängigkeit". Vgl. etwa BAG AP Nr. 6 zu § 611 BGB Abhängigkeit, Bl. 283.

92 *Farthmann*, RdA 1960, S. 5 (8).

93 *Farthmann*, RdA 1960, S. 5 (8).

94 *Pinther*, ArbuR 1961, S. 225 (230).

95 So ausdrücklich *Pinther*, ArbuR 1961, S. 25 (230); auch *Dersch*, Neue Entwicklung der Fürsorgepflicht, S. 71 (76), aus dem Schutzprinzip als „mittelbare Konsequenz" auch die Treuepflicht des Arbeitnehmers begründend.

96 *Fabricius*, Leistungsstörungen, S. 27.

97 *Wlotzke*, RdA 1965, S. 180 (190), der allerdings als Rechtsgrundlage der Treue- und Fürsorgepflichten § 242 bzw. § 618 BGB nennt.

98 So ausdrücklich für die Fürsorgepflicht unter Bezug auf das sozialrechtliche Schutzprinzip, allerdings ohne nähere Konkretisierung der nachwirkenden Pflichten: *Dersch*, RdA 1949, S. 325 (330).

gende und im wesentlichen fremdbestimmte Arbeitsleistung die Person des Arbeitnehmers unmittelbar erfaßt[99]. Dieser Bedeutungsgehalt des personalen Elements entspricht der heute im Arbeitsrecht herrschenden Meinung; Akzentverschiebungen bestehen vereinzelt darin, daß anstelle der persönlichen Abhängigkeit (womit die Weisungsunterworfenheit gemeint ist) auf die organisatorische Eingliederung in einen fremden Betriebsbereich[100] oder eine Unterordnung unter die Organisationsgewalt des Arbeitgebers[101] verwiesen wird. Im Ergebnis ist damit dasselbe gemeint: die Unterworfenheit[102] unter Weisungen über Art und Weise der Arbeit, die dem Arbeitnehmer die Möglichkeit zu selbständigem Handeln nimmt und ihn damit in seiner *persönlichen* Handlungsfreiheit beeinträchtigt[103].

Prinzipielle Einwände bestehen weniger gegen die Beibehaltung und Neubestimmung des personalen Faktors, als gegen die Methode, aus der so bestimmten Wesensart des Rechtsverhältnisses besondere personale Pflichten zur Fürsorge und Treue herzuleiten. Speziell zum Zweck der Rechtsgewinnung wird aus der Personenbezogenheit des Arbeitsverhältnisses auf eine besondere Schutzbedürftigkeit des Arbeitenden und damit auf das arbeitsrechtliche Schutzprinzip verwiesen. Anknüpfungspunkt für die Begründung besonderer Treue- (Fürsorge)Pflichten ist damit eine in der Eigenart des Arbeitsverhältnisses begründete Abhängigkeit und Unterlegenheit des Arbeitnehmers, denn das arbeitsrechtliche Schutzprinzip basiert in seinem traditionellen Verständnis auf der Vorstellung einer materialen Ungleichheit der Vertragspartner bei formaler Gleichheit[104]. Dieses Bild vom persönlich abhängigen und fremdbestimmten Arbeitnehmer kann angesichts des weitreichenden arbeitsrechtlichen Sozialschutzes und der kollektivrechtlich gewährleisteten Einflußnahme nicht mehr uneingeschränkt gelten. Zumindest kann von einer prinzipiellen Unterlegenheit des Arbeitnehmers, wie sie zu Beginn der Arbeitsrechtsentwicklung bestanden hat, keine Rede mehr sein.

---

99 *Farthmann,* RdA 1960, S. 5 (9), der die Kennzeichnung „personenbezogenes" Vertragsverhältnis als Abgrenzung gegenüber sachbezogenen Schuldverhältnissen bevorzugt; auch *Erman / Küchenhoff,* Vor § 611, Rdn. 3, 7; *Schaub,* Handbuch, § 29 I 4 (S. 114).

100 *Münch.Komm. / Söllner,* § 611, Rdn. 123; zur älteren Eingliederungstheorie *Nikisch,* Arbeitsrecht, Bd. I, § 14 I 1 (S. 92); aus neuerer Zeit *Zeuner,* RdA 1975, S. 84 (85).

101 *Fabricius,* Leistungsstörungen, S. 27 f. sieht die personenrechtliche Bindung darin, daß das Arbeitsverhältnis eine partielle Unfreiheit des Arbeitnehmers begründe und ihn der Organisationsgewalt des Arbeitgebers unterstelle. *Richardi,* Entwicklungstendenzen, S. 41 (44) spricht von „Arbeit unter fremdbestimmter Organisationsgewalt".

102 *W. Zöllner,* Arbeitsrecht, § 4 III 5 (S. 45), den Begriff „Abhängigkeit" kritisierend. Auf die unterschiedlichen Aspekte und Abgrenzungskriterien des Merkmals „persönliche Abhängigkeit" kann nicht weiter eingegangen werden. Die Rechtsprechung zieht sowohl das Kriterium der Weisungsgebundenheit als auch das der Eingliederung für die Bestimmung persönlicher Abhängigkeit heran: vgl. BAG AP Nr. 3 zu § 611 BGB Abhängigkeit, Bl. 429 R und BAG AP Nr. 21 zu § 611 BGB Abhängigkeit, Bl. 456.

103 *Wlotzke,* RdA 1965, S. 180 (185).

104 Vgl. *Bulla,* Die Arbeitskammer 1961, S. 406 (407 ff.) und *Dersch,* RdA 1949, S. 325 (326 f.); beide verwenden die Formulierung „sozialrechtliches Schutzprinzip".

Schließlich hat sich mit dem Ausbau des Arbeitnehmerschutzrechts und einer damit einhergehenden Stärkung der Arbeitnehmerschaft auch die Funktion und Aufgabe des Arbeitsrechts gewandelt. Danach wird neben dem Schutzzweck die Aufgabe des Arbeitsrechts in zunehmendem Maße in der Gestaltung der Unternehmens- und Wirtschaftsverfassung gesehen, die der sozialen *Sicherung* des einzelnen dient[105]. Die These vom „personalen" Charakter des Arbeitsverhältnisses aufgrund eines durch persönlichen Einsatz bedingten Abhängigkeitsverhältnisses lehnt dagegen noch an die überholte Vorstellung eines herrschaftlichen Gewaltverhältnisses an, in dem die Persönlichkeit des Arbeitnehmers als solche erfaßt und einem „Herrenrecht"[106] unterstellt wird[107]. Auch ist die Ableitung einer sozialen Schutzbedürftigkeit als kausale Folge persönlicher Abhängigkeit keineswegs zwingend, wie von den Befürwortern der Ansicht unterstellt wird. Ein Zusammenhang zwischen Unselbständigkeit und Schutzbedürftigkeit läßt sich nur dort bejahen, wo die weisungsgebundene Arbeitsleistung zugleich Gefahrenmomente für die Person und die Rechtsgüter des Arbeitnehmers schafft. Andere Schutzleistungen, die insbesondere auf vermögenswerte Interessen zielen, wie etwa die Lohnfortzahlungsleistung bei Krankheit oder die Urlaubsgewährung, lassen sich nicht mittels persönlicher oder arbeitsorganisatorischer Weisungsgebundenheit und Unterworfenheit erklären. Auf das personale Element wird jedoch in der Rechtsprechung meist im Zusammenhang mit dem Schutz materieller Interessen Bezug genommen[108]. Konsequenterweise sucht die neue Lehre die dogmatische Begründung für entsprechende Leistungen nicht mehr in einem personalen Fürsorgegedanken[109] und der personenrechtlichen Struktur des Arbeitsverhältnisses, sondern verweist auf die existentielle Bedeutung und den Entgeltcharakter der Leistungen[110]. Ebenso ist für die im Nachstadium zu zahlenden Ruhegeldleistungen an Betriebspensionäre inzwischen die dogmatische Begründung allein aus der Fürsorgepflicht aufgegeben worden[111].

Einen entsprechenden Mangel im Kausalzusammenhang hat bereits *Wiedemann*[112] aufgezeigt und daraus gefolgert, daß nicht eine allgemeine Unterlegenheit

105 *W. Zöllner,* AcP 176, S. 221 (241); *ders.,* Arbeitsrecht, § 1 (S. 1); zuvor schon *Herschel,* RdA 1968, S. 402 f.

106 *Gierke,* Die Wurzeln des Dienstvertrages, S. 37 (56).

107 *Siebert,* Das Arbeitsverhältnis, 1935, S. 39; kritisch dazu auch *Wiedemann,* Austausch- und Gemeinschaftsverhältnis, S. 38.

108 *Otto,* Personale Freiheit, S. 131, bezugnehmend auf BAG AP Nr. 1 zu § 2 ArbKrankhG, Bl. 911 und AP Nr. 21 zu § 616 BGB, Bl. 162 R.

109 BAGE 8, S. 285 (297); ferner BAGE 8, S. 1 (6).

110 Für die Lohnfortzahlung im Krankheitsfall: *Koller,* Risikozurechnung, S. 400; *Denck,* RdA 1980, S. 246 (250 ff.); *Weber,* RdA 1980, S. 289 (293). Für den Urlaubsanspruch: *Schwerdtner,* Fürsorge- und Entgelttheorie, S. 148 ff.

111 Zu den Entgelt- und Fürsorgemerkmalen des Ruhegeldes grundlegend BAG AP Nr. 2 zu § 119 BGB.

112 *Wiedemann,* Austausch- und Gemeinschaftsverhältnis, S. 13 und insbesondere S. 38; kritisch zur kausalen Erklärbarkeit von Abhängigkeit und Schutzbedürftigkeit die Ansätze bei *Beuthien / Wehler,* RdA 1978, S. 2 (4) und *W. Zöllner,* Arbeitsrecht, § 4 III 5 c (S. 49).

des Arbeitnehmers den arbeitsrechtlichen Schutz erfordert, sondern daß dieser sich als „*Äquivalent* für die Verfügbarkeit der Arbeitskraft darstellt“[113]; eine Herleitung der Fürsorgepflicht oder gar der Treuepflicht aus dem arbeitsrechtlichen Schutzprinzip, verstanden als Rechtsgrundlage, lehnt er damit zutreffend ab[114]. Auch ist der soziale Schutzgedanke kein Rechtsbegriff mit Normqualität, sondern ein soziales „Leitbild“[115], dessen rechtliche Relevanz im Rahmen der jeweils zu bemessenden Pflichten zu bestimmen ist. Geradezu widersinnig muß es erscheinen, wenn aufgrund des Arbeitnehmerschutzgedankens die als Ausgleich für die Beschränkung seiner persönlichen Gestaltungsfreiheit gedachten Fürsorgepflichten wiederum als mittelbare Konsequenz spezifische Treuepflichten nach sich ziehen sollen, die zweifellos freiheitsmindernde Wirkungen haben[116]. Hier wird entsprechend der Gemeinschaftslehre der Gedanke einer wechselseitigen Treue- und Fürsorgepflicht aufgegriffen, der mit dem Schutzcharakter des Arbeitsrechts unvereinbar ist. Eine Symmetriebeziehung zwischen Treue- und Fürsorgepflicht wird in der neueren Lehre mit Recht nicht mehr vertreten[117].

Für die Rechtfertigung besonderer nachvertraglicher Pflichten ergeben sich damit folgende Konsequenzen: Soweit das Merkmal der Personenbezogenheit eine gewisse Sonderstellung des Arbeitnehmers, bedingt durch seinen persönlichen Einsatz und eine damit einhergehende starke Abhängigkeit kennzeichnen soll, ist damit keine tragfähige Grundlage zur Begründung arbeitsvertraglicher Treue(-Nebenpflichten) gewonnen. Der Verweis auf das Schutzprinzip bzw. die Schutzbedürftigkeit zielt auf die Begründung von Arbeitgeberpflichten[118]. Kernbereich der personenbezogenen Fürsorgepflichten im laufenden Arbeitsverhältnis sind die gemäß § 618 BGB normierten Schutzpflichten. Sie dienen dem Schutz und der Erhaltung der Rechtsgüter des Beschäftigten, der sich aufgrund organisatorischer Eingliederung und Weisungsunterworfenheit weitgehend dem Verantwortungsbereich des Arbeitgebers überantwortet. Demzufolge obliegt dem Arbeitgeber die verantwortliche Gestaltung der Arbeitsorganisation und des Gefahrenschutzes. Die Untergeordnetheit des abhängig Beschäftigen korrespondiert insofern mit besonderen Sorgepflichten des Dienstleistungsberechtigten. Daneben

---

113 *Wiedemann*, Austausch- und Gemeinschaftsverhältnis, S. 16 (Hervorh. i. O.).

114 Bezüglich der Fürsorgepflichtbegründung, S. 58, für die Treuepflicht, S. 57. Gegen die Ableitung der Fürsorgepflicht aus dem Schutzprinzip als Rechtsgrundlage auch *Kramer*, Arbeitsvertragsrechtliche Verbindlichkeiten, S. 25 und S. 29; weniger deutlich: *ders.*, Vermögensrechtliche Aspekte, S. 107 (116).

115 *Kramer*, Arbeitsvertragsrechtliche Verbindlichkeiten, S. 29; ablehnend gegenüber dem Sozialstaatsprinzip als Anspruchsgrundlage auch *Münch.Komm. / Söllner*, § 611, Rdn. 176.

116 Ausdrücklich *Dersch*, Entwicklung der Fürsorgepflicht, S. 71 (76); *Pinther*, ArbuR 1961, S. 225 (230); weniger deutlich *Farthmann*, RdA 1960, S. 5 (7).

117 Ausdrücklich ablehnend: *Kramer*, Arbeitsvertragsrechtliche Verbindlichkeiten, S. 40; *ders.*, Vermögensrechtliche Aspekte, S. 107 (116); *Schwerdtner*, Fürsorge- und Entgelttheorie, S. 79 f.; *ders.*, ZfA 1979, S. 1 (17); ihm folgend *Münch.Komm. / Söllner*, § 611, Rdn. 378.

118 Dies hervorhebend auch *Hürholz*, Die Treuepflichten, S. 96 f.

sind jedoch weitere Fürsorgepflichten zugunsten des Arbeitnehmers anerkannt, bei denen der Hinweis auf die sogenannte persönliche Abhängigkeit nicht ausreicht, um ihre Geltung insbesondere im Nachstadium des Vertrages zu bejahen. Hierzu gehören die Schweigepflicht sowie die Auskunftspflicht des Arbeitgebers. Die Schweigepflicht des Arbeitgebers über persönliche Daten auch nach Beendigung des Beschäftigtenverhältnisses ist nicht mit einer persönlichen Unselbständigkeit des Arbeitnehmers erklärbar, sondern resultiert aus dem Persönlichkeitsschutz und der Einwirkungsmöglichkeit, die durch das Anvertrauen der Daten eröffnet wird. Ebenso hat die Auskunftsverpflichtung des Arbeitgebers gegenüber dem Arbeitnehmer, Dritten Auskünfte zu erteilen und jenen über den Inhalt der Auskunft auf sein Verlangen zu unterrichten, ihren Geltungsgrund nicht in einer fortbestehenden Abhängigkeit[119]. Der Arbeitnehmer genießt besonderen Schutz, weil die Berufsausübung und der damit verbundene Erhalt eines Arbeitsplatzes von existentieller Bedeutung für ihn ist und die Arbeitskraft nicht nur als Wirtschaftsgut betrachtet werden kann, sondern auch Persönlichkeitswert besitzt, die dem Beschäftigten eine wesentliche Möglichkeit der Persönlichkeitsentfaltung gibt[120]. Eben dieses Schutzinteresse prägt aber den Inhalt der entsprechenden Arbeitgeberpflichten. Es erklärt, weshalb der Arbeitgeber nach Maßgabe der Billigkeit alles zu vermeiden hat, was sich für das Fortkommen des ausgeschiedenen Arbeitnehmers nachteilig auswirken könnte[121]. Dem Fortkommen dienen aber auch das Zeugnis und Auskünfte des Arbeitgebers, denn diese geben im Wettbewerb um die Arbeitsplatzsuche Aufschluß über die Leistungen und Fähigkeiten des Bewerbers und helfen diesem, die Verwertung seiner Arbeitskraft zu ermöglichen und seine Existenzgrundlage zu sichern.

3. Weitere Standpunkte

Die aufgezeigte Bedeutung, die dem personenrechtlichen Element als Abgrenzungskriterium gegenüber rein sachbezogenen Schuldverhältnissen und als Rechtfertigung für die Anerkennung eines besonderen Zusatzgefüges von Treue und Fürsorgepflichten zukam, läßt verständlich werden, daß bis heute an einer personalen Komponente des Arbeitsverhältnisses festgehalten wurde. Der Begriff „personen*rechtlich*“ wurde freilich weitgehend aufgrund statusrechtlicher Assoziationen zugunsten von Kennzeichnungen wie „personal“, „personenbezogen“

---

119 So aber offensichtlich *Emmermann*, Nachwirkung, S. 101. Ähnlich auch *Kramer*, Arbeitsvertragsrechtliche Verbindlichkeiten, S. 92.

120 Zur Bedeutung von „Arbeit“ und „Persönlichkeitsentfaltung“: BAG AP Nr. 2 zu § 611 BGB Beschäftigungspflicht, Bl. 119 f.; aus neuerer Zeit: BAG, ZIP 1985, S. 1214 (1220) zum Weiterbeschäftigungsanspruch des gekündigten Arbeitnehmers; *Gaul*, NZA 1988, S. 225 (226).

121 So der allgemeine Hinweis unter Herausstellung des personellen Faktors des beendeten Arbeitsverhältnisses: BAG AP Nr. 1 zu § 630 BGB, Bl. 2; BGH AP Nr. 2 zu § 630 BGB, Bl. 3; BAG AP Nr. 80 zu § 611 Fürsorgepflicht, Bl. 193.

oder „Personenhaftigkeit“ verdrängt. Die Bedeutung des personalen Elements erschöpft sich jedoch nach wie vor nicht in der bloßen Kennzeichnung der Leistungsmodalität „menschliche Arbeitskraft“, sondern stellt den Ansatz für höchst unterschiedliche Lösungsvorschläge, mit denen die Sonderstellung des Arbeitsverhältnisses und vor allem dessen Pflichtengefüge gewahrt werden soll.

So leitete *Küchenhoff*[122] aus der Personenbezogenheit als Wesenselement des Dienstvertrages eine über die allgemeinen Grundsätze von Treu und Glauben hinausgehende gegenseitige Treuepflicht der Vertragspartner ab, die auch nach Vertragsende nachwirken soll. Der Treuebegriff wird ausgefüllt im Sinne einer Interessenwahrungspflicht, die im Dienstverhältnis durch eine partielle gemeinsame Interessenrichtung (dem "Schaffenszusammenhalt“) eine besondere Intensivierung erfährt. Abgesehen von der veränderten Terminologie und einer mehr versachlichten Betrachtung der Treuepflichten setzt sich dieser Lösungsvorschlag dem Verdacht aus, in Argumentation und Methodik nur die traditionelle Gemeinschaftslehre fortzusetzen.

Eine entsprechende Kontinuität im dogmatischen Verständnis wird deutlich bei *Gaul*[123], wenn er trotz Ablehnung eines personenrechtlichen Gemeinschaftsverhältnisses eine Doppelnatur der Rechtsbeziehungen bejaht, in welcher sich die (wechselseitige) Treuepflicht als Ausfluß des personenrechtlichen Elements darstellt. Die gegen die Gemeinschaftslehre erhobenen Einwände, insbesondere hinsichtlich der freiheitsmindernden Konsequenzen vergleichbarer Konzeptionen, gelten im wesentlichen auch hier.

Kraft[124] wiederum nennt den personalen Charakter *neben* dem Dauerschuldcharakter und der Eingebundenheit des Arbeitnehmers in die Interessensphäre des Arbeitgebers als Ursache für eine Intensivierung der beiderseitigen Nebenpflichten, ohne dafür eine nähere Begründung zu geben.

Anderen dient das personale Element offensichtlich mehr der Kennzeichnung der besonderen persönlichen Situationsgebundenheit oder Schutzbedürftigkeit des Beschäftigten. Dennoch soll auch hier das personale Element ein die Rechtsbeziehungen prägender Bestandteil sein. Neu bestimmt wurde lediglich das Verhältnis der Treue- und Fürsorgepflicht: Der personenbezogenen Fürsorgepflicht steht eine versachlichte, auf betriebliche Interessenwahrung gerichtete Treuepflicht gegenüber, die mit dem klassischen Verständnis von persönlicher Treue nichts mehr gemein hat. So erkennt *Wiese*[125] in der „Einordnung des Arbeitneh-

---

122 *Erman / Küchenhoff*, Vor § 611, Rdn. 3 ff. und § 611, Rdn. 117. In ähnlicher Weise hat *Mayer-Maly*, Treue- und Fürsorgepflicht, S. 71 (82 ff.) die Treuepflichten auf vertragsspezifische Interessenwahrungspflichten versachlicht, allerdings ohne Konsequenzen für die nachvertraglichen Rechtsbeziehungen aufzuzeigen.

123 *Bobrowski / Gaul*, Arbeitsrecht, Bd. I, F I (S. 408); zu den Nachwirkungen der personenrechtlichen Bindung: *ders.*, Arbeitsrecht, Bd. II, L III (S. 224). Vgl. dazu die ältere Auffassung von *Staudinger / Nipperdey / Mohnen / Neumann*, § 611, Rdn. 3.

124 *Soergel / Kraft*, § 611, Rdn. 75.

mers" in einen fremden Organisations- und Arbeitsbereich eine die Eigenart des Rechtsverhältnisses prägende Besonderheit, die auf der Arbeitgeberseite zu Ausgleichspflichten in Form besonderer Fürsorgepflichten führe. Mit Vertragsende erlösche sowohl die Verpflichtung des Beschäftigten zur Einordnung und Treue als auch die damit korrespondierende Ausgleichspflicht (Fürsorgepflicht) des Arbeitgebers. Eine nachwirkende betriebliche Treuepflicht, etwa zur Verschwiegenheit über Betriebsinterna oder Betriebsgeheimnisse für den ausscheidenden Arbeitnehmer, verneinen auch *Schwarz/Holzer*[126].Sie verweisen auf den inneren Zusammenhang von Dienstleistungspflicht und Treuepflicht, die dem Arbeitnehmer „dienstliche Korrektheit" gegenüber den Interessensbelangen des Arbeitgebers abverlange. Als akzessorische Nebenpflicht erlösche sie mit dem Ende der Dienstleistungspflicht, während die Fürsorgepflicht als typischerweise personenbezogene Pflicht selbständige Hauptpflicht[127] sei. Mangels näheren Eingehens auf die Fürsorgepflicht läßt sich dieser Meinung nicht entnehmen, ob eine Nachwirkung der Fürsorgepflicht oder eine Bindungsfreiheit bejaht wird. Deutlich wird jedoch, daß sowohl die personenbezogene Fürsorgepflicht als auch die betriebsbezogene Treuepflicht ihre Rechtfertigung in der personellen Struktur des Rechtsverhältnisses erfahren sollen[128]. Die einseitige Hervorhebung des personalen Charakters birgt jedoch die Gefahr, daß schuldrechtliche Bezüge außer Betracht geraten. Angesichts der umfassenden Verhaltenspflichten, die auch für das schuldrechtliche Austauschverhältnis anerkannt sind und die je nach der Intensität der Beziehungen unterschiedlich stark ausgeprägt sein können, bedarf es eines personalen Elements zur Begründung der Neben- (Treue-)Pflichten im Arbeitsverhältnis nicht mehr.

Kramer[129] wiederum leitet die Fürsorgepflicht aus dem Schutzcharakter des Arbeitsrechts ab, der seine Wurzel in der intensiven Einbindung des Beschäftigten in den Betrieb und in dessen Fremdbestimmung habe. Damit wird — entsprechend der älteren Lehrmeinung — die soziale Schutzbedürftigkeit des Arbeitnehmers an dessen personale Erfaßtheit angeknüpft. Demzufolge soll als „Konsequenz(en) der spezifischen Unselbständigkeit des Arbeitnehmers"[130] über das Vertragsende hinaus eine nachwirkende Fürsorgepflicht des Arbeitgebers (etwa in Gestalt einer Auskunfts- oder Zeugnispflicht) bestehen bleiben, während die auf betriebliche Interessensbelange reduzierte Treuepflicht — mit Ausnahme einer eingeschränk-

---

125 *Wiese*, ZfA 1971, S. 273 (278 ff.).

126 *Schwarz / Holzer*, Die Treuepflicht des Arbeitnehmers, S. 71; *Schwarz*, Dauerschuldverhältnis und Dogmatik arbeitsvertraglicher Treuepflicht, S. 355 (365 f.). Ebenso *Binder*, ZfA 1978, S. 75 (110) für die noch im Erwerbsleben stehenden Arbeitnehmer.

127 *Schwarz / Holzer*, Die Treuepflicht des Arbeitnehmers, S. 40.

128 Das „personale Element" umschreibt damit sowohl ein besonderes Näheverhältnis von Person zu Person als auch von Person zur Leistung. *Schwarz / Holzer*, Die Treuepflicht des Arbeitnehmers, S. 32 ff.

129 *Kramer*, Arbeitsvertragsrechtliche Verbindlichkeiten, S. 28 f.; *ders.*, Vermögensrechtliche Aspekte, S. 107 (116).

130 *Kramer*, Arbeitsvertragsrechtliche Verbindlichkeiten, S. 92.

ten Geheimhaltungspflicht —[131] mit Vertragsende erlöschen soll. Das Argument, daß der Arbeitnehmer sich in besonderer Weise seiner Selbständigkeit begebe und der Herrschaft des anderen Vertragspartners unterstelle, somit eines Ausgleichs durch Verpflichtung zur Fürsorge bedarf, setzt sich nachhaltig dem Verdacht aus, patriarchalische Elemente der „Fürsorge“ beibehalten zu wollen[132]. Davon abgesehen wäre richtige Konsequenz einer so begründeten Fürsorgepflicht, daß auch diese mit der Vertragsbeendigung erlöschen müßte. Ein personales Element wäre für die nachvertraglichen Rechtsbeziehungen nach dem Ausscheiden des Arbeitnehmers aus der Betriebsorganisation gerade nicht mehr festzustellen, denn der ausgeschiedene Arbeitnehmer steht in keinem Unterordnungsverhältnis und schuldet keinen persönlichen Einsatz; der Arbeitgeber kann nicht über dessen Arbeitskraft verfügen.

Gegen eine Deutung des personalen Elements im Sinne personalen Erfaßtseins hat bereits *Ballerstedt*[133] eingewandt, daß der zur Leistung abhängiger Arbeit Verpflichtete auf diese Weise zu einer „abhängigen Person“ abgestempelt werde. Den personalen Bezug sieht er darin, daß ein Mensch seine Arbeitskraft und *Zeit* für die Zwecke eines anderen zur Verfügung stelle, demgegenüber der Arbeitslohn kein volles Äquivalent sei. Diese Mehrleistung sei nicht ausgleichbar, da sie die — unveräußerliche — persönliche Sphäre berühre. In dem so festzustellenden Ungleichgewicht liege die Rechtfertigung der gesamten arbeitsrechtlichen Normen[134]. In seinen die allgemeine arbeitsrechtliche Dogmatik behandelnden Ausführungen geht *Ballerstedt* jedoch auf methodische Konsequenzen nicht weiter ein.

4. Zusammenfassung und Konsequenzen

Die vorstehende Untersuchung gibt damit folgendes Bild über Begriff und Aussagewert des sogenannten personalen Elements.

Mit Formulierungen wie personales Element, Personenbezogenheit, personelle oder personenrechtliche Struktur oder einfach dem personalen Bezug des Arbeitsverhältnisses soll eine dem Wesen des Arbeitsverhältnisses immanente Besonderheit erfaßt werden. Darin kommt ein Vorverständnis vom Arbeitsverhältnis zum Ausdruck, das sich nicht an einer allein schuldrechtlichen Struktur der Rechtsbeziehungen orientiert. Die dem sogenannten personalen Element entspringenden Rechte und Pflichten sollen dabei in Intensität und Ausgestaltung in besonderer Weise die vertraglichen wie nachvertraglichen Rechtsbeziehungen prägen. Histo-

---

131 Diese nachwirkende Treuepflicht beruht jedoch nicht auf einem personalen Bezug, sondern stellt das Ergebnis einer Abwägung der Interessenbelange dar, *Kramer*, Arbeitsvertragsrechtliche Verbindlichkeiten, S. 117 f.

132 *Weber*, RdA 1980, S. 289 (293) einen personalen Charakter gänzlich verneinend.

133 *Ballerstedt*, JZ 1953, S. 389 (390).

134 *Ballerstedt*, RdA 1976, S. 5 (8 f.).

rische Grundlage und geistige Wurzel dieser Sicht des Arbeitsverhältnisses ist eine Theorie von der personenrechtlichen Prägung des Dienstvertragsrechts, die sich im Verlauf weiterer Untersuchungen als nicht haltbar erwiesen hat.

Die unterschiedlichen Vorstellungen und rechtlichen Folgerungen, die mit dem Begriff „personal" verknüpft werden, veranschaulichen, daß es *die Personenbezogenheit* als eindeutiges Wesenselement nicht gibt, das zur Rechtsgewinnung herangezogen werden kann. Die Konstruktion eines personenrechtlichen Gemeinschaftsverhältnisses zeichnet ein Bild vom Arbeitsverhältnis, in dem nicht der Vertrag, sondern ein von Person zu Person gezogenes Treueband für die Rechte und Pflichten des Vertragspartners bestimmend sein soll, das aber mit der sozialen Realität und der eindeutig schuldrechtlichen Qualifikation der Rechtsbeziehung nicht vereinbar ist. Auch die Vorstellung von einem Über-Unterordnungsverhältnis mit einer personenrechtlichen Erfassung des abhängig Beschäftigten stellt auf die Herrschaft des Arbeitgebers und nicht auf eine zivilrechtliche Gleichordnung der Vertragsparteien ab. Ebenso ist es verfehlt, aus der Tatsache, daß der Arbeitnehmer zur Leistungserbringung seine ganze Person eingesetzt und damit möglicherweise in faktische Abhängigkeit gerät, auf eine „persönliche Abhängigkeit" zu schließen[135]. Richtig ist, daß dieser seine Person in einem Maße einbringt, wie dies bei anderen Schuldverhältnissen nicht der Fall ist. Er schuldet keine „Ware", sondern den in der Regel vollen persönlichen Arbeitseinsatz, und zwar auf längere Zeit, weswegen seine Person und seine personalen Interessen als besonders schutzwürdig anzusehen sind. Ein so verstandenes personales Element kennzeichnet zwar einen sozialen Tatbestand, es kann jedoch nicht unmittelbare normative Grundlage für die Anerkennung eines besonderen arbeitsrechtlichen Pflichtenkreises sein[136]. Damit sollte deutlich geworden sein, daß die im Arbeitsrecht vorherrschende Begründung, bei den die nachvertraglichen Rechtsbeziehungen bestimmenden Rechte und Pflichten handele es sich um eine Nachwirkung personal begründeter Pflichten zur Fürsorge oder gar Treue, einer tragfähigen Grundlage entbehrt. Ihre Berechtigung ist mit Hilfe schuldrechtlicher Grundsätze zu erklären.

---

135 *Wolf,* Das Arbeitsverhältnis, S. 16; im Ergebnis ebenso *Otto,* Personale Freiheit, S. 133.

136 Eine personale Struktur verneint im Ergebnis auch *Otto,* Personale Freiheit, S. 138. Weniger deutlich einschränkend: *W. Zöllner,* Arbeitsrecht, § 11 II 7 b (S. 129), der einen „personalen Charakter" des Arbeitsverhältnisses bejaht, was „nicht mehr oder weniger besagen" will, „als daß es bei ihm nicht bloß um vermögensrechtliche Vorgänge, den Austausch von Vermögenswerten geht, sondern daß der Arbeitnehmer als Person im Rahmen dieses Rechtsverhältnisses rechtliche Berücksichtigung findet".

III. Die schuldrechtsdogmatische Begründung der Pflichten

Verneint man eine personenrechtliche Struktur des Arbeitsverhältnisses und reduziert den Bedeutungsgehalt des personalen Elements auf die für die Arbeitnehmerseite zu berücksichtigenden persönlichen Interessensbelange, ist einer spezifisch „arbeitsrechtlichen" Begründung der die nachvertraglichen Rechtsbeziehungen bestimmenden Rechte und Pflichten der Boden entzogen. Aber auch in der Schuldrechtsdogmatik besteht das Phänomen nachwirkender Vertragspflichten. Diese Pflichten sollen gleichfalls ihre Rechtfertigung aus dem vorangegangenen Vertragsverhältnis beziehen; nach ihrem Inhalt und Umfang dienen sie der Sicherung und Erhaltung des Vertragszwecks und daraus erworbener Vorteile [137]. Funktion und Zielsetzung dieser Pflichten lassen sich an folgenden Beispielen verdeutlichen:

In der Zivilrechtsprechung ist anerkannt, daß der Verkäufer eines Unternehmens nicht durch die Neueröffnung eines gleichartigen Unternehmens in der näheren Umgebung zu dem Käufer in Wettbewerb treten darf. Haben es die Vertragsparteien versäumt, ein entsprechendes Wettbewerbsverbot ausdrücklich bei Kaufabschluß zu vereinbaren, so kann dem Verkäufer dennoch aus Treu und Glauben nach Vertragserfüllung eine Konkurrenztätigkeit untersagt sein, wenn die Gesamtumstände des Einzelfalles und die beiderseitige Interessenlage eine besondere Rücksichtnahme erfordern. So hat das Reichsgericht [138] neben der Hauptleistungspflicht bereits weitere Verhaltenspflichten, etwa auf Unterlassen einer Wettbewerbstätigkeit bejaht, die davor schützen, daß der mit der Erfüllung der Vertragspflicht zu fördernde Erfolg nicht durch nachträgliches Verhalten geschwächt oder vereitelt wird. Ebenso verbietet die nach Treu und Glauben sich ergebende Rücksichtspflicht, daß ein Hersteller modischer Konfektionsware nach Erfüllung seiner Leistungsverpflichtung eine vom Auftraggeber vorgelegte Modellskizze zur weiteren Fertigung und Belieferung von Konkurrenzunternehmen verwendet [139], daß ein Gesellschafter nach Übergabe des Betriebes beeinträchtigende Handlungen vornimmt, die dem Übernehmer die Fortsetzung des Betriebes unzumutbar machen [140] oder daß ein ehemaliger Gesellschafter ein bis auf den Abschluß vorbereitetes Geschäft nach dem Ausscheiden aus der Gesellschaft auf eigene Rechnung an sich zieht [141]. Rechtsgrundlage dieser Pflichten, soweit sie sich nicht ausdrücklich oder konkludent aus der Vertragsvereinbarung ableiten lassen, soll § 242 BGB sein [142].

---

137 *Larenz,* Schuldrecht, Bd. I, § 10 II f (S. 141 f.); *Münch.Komm. / Emmerich,* Vor § 275, Rdn. 177; *Staudinger / Schmidt,* § 242, Rdn. 779.

138 RGZ 117, S. 176 (178) mit der rechtlichen Konstruktion eines stillschweigend vereinbarten Wettbewerbsverbots.

139 BGHZ 16, S. 5 (10 f.).

140 BGH, NJW 1960, S. 718 (719).

141 BGH, NJW 1977, S. 247.

142 *Larenz,* Schuldrecht, Bd. I, § 10 II f (S. 141).

Die Kritiker einer spezifisch arbeitsrechtlichen Begründung nachvertraglicher Pflichten aus der Treue- und Fürsorgepflicht verweisen nun darauf, daß jene arbeitsvertraglichen Nebenpflichten auf Rücksichtnahme und Interessenwahrung kein aliud, sondern allenfalls eine besondere Ausformung jener schuldrechtlichen Nebenpflichten seien[143]. Damit wird bestritten, was jahrzehntelang selbstverständliche Grundlage der Arbeitsrechtsdogmatik war, nämlich, daß der besondere Vertragstypus „Arbeitsverhältnis" spezifische Rechte und Pflichten begründet. Die Treuepflicht einerseits und die Fürsorgepflicht andererseits sollen demnach nicht mehr sein als besonders intensivierte bzw. weitergehende Interessenwahrnehmungspflichten und Rücksichtspflichten aus § 242 BGB, deren Umfang und Intensität von Art und Dauer des Arbeitsverhältnisses abhängen[144].

1. § 242 BGB als Rechtsgrundlage der nachvertraglichen Pflichten

Auf den in § 242 BGB normierten Grundsatz von Treu und Glauben als gesetzlichen Anknüpfungspunkt der arbeitsvertraglichen Treuepflichten von Arbeitnehmer und Arbeitgeber nimmt in neuerer Zeit auch die Rechtsprechung wiederholt Bezug[145]. Ob mit dem Rückgriff auf die Generalklausel des § 242 BGB allerdings tatsächlich eine sachlichere und objektivere Erfassung und Eingrenzung arbeitsrechtlicher Nebenpflichten eröffnet wird, wie von *Schwerdtner*[146] hervorgehoben, muß angesichts der Unbestimmtheit des Grundsatzes zumindest zweifelhaft erscheinen. Diese läßt sich beispielhaft an der Entwicklung der schuldrechtlichen Nebenpflichten verdeutlichen.

Besondere Verhaltenspflichten sind — bis auf wenige spezifische Obhutspflichten wie in §§ 545, 550, 618 oder § 701 BGB — im BGB nicht enthalten, sondern wurden erst im Wege der Rechtsfortbildung von Rechtsprechung und Rechtslehre entwickelt. Die Erkenntnis, daß neben der Leistungserfüllung nach dem Sinn und Zweck des Vertrages dem Schuldner noch weitere Pflichten obliegen können, führte dazu, daß man unterschiedliche Fallgruppen von Nebenpflichten anerkannte und als vertragliche Nebenpflichten erfaßte, die dann systematisch als Fürsorge-, Obhuts-, Rücksichts-, Aufklärungs- oder Treuepflichten gekennzeichnet wurden[147]. Diese Nebenpflichten konnten mangels vertraglicher Vereinbarung aber weder aus dem Leistungsversprechen noch aus einer entsprechenden

---

143 Grundlegend: *Schwerdtner,* Fürsorge- und Entgelttheorie, S. 90 ff.; *ders.,* ZfA 1979, S. 17; *Fenn,* ArbuR 1971, S. 321 (325); *Hanau / Adomeit,* Arbeitsrecht (S. 162).

144 In diesem Sinne auch *Schwerdtner,* ZfA 1979, S. 1617; ferner *Otto,* Personale Freiheit, S. 135; *ders.,* ArbuR 1980, S. 289 (291), Fußnote 19.

145 BAG AP Nr. 1 zu § 103 BetrVG 1972, Bl. 217 R = EzA zu § 103 BetrVG 1972, Nr. 6, S. 4, mit Bezug auf die Treuepflicht des Arbeitnehmers; BAG, ZIP 1985, S. 1214 (1220); BAG, BB 1986, S. 594, betreffend die Fürsorgepflicht des Arbeitgebers.

146 *Schwerdtner,* Fürsorge- und Entgelttheorie, S. 90 f.; *ders.,* Arbeitsrecht, S. 109 ff.

147 Vgl. etwa: *Esser / Schmidt,* Schuldrecht, Bd. I, § 29 III 2 (S. 446); *Münch.Komm. / Roth,* § 242, Rdn. 112 ff.

Gesetzesvorschrift abgeleitet werden. Damit erwies sich letztlich nur die allgemeine Forderung des § 242 BGB, sich so zu verhalten, wie Treu und Glauben mit Rücksicht auf die Verkehrssitte dies verlangen, als gesetzliche Grundlage, von der aus Nebenpflichten begründet werden konnten. Inhalt und Umfang der so bestimmten Nebenpflichten lagen damit ebenso wie die Ausformung der arbeitsrechtlichen Treuepflicht im Bereich richterlicher Interessenabwägung; ihre dogmatischen Grundlagen erscheinen im gleichen Maße unbestimmt und wenig präzise[148].

2. Die Begründung nachvertraglicher Pflichten unter Verweis auf die vorvertraglichen Verpflichtungen

Daß auch in der Schuldrechtsdogmatik zur Rechtfertigung der nachvertraglichen Pflichten die Heranziehung des 242 BGB als positivrechtliche Grundlage nicht als allein überzeugende Rechtsgrundlage betrachtet wurde, beweisen weitere Begründungen, mit denen die ältere Rechtsprechung die Notwendigkeit jener Rücksichts- und Zweckerhaltungspflichten zu rechtfertigen suchte.

Das Reichsgericht, welches schon früh Nachwirkungen des Leistungsverhältnisses anerkannte, begründete diese stets aus den besonderen Umständen des Einzelfalls heraus. Zur inneren Rechtfertigung der meist im nachhinein aufgestellten Pflichten verwies es dabei nicht nur auf die von Treu und Glauben bestimmte Verkehrssitte und den Vertragstypus, sondern auch auf die für das vorvertragliche Stadium anerkannten Pflichten[149], die ihren inneren Grund aus dem später abgeschlossenen Vertrag[150] bzw. einem vertragsähnlichen Rechtsverhältnis[151] ableiteten. Die Begründung der Haftung aus sogenannter *culpa post contractum finitum* entsprach jener zur Haftung aus dem Rechtsinstitut der culpa in contrahendo. Ebenso wie im Vorstadium des Vertragsverhältnisses, mit Eintritt der Vertragsverhandlungen, als Vorwirkung oder Ausstrahlung des späteren Vertrages bereits gewisse Sorgfalts- und Rücksichtspflichten des Verhandelnden bejaht wurden, sollte auch für das Nachstadium der Vertrag besondere Wirkungen zeitigen können. Art und Umfang dieser Pflichten waren abhängig von den Gesamtumständen des Einzelfalles. Diese dogmatische Begründung der Nachwirkungen in Analogie zum Rechtsinstitut der culpa in contrahendo, die trotz vehementer Kritik[152] vereinzelt auch Anklang im arbeitsrechtlichen Schrifttum[153] und in der

148 So auch kritisch *Wolf,* Das Arbeitsverhältnis, S. 5 und 22; *ders.,* DB 1971, S. 1863 (1866) und *ders.,* Der Begriff Arbeitsrecht, S. 709 (717); kritisch zur Ableitung sogenannter Nebenpflichten aus Treu und Glauben auch *Fabricius,* Leistungsstörungen, S. 4.

149 RGZ 161, S. 330 (338); anschließend auch BGH LM Nr. 2 zu § 362 BGB, Bl. 58.

150 Grundlegend zur Lehre von der culpa in contrahendo: *Jhering,* JherJb 4, S. 1 ff. Zur dogmatischen Begründung, S. 23 ff. *Leonhard,* Verschulden bei Vertragsabschluß, S. 46; RGZ 95, S. 58 (60); RGZ 103, S. 47 (50); RG, JW 1912, S. 743 (744).

151 RGZ 78, S. 239 ff.; BAGE 14, S. 206 (208).

152 Eine Gleichstellung ablehnend: *Emmermann,* Nachwirkung, S. 17; zuvor schon *Käuffer,* Vor- und Nachwirkungen, S. 13 f.; *Moos,* RdA 1962, S. 301 (303); *Schwarze,* Nachwirkungen, S. 94.

Rechtsprechung[154] gefunden hat, war indes nur solange haltbar, als auch das Verhandlungsverhältnis als vertragsabhängiges Rechtsverhältnis gedeutet wurde[155]; die Erkenntnis, daß der Entstehungsgrund vorvertraglicher Pflichten ein durch sozialen oder geschäftlichen Kontakt begründetes gesetzliches Schuldverhältnis ist, entzog dieser Argumentation den Boden. Heute werden die Nachwirkungen nurmehr vorsichtig als eine Parallelerscheinung oder als „Gegenstück" zur c.i.c. gedeutet[156]. Ihre Rechtfertigung sollen die nachvertraglichen Pflichten jedoch — ungeachtet nach Ziel und Zweck der einzelnen Pflichten — im abgeschlossenen Leistungsverhältnis finden[157].

3. Grundlagen: Systematik der schuldrechtlichen Pflichten

Nachdem festgestellt wurde, daß weder mittels sogenannter arbeitsrechtlicher Treue-(Fürsorge-)Pflichten noch mit Hilfe der Generalklausel aus § 242 BGB eine überzeugende dogmatische Grundlage für nachvertragliche Pflichten nachgewiesen werden konnte, ist eine Erfassung der im sogenannten Nachstadium bestehenden Pflichten auf anderem Wege zu suchen. Hierbei ist zu klären, ob — wie behauptet — die unter der Sammelbezeichnung „Nachwirkung" erfaßten Pflichten tatsächlich ihre Berechtigung aus der früheren vertraglichen Bindung herleiten oder ob sie auf einem vertragsunabhängigen Rechtsgrund beruhen. Eine Klärung dieser Frage scheint nicht nur im Hinblick auf die nachvertraglichen Rechtsbeziehungen des beendeten Arbeitsverhältnisses und für die Pflichtenstellung des ausgeschiedenen Arbeitnehmers hinsichtlich seiner weiteren Erwerbsmöglichkeit von Bedeutung, sondern auch für das Pensionsverhältnis und die Ruhegeldleistungen des Arbeitgebers. Wenn nämlich die im Nachstadium des Arbeitsverhältnisses bestehenden Pflichten nach- bzw. fortwirkende Vertragspflichten sind, ist zu fragen, inwieweit sich nachvertragliche Ruhegeldleistungen und nachvertragliche Verhaltenspflichten des Pensionärs bedingen und Pflichtverletzungen des Ruheständlers einen Entzug oder eine Kürzung der Leistungen zur Folge haben können. Andererseits ist eine Wechselbeziehung zwischen den

---

153 *Christensen,* Verschulden nach Vertragsende, S. 70 ff.; *Hueck,* Anmerkung zu RAG v. 21. 3. 1936, ARS 26, S. 262; *Mavridis,* ArbuR 1957, S. 225 (228); wohl auch *Mohnen,* RdA 1957, S. 361 ff., Vor- und Nachwirkungen gegenüberstellend.

154 BGH AP Nr. 2 zu § 611 Fürsorgepflicht, Bl. 112 R, BGH AP Nr. 2 zu § 362 BGB, Bl. 58.

155 Als Konsequenz dieser auf die Lehre *Leonhards* zurückführenden Deutung wurde im Arbeitsrecht eine Ausstrahlungswirkung der Treue- und Fürsorgepflichten des späteren Arbeitsverhältnisses bejaht: Vgl. z. B. BAG AP Nr. 4 zu § 276 BGB Verschulden bei Vertragsschluß = BAGE 14, S. 206 (208); so auch *Brill,* AR-Blattei, Arbeitsvertrag — Arbeitsverhältnis IX, B I. Dagegen auf die Kontaktlehren rekurrierend: *Schaub,* Handbuch, § 25 II (S. 97 f.).

156 Vgl. *Fikentscher,* Schuldrecht, § 20 XI (S. 72); *Palandt / Heinrichs,* § 276, Anm. 6 E; *Strätz,* Sog. „Nachwirkungen", S. 999 (1002).

157 *Larenz,* Schuldrecht, Bd. I, § 10 II f (S. 141 f.); *Moos,* RdA 1962, S. 301 (304).

„Nachwirkungen" und den Versorgungsleistungen weitgehend auszuschließen, wenn festgestellt wird, daß es sich hierbei nicht um fortbestehende Rücksichts- oder Treuepflichten handelt, sondern um Rechtspflichten nichtvertraglicher Natur. Hierfür ist erforderlich, auf die Funktion und Zweckrichtung der einzelnen Pflichten näher einzugehen, bevor anhand der einzelnen im Nachstadium des Arbeitsverhältnisses anerkannten Pflichten eine nähere Bestimmung deren Rechtsnatur erfolgen kann.

a) Leistungssichernde Nebenpflichten

Die in den vorherigen Ausführungen zum Ausdruck gekommene Ansicht, bei den nachwirkenden Pflichten handele es sich um Nebenpflichten, erfordert zunächst, kurz auf die Systematik der schuldrechtlichen Nebenpflichten einzugehen.

Abgesehen von einer uneinheitlichen Terminologie lassen sich die im Schuldrecht anerkannten Nebenpflichten in leistungssichernde Nebenpflichten und Schutz- und Erhaltungspflichten unterteilen [158]. Die Unterscheidung von Nebenleistungs- und Schutzpflichten ergibt sich aus dem Zweck der jeweiligen Pflicht. Während die Schutzpflichten eine besondere Rücksichtnahme auf fremde Schutzinteressen bezwecken und darauf abzielen, Schädigungen an anderen Rechtsgütern der Partei, die sich aus der Berührung der Rechtskreise ergeben könnten, abzuwehren, dienen die sogenannten Nebenleistungspflichten dem Leistungsinteresse und zielen auf die Erreichung und Sicherung des Vertragszwecks [159].

Einer weiteren Einteilung folgend lassen sich die Nebenleistungspflichen in sogenannte unselbständige und selbständige Pflichten unterteilen, die je nach ihrer Funktion der Vorbereitung und Förderung oder Sicherung der (Haupt)-Leistungspflicht dienen oder neben der Hauptleistung einen eigenständigen Zweck verfolgen [160]. Gemeinsam ist diesen Pflichten jedoch, daß sie ihre Existenzberechtigung aus dem Vertragsverhältnis herleiten, da sie mit den Leistungspflichten verbunden sind oder an den jeweiligen Vertragszweck anknüpfen.

Einen vertraglichen Bezug weisen aber auch die den Nachwirkungen des Schuldverhältnisses zugeordneten Zweckerhaltungspflichten auf, deren Aufgabe darin besteht, nach Erfüllung der Hauptleistungspflicht und Abwicklung des Vertragsverhältnisses der Sicherung und dem Erhalt der erbrachten Leistung und

---

158 Vgl. die Einteilung bei *Münch.Komm. / Roth,* § 242, Rdn. 142 und 172; *Palandt / Heinrichs,* Einl. vor § 241, Anm. 1 e; mit anderer Terminologie auch *Larenz,* Schuldrecht, Bd. I, § 2 I (S. 9 f.).

159 Zur Unterscheidung von „Schutz- und Leistungspflichten" grundlegend: *Stoll,* Leistungsstörungen, S. 26 ff.

160 *Münch.Komm. / Roth,* § 242, Rdn. 135 f.; *Palandt / Heinrichs,* § 242, Anm. 4 B; *Soergel / Teichmann,* § 242, Rdn. 133; anders dagegen *Larenz,* Schuldrecht, Bd. I, § 2 I (S. 6 ff.), der nach Leistungspflichten und „weiteren Verhaltenspflichten" unterteilt und hierunter sowohl Schutzpflichten als auch den Vertragszweck fördernde und sichernde „Loyalitätspflichten" faßt.

dem Vertragszweck zu dienen. Hier sind je nach Fallkonstellation unterschiedliche Pflichten denkbar, so daß zur Verdeutlichung nur auf einige von der Zivilrechtsprechung entschiedene Fälle Bezug genommen werden kann:

In dem bereits erwähnten Venusbergfall[161] hatte der Käufer ein Baugrundstück an einem bewaldeten Berghang in landschaftlich reizvoller Lage erworben; die Parteien hatten nach dem damals gültigen Bebauungsplan vertraglich vorausgesetzt, daß das hinter dem Baugrundstück liegende Gelände nicht bebaut werden sollte. Der Verkäufer erwarb zu einem späteren Zeitpunkt dieses Gelände und ließ nach einer Änderung des Bebauungsplanes und einer Erschließung des Geländes durch eine Stichstraße dort ein Gebäude errichten, das den freien Ausblick des Käufers auf den Venusberg einschränkte.

Das Reichsgericht hat, da der Kaufvertrag bereits abgewickelt war, eine vertragliche Leistungspflicht, die der ehemalige Verkäufer verletzt haben könnte, verneint, jedoch aufgrund bestehender Nachwirkungen der vertraglichen Bindung eine Vertragspflichtverletzung durch die Bebauung bejaht. Als ehemaliger Vertragspartner habe der Verkäufer durch die Bebauung seine aus dem Gebote redlicher und verkehrsüblicher Vertragserfüllung erwachsenden Schuldnerpflichten verletzt, weil für ihn ersichtlich der Käufer seinerzeit beim Erwerb des Grundstücks von der Unbebaubarkeit des dahinterliegenden Geländes ausgegangen war. Der freie Ausblick, die Unbebaubarkeit des anderen Grundstücks, stellten hier einen nebenvertraglichen Zweck dar, den der Verkäufer nachträglich vereitelt habe[162]. Die nachwirkende Verpflichtung, diesen Nebenzweck des Vertrages nicht zu gefährden, ist nur im Zusammenhang mit dem vorangegangenen Vertragsverhältnis erklärbar. Es handelt sich — löst man sich auch hier von der einer zeitlichen Einteilung bestimmten Terminologie — um fortbestehende Vertragspflichten[163].

Ein weiteres Beispiel nachvertraglicher Leistungstreue, die auch für das beendete Arbeitsverhältnis von Bedeutung ist, stellt die Pflichtengruppe der Konkurrenzverbote dar. Dazu folgende vom Reichsgericht entschiedene Fälle:

Dem Beklagten, einem Verlag, waren aufgrund langfristigen Vertrages Verlagsrechte zur Verwertung des Werkes eines französischen Dichters übertragen worden. Der Kläger hatte aufgrund eines gesonderten Vertrages die einem Herausgeber obliegende Tätigkeit gegen Honorar übernommen. Nach dem Erlöschen der Verlagsrechte und der Erfüllung der Herausgebertätigkeit beabsichtigte der

---

161 RGZ 161, S. 330 ff.

162 Vgl. mit weiteren Beispielen auch *Larenz*, Schuldrecht, Bd. I, § 24 I (S. 364 f.); *Palandt / Heinrichs*, § 276, Anm. 7 D.

163 Vgl. dazu auch die Zuordnung der sogenannten Abwicklungspflichten. Ähnlich in der Terminologie auch *Larenz*, Schuldrecht, Bd. I, § 10 II f (S. 142). Eine „fortdauernde Nebenleistungspflicht" bejaht *von Bar*, AcP 179, S. 452 (464); dagegen *Strätz*, Sog. „Nachwirkungen", S. 999 (1005), der hier lediglich die Verletzung einer „weiteren Verhaltenspflicht" als „begleitende" Schutzpflicht (S. 1011) bejaht.

Kläger, in einem anderen Verlag als verantwortlicher Herausgeber eine neue Gesamtausgabe des Werkes zu bewirken[164].

Der Inhaber eines Fabrikationsbetriebes verkaufte sein Geschäft nebst Produktionsmitteln, Patenten und ähnlichen Rechten. Neben einer auf zehn Jahre vereinbarten Gewinnbeteiligung erhielt er vom Käufer die Position eines kaufmännischen Leiters eingeräumt. Nach seinem baldigen Ausscheiden aus der Firma beteiligte er sich an einem Konkurrenzunternehmen. Der Käufer machte daraufhin eine Vertragsverletzung geltend und verweigerte die Gewinnbeteiligung[165].

In beiden Fällen war das Leistungsverhältnis abgewickelt, doch drohte das Verhalten des Vertragspartners nachträglich den Vertragszweck zu gefährden. Im *ersten* Fall hob das Reichsgericht hervor, daß die Beteiligten mit der Herausgabe eines Werkes eine kommerzielle Verwertung anstrebten; der Herausgeber dürfe danach für die Zeit, in der das Werk sich im Buchhandel befinde, durch eine unter seinem Namen erscheinende Neuausgabe keinen Wettbewerb betreiben. Im Vordergrund stand die Erwägung, daß der Vertragszweck durch die Herausgabe einer neuen Gesamtausgabe verletzt würde; eine entsprechende Unterlassungspflicht ist somit als eine mit dem Vertragszweck und dem Erfüllungsinteresse verbundene vertragliche Pflicht zu sehen. Das Reichsgericht erkannte daher grundsätzlich eine entsprechende Nachwirkung des Vertragsverhältnisses an und verneinte abschließend eine Unterlassungsverpflichtung des Klägers nur aufgrund der besonderen Umstände des Einzelfalles. Im *zweiten* Fall hat das Reichsgericht eine Vertragspflicht des Veräußerers zur Unterlassung von Wettbewerb für die Dauer der vereinbarten Gewinnbeteiligung bejaht. Mit dem Verkauf des Unternehmens als Ganzes hätten die Beteiligten den Zweck verfolgt, daß der Erwerber nicht nur die Produktion fortführen, sondern auch den Kundenstamm sowie die Geschäftsverbindungen des bisherigen Inhabers zum weiteren Nutzen übernehmen sollte. Durch die Beteiligung des Veräußerers an einem Konkurrenzunternehmen bestehe die Gefahr, daß der übernommene Kundenkreis geschmälert würde. Das Konkurrenzverbot ist auch hier eine mit dem Vertragszweck verbundene vertragliche Pflicht.

Festzuhalten ist, daß sich aus dem Komplex der Nachwirkungen solche Pflichten konkretisieren lassen, die nach ihrer Zweckrichtung der Sicherung und dem Erhalt vertraglicher Zwecke dienen und deren Existenz sich nur aus dem Vertragsverhältnis erklären läßt.

b) Schutzpflichten

Dagegen besteht für die sogenannten Schutzpflichten, die der Schadensabwehr für die sonstigen Rechtsgüter der Beteiligten dienen, kein zwingender Zusammen-

---

[164] RGZ 113, S. 70 ff. Zustimmend hierzu *Elger*, Nachwirkungen, S. 13.
[165] RGZ 117, S. 176 ff.

hang zu dem jeweiligen Leistungsverhältnis. Zwar werden auch sie nach der herrschenden Meinung[166] den vertraglichen Pflichten zugeordnet, doch handelt es sich nicht um „echte" Vertragspflichten in dem Sinne, daß sie ihre Berechtigung aus dem Vertrag herleiten. Heute ist unbestritten, daß jene Schutzpflichten unabhängig von der Wirksamkeit des Vertragsabschlusses und losgelöst von dem Leistungsinteresse bestehen können[167]. Vom Standpunkt der herrschenden Meinung sind die im laufenden Leistungsverhältnis bestehenden Schutzpflichten in den Kreis der vertraglichen Pflichten miteinzubeziehen, weil auch das durch die Schutzpflichten geforderte sorgfältige Verhalten Teil der vertragsgerechten Leistung sei und deren Verletzung zu einer Leistungsstörung und Haftung auf das Schutzinteresse (übererfüllungsmäßiges Interesse[168]) führe[169]. Diesem Gedanken folgend stellen sich die im Nachstadium des Leistungsverhältnisses festzustellenden Schutzpflichten notwendigerweise als solche (nach-)vertraglicher Art dar. Die Zuordnung der Schutzpflichten zum Leistungsbereich des Schuldverhältnisses erweist sich jedoch gerade im Hinblick auf das Nachstadium als bedenklich. Die Befürworter nachvertraglicher Pflichten gehen offenbar davon aus, daß auch nach Erfüllung der Haupt- und leistungssichernden Nebenpflichten und nach Erlöschen des Leistungsverhältnisses weitere vertragliche Pflichten bestehen können, ohne jedoch den notwendigen Zusammenhang zwischen den Leistungspflichten und den Schutzpflichten darzulegen. Auch vermag die Auffassung, die im vertraglichen Schuldverhältnis auftretenden Begleitpflichten seien stets vertragliche Pflichten, nicht überzeugend darzulegen, weshalb das Schuldverhältnis mit Herbeiführung des Leistungserfolges erlischt, wenn noch weitere Sorgfaltspflichten des vertraglichen Pflichtenkreises bestehen.

Vielmehr scheint, daß allein die Tatsache, daß im Rahmen des geschäftlichen Kontakts die Vertragspartner auch mit Rechtsgütern des anderen Vertragspartners in Berührung kommen und damit besondere Sorgfalt und Rücksicht auf diese beachten müssen, den selbstverständlichen Schluß zu begründen, daß auch diese Sorgfaltspflichten eine vertragliche Grundlage haben. Beispielhaft für das Arbeitsverhältnis ist die von *Moos*[170] begründete Konstruktion nachvertraglicher Pflichten. *Moos* geht davon aus, daß der Gesamtinhalt des Vertrages auch für die nachwirkenden Pflichten prägend sei. Eine Nebenpflicht auf die Erhaltung des bei Durchführung des Leistungsverhältnisses berührten Rechtsgüterbestandes leitet er aus dem Vertragsinhalt ab und läßt diese auch neben weiteren Zweck-

---

166 *Larenz*, Schuldrecht, Bd. I, § 2 I (S. 14 f.) und § 9 II (S. 122); *Erman / Battes*, § 276, Rdn. 89 und 90; *Palandt / Heinrichs*, § 276 7 C b; *Staudinger / Löwisch*, Vor §§ 275 – 283, Rdn. 22; BGH, JZ 1964, S. 654 f. (655).

167 *Canaris*, JZ 1965, S. 475 (478 f.); *ders.*, Schutzgesetze — Verkehrspflichten — Schutzpflichten, S. 27 (88); *Münch.Komm. / Roth*, § 242, Rdn. 114; *Thiele*, JZ 1967, S. 649 (653).

168 *Fikentscher*, Schuldrecht, § 8 3 (S. 27 f.) und § 47 III (S. 271 f.).

169 *Erman / Sirp*, § 242, Rdn. 59; *Fikentscher*, Schuldrecht, § 47 I (S. 268 ff.); *Larenz*, Schuldrecht, Bd. I, § 24 I (S. 363 ff.); BGH, JZ 1964, S. 654 f. (655).

170 *Moos*, RdA 1962, S. 301 (303 ff.).

erhaltungspflichten nachwirken. Eine Begründung dafür, weshalb diese Schutzpflicht eine nachvertragliche Nebenpflicht ist, fehlt. *Moos* verweist entsprechend der herrschenden Lehre darauf, daß bereits im Verhandlungsverhältnis „vorvertragliche" Rechtsgüterbestandspflichten bestehen, die nach dem Vertragsabschluß als vertragliche Pflichten fort- und schließlich nachwirken[171]. Damit wird jedoch nur behauptet, daß die Schutzpflichten in den Pflichtenkreis des Vertrages einbezogen werden.

Die Lehre von den nachwirkenden Vertragspflichten sieht sich schließlich ebenso wie die traditionelle Lehre mit dem Problem konfrontiert, die Grenzen von Inhalt und Umfang der Pflichten im Nachstadium zu bestimmen. So wollen *Moos*[172] und Gernot *Müller*[173] eine nachvertragliche Rechtsgüterbestandspflicht auf Wettbewerbsenthaltung nur aufgrund der überwiegenden Interessenbelange des Arbeitnehmers verneinen; ebenso soll eine Auskunftspflicht des Arbeitgebers gegenüber Dritten neben der Zeugnispflicht aus der Einwirkungsmöglichkeit des Arbeitgebers auf das berufliche Fortkommen des Arbeitnehmers und dessen Schutzinteresse resultieren[174]. Die Konkretisierung der einzelnen Pflichten folge danach einer allgemeinen Interessenabwägung.

Demgegenüber führt die neuere Lehre die Schutzpflichten auf ein neben dem Leistungsverhältnis bestehendes Schuldverhältnis zurück. Danach kommt der Schutzpflicht vor, im und nach Vertragsende eine eigenständige Bedeutung zu, da sie in allen Stadien des rechtsgeschäftlichen Kontakts den gleichen Zwecken, nämlich der Abwehr von Schäden an sonstigen Rechtsgütern der Beteiligten, dienen. Sie werden demnach nicht in den Vertragsrahmen einbezogen[175], sondern „begleiten" das vertragliche Schuldverhältnis und sind deshalb von dessen Bestand und Wirksamkeit unabhängig[176]. Als außervertragliche Pflichten haben sie ihren Rechtsgrund in einem einheitlichen gesetzlichen Schutzverhältnis[177], das

---

171 Vgl. *Moos*, RdA 1962, S. 301 (304); ferner: *Fikentscher*, Schuldrecht, § 20 II 1 (S. 65); *Larenz*, Schuldrecht, Bd. I, § 9 I b (S. 118).

172 *Moos*, RdA 1962, S. 301 (305 f.).

173 Gernot *Müller*, Leistungsbegriff, S. 210.

174 *Moos*, RdA 1962, S. 301 (306); ebenso *Emmermann*, Nachwirkung, S. 101 f.

175 Vgl. Eike *Schmidt*, JA 1978, S. 597 (604).

176 *Canaris*, Schutzgesetze — Verkehrspflichten — Schutzpflichten, S. 27 (88). Die Vertragsunabhängigkeit und Eigenständigkeit der Schutzpflichten untersuchend: *Frost*, „Vorvertragliche" und „vertragliche" Schutzpflichten, S. 153 ff. Grundlegend zur Abgrenzung der Schutzpflichten von den Leistungspflichten: *Stoll*, Leistungsstörungen, S. 26 ff.; *ders.*, AcP 136, S. 257 (298 ff.).

177 *Canaris*, JZ 1965, S. 475 (478); *ders.*, Schutzgesetze — Verkehrspflichten — Schutzpflichten, S. 27 (102). Die sogenannte Einheitstheorie wird u. a. bejaht von: *von Bar*, AcP 179, S. 452 (460); *Emmerich*, Leistungsstörungen, S. 212; *Esser / Schmidt*, Schuldrecht, Bd. I, § 6 V (S. 91 f.); *Gerhardt*, JZ 1970, S. 535 f.; *Münch.Komm. / Kramer*, Einl. vor § 241, Rdn. 73 ff.; *Staudinger / Schmidt*, § 242, Rdn. 1213 ff.; *Stürner*, JZ 1976, S. 384 (385); *Thiele*, JZ 1967, S. 649 (651). Für das Arbeitsrecht: *W. Zöllner*, Die vorvertragliche und die nachwirkende Treue- und Fürsorgepflicht, S. 91 (99); wohl auch BGHZ 66, S. 51 (54); 70, S. 337 (344).

seine Rechtfertigung aus einem durch rechtsgeschäftlichen Kontakt begründeten Vertrauenstatbestand bezieht[178].

4. Zur Abgrenzung des pflichtenbegründenden Vertrauensverhältnisses gegenüber dem arbeitsrechtlichen Treuepflichtverhältnis

Der hier ausgeführte Vertrauensgedanke als Rechtfertigung für die Begründung von Schutzpflichten ist nicht gleichbedeutend mit dem im Arbeitsrecht vertretenen Treuepflicht- und Vertrauensverhältnis. Es wurde bereits ausgeführt, daß die arbeitsrechtliche Grundlage einer wechselseitigen Treuebindung in einer personenbezogenen Zusammenarbeit erblickt wird, die das eigentliche Leistungsverhältnis übergreifend erfaßt und dem Rechtsverhältnis eine besondere „personenrechtliche" Prägung verleihen soll. Das zivilrechtliche Rechtsinstitut der Vertrauenshaftung knüpft dagegen an eine Vertrauenslage an, die durch den rechtsgeschäftlichen Kontakt der Vertragspartner und eine damit eröffnete Einwirkungsmöglichkeit auf die Rechtsgüter des anderen geschaffen wird. Diese Vertrauenslage stellt nicht eine besondere Eigenart einzelner Schuldverhältnisse dar, sondern kann in jeder schuldrechtlichen Verbindung entstehen. Daher liegt es nahe, zu untersuchen, ob nicht mit Hilfe des Vertrauensgedankens auch für den nachvertraglichen Zeitraum des Arbeitsverhältnisses jene anerkannten nachwirkenden Pflichten erklärt werden können.

IV. Die Einordnung der nachvertraglichen Pflichten des Arbeitsverhältnisses anhand der schuldrechtlichen Systematik

1. Umfang und Inhalt nachvertraglicher Arbeitnehmerrechte

Nachdem im vorigen Kapitel die im Schuldrecht anerkannte Systematik der Pflichten nach ihrer Zielfunktion näher dargelegt wurde, kann nun eine Konkretisierung und rechtliche Einordnung der unter dem Sammelbegriff nachwirkende Treue- und Fürsorgepflichten erfaßten Arbeitgeber- und Arbeitnehmerpflichten versucht werden.

---

178 *Canaris,* Vertrauenshaftung, S. 412 ff. Es ist zwar durchaus umstritten, ob die Schutzpflichten und die bei ihrer Verletzung entstehende Schadensersatzpflicht auf die *Vertrauenshaftung* zurückzuführen ist oder ob sich die Schutzpflichten als Ausprägung der Verantwortung, die der eine Vertragspartner schon durch den rechtsgeschäftlichen Kontakt für den anderen übernimmt, erweisen und damit als „Korrelat privatautonomer Gestaltungsmöglichkeit" zu verstehen sind (für die culpa in contrahendo: *Frotz,* Die rechtsdogmatische Einordnung der Haftung für culpa in contrahendo, S. 163 [172]). Diese Frage kann im vorliegenden Zusammenhang unentschieden bleiben, da nach beiden Auffassungen jene Pflichten im außervertraglichen Bereich begründet sind.

a) Wettbewerbsrechtliche Rücksichtspflichten

Auf die mit Vertragsbeendigung entstehende Pflicht des Arbeitnehmers zur Aushändigung von Geschäftsunterlagen und Arbeitsmaterialien sowie zur Information über die laufenden Arbeitsvorgänge wurde bereits eingegangen[179]. Diese im Rahmen der Abwicklung des Arbeitsverhältnisses bestehenden Pflichten stehen in unmittelbarem Zusammenhang mit den vertraglichen Leistungspflichten und sind daher den Vertragspflichten zuzurechnen. Ebenso selbstverständlich erscheint es, daß der Arbeitnehmer für den Arbeitgeber eingeleitete und weitgehend vorbereitete Geschäftsabschlüsse nach seinem Ausscheiden nicht kurzfristig zu seinem eigenen Vorteil ausnutzen und im eigenen Namen tätigen darf. Dies verbietet nicht etwa eine nachwirkende Treuepflicht[180] oder eine allgemeine, aus § 242 BGB begründete Anstandspflicht[181], sondern ergibt sich unmittelbar aus der vertraglichen Arbeitspflicht. Im Rahmen der ihm übertragenen Aufgaben schuldet der Arbeitnehmer nicht nur die Arbeitsleistung als solche, sondern er verpflichtet sich auch, seine Arbeitsleistung zur Förderung der betrieblichen Interessen und zum Erfolg der vom Arbeitgeber angestrebten Ziele einzusetzen[182]. Ist dem Arbeitnehmer beispielsweise ein Arbeitsplatz im Vertrieb zugewiesen und gehört zu seinen Arbeitsaufgaben die Betreuung des Kundenstammes und Koordinierung von Geschäftsabschlüssen, so ist Teil seiner Arbeitspflicht unzweifelhaft auch die Aufgabe, diese zum wirtschaftlichen Nutzen des Betriebes herbeizuführen. Kehrseite dieser Verpflichtung, ohne daß es einer besonderen Treue- oder Nebenpflicht bedarf, ist es dann, die Verfolgung eigener wirtschaftlicher Ziele zu unterlassen[183]. Diese Unterlassensverpflichtung wirkt auch fort, wenn das Arbeitsverhältnis zwischenzeitlich beendet wird, da die vorbereitenden Geschäftsabschlüsse und Aufträge noch in Erfüllung der Arbeitspflicht getätigt und damit den betrieblichen Zielsetzungen zuzurechnen sind[184].

---

179 Siehe oben unter Zweiter Teil, 1. Abschnitt I.1.a.

180 So BAG AP Nr. 4 zu § 242 BGB nachvertragliche Treuepflicht = AR-Blattei, Treuepflicht im Arbeitsrecht I, Entscheidung 1 mit zustimmender Anmerkung von *Monjau.*

181 Vgl. *W. Zöllner,* Die vorvertragliche und die nachwirkende Treue- und Fürsorgepflicht, S. 91 (103); *Buchner,* AR-Blattei, Wetbewerbsverbot III, A (A) I 3.

182 *Bobrowski / Gaul,* Arbeitsrecht, Bd. I, F VII (S. 568); *Buchner,* ZfA 1979, S. 335 (338 f.): „Der Arbeitnehmer trägt mit seiner Arbeitsleistung zur Erreichung eines unternehmerischen Erfolges bei. Er übernimmt nicht unmittelbar das Risiko, daß der erstrebte unternehmerische Erfolg eintritt, aber er kann in seiner Arbeitsleistung für den Arbeitgeber auch nicht einen Selbstzweck sehen, sondern muß ihre Funktion innerhalb der Zielsetzung des Unternehmens erkennen und berücksichtigen."; *Richardi,* Entwicklungstendenzen, S. 41 (65).

183 Zur Frage, ob die Betriebsziele Bestandteil der Arbeitspflicht oder Inhalt von Nebenleistungspflichten sein können mit unterschiedlichen Begründungen: *Motzer,* Die „positive Vertragsverletzung" des Arbeitnehmers, S. 55 ff.; *W. Zöllner,* Arbeitsrecht, § 13 VIII (S. 140) sowie die zuvor in Fußnote 182 genannten Autoren.

184 Im Ergebnis ebenso *Löwisch,* SAE 1968, S. 199 (201). Es liege nicht in der Absicht des Gesetzes (so die Wertungen aus §§ 17 II, 1 UnlWG, § 823 BGB), den Arbeitnehmer

aa) Nachvertragliches Wettbewerbsverbot und Erwerbsinteresse

Zu den wesentlichen, im Nachstadium des Arbeitsverhältnisses fortbestehenden Pflichten zählt das Konkurrenzverbot. Der ehemalige Arbeitnehmer soll über seine vertragliche Pflicht hinaus gehindert sein, auch künftig die im Arbeitsverhältnis gesammelten Erfahrungen und Kenntnisse und die Geschäftsbeziehungen des Arbeitgebers zu seinem eigenen Nutzen und beruflichen Fortkommen zu verwerten, sei es, daß er selbsttätig in Wettbewerb zu dem Arbeitgeber tritt oder seine Erfahrungen in einem neuen Arbeitsverhältnis einem anderen Arbeitgeber zur Verfügung stellt. Entsprechende Verwertungsverbote sollen jedoch nur Bestand haben, wenn sie vertraglich vereinbart und mit einer Entschädigungsleistung für den Arbeitnehmer gekoppelt sind und berechtigten Interessen des Arbeitgebers dienen[185]. Eine Verpflichtung zur Wettbewerbsenthaltung aufgrund nachwirkender Treue- oder Rücksichtspflicht wurde dagegen stets nach Abwägung der beiderseitigen Interessenbelange von Arbeitgeber und Arbeitnehmer verneint und schließlich zu dem Grundsatz verfestigt, daß eine allgemeine, das Vertragsverhältnis überdauernde Verpflichtung zur Wettbewerbsenthaltung nicht besteht und dem Arbeitnehmer in den Grenzen der §§ 1 und 17 UWG und der §§ 823, 826 BGB eine freie Konkurrenztätigkeit erlaubt ist[186]. Begründet wird dieses Ergebnis jedoch nicht aus einem Zusammenhang mit dem Vertragszweck des Arbeitsverhältnisses, sondern mit der besonderen Schutzbedürftigkeit des abhängig Beschäftigten, dessen Existenz und berufliches Fortkommen in besonderem Maße von der freien Verwertbarkeit seiner Arbeitskraft abhänge und dessen Berufsfreiheit verfassungsrechtlich in Artikel 12 GG gewährleistet sei[187].

dort ernten zu lassen, wo er nicht für sich, sondern für seinen Arbeitgeber, und von diesem dafür bezahlt, gesät hat.

185 BAG AP Nr. 4 zu § 60 HGB = AR-Blattei; Wettbewerbsverbot, Entscheidung 79; BAG, DB 1983, S. 834. Vgl. auch die §§ 74 ff. HGB zu den gesetzlichen Wettbewerbsverbotsregelungen für Handlungsgehilfen, die nach heutiger Rechtsprechung auch zwischen Arbeitgeber und Arbeitnehmer entsprechende Anwendung finden. Grundlegend: BAGE 22, S. 125 ff. = AP Nr. 24 zu § 611 BGB Konkurrenzklausel.

186 Vgl. aus der älteren Literatur: *Heil,* Die Nachwirkung der Treuepflicht, S. 41 f. für allgemeine durch die Arbeitstätigkeit erworbene Kenntnisse; *Hueck / Nipperdey,* Arbeitsrecht, Bd. I, 1928, § 36 II c (S. 168); aus der neueren Literatur: *Bobrowski / Gaul,* Arbeitsrecht, Bd. II, L IV (S. 228); *Buchner,* Wettbewerbsverbot, S. 18; *ders.,* AR-Blattei, Wettbewerbsverbot III, A (A) I 3 einschränkend für treuewidriges Verhalten; *Käuffer,* Vor- und Nachwirkungen, S. 64 f. Gegen ein Verbot aufgrund nachvertraglicher Treuepflicht ausdrücklich: BAG AP Nr. 10 zu § 74 HGB = BAGE 7, S. 239 ff.

187 Vgl. BAG AP Nr. 10 zu § 74 HGB = BAGE 7, S. 239 (244); BGH, WM 1977, S. 618, 620; *Bobrowski / Gaul,* Arbeitsrecht, Bd. II, L IV (S. 227). *Buchner,* AR-Blattei, Wettbewerbsverbot III A (A) I 2; *ders.,* Wettbewerbsverbot, S. 16 f.; *Käuffer,* Vor- und Nachwirkungen, S. 64; *Kramer,* Arbeitsvertragsrechtliche Verbindlichkeiten, S. 116; *Moos,* RdA 1962, S. 301 (305 f.); der allerdings Wettbewerbsbeschränkungen aus nachvertraglichen Rechtsgüterbestandspflichten ableitet; auch Gernot *Müller,* Leistungsbegriff, S. 210; *W. Zöllner,* Die vorvertragliche und die nachwirkende Treue- und Fürsorgepflicht, S. 91 (103). Den verfassungsrechtlichen Aspekt der Berufsfreiheit betonend: *Achterberg,* JZ 1975, S. 713 ff.

Eine wettbewerbsrechtliche Rücksichtspflicht wird also letztlich nur verneint, weil dem Erwerbsinteresse ein größeres Gewicht eingeräumt wird als den Interessen des Arbeitgebers; nachvertragliche Treue- und Interessenwahrungspflichten sollen aufgrund der Spezialregelungen des § 74 ff. HGB, die auch auf Arbeitnehmer, die nicht kaufmännische Angestellte sind, entsprechende Anwendung finden, verdrängt werden. Diese Konstruktion läßt eine dahingehende Begründung vermissen, wie denn die Existenz einer doch zunächst vorausgesetzten, weil innerhalb der Interessenabwägung verdrängten, nachwirkenden Rücksichtspflicht zu rechtfertigen ist. Für die Befürworter einer unbeschränkten Wettbewerbsfreiheit ausgeschiedener Arbeitnehmer scheint eine Auseinandersetzung mit dieser Frage entbehrlich, weil sie das Eigeninteresse des im Erwerbsleben Stehenden als wesentlichen Gesichtspunkt in die Abwägung einbringen und damit die Vorrangigkeit des Arbeitnehmerinteresses begründen. Diese Argumentation vermag jedoch nicht zu sagen, ob und weshalb auch für aus dem Arbeitsleben ausgeschiedene Pensionäre die gleichen Freiheiten bestehen. Zwar mögen auch sie noch im Ruhestand Interesse an einer Erwerbstätigkeit haben, gleichwohl sind sie durch den Erhalt von Versorgungsleistungen materiell abgesichert. Eine unbeschränkte berufliche Tätigkeit hat für sie nicht die gleiche existentielle Bedeutung wie für die noch aktiven Arbeitnehmer. Diese Argumentation der h. M. könnte demnach sogar den Schluß zulassen, daß im Ruhestandsverhältnis eine weitergehende Rücksichtspflicht gegenüber den Geschäftsinteressen des ehemaligen Arbeitgebers zu bejahen wäre.

Auf vereinzelte Ansätze, die in diese Argumentationsrichtung zielen, wurde bereits hingewiesen. Danach soll dem Ruheständler einerseits zwar keine so umfassende Rücksichtspflicht auf die Arbeitgeberinteressen obliegen wie den Arbeitnehmern innerhalb des Arbeitsverhältnisses, andererseits soll sie aber im Vergleich zu sonstigen ausgeschiedenen Arbeitnehmern intensiviert sein, wenn dieser betriebliche Versorgungsleistungen erhält[188]. Der Argumentation der herrschenden Meinung kann deshalb nicht ohne weiteres zugestimmt werden. Festzustellen ist, ob wettbewerbsrechtliche Rücksichtspflichten tatsächlich das Vertragsende überdauern, etwa weil sie dem Schutz- und Erhaltungsinteresse des Arbeitgebers dienen und damit den (vertragsunabhängigen) Schutzpflichten zuzuordnen sind, oder ob es sich um vertragsabhängige Nebenpflichten handelt, deren Existenz und Wirksamkeit an den Bestand des Vertragsverhältnisses gekoppelt sind. Aufschluß darüber läßt sich aus dem im aktiven Arbeitsverhältnis bestehenden Wettbewerbsverbot gewinnen.

---

188 Allgemein: *Dieterich / Rühle*, AR-Blattei, Betriebliche Altersversorgung II, D I 1. Für Wettbewerbsbeschränkungen ausdrücklich *Moos*, RdA 1962, S. 301 (306); auch *Nikisch*, Arbeitsrecht, Bd. I, § 41 VII 1 mit Fußnote 98 (S. 591); *Staudinger / Nipperdey / Mohnen / Neumann*, § 611, Rdn. 209; *Weisemann / Schrader*, DB 1980, Beilage 4, S. 1 (3); *W. Zöllner*, Arbeitsrecht, § 26 II 3 (S. 262).

bb) Rechtfertigung und Zweck vertragsimmanenter Wettbewerbsverbote

Während des laufenden Arbeitsverhältnisses obliegt dem Arbeitnehmer nach übereinstimmender Ansicht auch ohne besondere Vereinbarung die Pflicht, wettbewerbsschädigende Handlungen zu Lasten des Arbeitgebers zu unterlassen. Dies soll auch für den Fall gelten, daß das Arbeitsverhältnis nur noch im rechtlichen, nicht aber im tatsächlichen Sinne besteht[189]. Abgeleitet wird dieses Verbot außerhalb des für kaufmännische Angestellte geltenden § 60 HGB je nach Verständnis aus der arbeitsrechtlichen Treuepflicht[190] oder aus dem Treu- und Glaubensgebot[191]. Dabei wird der in § 60 HGB enthaltenen Regelung allgemeine Bedeutung auch für die Grenzen der arbeitsvertraglichen Wettbewerbsverbote zuerkannt. Nach dem Wortlaut des § 60 Abs. 1 HGB darf der Handlungsgehilfe weder ein Handelsgewerbe betreiben, noch im Handelszweig des Prinzipals für eigene oder fremde Rechnung Geschäfte machen. Es ist unschwer zu erkennen, daß der Gesetzgeber den Arbeitgeber mit den Verbotsregelungen vor unliebsamer Konkurrenz des Angestellten schützen wollte. Deutlich hervor tritt diese Zielsetzung in der zweiten Verbotsregelung, der Untersagung konkurrierender Geschäftsabschlüsse.Mit der Anstellung des Handlungsgehilfen gibt der Arbeitgeber diesem notwendigerweise Einblick in seinen Geschäftsbereich und seine Geschäftsverbindungen. Der Angestellte erlangt Einflußmöglichkeit nicht nur auf das Eigentum des Arbeitgebers, sondern auch auf mitunter erhebliche wirtschaftliche Interessenwerte. Der Arbeitgeber muß folglich darauf vertrauen können, daß der Handlungsgehilfe die ihm eröffnete Einflußmöglichkeit entsprechend seiner Arbeitspflicht auch nur zum Nutzen des Unternehmens gebraucht. Andererseits wird sich für den kaufmännischen Angestellten die Chance zu einem Nebenverdienst in erster Linie gerade in jenen Arbeitsfeldern bieten, in denen er die aufgrund seiner beruflichen Tätigkeit gewonnenen Kenntnisse und Erfahrungswerte einsetzen kann. Nicht selten wird sich für ihn die Möglichkeit, ein eigenes Geschäft zu tätigen, erst im Rahmen seiner Arbeitsleistung im Geschäftszweig des Arbeitgebers ergeben.

Der Gesetzgeber hat diesen Interessenkonflikt dahingehend gelöst, daß er dem Arbeitnehmer jede Geschäftstätigkeit im Handelszweig des Arbeitgebers untersagt, um der Gefahr einer Wettbewerbsschädigung vorzubeugen. Das Wettbewerbsverbot zielt damit vorrangig auf das Schutzinteresse und den Rechtsgüter-

---

189 BAG AP Nr. 7 zu § 611 BGB Treuepflicht = AR-Blattei, Arbeitsvertragsbruch, Entsch. 12; BAG, DB 1978, S. 2177. Anders dagegen noch: *Hueck / Nipperdey*, Arbeitsrecht, Bd. I, § 38 I 1 (S. 250).

190 *Bobrowski / Gaul*, Arbeitsrecht, Bd. I, F VII (S. 569); *Hueck / Nipperdey*, Arbeitsrecht, Bd. I, § 38 I 2 (S. 251); *Kramer*, Arbeitsvertragsrechtliche Verbindlichkeiten, S. 104; *Nikisch*, Arbeitsrecht, Bd. I, § 34 III 1 (S. 451); *Staudinger / Nipperdey / Mohnen / Neumann*, § 611, Rdn. 166; *Schwarz / Holzer*, Die Treuepflicht des Arbeitnehmers, S. 92 f.; *Weisemann / Schrader*, DB 1980, Beilage 4, S. 1 (3).

191 *Schwerdtner*, ZfA 1979, S. 1 (16); *W. Zöllner*, Arbeitsrecht, § 13 I 4 (S. 142).

schutz des Arbeitgebers[192]. Dieser Zwecksetzung entsprechend wurde auch das in § 60 HGB formulierte Gewerbeausübungsverbot durch das Bundesarbeitsgericht[193] zutreffend dahingehend eingeschränkt, daß nur eine Gewerbetätigkeit im Geschäftszweig des Arbeitgebers, nicht aber im sonstigen Handelsgewerbe untersagt ist. Begründet hat das Gericht seine restriktive Auslegung der Gesetzesvorschrift allerdings aus verfassungsrechtlichen Gesichtspunkten mit Rücksicht auf Art. 12 GG[194].

Gleichwohl handelt es sich bei dem Verbot nicht um eine vom Leistungsverhältnis gelöste Schutzpflicht. Dafür spricht schon, daß das Wettbewerbsverbot nur für die Dauer des Angestelltenverhältnisses Gültigkeit hat und Nachwirkungen aus § 60 HGB, auch für das Ruhestandsverhältnis, nach übereinstimmender Ansicht ausgeschlossen sind[195]. Dies folgt aber auch aus dem Vertragszweck und den Leistungsanforderungen, die der Arbeitgeber bei Anstellung an den Arbeitnehmer stellen kann. Dieser erwirbt mit Abschluß des Arbeitsvertrages nicht nur einen Anspruch auf die vertraglich vereinbarte Leistung, sondern kann auch verlangen, daß der Arbeitnehmer seine Arbeitspflicht im Interesse des Betriebes und zu dessen wirtschaftlichem Erfolg einsetzt. Hierbei handelt es sich um eine mit der Arbeitsaufgabe im Zusammenhang stehende (betriebliche) Interessenwahrnehmungspflicht[196]. Wäre es dem Arbeitnehmer erlaubt, im Geschäftsbereich des Arbeitgebers zugleich auch seine eigenen Interessen zu verfolgen, wäre dies nur unter Verletzung seiner mit der Arbeitsaufgabe verbundenen Interessenwahrungspflicht möglich. Das Wettbewerbsverbot ist daher in engem Zusammenhang mit der Arbeitspflicht zu sehen; es läßt sich nur aus dem Vertragszweck und der Arbeitspflicht erklären und ist auch nach dieser Betrachtung dem Kreis der Vertragspflichten zuzuordnen.

---

192 BAG AP Nr. 4 zu § 60 HGB = AR-Blattei, Wettbewerbsverbot Entsch. 79; BAG, DB 1977, S. 455; *Buchner*, AR-Blattei, Wettbewerbsverbot II, B (B) I 1; *Röshler / Borrmann*, Wettbewerbsbeschränkungen, S. 26.

193 BAG AP Nr. 4 zu § 60 HGB = AR-Blattei, Wettbewerbsverbot Entsch. 79; BAG, DB 1977, S. 455.

194 Zustimmend *Buchner*, AR-Blattei, Wettbewerbsverbot II, B (B) I 1 a bb; *Röshler / Borrmann*, Wettbewerbsbeschränkungen, S. 30; ablehnend dagegen: *Schlegelberger / Schröder*, HGB, § 60 III 1 a, Rdn. 5 (S. 212).

195 So ausdrücklich zu § 60 HGB: *Schlegelberger / Schröder*, HGB, § 60 II 2, Rdn. 3 (S. 210); *Weisemann / Schrader*, DB 1980, Beilage 4, S. 1 (14).

196 Abweichend: *Richardi*, Entwicklungstendenzen, S. 41 (65) die Pflicht zum Beitrag zum Betriebserfolg offenbar als Bestandteil der Arbeitspflicht wertend; wie hier: *Buchner*, ZfA 1979, S. 335 (338 f.); *Söllner*, Arbeitsrecht, § 29 II (S. 256 f.); ähnlich auch *Schwarz / Holzer*, Die Treuepflicht des Arbeitnehmers, S. 42 f.; für die arbeitsvertragliche Treuepflicht: *W. Schwarz*, Dauerschuldverhältnis und Dogmatik arbeitsvertraglicher Treuepflicht, S. 335 (336).

cc) Reichweite wettbewerbsrechtlicher Rücksichtspflichten des Arbeitnehmers

Für nichtkaufmännische Arbeitnehmer findet § 60 Abs. 1 HGB zwar keine unmittelbare Anwendung, doch werden aus jenen Rechtsgrundsätzen auch Rückschlüsse auf Umfang und Reichweite wettbewerbsrechtlicher Treuepflichten für sonstige Arbeitnehmer gezogen, da die Interessenlagen deckungsgleich sind. Dem Arbeitnehmer obliegt im Rahmen des ihm übertragenen Aufgabenbereichs in gleichem Maße die Wahrnehmung betrieblicher Interessen und Förderung der betrieblichen Zielsetzung wie dem Handlungsgehilfen. Die Unterlassungspflicht zu wettbewerbsschädigenden Handlungen steht damit auch hier in untrennbarem Zusammenhang mit den vertraglichen Pflichten des Arbeitnehmers und ist — wie das Bundesarbeitsgericht[197] zutreffend hervorgehoben hat — an den rechtlichen Bestand des Arbeitsverhältnisses und an die Leistungspflicht gekoppelt und muß zwangsläufig mit der Beendigung des Arbeitsverhältnisses erlöschen.

Der Zusammenhang des Wettbewerbsverbots mit der Leistungspflicht des Arbeitnehmers zeigt zugleich die Grenzen auf, die dem Arbeitnehmer für die Wahrnehmung eigener Erwerbsinteressen gesteckt sind. Die Unterlassungspflicht erstreckt sich auf wettbewerbsschädigende Handlungen im Geschäfts- bzw. Marktbereich des Arbeitgebers[198]; hierzu zählt auch der dem Arbeitnehmer bekanntgewordene Kundenkreis des Arbeitgebers, in dem er nicht bei Gelegenheit für eigene geschäftliche Zwecke werben darf[199]. Sonstige Nebentätigkeiten, die keinen Bezug zu der arbeitsvertraglichen Tätigkeit aufweisen, fallen nicht unter das Verbot[200]. Eine allgemeine Treuepflicht, jegliche berufliche Tätigkeit während des laufenden Arbeitsverhältnisses zu unterlassen, besteht nicht. Schranken können auch hier nur bestehen, soweit schutzwerte Interessen des Arbeitgebers berührt sind[201].

In Übereinstimmung mit dem Ergebnis der Rechtsprechung und Literatur ist daher festzustellen, daß nachvertragliche Wettbewerbsverbote für ausgeschiedene Erwerbstätige und Pensionäre nicht bestehen. Bei den im Arbeitsverhältnis bestehenden Wettbewerbsverboten handelt es sich nicht um Schutzpflichten[202], son-

---

197 BAG AP Nr. 7 zu § 611 BGB Treuepflicht = AR-Blattei, Arbeitsvertragsbruch, Entsch. 12.

198 So auch BAG AP Nr. 8 zu § 611 BGB Treuepflicht, Bl. 786 R für einen angestellten Architekten, der im Marktbereich des Arbeitgebers, eines Architekturbüros, privat seine Dienste für ein Bauvorhaben eingesetzt hatte.

199 Beispiel nach *W. Zöllner*, Arbeitsrecht, § 13 I 4 (S. 143): Ein Handwerksgeselle darf nicht im Bereich seines Meisters dessen Kunden seine Schwarzarbeit anbieten.

200 Zu § 60 HGB: RGZ 67, S. 4; *Brüggemann / Würdinger*, HGB, § 60, Anm. 3; wie hier auch: BAG, AR-Blattei, Nebentätigkeit des Arbeitnehmers, Entsch. 8; *Buchner*, AR-Blattei, Wettbewerbsverbot II, C (C) I 2.

201 Differenzierend auch § 80 a I Arbeitsgesetzbuchentwurf (1977), wo eine Unterlassungspflicht bei nicht konkurrierender Nebentätigkeit nur bei Beeinträchtigung betrieblicher Belange bejaht wird.

dern um vertragliche Nebenpflichten, deren Existenz und Berechtigung mit dem Bestand der Leistungsverpflichtung untrennbar verbunden ist.

b) Die Fälle nachwirkender Schweigepflichten

In engem Zusammenhang mit dem Konkurrenzverbot wird häufig auch die Frage behandelt, inwieweit dem Arbeitnehmer noch über das Vertragsende hinaus eine Schweigepflicht obliegt, ohne daß es hierüber einer besonderen vertraglichen Vereinbarung bedarf. Beispielhaft sind folgende Fälle zu nennen:

Ein kaufmännischer Angestellter beschließt, nach seinem Ausscheiden/seiner Pensionierung ein Konkurrenzunternehmen zu gründen und will dafür auf die ihm aufgrund seiner vorherigen Tätigkeit bekannte Kundenliste des Arbeitgebers zurückgreifen. Soweit diese zu den Geschäftsgeheimnissen gehört, stellt sich die Frage, ob eine Geheimhaltungspflicht der Verwertung entgegensteht.

Ein Arbeitnehmer hat gelegentlich oder im Rahmen seiner Arbeitstätigkeit Einblick in geheime Herstellungsverfahren seines Arbeitgebers erlangt. Verbietet eine nachvertragliche Geheimhaltungspflicht die Mitteilung und Verbreitung dieses Betriebsgeheimnisses gegenüber Dritten?

Der Problemkreis der Verschwiegenheitspflicht erfaßt unterschiedliche Aspekte. Zum einen geht es darum, ob der Arbeitnehmer die ihm im Rahmen seiner Arbeitsleistung zugänglichen oder auch nur zufällig bekanntgewordenen Betriebsinterna für sich verwerten oder Dritten mitteilen darf und zum anderen, ob für sogenannte Betriebs- und Geschäftsgeheimnisse weiterreichende Geheimhaltungspflichten bestehen. Die Gruppe der Unternehmensgeheimnisse umfaßt dabei sowohl Geschäftsgeheimnisse kaufmännischer Art wie Kundenlisten, Preiskalkulation oder Marktforschungsunterlagen, als auch technische Geheimnisse wie Produktionsverfahren, Maschinen, Erfindungen, an denen ein objektives, auch nach dem Willen der Unternehmensleitung verdeutlichtes Geheimhaltungsinteresse besteht[203]; eine Konkretisierung erfolgt nach den jeweiligen Umständen des Einzelfalles. Es liegt nahe, daß die Anerkennung nachvertraglicher Schweigepflichten je nach Umfang und Reichweite der beruflichen Betätigungsfreiheit weitreichende Schranken setzen kann.

---

202 Dies verkennt Gernot *Müller*, Leistungsbegriff, S. 203 f. und S. 210, der das Wettbewerbsverbot den Schutzpflichten zuordnet und „im Grundsatz" ein nachvertragliches Wettbewerbsverbot bejaht.

203 Vgl. RGZ 149, S. 329 (333); RG, JW 1938, S. 3050; BGH AP Nr. 1 zu § 17 UWG, Bl. 79 R; zuletzt BAG, NZA 1988, S. 502 (503) = NJW 1988, S. 1686 f. Weitere Beispiele bei *Monjau*, DB 1956, S. 232; zur Kennzeichnung des Geschäftsgeheimnisses: *von Gamm*, Wettbewerbsrecht, Rdn. 12 f.; *Gaul*, NZA 1988, S. 225 (227).

aa) Die Ansicht der Rechtsprechung und zustimmenden Literaturmeinung

Die ältere Rechtsprechung[204] und die überwiegende Literaturmeinung[205] hat demzufolge, ebenso wie für das Konkurrenzverbot, eine nachvertragliche Verschwiegenheitspflicht auch für Betriebsgeheimnisse verneint. Die Begründungen sind deckungsgleich. Dem Interesse des Betriebsinhabers an der Wahrung seiner Geschäfts- und Betriebsgeheimnisse stehe ein nicht minder berechtigtes Interesse des Arbeitnehmers an der Verwertung der erlangten Kenntnisse für sein berufliches Fortkommen gegenüber[206]. Die Regelung des § 17 UWG zeige auch für den zivilrechtlichen Bereich Grenzen auf, innerhalb der über die Geltungsdauer des Dienstverhältnisses hinaus eine Geheimhaltungspflicht anzunehmen sei. Diese erstrecke sich nur auf solche Geheimnisse, deren Kenntnis auf gesetzes- oder sittenwidrige Weise erlangt wurde, im übrigen sei im Wege des argumentum e contrario aus Absatz 1 des § 17 UWG zu folgern, daß die Verwertung rechtmäßig erworbener Kenntnisse und Fähigkeiten nach Vertragsende unbeschränkt möglich sei[207]. Eine nachwirkende vertragliche Schweigepflicht sei nur in besonders begründeten Ausnahmefällen möglich[208]. Im übrigen könne sich der Arbeitgeber durch eine Geheimhaltungsklausel auch für das Nachstadium sichern.

Erst in neuerer Zeit zeigt sich eine Tendenz in der Rechtsprechung, mit einer gegenläufigen Literaturmeinung eine generelle Ausweitung fortdauernder Geheimhaltungspflichten zuzulassen. So hat der 3. Senat des Bundesarbeitsgerichts in seinem Urteil vom 16. 3. 1982[209], dessen Grundsätze mit Urteil vom 15. 12. 1987[210] bestätigt wurden, die Verwertbarkeit eines Betriebsgeheimnisses für Wettbewerbszwecke durch einen ehemaligen Arbeitnehmer verneint und eine nachvertragliche Bindung sowohl aus einfachem Geheimhaltungsvertrag ohne

---

204 RGZ 65, S. 333 (337, 339); RG, JW 1938, S. 3050; RGSt 33, S. 62 (65); 44, S. 152 (154 ff.); 61, S. 273 (274); RAG GRUR 1944, S. 46; RAG ARS 46, S. 287 (293); BGH AP Nr. 1 zu § 60 HGB; AP Nr. 1 zu § 17 UnlWG; LAG Düsseldorf BB 1963, 937; LAG Frankfurt a. M. AP Nr. 9 zu § 17 UnlWG; weniger deutlich BGH, NJW 1981, S. 1089 (1090) = AP Nr. 4 zu § 611 BGB Verschwiegenheitspflicht.

205 *Bobrowski / Gaul,* Arbeitsrecht, Bd. II, L III (S. 225); für den Pensionär: L VI (S. 254); *Hueck / Nipperdey,* Arbeitsrecht, Bd. I, § 37 III 1 (S. 245 f.); *Moos,* RdA 1962, S. 301 (306); *Münch.Komm. / Söllner,* § 611, Rdn. 442; *Schaub,* Handbuch, § 54 2 (S. 282); *H. Schwarz,* AR-Blattei, Geheimnisschutz im Arbeitsrecht I, D I 2; *Schwarz / Holzer,* Die Treuepflicht des Arbeitnehmers, S. 71; *Söllner,* Arbeitsrecht, § 34 III 4 (S. 278).

206 RGZ 65, S. 333 (337).

207 BGH AP Nr. 1 zu § 60 HGB, Bl. 181 R; BGH AP Nr. 1 zu § 17 UWG, Bl. 79 R.

208 Erstmals BGHZ 38, S. 391 (396 f.) für ein „*besonderes,* in der Vergütung berücksichtigtes Vertrauensverhältnis“ eines leitenden Angestellten; BGH AP Nr. 1 zu § 60 HGB, Bl. 182 = NJW 1955, S. 463 mit dem Beispiel einer „provozierten“ Kündigung durch den Arbeitgeber zum Zwecke der Verwertung der erlangten Geheimnisse.

209 BAG AP Nr. 1 zu § 611 Betriebsgeheimnis = AR-Blattei Geheimnisschutz im Arbeitsrecht, Entsch. 5; dem Urteil zustimmend: *Heinze,* ZfA 1983, S. 409 (564).

210 BAG, NZA 1988, S. 502 ff. = NJW 1988, S. 1686 f.

Karenzentschädigung als auch aufgrund allgemeiner Nachwirkung des Arbeitsvertrages für zulässig erkannt. Dabei hat er sich allerdings zu Unrecht unter Verkennung der einschränkenden und nur im Einzelfall bejahten nachvertraglichen Verpflichtung auf die oben skizzierte ältere Rechtsprechung berufen[211].

bb) Der differenzierende Standpunkt traditioneller Lehrmeinungen

Eine unbeschränkte Geheimhaltungspflicht über die Dauer des Arbeitsverhältnisses hinaus wird auch von der in der Literatur vertretenen Gegenauffassung nicht vertreten. Allerdings wollen ihre Vertreter gegenüber dem Erwerbsinteresse des abhängig Beschäftigten auch das Arbeitgeberinteresse, insbesondere dessen auf dem Betriebsgeheimnis beruhenden wettbewerbsrechtlichen Interessen und Vorteilen, gebührend Rechnung tragen. Zur Lösung des Interessenkonflikts werden hier unterschiedliche Maßstäbe und Differenzierungen verwandt.

(1) Berechtigtes Erwerbsinteresse des Ausgeschiedenen

Vereinzelt wird der Standpunkt eingenommen, daß die Schweigepflicht gegenüber dem Erwerbsinteresse stets dann zurückzutreten habe, wenn die Verwertung des Unternehmensgeheimnisses für den Arbeitnehmer in seinem neuen Tätigkeitsfeld erforderlich und seinem Fortkommen dienlich sei[212]. Nur die Gefahr eines außerverhältnismäßig hohen Schadens des Arbeitgebers soll — gemessen an den Arbeitnehmervorteilen — im Einzelfall eine weitergehende Schweigepflicht rechtfertigen[213]. Auf der anderen Seite soll die Verschwiegenheitspflicht auch nach Vertragsende unverändert fortbestehen, wenn ein berechtigtes Interesse an der Verwertung und Veröffentlichung seitens des Arbeitnehmers nicht besteht; die Verwertung sonstiger, der Geheimhaltung nicht ausdrücklich unterliegender Kenntnisse, die rechtmäßig im Rahmen der Arbeitsaufgabe gesammelt wurden, soll im übrigen frei sein. Andere[214] wiederum sprechen dem Merkmal des berechtigten Eigeninteresses lediglich die Bedeutung eines Rechtfertigungsgrundes gegenüber einer Schadenshaftung aus § 823 Abs. 1 BGB zu. Rechtfertigender Umstand für die Verwertung fremder Betriebsgeheimnisse soll allerdings auch nach dieser Ansicht das Kriterium der Erforderlichkeit für das berufliche Fortkommen oder sonstige Umstände des Einzelfalles sein.

---

211 Vgl. unter B III 2 b der Entscheidungsgründe.

212 Vgl. *Hürholz*, Die Teuepflichten, S. 1898 f.: *Monjau*, BB 1961, S. 1439 (1441); *Nikisch*, Arbeitsrecht, Bd. I, § 34 IV 2 (S. 455 f.); *Sampels*, Die Verschwiegenheitspflicht, S. 68 ff.; wohl auch *Schlegelberger / Schröder*, HGB, § 59 II 3 c, Rdn. 41 a (S. 143); *Schwarze*, Nachwirkungen, S. 52 f.

213 Im Ansatz *W. Zöllner*, Die vorvertragliche und die nachwirkende Treue- und Fürsorgepflicht, S. 91 (104); ihm zustimmend: *Kramer*, Arbeitsvertragsrechtliche Verbindlichkeiten, S. 118.

214 *Nastelski*, GRUR 1957, S. 1 (6 f.); ihm folgend: *Röpke*, Arbeitsverhältnis und Arbeitnehmererfindung, S. 45 f.

Mangels näherer Ausführungen zur Abgrenzung des Eigeninteresses gegenüber der unberechtigten Preisgabe läßt sich dieser Ansicht nicht entnehmen, nach welchen Kriterien in der Praxis eine für beide Seiten verständliche Grenzziehung getroffen werden kann. Ein fehlendes berechtigtes Eigeninteresse wäre auf den ersten Blick möglicherweise denkbar in Fällen, in denen der Geheimnisträger eine neue, völlig anders geartete Arbeitsaufgabe übernimmt oder mit der Zahlung des Altersruhegeldes in den Ruhestand tritt; allerdings kann weder für den noch aktiven Arbeitnehmer die Arbeitsplatzwahl noch für den Pensionär der Tatbestand des Ruhestandes automatisch zu einem Verlust beruflicher Eigeninteressen an der Verwertung jener Geheimnisse führen. Auch der Pensionär kann nach Erreichen der Pensionsgrenze durchaus eine weitere berufliche Tätigkeit anstreben. Darüber hinaus kann auch eine niedrige Sozialrente für den Ruheständler ein berechtigtes Interesse an weiterer Erwerbstätigkeit begründen.

(2) Eigentumsschutz des Arbeitgebers

Auf eigentumsähnliche Rechte des Arbeitgebers am Geschäfts- und Betriebsgeheimnis zur Begründung nachvertraglicher Geheimhaltungspflichten verweist demgegenüber eine weitere Literaturmeinung. Diese grundlegend von *Dietz*[215] erarbeitete Differenzierung unterscheidet zwischen den durch *eigene* Arbeit und *eigene* Fortbildung erworbenen Kenntnissen und Fertigkeiten des ehemaligen Beschäftigten, die er auch nach Beendigung des Arbeitsverhältnisses verwerten können muß, und solchen Kenntnissen, die ihm nur anvertraut werden, im übrigen aber der Arbeitsleistung eines anderen zuzurechnen und dessen Verfügungsbefugnis unterstellt sind. Die zuletzt genannten Kenntnisse, zu denen die Betriebsgeheimnisse zählen, sollen einem fortwirkenden Verwertungs- und Verbreitungsverbot unterliegen. *Dietz*s Anliegen war es, die geheimhaltungsbedürftigen Betriebsinterna von vornherein aus der Interessenabwägung zwischen Arbeitgeber- und Arbeitnehmerbelangen herauszunehmen. Einen Ansatz sah er darin, daß er die betriebsgeheimen Kenntnisse und Erfahrungen dem „geistigen Eigentum" des Arbeitgebers zurechnete, deren Nutzung ohne Einwilligung des Berechtigten auch dem ausscheidenden Arbeitnehmer verboten war[216]. Als Rechtfertigung für die Annahme einer nachvertraglichen Geheimhaltungspflicht dient die Behauptung, das Verwertungsverbot führe zu keiner Behinderung und Schlechterstellung des Ausscheidenden, sondern stelle ihn den sonstigen ausscheidenden Beschäftig-

[215] *Dietz,* Die Pflicht des ehemaligen Beschäftigten zur Verschwiegenheit über Betriebsgeheimnisse, S. 330 ff.; ihm folgend: *Heil,* Die Nachwirkung der Treuepflicht, S. 37 ff.; später auch: *Ernst,* Der Schutz des Betriebsgeheimnisses, S. 43 ff.; *Käuffer,* Die Vor- und Nachwirkungen, S. 60; *Kull,* Grundlagen, S. 77 f.; *Staudinger / Nipperdey / Mohnen / Neumann,* § 611, Rdn. 164.

[216] Vgl. *Dietz,* Die Pflicht des ehemaligen Beschäftigten zur Verschwiegenheit über Betriebsgeheimnisse, S. 330 (342). Den Eigentumsaspekt hervorhebend schon: Eberhard *Schmidt,* Gutachten für den 36. DJT, S. 101 (147, 203); auch *Röpke,* Arbeitsverhältnis und Arbeitnehmererfindung, S. 74.

ten, die keine Geheimnisträger seien, gleich. Die Argumentation von *Dietz,* die auch in den neueren Urteilen des Bundesarbeitsgerichts[217] zur nachvertraglichen Verschwiegenheitspflicht Unterstützung findet, basiert allerdings ausschließlich auf der hier abgelehnten Konstruktion eines persönlichen Treueverhältnisses zwischen den Arbeitsvertragsparteien. *Dietz*[218] sah in der Schweigepflicht über Betriebsgeheimnisse „eine selbstverständliche Erscheinungsform der Treuepflicht", die auch bei weniger geheimhaltungsbedürftigen Tatsachen unter besonderen Umständen ein weitergehendes Schweigen erfordern kann und nur entfallen soll, wenn der Unternehmer seine Treuepflicht grob verletzt.

Bereits im Rahmen der Auseinandersetzung mit der Lehre vom Gemeinschaftsverhältnis wurde deutlich gemacht, daß der Treuegedanke kein geeignetes Fundament zur Begründung nachvertraglicher Pflichten darstellt und in der Vergangenheit nicht selten einer einseitigen Gewichtung der Arbeitgeberinteressen Vorschub leistete. Ebenso wird eine exakte Abgrenzung von „eigenem" und „fremdem" Wissen zur Bestimmung der Schweigepflicht im konkreten Einzelfall kaum durchführbar sein. Fraglich ist schon, unter welchen Voraussetzungen erworbenes Wissen als eigenes oder fremdes bezeichnet werden kann und welche Bedeutung die Art der Tätigkeit oder betriebliche Ziele für die Beurteilung haben sollen, ob betriebsgebundene Erkenntnisse vorliegen.

Die Gegenüberstellung der unterschiedlichen Lösungen von Literatur und Rechtsprechung macht jedoch auch hinreichend deutlich, daß eine allgemeine Interessengegenüberstellung zur dogmatischen Begründung einer nachvertraglichen Schweigepflicht wenig hilfreich sein kann und sich stets der Kritik einer einseitigen Gewichtung aussetzt. Die bisherige Rechtsprechung wurde mit ihrem Argument, dem Erwerbsinteresse des ausscheidenden Arbeitnehmers gebühre der Vorrang, mit dem Einwand, sie lasse schutzwürdige Arbeitgeberinteressen außer acht, ebenso kritisiert wie die Vertreter der Gegenmeinung, die aus wettbewerbsrechtlichen und eigentumsrechtlichen Gesichtspunkten ein überwiegendes Unternehmensinteresse bejahen wollen. Den Befürwortern einer nachwirkenden Verpflichtung ist neben dogmatischen Bedenken aber auch eine mangelnde Transparenz und Praktikabilität ihres Konzepts entgegenzuhalten[219].

---

[217] BAG AP Nr. 1 zu § 611 Betriebsgeheimnis, Bl. 1278 = AR-Blattei, Geheimnisschutz im Arbeitsrecht, Entsch. 5 unter B III 2 b der Gründe; BAG, NZA 1988, S. 502 (503) = NJW 1988, S. 1686 f.

[218] *Dietz,* Die Pflicht des ehemaligen Beschäftigten zur Verschwiegenheit über Betriebsgeheimnisse, S. 330 (344).

[219] So schon *Hueck / Nipperdey,* Arbeitsrecht, Bd. I, § 37 III 1, Fußnote 25 (S. 246); auch: *Krejci,* ÖZW 1975, S. 1 (8); *Röpke,* Arbeitsverhältnis und Arbeitnehmererfindung, S. 50 f.; *Schwarze,* Nachwirkungen, S. 53 f.; *Schwarz / Holzer,* Die Treuepflicht des Arbeitnehmers, S. 71; *W. Schwarz,* Gedanken zur Wettbewerbsabrede, S. 349 (356 f.).

cc) Eigene rechtliche Zuordnung

Die Schweigepflicht dient dem Schutz der Interessen des Arbeitgebers. Innerhalb des Arbeitsverhältnisses eröffnet dieser dem Beschäftigten Einblick in Betriebsinterna und Kenntnis von betrieblichen Besonderheiten wie auch geheimhaltungsbedürftigen Tatsachen, insbesondere wenn diese dem Arbeitnehmer zur vertragsmäßigen Erfüllung seiner Arbeitsaufgabe anvertraut werden müssen. Der Arbeitnehmer erlangt so seinerseits eine weitreichende Einwirkungsmöglichkeit auf vermögenswerte Güter des Unternehmens[220]. Dem entspricht eine auf die betrieblichen Interessen und die persönlichen Verhältnisse des Arbeitgebers bezogene Verschwiegenheitspflicht während des Arbeitsverhältnisses, die über den strafrechtlichen Rahmen des § 17 Abs. 1 UWG hinausgeht[221]. Ein notwendiger Zusammenhang mit der Leistungspflicht, wie er für das Konkurrenzverbot festgestellt wurde, besteht für die Schweigepflicht jedoch nicht. Dies verdeutlicht folgendes Beispiel: Wird ein Arbeitnehmer aufgrund besonderer Geheimhaltungsbedürftigkeit seiner Arbeitstätigkeit bei Vertragsabschluß ausdrücklich zur Verschwiegenheit verpflichtet, so begründet dies für ihn eine vertragliche Pflicht. Ist der Vertrag aus irgendeinem Grunde fehlerhaft, wird damit aber nicht ohne weiteres die Schweigepflicht hinfällig; wohl besteht keine „vertragliche Pflicht", wie sie mit der Geheimhaltungsvereinbarung erzielt werden sollte, doch bleibt der Beschäftigte aufgrund einer bestehenden Schutzpflicht zum Schweigen verpflichtet. Inhalt der Schutzpflicht ist, die Rechtsgüter des Arbeitgebers, zu denen neben dem Eigentum auch sonstige vermögenswerte Güter[222] zählen, nicht zu verletzen. Folglich ist, auf das genannte Eingangsbeispiel bezogen, auch der Arbeitnehmer zum Stillschweigen verpflichtet, der geheimhaltungsbedürftige Tatsachen nur gelegentlich seiner Tätigkeit in Erfahrung bringt. Die Unabhängigkeit der Schutzpflicht von der Leistungspflicht weist aber auch darauf hin, daß über den rechtlichen Bestand des Arbeitsvertrages hinaus für den in den Ruhestand tretenden Arbeitnehmer wie für die aus sonstigen Gründen Ausscheidenden weiterhin eine Verschwiegenheitsverpflichtung besteht[223].

---

220 Zum deliktrechtlichen Schutz des Geschäfts- und Betriebsgeheimnisses: BGHZ 16, S. 172 (175); BAG, NZA 1988, S. 502 (504) = NJW 1988, S. 1686 f.

221 Allgemeine Meinung; vgl. nur *Schlegelberger / Schröder,* HGB, § 59 II 3 c, Rdn. 406 (S. 141); *Staudinger / Nipperdey / Mohnen / Neumann,* § 611, Rdn. 163; BGHZ 38, S. 391 (396).

222 Geschützt ist auch das Vermögen. Vgl. *Canaris,* JZ 1965, S. 475 (477).

223 Als Beispiel für Schutzpflichten verweisen auf die Schweigepflicht auch *Canaris,* JZ 1965, S. 475 (476); *Thiele,* JZ 1967, S. 649 (653); wie hier für das Nachstadium auch *Krejci,* ÖZW 1975, S. 1 (9 f. u. 12); Gernot *Müller,* Leistungsbegriff, S. 209; *W. Zöllner,* Arbeitsrecht, § 13 IV 2 (S. 148); *ders.,* Die vorvertragliche und die nachwirkende Treue- und Fürsorgepflicht, S. 91 (104 f.), allerdings mit der älteren Lehre eine Verdrängung der Schutzpflicht bei berechtigtem Eigeninteresse bejahend.

Der Umfang und Inhalt der Schweigepflicht bemißt sich jedoch weder nach einer nicht näher konkretisierbaren „geminderten" Treuepflicht[224], noch nach den berechtigten beruflichen Interessen des Ausscheidenden, sondern nach dem durch den rechtsgeschäftlichen Kontakt geschaffenen Vertrauenstatbestand[225]. Dafür kommt grundsätzlich jeder Sachverhalt in Betracht, der geeignet ist, in bestimmter Weise Vertrauen zu erwecken[226]. Die gerade für das Arbeitsverhältnis typische Nähe zu den Rechtsgütern des Arbeitgebers aufgrund persönlichen und räumlichen Kontakts bringt es mit sich, daß der Arbeitnehmer eine erhöhte Einwirkungsmöglichkeit auf dessen Rechtsgüter erlangt. Dem entspricht eine vermehrte Rücksichtnahme auf die Arbeitgeberschutzinteressen während des Bestehens des Leistungsverhältnisses, die sich mit dem endgültigen Ausscheiden weitgehend wieder auf Null reduziert, weil auch die tatsächliche Einwirkungsmöglichkeit erlischt. Andererseits darf der Arbeitgeber aber erwarten, daß seine Schutzinteressen weiterhin geachtet werden, soweit auch im Tatsächlichen eine Einwirkungsmöglichkeit auf seine schützenswerten Interessen besteht. Sind dem ehemaligen Arbeitnehmer persönliche Angelegenheiten oder geheimhaltungsbedürftiges betriebliches Know how anvertraut oder zur Kenntnis gelangt, so kann der Arbeitgeber hierüber weiterhin Stillschweigen verlangen.Dem entspricht auch eine im Nachstadium anzuerkennende Geheimhaltungspflicht[227]. Im übrigen ist er in der Verwertung nicht geschützter Kenntnisse frei.

Im Ergebnis ist damit festzuhalten, daß eine im Nachstadium des Arbeitsverhältnisses bestehende Verschwiegenheitspflicht für geheimhaltungsbedürftige Betriebsinterna anzuerkennen ist. Ein insofern bestehendes Verwertungs- und Veröffentlichungsverbot rechtfertigt sich aus einer mit dem Schutzanspruch des Arbeitgebers korrespondierenden Schutzpflicht des ehemaligen Arbeitnehmers, die für die aus altersbedingten Umständen wie auch aus sonstigen Gründen ausscheidenden Arbeitnehmer in gleichem Maße gilt. Die Schutzfunktion der Geheimhaltungspflicht rechtfertigt eine Differenzierung nach dem Erwerbserfordernis nicht[228].

---

224 Vgl. *Nikisch,* Arbeitsrecht, Bd. I, § 34 IV 2 (S. 456).

225 *Canaris,* Vertrauenshaftung, S. 442 und 491.

226 *Canaris,* Vertrauenshaftung, S. 491.

227 So auch § 80 I und III S. 1 Arbeitsgesetzbuchentwurf (1977), in dem eine Verschwiegenheitspflicht für Geschäfts- und Betriebsgeheimnisse sowie für persönliche Belange auch nach Vertragsende bejaht wird; zur zeitlichen Begrenzung vergleiche im weiteren *Gaul,* NZA 1988, S. 225 (231 f.).

228 Der Frage, inwiefern Verschwiegenheitspflichten zugleich zu Wettbewerbsbeschränkungen und Einschränkungen der beruflichen Entfaltungsfreiheit führen können und ob dieser Umstand Anlaß für eine weitere Einschränkung oder gar Verdrängung der Schweigepflicht sein kann, kann in diesem Zusammenhang nicht weiter nachgegangen werden. Selbst wenn für diese Fälle ein überwiegendes Erwerbsinteresse des Arbeitnehmers bejaht würde, könnte doch nur in begründeten Ausnahmefällen ein Wegfall der grundsätzlich anzuerkennenden Schweigepflicht bejaht werden. Vergleiche ebenso § 80 III S. 2 Arbeitsgesetzbuchentwurf (1977), wo die Schweigepflicht — vorbehaltlich einer Wettbewerbsabrede — nur dann nicht bestehen soll, „wenn der Arbeitnehmer

c) Nachvertragliche Pflichten auf dem Gebiet des Arbeitnehmererfindungsrechts

Neben der Geheimhaltungsverpflichtung und dem Wettbewerbsverbot ist weiterhin problematisch, inwiefern den ausscheidenden Arbeitnehmer im Hinblick auf die im aktiven Arbeitsverhältnis getätigten Arbeitnehmererfindungen besondere Verwertungsverbote und Unterlassungspflichten treffen können. Das Arbeitnehmererfindungsgesetz[229] enthält in den § 24 Abs. 2 i. V. m. § 26 ArbnErfG lediglich für noch nicht frei gewordene Diensterfindungen eine positive Nachwirkungsregelung. Danach bleibt die Verschwiegenheitspflicht bis zur Freigabe über die Dauer des Arbeitsverhältnisses hinaus bestehen. Dem ehemaligen Arbeitnehmer bleibt aber die Möglichkeit, die im Betrieb verbleibende Erfindung weiterzuentwickeln und zu verbessern oder aufgrund seiner Fachkenntnisse eine technische Neuerung zu entwickeln. Eine unverzügliche Meldepflicht für Diensterfindungen und freie Erfindungen besteht gemäß den §§ 5 und 18 ArbnErfG nur im bestehenden Arbeitsverhältnis; für ausgeschiedene Arbeitnehmer gilt sie entsprechend, wenn die Erfindung bereits vor dem Erlöschen des Arbeitsverhältnisses fertiggestellt wurde[230]. Die Mitteilungs- und Anbietungsverpflichtung knüpft damit ersichtlich an die arbeitsvertraglichen Beziehungen und an die Leistungspflicht im Arbeitsverhältnis an. Ein Inanspruchnahmerecht des Arbeitgebers leitet sich daraus ab, daß dieser durch die Aufgabenstellung und Unterstützung im Rahmen des Entwicklungsprozesses oder durch die Arbeitsplatzzuweisung den Arbeitnehmer zur Erfindung angeleitet und motiviert hat. Daher entspricht die Normierung eines geschützten Inanspruchnahmerechts für Diensterfindungen gemäß § 6 ArbnErfG und einer Vorrangstellung für freie[231] Erfindungen nach § 19 ArbnErfG der besonderen Vertragssituation im Arbeitsverhältnis. Die geschützte Rechtsposition und Vorrangstellung des Arbeitgebers folgt daraus, daß dieser für die Dauer der Vertragsbindung auch den Nutzen aus den besonderen erfinderischen Leistungen ziehen soll. Dieses Vorrecht kann ebensowenig vor Beginn des Vertragsverhältnisses wie nach dessen Beendigung bestehen, da insofern auch kein Anspruch auf Leistung und Einsatz für die betrieblichen Interessen des Arbeitgebers besteht[232].

---

durch die Wahrung des Betriebs- oder Geschäftsgeheimnisses in seiner weiteren beruflichen Tätigkeit beschränkt wäre". Zum Abgrenzungsbeispiel „Kundenwerbung": BAG, NZA 1988, S. 502 ff. = NJW 1988, S. 1686 f.

229 Gesetz über Arbeitnehmererfindungen vom 25. Juli 1957, BGBl. I, S. 756 in der Fassung vom 4. 9. 1977, BGBl. I, S. 953.

230 BAG AP Nr. 4 zu § 2 ArbnErfVO, *Volmer / Gaul*, § 26, Rdn. 57.

231 Das Gesetz konkretisiert den Begriff der freien Erfindung nicht. Hierunter werden allgemein Erfindungen gefaßt, die weder aus der dem Arbeitnehmer übertragenen Aufgabenzuweisung entstanden sind, noch notwendigerweise auf Erfahrungen oder Arbeiten des Betriebes beruhen. Vgl. *Röpke*, Arbeitsverhältnis und Arbeitnehmererfindung, S. 77.

232 Im Ergebnis ebenso: *W. Zöllner*, Die vorvertragliche und die nachwirkende Treue- und Fürsorgepflicht, S. 91 (95); *Kramer*, Arbeitsvertragsrechtliche Verbindlichkeiten, S. 116.

aa) Die analoge Anwendung der §§ 18, 19 ArbnErfG auf den Werkspensionär

Gleichwohl wird die Ansicht vertreten, daß dem Werkspensionär für seine nach dem Ausscheiden aus dem Unternehmen getätigten Erfindungen eine Mitteilungs- und Anbietungspflicht nach den §§ 18, 19 ArbnErfG obliege. Im Unterschied zu den sonstigen ehemaligen Arbeitnehmern befinde sich der Pensionär in einer gewissen Sonderstellung zu seinem früheren Arbeitgeber, die durch eine fortbestehende Verbundenheit mit dem Unternehmen gekennzeichnet sei und dem Arbeitgeber eine fortbestehende Optionsberechtigung auf alle von diesem entwickelten Erfindungen einräume[233].

Andere bejahen eine Anbietungspflicht für technische Entwicklungen, die auf im Arbeitsverhältnis gewonnene Erfahrungen zurückzuführen sind und damit unter einem Arbeitsverhältnis als Diensterfindungen zu qualifizieren wären[234]. Schließlich soll der Pensionär mit jenen Pflichten zumindest dann belastet sein, wenn er im Ruhestand vom Arbeitgeber eine Betriebsrente bezieht[235]. Diese Auffassung begegnet in mehrfacher Hinsicht Bedenken. Gegen eine analoge Anwendung der §§ 18, 19 ArbnErfG auf die im Ruhestand befindlichen ehemaligen Arbeitnehmer spricht, daß nach § 1 ArbnErfG die arbeitnehmererfindungsrechtlichen Rechte und Pflichten nur bei *Arbeitnehmer*-Erfindungen eintreten sollen. Der Pensionär wird nach übereinstimmender Meinung[236] vom persönlichen Geltungsbereich des Gesetzes nicht erfaßt. Dieser ist kein Arbeitnehmer mehr, da eine arbeitsvertragliche Rechtsbindung und die für eine Arbeitnehmerstellung kennzeichnende Weisungsgebundenheit und Abhängigkeit fehlt[237].

Die Regelungsbegrenzung der §§ 18, 19 ArbnErfG auf Arbeitsverhältnisse ist auch nach dem Sinn und Zweck der Vorschriften unmittelbar einleuchtend: Dieser besteht im wesentlichen darin, den Arbeitgeber zu schützen und ihm die schöpferischen Leistungen des Arbeitnehmers, die dieser während der Dauer des Beschäftigungsverhältnisses entwickelt, zu sichern. So soll die Mitteilungsverpflichtung den Arbeitgeber erst in die Lage versetzen, zu prüfen, um welche Art von Erfindung es sich handelt[238]; die Anbietungspflicht ermöglicht diesem, bei einer entsprechenden Verwertungsabsicht des Arbeitnehmers, auch die Nutzungen ei-

---

233 *Volmer*, GRUR 1978, S. 329 (333); zur Treuepflicht pensionierter Arbeitnehmer: *ders.*, Arbeitnehmererfindungsgesetz (1. Auflage, 1958), § 26, Rdn. 6.

234 *Reimer / Schade / Schippel*, Das Recht der Arbeitnehmer-Erfindung, § 26, Rdn. 10; ähnlich zuvor schon *Riemschneider / Barth*, Die Gefolgschaftserfindung, § 8 Anm. 3.

235 Vgl. die zuvor Genannten sowie *Gaul*, GRUR 1977, S. 686 (690) und *Röpke*, Arbeitsverhältnis und Arbeitnehmererfindung, S. 78.

236 OLG Düsseldorf, GRUR 1962, S. 193 (194); *Bobrowski / Gaul*, Arbeitsrecht, Bd. I, F VIII (S. 577); *Gaul*, GRUR 1977, S. 686 (690); *Gaul / Bartenbach*, Handbuch, Rdn. 130; auch *Volmer*, GRUR 1978, S. 329 (333); *Volmer / Gaul*, § 1, Rdn. 81.

237 Ablehnend auch *Volmer / Gaul*, § 1, Rdn. 81.

238 *Reimer / Schade / Schippel*, Das Recht der Arbeitnehmer-Erfindung, § 18, Rdn. 8 (S. 418).

ner freien Erfindung gegen eine entsprechende Vergütung an sich zu ziehen und damit einer unerwünschten Nebentätigkeit oder Konkurrenztätigkeit des Beschäftigten vorzubeugen. Die in §§ 18, 19 ArbnErfG normierten Beschränkungen der Selbstverwertung freier Erfindungen durch den Arbeitnehmer rechtfertigen sich daher nur aus dem Vertragszweck des Arbeitsverhältnisses, insbesondere der Arbeitsleistungspflicht des abhängig Beschäftigten[239].

Dagegen führt eine Ausdehnung des Anwendungsbereichs der Vorschriften auf das Ruhestandsverhältnis nicht zu sachgerechten Ergebnissen, da zwischen dem Werkspensionär und dessen ehemaligem Arbeitgeber keinerlei vertragliche Rechtsbindungen bestehen, die eine Verwertungsbeschränkung von Pensionärserfindungen rechtfertigen könnten. Folglich ist es ohne rechtliche Bedeutung, wenn der Pensionär seine im vorausgegangenen Arbeitsverhältnis erworbenen Erfahrungen für eine Entwicklung nutzbar macht. Selbst für erfahrungsbegründete Diensterfindungen gemäß § 4 Abs. 2 Ziff. 2 ArbnErfG besteht ein Nutzungsrecht des Arbeitgebers nur für die Dauer des rechtlichen Bestandes des Vertragsverhältnisses. Die Nutzbarmachung beruflicher Erfahrungen nach beendetem Vertragsverhältnis vermag daher keine weitergehenden Rechtsansprüche zu begründen[240]. Auch eine in abgeschwächter Form bestehende nachvertragliche Treuepflicht des Pensionärs[241] zur Mitteilung und Anbietung seiner Erfindungen kann nicht anerkannt werden. Diese Argumentation basiert auf einem Verständnis des Arbeitsverhältnisses, das aufgrund einer besonderen personenrechtlichen Prägung umfassende Treuepflichten für den Arbeitnehmer auch nach Beendigung des Leistungsverhältnisses begründet. Mit dem schuldrechtlichen Austauschcharakter des Arbeitsverhältnisses und einer versachlichten, an betrieblichen Belangen orientierten Interessenwahrungs- und Schutzpflicht des Beschäftigten ist diese Auffassung nicht vereinbar. Ebensowenig können Ruhegeldleistungen des Arbeitgebers einen besonderen Rechtsanspruch auf künftige Erfindungen des Werkspensionärs begründen und diesen zur Anbietung seiner Leistung verpflichten. Dagegen spricht schon die völlig anders gelagerte Zweckbestimmung der Geldleistung, die nach ihrem Sinn und Zweck der Versorgung im arbeitsfreien Lebensabend dient und damit gerade nicht den Charakter einer „Gegenleistng" für künftige noch ausstehende schöpferische Leistungen des Pensionärs trägt. Versorgungsleistungen vermögen daher auch keine dem Arbeitsverhältnis vergleichbaren Rechtsbeziehungen zu begründen, die eine entsprechende Anwendung der §§ 18, 19 ArbnErfG rechtfertigen könnten[242]. Als Anknüpfungspunkt für eine gesonderte Verpflichtung des pensionierten Erfinders sind sie nicht geeignet. Die Beschränkung der arbeitnehmererfindungsrechtlichen Pflichten auf das Arbeits-

239 Zur Verwertungsbeschränkung freier Erfindungen vor Inkrafttreten des Gesetzes über Arbeitnehmererfindungen aufgrund arbeitsrechtlicher Treuepflicht schon *Riemschneider / Barth,* Die Gefolgschaftserfindung, § 4 Anm. 7.

240 Zutreffend auch *Gaul / Bartenbach,* GRUR 1979, S. 750 (751).

241 *Volmer,* GRUR 1978, S. 329 (333).

242 Vgl. auch *Gaul,* RdA 1982, S. 268 (275); *Gaul / Bartenbach,* Handbuch, Rdn. 130.

verhältnis hat vielmehr gezeigt, daß der ausscheidende Arbeitnehmer in der Verwertung seiner eigenen schöpferischen Leistungen frei sein soll. Deshalb ist es geboten, hinsichtlich der nach Vertragsbeendigung getätigten Erfindungen den Werkspensionär und den noch im Erwerbsleben stehenden Arbeitnehmer gleich zu behandeln. Dieses Ergebnis wird bei einer analogen Anwendung der §§ 18, 19 ArbnErfG nicht erreicht.

bb) Nachvertragliche Wettbewerbsbeschränkungen bei Diensterfindungen?

Im Zusammenhang mit dem Arbeitnehmererfindungsrecht ist noch der Frage nachzugehen, ob dem ausgeschiedenen Arbeitnehmer im Hinblick auf die vom Arbeitgeber beanspruchten Diensterfindungen auch für das Nachstadium des Arbeitsverhältnisses ein Wettbewerbs- und Konkurrenzverbot obliegt und er deshalb Einschränkungen in seiner Betätigungsfreiheit hinnehmen muß. Das Gesetz über Arbeitnehmererfindungen verpflichtet diesen in § 24 Abs. 2 ArbnErfG lediglich zur Geheimhaltung der Diensterfindung bis zur Freigabe durch den Arbeitgeber. Diese Pflicht überdauert gemäß § 26 ArbnErfG auch die Auflösung des Arbeitsverhältnisses. Ein Wettbewerbsverbot besteht kraft Gesetzes nicht und kann nach arbeitsrechtlichen Grundsätzen nur für die Dauer der Leistungspflicht als vertragsabhängige Nebenpflicht Bestand haben. Für den nachvertraglichen Zeitraum kann ein allgemeines Wettbewerbsverbot nicht angenommen werden.

Für den Diensterfinder soll dagegen aus dem Vergütungsanspruch für die Inanspruchnahme der Erfindung ein fortbestehendes Wettbewerbsverbot nach Vertragsauflösung abgeleitet werden. So hat *Hueck*[243] die Dauer der Vergütungsleistung bzw. den zeitanteilig bemessenen Wert einmaliger Abfindungen als Maßstab für die zeitliche Fortdauer einer Schweigepflicht und eines Wettbewerbsverbots genommen. Dem Recht auf Vergütung entspreche eine Pflicht, die Benutzung der Erfindung ausschließlich dem Arbeitgeber zu sichern. Der Geldleistung wird damit rechtsgestaltende Wirkung für die nachvertraglichen Pflichten zuerkannt[244]. Nach der Ansicht von *Reimer / Schade / Schippel*[245] soll das Fortbestehen eines Wettbewerbsverbots maßgebend von der Dauer und Höhe der Vergütung sowie vom sonstigen Einkommen und von der beruflichen Stellung des früheren Arbeitnehmers abhängen.

Mittels der Vergütungsregelung des § 9 ArbnErfG läßt sich jedoch kaum begründen, weshalb der Diensterfinder auch nach Beendigung des Arbeitsverhältnisses einem fortdauernden Konkurrenzverbot unterliegen soll. Der Gesetzgeber

---

243 *A. Hueck*, Gedanken zur Neuregelung des Rechts der Arbeitnehmererfindungen, S. 63 (78 f.); ihm folgend: *Nikisch*, Arbeitsrecht, Bd. I, § 28 II 6 (S. 319).

244 *A. Hueck*, Gedanken zur Neuregelung des Rechts der Arbeitnehmererfindungen, S. 63 (79) bejaht eine Verstärkung der sonst bestehenden Pflichten für das Nachstadium.

245 *Reimer / Schade / Schippel*, Das Recht der Arbeitnehmer-Erfindung, § 26, Rdn. 7 (S. 482 f.).

hat mit der Einführung der gesetzlichen Erfindervergütung erkennbar dem Arbeitnehmer eine Gegenleistung für dessen schöpferische Leistung sichern wollen. Die Erfindervergütung dient somit der Abgeltung einer individuellen Arbeitnehmerleistung und der durch die Erfindung erlangten Monopolstellung des Arbeitgebers, der durch die unbeschränkte Inanspruchnahme die Diensterfindung auf sich überleitet. Sie ist jedoch nicht als Ausgleich für Einschränkungen der gewerblichen Entfaltungsfreiheit nach Verlassen des Arbeitsplatzes gedacht, wie sie die Karenzentschädigung bei vereinbartem Wettbewerbsverbot bezweckt. Unterschiede zeigen sich auch bei der Berechnung, Höhe und Dauer der Erfindervergütung und der Karenzleistung: Die Vergütung gemäß § 9 ArbnErfG richtet sich nach der wirtschaftlichen Verwertbarkeit der Erfindung; Bemessungsgrundlage ist neben Aufgabe und Stellung des Arbeitnehmers im Betrieb der Anteil und die Unterstützung des Arbeitgebers bei der Lösung der Aufgabe[246]; sie kann als Pauschalvergütung oder über einen gewissen Zeitraum auch in Form eines erhöhten Gehalts gezahlt werden. Die Dauer der Leistung bestimmt sich im Regelfall nach dem Bestand des Schutzrechts.

Die Karenzentschädigung stellt demgegenüber eine Gegenleistung für die in der Wettbewerbsenthaltung liegende Leistung des Arbeitnehmers dar[247]. Die Höhe der Karenzentschädigung (gemäß § 74 Abs. 2 HGB, der auch für nichtkaufmännische Arbeitnehmer entsprechend anwendbaren Regelung mindestens die Hälfte der zuletzt bezogenen vertragsgemäßen Leistungen) ist ebenso vorgegeben wie die maximale Dauer eines vereinbarten Wettbewerbsverbots. An die Leistung der Erfindungsvergütung und einer Karenzentschädigung sind unterschiedliche Anforderungen und Zwecke geknüpft. Aus der Vergütungsleistung kann weder ein Wettbewerbsverbot abgeleitet werden, noch kann diese nach Auflösung des Arbeitsvertrages in eine Karenzentschädigung umgedeutet werden[248].

cc) Zusammenfassung

Mit Ausnahme der in § 24 Abs. 2 ArbnErfG geregelten gesetzlichen Geheimhaltungspflicht sind für den Bereich der Arbeitnehmererfindung über die Beendigung des Arbeitsverhältnisses hinausreichende Treueverpflichtungen nicht feststellbar. Sowohl für den pensionierten Arbeitnehmer wie für die noch erwerbstätigen Arbeitnehmererfinder besteht dem Grundsatz nach Bindungsfreiheit, da dem persönlichen Geltungsbereich des ArbnErfG nur die in persönlicher Abhängigkeit tätigen Arbeitnehmer unterliegen. Weder vermag eine fortlaufende Abfin-

246 Vgl. *Schaub,* Handbuch, § 115 III 10 (S. 767).

247 BAG AP Nr. 16 zu § 74 HGB; BAG AP Nr. 19 zu § 74 HGB; BAG AP Nr. 24 zu § 74 HGB; BAG AP Nr. 1 zu § 74 b HGB; BAG AP Nr. 46 zu § 74 HGB; *Röshler / Borrmann,* Wettbewerbsbeschränkungen, S. 80; *Hefermehl,* Anm. zu BAG AP Nr. 16 zu § 74 HGB, Bl. 250.

248 *Röpke,* Arbeitsverhältnis und Arbeitnehmererfindung, S. 57.

dungsvergütung wettbewerbsrechtliche Rücksichtspflichten aus dem Arbeitsverhältnis nachwirken zu lassen, noch kann aus den Versorgungsleistungen des Arbeitgebers eine Verpflichtung des Werkspensionärs zur Anbietung künftiger Erfindungen abgeleitet werden. Einer entsprechenden Anwendung der Vorschriften des Arbeitnehmererfindungsgesetzes steht der eindeutige Wortlaut des § 1 ArbnErfG entgegen; folglich vermögen auch Versorgungsleistungen keine arbeitnehmererfindungsrechtlichen Pflichten zu begründen, da diese nur denkbar sind, wenn ein Arbeitsverhältnis vorliegt, das Anlaß gibt, Erfindungen mitzuteilen und anzubieten.

d) Allgemeine Rücksichtspflichten zu betriebsfreundlichem Verhalten aufgrund früherer Betriebszugehörigkeit

Zu den nachwirkenden Treuepflichten des ausscheidenden Arbeitnehmers wird mitunter die Pflicht gezählt, andere Arbeitnehmer des Betriebes nicht abzuwerben und dem Ansehen des Betriebes und dessen Belegschaft abträgliche Äußerungen zu unterlassen.

aa) Verbot der Abwerbung von Arbeitskräften

Die Frage, ob die Abwerbung von Arbeitskollegen durch den ausscheidenden Arbeitnehmer eine treuwidrige Handlung darstellt, wird auch von den Vertretern einer personenrechtlichen Treuebindung nicht einheitlich bejaht. Überwiegend wird angenommen, daß der Versuch, einen Arbeitskollegen zum Wechsel des Arbeitsplatzes zu veranlassen, noch keinen Verstoß gegen die nachwirkende Treuepflicht darstellt, wenn nicht die Begleitumstände im Einzelfall, insbesondere die Art und Weise der Abwerbung, Anlaß zu einer anderen Beurteilung geben[249]. Weiter einschränkend soll nach anderer Ansicht nur die sittenwidrige Abwerbungshandlung einen Treuepflichtverstoß darstellen[250]. Kontrovers beurteilt wird diese Frage auch in der Rechtsprechung: Zum Teil wird bereits die Abwerbungshandlung als solche als Treueverstoß bewertet[251], zum Teil wird aus Gründen marktwirtschaftlichen Wettbewerbs hervorgehoben, daß nur rechts- und sittenwidrige Abwerbungshandlungen gemäß § 1 UWG, § 826 BGB unzulässig seien[252].

---

249 *Monjau*, DB 1961, S. 135 (137 f.); *ders.*, BB 1962, S. 1439 (1442); *Schwarze*, Nachwirkungen, S. 63 f.

250 *Nikisch*, Arbeitsrecht, Bd. I, § 26 IV 2 (S. 282); Ernst *Schmidt*, AR-Blattei, Abwerbung von Arbeitskräften I, E (E) II; auch wohl *Schering*, Verbindlichkeiten, S. 52.

251 LAG Saarbrücken, BB 1965, S. 457; LG Kiel, DB 1956, S. 306 für den freigestellten Handlungsgehilfen; AR-Blattei, VIII, Außerordentliche Kündigung, Entsch. 52 unter I 2 der Gründe.

252 So etwa die planmäßige und zielbewußte Abwerbung zum Zwecke der Schädigung oder die Verleitung zum Vertragsbruch. Vgl. Ernst *Schmidt*, AR-Blattei, Abwerbung von Arbeitskräften I E (E), I mit Nachweisen. In diesem Sinne OLG Celle, AR-Blattei, Abwerbung von Arbeitskräften, Entsch. 3. Vergleiche dazu auch den Parallelfall der zulässigen *Umwerbung von Kunden* des ehemaligen Arbeitgebers: BAG, NZA 1988, S. 502 (504 f.) = NJW 1988, S. 1686 f.

Die Abwerbungshandlung ehemaliger Arbeitnehmer führe für sich nicht zu einer nachwirkenden Treuepflichtverletzung, da diese keiner mit dem Vertragsverhältnis vergleichbaren Treuebindung unterliegen[253].

Anknüpfungspunkt für ein Abwerbungsverbot ehemaliger Arbeitnehmer kann allenfalls eine Unterlassungspflicht in Form einer Schutzpflicht sein. Ein gezieltes Ansprechen und Werben früherer Arbeitskollegen ist dem ausgeschiedenen Arbeitnehmer gerade aufgrund seiner betriebsinternen Kenntnisse und Kontakte mit anderen Arbeitskräften möglich. Im Vergleich zu außenstehenden Dritten ist dem ehemaligen Arbeitnehmer eine besondere Einwirkungsmöglichkeit eröffnet. Dies könnte dafür sprechen, ihn auch nach Vertragsauflösung mit einer Schutzpflicht zur Unterlassung von Abwerbungshandlungen zu belasten.

Nach den Grundsätzen der Vertrauenshaftung ist die Annahme einer Schutzpflicht jedoch von einem pflichtenbegründenden Vertrauenstatbestand abhängig. Voraussetzung dafür ist eine Vertrauenslage, in der der Arbeitgeber redlicherweise erwarten darf, daß der Arbeitnehmer das ihm gewährte Vertrauen nicht durch Eingriff in seine Rechtsgüter verletzt[254]. Der Arbeitgeber muß mit Recht auf ein loyales Verhalten vertraut haben und in seinem Vertrauen schutzwürdig sein. Ein Vertrauen des Arbeitgebers ginge in diesem Fall dahin, daß ihm durch entsprechende Angebote Arbeitnehmer nicht abspenstig gemacht werden. Dieses Vertrauen ist grundsätzlich nicht schutzwürdig. Der Arbeitgeber genießt keinen Bestandsschutz für den Arbeitnehmerstamm seines Unternehmens[255]. Die Werbung von Arbeitskräften und deren Veranlassung zum Arbeitsplatzwechsel entspricht freien marktwirtschaftlichen Wettbewerbsgrundsätzen. Schließlich ist der Arbeitgeber auch nicht gegen einen ohne Außeneinfluß gefaßten Beschluß eines Beschäftigten zur Aufkündigung des Arbeitsvertrages gefeit. Die Rechtsordnung sanktioniert in den §§ 1 UWG, 823 Abs. 2, 826 BGB daher mit Recht nur die mit anstößigen Mitteln in rechtswidriger Weise veranlaßte Abwerbungshandlung. Sonstige Maßnahmen der Einflußnahme und Werbung durch Anfragen, Angebote etc. Dritter sind grundsätzlich zulässig. Entsprechendes muß dann aber auch für die insoweit der Stellung Dritter annähernd vergleichbaren ehemaligen Arbeitnehmer gelten. Die frühere Betriebszugehörigkeit schafft keinen Tatbestand, auf den sich ein solches Vertrauen stützen könnte.

bb) Ruf- und Ansehensgefährdung

Eine Loyalitätspflicht auf Unterlassung ruf- und ansehensgefährdender Äußerungen nach dem Ausscheiden des Arbeitnehmers läßt sich nur mit einer außerver-

---

253 Ausdrücklich LAG Stuttgart, RdA 1950, S. 470 (471). Vgl. auch OLG Frankfurt a. M., BB 1977, S. 1503, lediglich die Wettbewerbswidrigkeit prüfend.

254 Vgl. *Canaris,* Vertrauenshaftung, S. 491; *Larenz,* Schuldrecht, Bd. I, § 9 I (S. 106 ff.).

255 OLG Düsseldorf, GRUR 1961, S. 92 (93); OLG Celle, AR-Blattei, Abwerbung von Arbeitskräften, Entsch. 3; OLG München, AP Nr. 2 zu § 611 BGB Abwerbung.

traglichen Schutzpflicht begründen[256]. Einschränkende Pflichten berühren hier ebenso wie im laufenden Arbeitsverhältnis die persönliche Entfaltungsfreiheit des Betroffenen, seinen Privatbereich und das grundrechtlich geschützte Recht auf freie Meinungsäußerung. Für die Dauer des Arbeitsverhältnisse erklärt sich jene Loyalitätspflicht aus der mit der Arbeitspflicht verbundenen betrieblichen Interessenwahrungspflicht. Der Einsatz für die Betriebsziele erfordert vom Arbeitnehmer als Nebenwirkung der Arbeitspflicht auch über den Arbeitsbereich hinaus ein Unterlassen unternehmensschädigender Äußerungen[257]. Dazu zählt beispielhaft sowohl die öffentliche Kritik an der unternehmerischen Tätigkeit und Zielsetzung als auch das Nach- außen-Tragen innerbetrieblicher Mißstände ohne vorherigen Versuch einer innerbetrieblichen Abhilfe[258]. Dies gilt auch für in der Sache wahrheitsgemäße und zutreffende Aussagen[259].

Eine in diesem Umfang unverändert fortwirkende Schutzpflicht, sich nachteiliger Äußerungen zu enthalten, kann für dem Unternehmen nicht mehr angehörende Arbeitnehmer nicht angenommen werden. Insbesondere entfällt mit dem Ende der Betriebszugehörigkeit die aufgrund aktiver Mitarbeit an der unternehmerischen Zielsetzung eröffnete Möglichkeit des Einwirkens zum Nachteil des betrieblichen Ansehens. Den schutzwürdigen Interessen des Arbeitgebers, auch von den ausgeschiedenen Arbeitnehmern aufgrund fortbestehender Einwirkungsmöglichkeit das Unterlassen ruf- und ansehensgefährdender oder gar schädigender Äußerungen verlangen zu können, stehen nicht minder schutzwürdige Interessen der Betroffenen auf freie Persönlichkeitsentfaltung und Meinungsäußerung gegenüber. Die Rechtsprechung nimmt daher für die Pflichtenstellung ausgeschiedener Arbeitnehmer einen differenzierenden Standpunkt ein. Jedenfalls soll dieser nicht verpflichtet sein, sich jeder nachteiligen Äußerung zu enthalten[260], zumal wenn berechtigte Interessen der Allgemeinheit kritische Äußerungen rechtfertigen. In welchem Umfang die Individualinteressen des einzelnen nur eine eingeschränkte Schutzpflicht für den nachvertraglichen Zeitraum rechtfertigt, bedarf im Rahmen der vorliegenden Arbeit keiner weiteren Untersuchung. Hier genügt

---

256 Für eine entsprechende nachwirkende Treuepflicht: *Bobrowski / Gaul*, Arbeitsrecht, Bd. II, L III (S. 225); *Monjau*, BB 1962, S. 1439 (1442).

257 *Buchner*, ZfA 1982, S. 49 (69): Beispielhaft ist der Angestellte eines Reaktorunternehmens gehalten, sich kritischer Äußerungen oder Protesthandlungen wegen eines Kernkraftbaus seines Unternehmens zu enthalten. Ob im Vertragsbereich mit *Buchner* eine arbeitsvertragliche Pflicht anzunehmen ist oder eher von einer Schutzpflicht zur Unterlassung rufschädigenden Verhaltens auszugehen ist, kann hier dahinstehen, da eine im Nachstadium anzuerkennende Rücksichtspflicht dem Rechtsgüterschutz aufgrund fortwirkender Einwirkungsmöglichkeit dient. Als Beispiel diskriminierender Meinungsäußerung auch: BAG AP Nr. 2 zu § 134 BGB, Bl. 347 ff.

258 LAG Düsseldorf, DB 1952, S. 24.

259 LAG Düsseldorf, DB 1953, S. 24; *Kramer*, Arbeitsvertragsrechtliche Verbindlichkeiten, S. 106; *Schaub*, Handbuch, § 53 II 4 (S. 276).

260 BGH AP Nr. 4 zu § 611 BGB Verschwiegenheitspflicht = NJW 1981, S. 1089 (1090).

es festzuhalten, daß auch die „nachwirkende Treuepflicht" zur Unterlassung ruf- und ansehensschädigenden Verhaltens ihre Grundlage in einem allgemeinen Schutzpflichtverhältnis hat[261]. Sie dürfte allerdings wohl nur auf die mit dem Recht am eingerichteten und ausgeübten Gewerbebetrieb verbundenen betrieblichen Bereiche begrenzt sein und nicht auch die Person des Arbeitgebers und dessen Persönlichkeitsrechte umfassen[262].

e) Zwischenergebnis

Eine Untersuchung der typischen anerkannten nachwirkenden Treuepflichten der Arbeitnehmerseite hat ergeben, daß diese mit den allgemeinen im Schuldrecht anerkannten Schutzpflichten identisch sind. Die Grundlage dieser Schutzpflichten bildet nach der Lehre von der Vertrauenshaftung ein vom Vertrag unabhängiges Schutzpflichtverhältnis[263]. Am Beispiel der Verschwiegenheitspflicht und der Ansehens- und Rufgefährdung sollte deutlich geworden sein, daß diese nicht notwendiger Bestandteil vertraglicher Pflichten sind, sondern aus der durch den rechtsgeschäftlichen Kontakt eröffneten tatsächlichen Einwirkungsmöglichkeit resultieren. Ihre dogmatische Bestimmung als abgeschwächte Treuepflichten[264] oder nachwirkende (Vertrags-)Treuepflichten erweist sich damit als unzutreffend. Insbesondere handelt es sich bei den im Nachstadium des Arbeitsverhältnisses bestehenden Pflichten nicht um Ausstrahlungen von im Vertragsverhältnis begründeten Treuepflichten.

2. Umfang und Inhalt nachvertraglicher Arbeitgeberpflichten

a) Die Beurteilung der Fürsorgepflicht

Wenn es um die Pflichtenstellung des Arbeitgebers gegenüber seinen Beschäftigten geht, wird meist auf die Fürsorgepflicht als Grundpflicht des Arbeitsverhältnisses verwiesen[265]. Damit ist ein Grundsatz des Arbeitsvertragsrechts angesprochen, der, parallel dem Grundsatz von Treu und Glauben, den Arbeitgeber zur Rücksichtnahme auf die schutzwürdigen Interessen des Arbeitnehmers verpflichtet. So beschreibt die traditionelle Gemeinschaftslehre die Fürsorgepflicht des Arbeitgebers dahin, „im Rahmen des Arbeitsverhältnisses sich für den Arbeitnehmer einzusetzen, ihm Schutz und Fürsorge zuteil werden zu lassen und alles zu

261 Im Ergebnis so auch *Emmermann*, Nachwirkung, S. 107 f.

262 Insofern greift der allgemein deliktische Schutz aus § 823 Abs. 1 BGB.

263 *Canaris*, JZ 1965, S. 478 ff.; *ders.*, Schutzgesetze — Verkehrspflichten — Schutzpflichten, S. 27 (102 ff.).

264 *Nikisch*, Arbeitsrecht, Bd. I, § 34 IV 2 (S. 455 f.).

265 *Richardi*, Entwicklungstendenzen, S. 41 (43, 60); *Schaub*, Handbuch, § 108 II 4 (S. 712). Aus der Rechtsprechung zum Beispiel: BAGE 17, S. 229 (230).

unterlassen, was die Interessen des Arbeitnehmers zu schädigen geeignet ist"[266]. Rechtsprechung und Lehre haben diese Grundpflicht dahingehend konkretisiert, daß neben den in § 618 BGB genannten Schutzobjekten Leben und Gesundheit Fürsorgepflichten auch im Hinblick auf die Persönlichkeit und vermögenswerte Interessen des Arbeitnehmers bestehen; ebenso wurden und werden zum Teil noch heute der Urlaubsanspruch und die Lohnfortzahlung im Krankheitsfall mit dem Gedanken der Fürsorge und des Arbeitnehmerschutzes begründet. Die Fürsorgepflicht stellt sich als eine arbeitnehmerorientierte Schutzpflicht dar, die selbständig neben der Lohnzahlungspflicht besteht. Dies könnte für die mitunter vertretene These sprechen, daß es sich bei den unter der Sammelbezeichnung „Fürsorgepflicht" zusammengefaßten Pflichten um Erscheinungsformen der aus dem Schutzpflichtverhältnis resultierenden Schutzpflichten[267] handele, somit auch die unter der nachwirkenden Fürsorgepflicht gefaßten Einzelpflichten der Kategorie der Schutzpflichten zuzuordnen sind.

So beurteilt *Canaris*[268] mit Blick auf den Schutzzweck der Fürsorgepflicht und deren Unabhängigkeit von der primären Leistungspflicht diese als eine „besondere arbeitsrechtliche Verdichtung der allgemeinen schuldrechtlichen Schutzpflicht". Diese These ist indes heftig umstritten.

Einen Wesensunterschied zwischen den allgemeinen Schutzpflichten und den Fürsorgepflichten bejahen nicht nur diejenigen, welche die allgemeine Fürsorgepflicht aus einer personenrechtlichen Besonderheit des Arbeitsverhältnisses und einer vermeintlichen Gemeinschaftsbindung ableiten. Danach stellt sich die Fürsorgepflicht bekanntlich als eine besondere Ausprägung des Arbeitsverhältnisses dar. Aber auch die neuere Lehre, die um eine sachliche Erfassung der arbeitsrechtlichen Pflichten bemüht ist, ordnet die Fürsorgepflichten den vertragsspezifischen Interessenwahrungspflichten zu und verneint eine vollständige Identität von Schutzpflicht und Fürsorgepflicht[269]. Teils wird die Vertragspflicht gerade in Beziehung auf das Arbeitsverhältnis begründet: Dessen Bedeutung sowohl für den Bestand des Unternehmens wie für die Existenz des Arbeitnehmers rufe für beide Seiten besondere Pflichten zur Treue und Fürsorge hervor[270]. Teils wird gerade mit Blick auf die Fürsorgepflicht argumentiert, diese beruhe nicht auf vertrauensrechtlichen Gesichtspunkten, sondern rechtfertige sich aus einer beson-

---

266 *Hueck / Nipperdey*, Arbeitsrecht, Bd. I, § 48 I 1 (S. 390); auch *Erman / Küchenhoff*, § 611, Rdn. 172; BAGE 23, S. 101 (107).

267 So schon früh: *Mavridis*, RdA 1956, S. 444 (447); andeutungsweise auch schon *Frey*, ArbuR 1966, S. 351, „anstatt ‚Fürsorgepflicht' die Wendung ‚Schutzpflicht im Sinne von Gefahrenabwehr'" vorziehend; dies bejahend: *Blomeyer*, ZfA 1972, S. 85 (97).

268 *Canaris*, JZ 1965, S. 475 (480).

269 Nicht bestritten wird hingegen, daß einzelne Verhaltenspflichten auf eine Schutzpflicht reduziert und somit dogmatisch überzeugend begründet werden können, allerdings ohne auf ein konkretes Beispiel Bezug zu nehmen: *Mayer-Maly*, Treue- und Fürsorgepflicht, S. 71 (80); *Schwerdtner*, ZfA 1979, S. 1 (39).

270 *Mayer-Maly*, Treue- und Fürsorgepflicht, S. 71 (82 ff.); *Schwarz / Holzer*, Die Treuepflicht des Arbeitnehmers, S. 40 ff.

deren sozialen Schutzbedürftigkeit des Arbeitnehmers, die durch das Vertragsverhältnis begründet werde[271]. Mit anderen Worten: die Fürsorgepflichten dienen als ergänzende Vertragspflichten der Verwirklichung des Arbeitnehmerschutzprinzips und seien damit auf einer anderen Ebene als die allgemeinen Schutzpflichten anzusiedeln. Schließlich wird zur Unterscheidung von Schutz- und Fürsorgepflichten vorgetragen, daß nach allgemeiner Auffassung die Schutzpflichten keine Leistungspflichten und nicht einklagbar seien[272], während die Fürsorgepflicht — wie am Beispiel des gesetzlichen Schutzanspruchs aus § 618 Abs. 1 BGB deutlich werde — dem Dienstleistenden einen klagbaren Erfüllungsanspruch einräume[273].

Hier zu konkreten Aussagen zu gelangen, würde einer angemessenen Untersuchung der Funktion und des Anwendungsbereichs der allgemeinen Fürsorgepflicht bedürfen, die jedoch im Rahmen dieser Arbeit nicht möglich ist. Für die Bestimmung der nachvertraglichen Rechtsbeziehungen des Arbeitgebers gegenüber seinen ehemaligen Arbeitnehmern und die rechtliche Erfassung der nachwirkenden Fürsorgepflichten soll daher mit der herrschenden Meinung[274] davon ausgegangen werden, daß die Fürsorgepflicht eine Vertragspflicht ist und die hierunter gefaßten Arbeitsschutzpflichten arbeitsvertragliche Nebenpflichten nach den §§ 618, 242 BGB sind, die aus der arbeitsvertraglichen Einbindung des Arbeitnehmers erwachsen.

---

271 *Richardi,* Entwicklungstendenzen, S. 41 (43 f. und 60), eine Identität mit den Schutzpflichten verneinend; *Kramer,* Arbeitsvertragsrechtliche Verbindlichkeiten, S. 28 f.; ihm zustimmend: *Schwerdtner,* ZfA 1979, S. 1 (14).

272 Zur Abgrenzung: *Mayer-Maly,* Treue- und Fürsorgepflicht, S. 71 (80 f.); *Schwerdtner,* ZfA 1979, S. 1 (39). Allgemein den Leistungscharakter der Schutzpflicht verneinend: *Esser / Schmidt,* Schuldrecht, Bd. I, § 6 IV (S. 90); *Larenz,* Schuldrecht, Bd. I, § 2 I (S. 11 f.). Einen klagbaren Erfüllungsanspruch bejahend dagegen: *Stürner,* JZ 1976, S. 384 ff.; für einen klagbaren vorbeugenden Unterlassungsanspruch auch: *Münch.-Komm. / Roth,* § 242, Rdn. 196.

273 Eine Einklagbarkeit der Pflichten aus § 618 bejahen beispielhaft: *Hueck / Nipperdey,* Arbeitsrecht, Bd. I, § 48 II 5 a (S. 396/397); *Larenz,* Schuldrecht, Bd. II, § 52 II c 3 (S. 325); *Münch.Komm / Lorenz,* § 618, Rdn. 62; *Nikisch,* Arbeitsrecht, Bd. I, § 36 V 1 (S. 485); *W. Zöllner,* Arbeitsrecht, § 16 I 1 (S. 168).

274 So schon RAG ARS 41, S. 145 (147); BAG, ZIP 1985, S. 1214 (1220) zum Beschäftigungsanspruch aufgrund einer „arbeitsvertraglichen Förderungspflicht"; ArbG Karlsruhe, VersR 1986, S. 455 zur Haftung aufgrund arbeitsvertraglicher Fürsorgepflicht; *Erman / Küchenhoff,* § 618, Rdn. 13; *Köpcke,* Typen der positiven Vertragsverletzung, S. 118, bejaht „Treuleistungspflichten"; *Kramer,* Arbeitsvertragsrechtliche Verbindlichkeiten, S. 102 offenlassend, ob es sich um Haupt- oder Nebenpflichten aus dem Vertrag handelt; *ders.,* Vermögensrechtliche Aspekte, S. 107 (111); *Münch.Komm. / Söllner,* § 611, Rdn. 382; *Schaub,* Handbuch, § 108 I 3 (S. 711); *Soergel / Kraft,* § 611, Rdn. 174 f.; *Weber,* RdA 1980, S. 289 (294 ff.), die vertraglichen Pflichten von den Schutzpflichten abgrenzend; *W. Zöllner,* Arbeitsrecht, § 16 I 1 a (S. 167) für § 618 BGB: „arbeitsvertragliche Schutzpflicht".

b) Typen nachwirkender Fürsorgepflichten

Betrachtet man von dieser Grundlage aus die nachvertraglichen Rechtsbeziehungen der ehemaligen Vertragspartner im Hinblick auf die Pflichtenstellung des Arbeitgebers, so zeigt sich, daß aus der Fürsorgepflicht höchst unterschiedliche Pflichten abgeleitet werden, denen gemeinsam ist, daß sie dem Schutz und der Förderung der Person des Arbeitnehmers zu dienen bestimmt sind.

Typische, immer wieder genannte Pflichten[275] sind dabei:

— die Zeugnis- und Auskunftspflicht auch nach Vertragsbeendigung;

— die Geheimhaltungsverpflichtung über persönliche Daten und Verhältnisse des Ausgeschiedenen;

— die Pflicht zur Unterlassung von dem beruflichen Fortkommen des ausgeschiedenen Arbeitnehmers abträglichen Handlungen, wie etwa die Aufnahme in sogenannten „schwarzen Listen“ und

— das Unterlassen, ehrenrührige Tatsachen oder schädigende Äußerungen über Person und Leistung des Arbeitnehmers zu verbreiten.

Mit der nachwirkenden Fürsorgepflicht begründet wurde vereinzelt eine Wiedereinstellungspflicht des Arbeitgebers bei unberechtigter Entlassung. Ebenso werden freiwillige Versorgungsleistungen trotz ihres mittlerweile anerkannten Entgeltcharakters auch als Ausdruck nachwirkender Fürsorgepflicht behandelt.

Die beiden letztgenannten Problembereiche werden bei der nachfolgenden Erörterung ausgenommen, die Wiedereinstellungsproblematik, weil sie ein Grenzproblem[276] der Fürsorgepflicht betrifft, das auch im Hinblick auf die Rechtsbeziehungen zu den Pensionären, deren Arbeitsverhältnis ordnungsgemäß mit dem Eintritt in den Ruhestand beendet wurde, keine Bedeutung besitzt, die Problematik der Versorgungsleistungen, weil hierauf im folgenden Kapitel noch ausführlicher einzugehen sein wird.

aa) Die Zeugnis- und Auskunftspflicht

(1) Das Arbeitszeugnis

Zu den vertraglichen Nebenpflichten des Arbeitgebers aus dem Arbeitsverhältnis zählt die gesetzlich normierte Zeugnispflicht gemäß § 630 BGB[277]. Nach

---

[275] Vgl. etwa *Kramer*, Arbeitsvertragsrechtliche Verbindlichkeiten, S. 92; *Münch.-Komm. / Söllner*, § 611, Rdn. 438 und *Münch.Komm. / Roth*, § 242, Rdn. 191; für den Ehrenschutz: *Galperin*, DB 1963, S. 1321 f. Nachweise aus der Rechtsprechung finden sich in den folgenden Ausführungen.

[276] Vgl. dazu *Söllner / Meyer*, AR-Blattei, Arbeitsvertrag — Arbeitsverhältnis X, unter A.

[277] BGH AP Nr. 13 zu § 630 BGB, Bl. 129 R = NJW 1979, S. 1882 (1884). Sonderregelungen enthalten ferner § 73 HGB, § 113 GewO, § 8 BBiG für Handlungsgehilfen, gewerbliche Arbeiter und Auszubildende.

Wortlaut und Einschränkung der gesetzlichen Regelung („bei Beendigung des Dienstverhältnisses") ist sie den vertraglichen Abwicklungspflichten zuzurechnen. Da das Gesetz für die Zeugniserteilungspflicht weder nach dem Beendigungsgrund noch nach den Motiven und Absichten der Vertragspartner differenziert, besteht die Verpflichtung gegenüber jedem ausscheidenden Arbeitnehmer. Damit kann auch der in den Ruhestand tretende Arbeitnehmer die Ausstellung eines schriftlichen Zeugnisses verlangen. Zwar wird zur Begründung der Zeugnispflicht stets und nahezu ausschließlich der besondere Wert des Zeugnisses für das weitere berufliche Fortkommen herausgestellt. Daneben wird aber fast immer der Gesichtspunkt vernachlässigt, daß ein Zeugnis — zumal in qualifizierter Form — auch dokumentarischen Wert für die Arbeitsleistung eines Menschen besitzt[278]. Gerade wenn man heute die Arbeitsleistung nicht nur als Wirtschaftsgut, sondern auch als Ausdruck der Persönlichkeit des Arbeitnehmers versteht, so muß man auch einen ideellen, persönlichen Wert des Zeugnisses als weitere Komponente anerkennen, der einen Anspruch auf Zeugniserteilung für alle Arbeitnehmer rechtfertigt. Der Gesetzgeber hat bei Aufnahme des § 630 BGB in den Dienstvertragsregelungen allerdings deutlich das berufliche Fortkommen des Ausscheidenden vor Augen gehabt[279]. Rechtsprechung und Lehre haben folglich mit Rücksicht auf die beruflichen Interessen der Arbeitnehmerschaft ungeachtet der Einschränkung des § 630 BGB auch *nach* Beendigung des Vertrages eine Pflicht des Arbeitgebers zur Zeugniserteilung bejaht und mit dem Gedanken einer nachwirkenden Fürsorgepflicht begründet[280].

Versucht man nun anhand der oben genannten Gruppen eine Zuweisung dieser Arbeitgeberpflicht, ergibt sich folgendes: Erklärtes Ziel der nachvertraglichen Verpflichtung ist der Schutz des Arbeitnehmers, dessen Leistungsvermögen und Können nach außen in der Regel nur durch eine Leistungsbeurteilung des Arbeitgebers verdeutlicht werden kann. Als Qualifikations- und Leistungsnachweis erhält das Zeugnis insbesondere für Bewerbungszwecke besonderes Gewicht, es dient also der Wettbewerbsfähigkeit und damit der Existenzsicherung des lohnabhängigen Arbeitnehmers. Dem Arbeitgeber ist mit der Zeugniserteilung eine verstärkte Einwirkungsmöglichkeit auch über das Vertragsende hinaus gegeben. Allein aufgrund ihres Schutzzweckes kann diese Leistungspflicht jedoch nicht dem gesetzlichen Schutzpflichtverhältnis zugerechnet werden[281]. Mit der Aufnahme des § 630 BGB in das Dienstvertragsrecht wollte der Gesetzgeber erkennbar

---

278 Andeutungsweise so auch BAG AP Nr. 7 zu § 630 BGB, Bl. 305.

279 BGB Protokolle, *Mugdan,* Materialien, Bd. 2, S. 917.

280 BAG AP Nr. 4 zu § 611 BGB Fürsorgepflicht, Bl. 117 R; *Larenz,* Anmerkungen zu BAG AP Nr. 3 und 4 zu § 611 BGB Fürsorgepflicht, Bl. 119; *Käuffer,* Vor- und Nachwirkungen, S. 66; *Schwarze,* Nachwirkungen, S. 13. Als Ausdruck der allgemeinen Fürsorgepflicht stufen diese Verpflichtung ein: BAG, NJW 1968, S. 1350; *Bobrowski / Gaul,* Arbeitsrecht, Bd. II, L III (S. 218); *Nikisch,* Arbeitsrecht, Bd. I, § 54 IV 1 (S. 857).

281 Auf den Schutzpflichtcharakter aufbauend: *Emmermann,* Nachwirkung, S. 100 f. Weniger deutlich auf Vertrauensaspekte rekurrierend: *Schwerdtner,* ZfA 1979, S. 1 (29).

den Arbeitgeber zu einer besonderen Rücksichtnahme auf das Schutzinteresse des ausscheidenden Arbeitnehmers verpflichten. Eben weil für die Dauer des Arbeitsverhältnisses der Nutzen aus der Arbeitskraft und das sichtbare Arbeitsergebnis dem Arbeitgeber zufließen und das Arbeitgeberzeugnis als Beleg für die beruflichen Leistungen von besonderem Wert ist, wollte der Gesetzgeber mit Rücksicht auf die schutzwerten Interessen des Ausscheidenden den Arbeitgeber zur Zeugniserteilung verpflichten. Sie entspricht damit der Eigenart des Vertragsverhältnisses. Als selbständige Vertragsnebenpflicht neben der Hauptpflicht zur Arbeitsvergütung besteht sie über den Vertragszeitraum hinaus fort, soweit der Anspruch des Arbeitnehmers bei Vertragsbeendigung noch nicht erfüllt wurde. Soweit ist diese Pflicht den arbeitsvertraglichen Nebenpflichten zuzurechnen[282].

(2) Die Auskunftspflicht

Entsprechendes gilt für die Pflicht des Arbeitgebers, auf Verlangen des Arbeitnehmers Auskünfte über Leistung und Verhalten an Dritte zu erteilen und den Arbeitnehmer über erteilte Auskünfte, auch soweit sie ohne sein Verlangen erfolgten[283], zu informieren.

Im Dienstvertragsrecht fehlt es allerdings an einer gesetzlichen Regelung der Auskunftspflicht. Ein Blick auf die Entstehungsgeschichte des Dienstvertragsrechts läßt vermuten, daß der Gesetzgeber die Bedeutung der Auskunft neben dem Zeugnis für das Fortkommen nicht deutlich gesehen hat, mithin eine planwidrige Unvollständigkeit des Gesetzes vorliegt[284]. Die sozialen Aspekte des Arbeitsverhältnisses, wie insbesondere die wirtschaftliche Bedeutung der Arbeit für die Existenzsicherung und die personelle Eingebundenheit des Lohnempfängers im Arbeitsverhältnis haben bekanntlich nur unvollkommen in den einzelnen Regelungen der §§ 617 ff. BGB Berücksichtigung gefunden, so daß das Dienstvertragsrecht durchaus als lückenhaft zu bezeichnen ist.

Die Auskunftspflicht ließe sich durch analoge Anwendung der entsprechenden Norm über die Zeugniserteilungspflicht (§ 630 BGB) begründen. Rechtsprechung und Lehre wenden bezüglich Inhalt und Umfang der Auskunft ohnehin die gleichen Grundsätze wie für die Zeugniserteilung[285] an, doch stützen sie den Anspruch des Arbeitnehmers immer noch überwiegend auf die nachwirkende

---

282 Im Ergebnis so auch: *Strätz*, Sog. „Nachwirkungen", S. 999 (1006); *von Bar*, AcP 179, S. 452 (457).

283 Inwiefern mit Rücksicht auf das informationelle Selbstbestimmungsrecht der Person noch ein Auskunftsrecht des Arbeitgebers ohne Wissen und Einverständnis des Arbeitnehmers bejaht werden kann, ist allerdings umstritten: zum Meinungsstand: Uwe *Birk*, Auskünfte über Arbeitnehmer, S. 126 ff. Zum Auskunftsanspruch des Arbeitnehmers: BAG AP Nr. 2 zu § 630 BGB, Bl. 848 R; *Münch.Komm. / Schwerdtner*, § 630, Rdn. 49.

284 Zur Definition der Gesetzeslücke: *Larenz*, Methodenlehre, S. 244 ff.

285 Vgl. zum Grundsatz der Vollständigkeit und Wahrheit: BAG AP Nr. 10 zu § 630 BGB, Bl. 2 R; LAG Hamburg, BB 1985, S. 804; *Schaub*, Handbuch, § 147 5 (S. 996).

Fürsorgepflicht[286]. Die Auskunftspflicht ist jedoch ebensowenig wie die Verpflichtung zur Zeugniserteilung Ausfluß des Gemeinschaftsgedankens, sondern resultiert aus dem Schutzgedanken. Dies verdeutlicht die gleichermaßen anerkannte Pflicht zur Bekanntgabe des Inhalts der Auskunft gegenüber dem ehemaligen Arbeitnehmer, deren einziger Sinn und Zweck darin besteht, dem Betroffenen eine Kontrollmöglichkeit zum Schutz seiner Interessen zu gewähren. Der Grundgedanke, der den Gesetzgeber veranlaßt hat, den Arbeitgeber zur Zeugniserteilung zu verpflichten, trifft auch für die Auskunfterteilung zu. Zeugnis und Auskunft sind für den ehemaligen Beschäftigten erfahrungsgemäß einziger Beleg für seine Leistungsfähigkeit, von deren Einsatz und Vermarktung die Sicherung seiner Lebensgrundlage abhängt. Wie die Zeugnispflicht ist auch die Pflicht zur Auskunfterteilung jenen vertraglichen Nebenleistungspflichten[287] zuzuordnen, die bei Abwicklung des Arbeitsverhältnisses entstehen[288]. Mit Beendigung des Vertragsverhältnisses bestehen diese, soweit ihre Erfüllung noch aussteht, fort; einer dogmatischen Begründung mit Hilfe der nachwirkenden Fürsorgepflicht bedarf es nicht.

bb) Die Pflicht zum Unterlassen schädigender Handlungen

(1) Vernachlässigung persönlichkeitsrechtlicher Belange

Weitgehende Unklarheit besteht darüber, ob und in welchem Umfang aufgrund der vorangegangenen vertraglichen Beziehungen noch Rechtspflichten des Arbeitgebers mit Rücksicht auf das persönliche wie berufliche Ansehen seines bisherigen Arbeitnehmers bestehen können. Soweit es um das berufliche Fortkommen der noch im Erwerbsleben Stehenden geht, scheint die Rechtsprechung im Gegensatz zur früheren restriktiven Auffassung[289] heute einen eher großzügigen Standpunkt zu vertreten. Der Arbeitgeber soll aufgrund nachwirkender Für-

---

[286] BAG AP Nr. 1 zu § 630 BGB, Bl. 546 = AR-Blattei, Auskunftspflicht des Arbeitgebers, Entsch. 1; BGH AP Nr. 2 zu § 630 BGB, Bl. 848 f. = AR-Blattei, Auskunftspflicht des Arbeitgebers, Entsch. 2; BAG AP Nr. 10 zu § 630 BGB, Bl. 591 f. mit zustimmender Anmerkung von *Schnorr von Carolsfeld;* auch BAG AP Nr. 8 zu § 611 BGB Persönlichkeitsrecht, Bl. 120 R. Zur Entwicklung des Auskunftsanspruchs aus der Gemeinschaftslehre vgl. *Heil,* Die Nachwirkung der Treuepflicht, S. 48 ff. Auf die Fürsorgepflicht abhebend: *Bobrowski / Gaul,* Arbeitsrecht, Bd. II, L III (S. 224) m. w. N.

[287] Im Ergebnis auch: *Strätz,* Sog. „Nachwirkungen", S. 999 (1004); neuerdings auch Uwe *Birk,* Auskünfte über Arbeitnehmer, S. 39, eine „selbständige Nebenpflicht des Arbeitsverhältnisses" anerkennend; wohl auch *Weber,* RdA 1980, S. 289 (297) unter Bezug auf § 242 BGB. Unklar *Münch.Komm. / Emmerich,* Vor § 275, Rdn. 176 ff., der entgegen der 1. Auflage die sog. nachwirkenden Treuepflichten nicht mehr ausschließlich auf das Schutzpflichtverhältnis zurückführt, sondern zwischen nachwirkenden Treuepflichten aus §§ 157, 242 BGB und nachwirkenden Schutz-, Fürsorge- und Obhutspflichten differenziert.

[288] Vergleiche auch die in § 116 Arbeitsgesetzbuchentwurf (1977) vorgesehene Auskunftsregelung als Abwicklungspflicht des Dritten Unterabschnitts.

[289] BAG AP Nr. 4 zu § 611 BGB Fürsorgepflicht, Bl. 117 R f.

sorgepflicht dazu angehalten sein, „nach Maßgabe des billigerweise von ihm zu Verlangenden alles zu vermeiden, was sich bei der Suche des ausgeschiedenen Arbeitnehmers nach einem neuen Arbeitsplatz als nachteilig auswirken kann“[290]. Demgemäß hat das BAG in einem Fall beiderseitiger fristloser Kündigung die zeitlich spätere Kündigung des Arbeitgebers als Pflichtverletzung bewertet, die den Betroffenen mit einem Makel behafte und dessen Werdegang beeinträchtigen könne. Nicht angesprochen wurde die Frage der Ansehens- und Rufgefährdung hinsichtlich der persönlichen und beruflichen Eignung und Qualifikation des durch die unberechtigte Kündigung betroffenen leitenden Angestellten[291]. Dabei wird nicht selten eine Beeinträchtigung der beruflichen Chancen mit einer Minderung des beruflichen und persönlichen Ansehens verknüpft sein. Der Arbeitgeber hat hier auch nach Beendigung der Vertragsbeziehungen noch weitreichende Einwirkungsmöglichkeiten auf das Persönlichkeitsrecht des Ausgeschiedenen[292]. Seitens des Arbeitnehmers wird demnach, auch wenn dieser mit Beendigung des Arbeitsverhältnisses aus dem Erwerbsleben ausscheidet und in den Ruhestand tritt, ein schutzwürdiges Interesse auf Wahrung des Ansehens und der persönlichen Ehre in beruflicher Hinsicht zu bejahen sein.

Daher steckt die Rechtsprechung den Schutzrahmen der nachwirkenden Fürsorgepflicht zu eng ab, wenn sie lediglich mit Rücksicht auf die Existenzgrundlage und das berufliche Fortkommen der Arbeitnehmer nachvertragliche Verhaltenspflichten statuiert, im übrigen aber Verletzungen des Persönlichkeitsrechts ehemals Beschäftigter, auch wenn sie auf das berufliche Wirken der Betroffenen abzielen, lediglich deliktischen Schutz zuerkennt. So hat das Bundesarbeitsgericht in einem Fall, in dem ein Arbeitgeber das Ansehen und den geschäftlichen Ruf eines früheren Arbeitnehmers durch den nicht bewiesenen Vorwurf gesetzeswidriger Handlungen geschädigt hatte, lediglich eine deliktische Haftung des Arbeitgebers gemäß § 823 Abs. 1 i. V. m. § 847 BGB erörtert[293]; in einem anderen Fall[294], in dem ein ehemaliger Arbeitgeber unwahre Tatsachenbehauptungen und ehrverletzende Äußerungen über die persönlichen und fachlichen Qualifikationen eines früheren Angestellten publiziert hatte, sprach das Arbeitsgericht zwar einen Schmerzensgeldanspruch aufgrund deliktischer Haftung zu. Ein vertraglicher Persönlichkeitsschutz wurde dabei wohl aufgrund der Tatsache, daß im Zeitpunkt

---

290 BAG AP Nr. 80 zu § 611 BGB Fürsorgepflicht, Bl. 193. Kritisch dazu: *W. Zöllner*, Vorvertragliche und nachwirkende Treue- und Fürsorgepflicht, S. 91 (102 f.).

291 Auf diesen Aspekt hinweisend: *Herschel*, in nachfolgender Anmerkung zu BAG AP Nr. 80 zu § 611 BGB Fürsorgepflicht, Bl. 196 R.

292 Etwa durch Verbreitung ehrenrühriger Tatsachen über hinterlassene Schulden; so OLG Hamburg, DR 1940, S. 1628 f. Einer gekündigten Stationsschwester wird nachgesagt, diese sei eine Psychopathin und deswegen für ihren Beruf ungeeignet: Beispiel nach LAG Hamburg, RdA 1950, S. 78 ff.

293 BAGE 20, S. 96 ff. = AP Nr. 1 zu § 252 BGB; dem zustimmend: *Wiese*, ZfA 1971, S. 273 (281).

294 ArbG Düsseldorf, AP Nr. 3 zu § 823 BGB = AR-Blattei, Ehrenschutz im Arbeitsverhältnis, Entsch. 1.

der Verletzungshandlung das Arbeitsverhältnis bereits beendet war, nicht in die Betrachtung einbezogen[295].

Damit wird in der Rechtsprechung einerseits die Tendenz erkennbar, den Arbeitgeber aufgrund nachwirkender Fürsorgepflicht mit Rücksicht auf das Fortkommen des Ausscheidenden mit umfassenden Schutzpflichten zu belasten, andererseits aber dem personenrechtlichen Schutz im nachvertraglichen Bereich keine arbeitsrechtliche Bedeutung beizumessen und allein dem deliktischen Schutz zu unterstellen[296]. Vergegenwärtigt man sich in diesem Zusammenhang, daß nach allgemeiner Auffassung auch der Persönlichkeitsschutz des Arbeitnehmers seine rechtliche Grundlage in der arbeitsvertraglichen Fürsorgepflicht[297] finden soll und diese im allgemeinen zum Schutz von Arbeitnehmerinteressen einer Nachwirkung für fähig erachtet wird[298], so bleibt unklar, weshalb nicht auch im Hinblick auf das Persönlichkeitsrecht des Arbeitnehmers eine „nachvertragliche" Pflicht des Arbeitgebers anerkannt werden soll. Fragt man hingegen nach den Gründen, die zur Anerkennung des arbeitsvertraglichen Persönlichkeitsschutzes Anlaß waren, so ergibt sich, daß maßgebend dafür die durch das Arbeitsverhältnis eröffnete intensive Einwirkungsmöglichkeit auf das Persönlichkeitsrecht des Arbeitnehmers war[299]. Diese Einwirkungsmöglichkeit besteht zumindest in Teilbereichen, soweit es um das berufliche und gesellschaftliche Ansehen geht, über den Beendigungszeitpunkt hinaus fort. So kann die Aufnahme eines ausgeschiedenen Arbeitnehmers in eine sog. „schwarze Liste"[300], die anderen Arbeitgebern eine „Negativbeurteilung" signalisiert, nicht nur eine Schädigung des beruflichen Fortkommens bewirken, sondern wird im allgemeinen als persönlichkeitsverletzender Eingriff zu werten sein, da sie eine unwürdige und ehrverletzende Behandlung des Arbeitnehmers darstellt. Im Ergebnis ist auch für die nachvertraglichen Rechtsbeziehungen für den beruflichen Bereich ein Persönlichkeitsschutz des Arbeitnehmers in Form einer Schutzpflicht[301] des Arbeitgebers anzuerkennen.

---

295 Kritisch insofern auch *Galperin,* Anmerkung zum Urteil des ArbG Düsseldorf, AR-Blattei, Ehrenschutz im Arbeitsverhältnis, Entsch. 1.

296 So ausdrücklich *Wiese,* ZfA 1971, S. 273 (281), der allerdings generell eine Nachwirkung der „Treuepflicht des Arbeitgebers" verneint.

297 *Blomeyer,* ZfA 1972, S. 85 (103); *Galperin,* DB 1963, S. 1321 (1322); *Schwerdtner,* ZfA 1979, S. 1 (20).

298 Für den Persönlichkeitsschutz: *Galperin,* DB 1963, S. 1321 (1322); *ders.,* Anmerkung zum Urteil des Arbeitsgerichts Düsseldorf vom 23. 11. 1966, AR-Blattei, Ehrenschutz im Arbeitsverhältnis, Entsch. 1 m. w. N; auch LAG Hamburg, RdA 1950, S. 78 ff. mit zustimmender Anmerkung von *Reinhardt.*

299 Dazu ausführlicher *Wiese,* ZfA 1971, S. 273 ff.

300 Vgl. auch RAG, Urteil vom 7. 11. 1931 — Az. 149/31 —, ARS 14, 1932, S. 160 ff., ohne daß dort jedoch eine Verletzung des Persönlichkeitsrechts geprüft wird. Dieser Gesichtspunkt dürfte allerdings in der Prüfung einer „Vertragsverletzung" trotz beendetem Dienstverhältnis anklingen. Entsprechende Verfahren dürften trotz der in § 80 BetrVG statuierten Überwachungsrechte des Betriebsrates nicht gänzlich auszuschließen sein.

301 In diesem Sinne auch *Blomeyer,* ZfA 1972, S. 85 (102); eine vertragliche Schutzpflicht bejahend auch: *Köpcke,* Typen der positiven Vertragsverletzung, S. 82 und 96 ff.

(2) Die nachvertragliche Schweigepflicht des Arbeitgebers

Dem Schutz von Persönlichkeitsbelangen dient auch die Pflicht des Arbeitgebers zur Verschwiegenheit und Sicherung der personenbezogenen Daten des Arbeitnehmers. Die Schweigepflicht erstreckt sich sowohl auf höchstpersönliche Daten und Fakten, wie Personalunterlagen, Personalbeurteilungen oder Angaben zu privaten Verhältnissen wie Familienstand, Einkommen etc., aber auch auf Mitteilungen mit schutzwürdigem Geheimhaltungscharakter wie etwa vertrauliche Briefe[302]. Im Gegensatz zu der betrieblichen Interessen dienenden und dem Schutz von Betriebsgeheimnissen bezweckenden Verschwiegenheitsverpflichtung des Arbeitnehmers dient jene Arbeitgeberpflicht individuell-persönlichen Schutzinteressen des Beschäftigten. Soweit das Arbeitsverhältnis auch über seine Beendigung hinaus eine verstärkte Einflußmöglichkeit auf das Persönlichkeitsrecht des Arbeitnehmers begründet, ist folglich auch eine entsprechende Schweigepflicht des Arbeitgebers in Form einer Schutzpflicht anzuerkennen. Bei der arbeitsvertraglichen Schutzpflicht ergibt sich diese Einflußnahme daraus, daß der Arbeitnehmer durch die Eingehung des Arbeitsverhältnisses notwendigerweise auch in seiner menschlich-persönlichen Stellung berührt wird, weil der berufliche Bereich auch in seine Eigensphäre[303] hineinwirkt, indem er dem Arbeitgeber zwangsläufig auch persönliche Daten in bestimmtem Umfang offenlegen muß. Lediglich die arbeitsbedingte Einflußnahme entfällt mit dem Ende des Beschäftigungsverhältnisses. Die persönlichen Angelegenheiten müssen demnach weiterhin der Schweigepflicht unterliegen, wobei Anknüpfungspunkt für die Anerkennung jener Schutzpflicht wiederum vertrauensrechtliche Gesichtspunkte sind.

V. Abschließende Würdigung der Lehre von den nachwirkenden Pflichten

Die vorstehende Untersuchung hat gezeigt, daß Anknüpfungspunkt für die Beurteilung der rechtlichen Beziehungen zwischen dem Arbeitgeber und dem ausgeschiedenen Arbeitnehmer nach herkömmlicher Betrachtungsweise der spezifisch personale Faktor des Arbeitsverhältnisses ist. Die Konstruktion einer spezifisch arbeitsrechtlichen Treue- und Fürsorgepflicht als Ausfluß personaler bzw. personenrechtlicher Elemente des Arbeitsverhältnisses erleichtert die Abgrenzung des arbeitsrechtlichen vom allgemein schuldrechtlichen Vertragsbereich und die Anerkennung einer umfassenden Treue- und Fürsorgepflicht, deren Pflichtengehalt sich hinsichtlich seines Inhalts und Umfangs von den nachvertraglichen Pflichten gewöhnlicher Schuldverhältnisse unterscheidet. Von diesem Standpunkt aus ist lediglich streitig, in welchem Ausmaß die Vertragspartner trotz Beendigung der Vertragsbindung weiterhin verpflichtet sein sollen und

---

302 Zu den Teilbereichen des Persönlichkeitsschutzes: *Wiese*, ZfA 1971, S. 273 (283).

303 *Wiese*, ZfA 1971, S. 273 (299) in Anlehnung an die BGH-Rechtsprechung.

welche Einschränkungen beim Pflichtengehalt — aus Gründen der Billigkeit mit Rücksicht auf das Arbeitnehmerinteresse — anzuerkennen sind. Nicht gefragt wird, warum den ehemaligen Kontrahenten weitere Interessenwahrnehmungspflichten obliegen sollen, obwohl das Vertragsverhältnis erloschen ist.

Die Untersuchung hat gezeigt, daß der Schluß von der personalen Besonderheit des Arbeitsverhältnisses auf dessen personenrechtliches Pflichtengefüge mit entsprechend weitreichenden Konsequenzen für die Vor- und Nachwirkungen keine tragbare dogmatische Begründung liefert. Weder das Bild eines persönlichen Herrschaftsverhältnisses noch der Hinweis, das Arbeitsverhältnis begründe ein persönliches Abhängigkeitsverhältnis zulasten des Beschäftigten, vermag die These besonderer personenrechtlicher Pflichten zu stützen. Wenn ein personaler Bezug für das „Wesen" des Arbeitsverhältnisses und dessen Pflichtengehalt mitbestimmend sein soll, dann nur von dem Ansatz her, daß beachtenswerte personale Interessen, insbesondere auf der Arbeitnehmerseite, Berücksichtigung finden. Mit Hilfe des so bestimmten personalen Elements wird auch erklärbar, weshalb dem Arbeitgeber aus Anlaß der Vertragsbeendigung mit Rücksicht auf die individuell-persönlichen Interessen des Ausscheidenden eine besondere Zeugnis- und Auskunftspflicht obliegt. Diese sind keineswegs Ausfluß nachwirkender Fürsorge.

Ebensowenig ist Grundlage der weiteren — oben beschriebenen — Rücksichtspflichten ein nachwirkendes Fürsorgeverhältnis. Diese Pflichten rechtfertigen sich aus der Erkenntnis, daß unabhängig vom Bestand des Arbeitsvertrages im Vollzug des Arbeitsverhältnisses der Arbeitgeber verstärkte Einwirkungs- und Einflußmöglichkeiten auf schützenswerte Rechtsgüter der anderen Partei erlangt, die zwangsläufig über die zeitliche Dauer der Vertragsbindung hinausreichen. Auch diese Pflichten sind personenbezogen, weil sie gerade dem Schutz persönlicher Interessen des ausgeschiedenen Arbeitnehmers dienen. Ihre rechtliche Grundlage finden sie allerdings in einem gesetzlichen Schutzpflichtverhältnis.

Von der Seite des Arbeitgebers aus gesehen sind vor allem Unternehmensinteressen von Bedeutung. Diese sind auf den Schutz des Unternehmens sowie materieller Interessen gerichtet. Die dem Arbeitnehmer abverlangten Rücksichtspflichten beziehen sich damit auf Unternehmensbelange und nicht auf persönliche Interessen des Inhabers, worauf *Buchner*[304] zutreffend hingewiesen hat. Ebenso steht in den meisten Arbeitsverhältnissen dem Arbeitnehmer heute ohnehin kein Arbeitgeber als Person, sondern der Betrieb als Organisations- und Sacheinheit gegenüber, in dem die Arbeitgeberbefugnisse auf mehrere Personen verteilt sind[305]. Die traditionelle Personenbeziehung zwischen Arbeitgeber und Arbeitnehmer findet sich allenfalls noch in Kleinbetrieben. Auch insofern hat die Betrachtung einzelner Arbeitnehmerpflichten gezeigt, daß jene Rücksichts- und

---

304 *Buchner*, ZfA 1979, S. 335 (345).

305 Siehe oben unter II.1.c.

Unterlassungspflichten des Arbeitnehmers nicht als Auswirkungen einer personalen Treuepflicht zu begreifen sind. Diese Pflichten, auf Vermögensinteressen der anderen Partei auch nach Vertragsende Rücksicht zu nehmen und Verschwiegenheit über Betriebsgeheimnisse zu wahren, entsprechen einem Schutzinteresse, das nicht auf den Vertrag, sondern auf ein davon unabhängiges Vertrauensverhältnis zurückzuführen ist.

Ergänzend ist in diesem Zusammenhang noch auf ein weiteres Argument einzugehen, das zur Begründung einer besonderen nachvertraglichen Bindung und damit gegen einen eigenständigen Schutzpflichtcharakter der Pflichten verwandt wird. Zu berücksichtigen sei nach Auffassung einiger Autoren[306] auch die zeitliche Dimension des Arbeitsverhältnisses. Das Dauerrechtsverhältnis begründe ein stärkeres Treue- und Vertrauensverhältnis als gewöhnliche Schuldverhältnisse. Dementsprechend nehme auch die zeitliche Dauer der Rechtsbeziehung Einfluß auf den Umfang der Nebenpflichten, etwa dergestalt, daß eine langjährige Betriebszugehörigkeit des Arbeitnehmers auch zu einer gesteigerten Fürsorgepflicht[307] des Arbeitgebers führe, umgekehrt aber auch die Anforderungen an die nachwirkenden Pflichten geringer anzusetzen seien, je kürzer das Vertragsverhältnis gedauert habe. Entsprechendes soll auch für die nachfolgenden Pflichten des ehemaligen Beschäftigten gelten[308].

Nach welchem allgemeinverbindlichen Maßstab das Verhältnis von Zeitdauer und Pflichtenumfang bestimmt werden soll, bleibt indes dunkel. Die Tatsache, daß eine vertragliche Bindung auf lange Zeit eingegangen wird, läßt nicht notwendigerweise auf ein gesteigertes Vertrauensverhältnis schließen. Die für das Dauerschuldverhältnis anerkannte Vertrauensbindung leitet sich daraus ab, daß nicht eine einmalige vorübergehende, sondern eine fortgesetzte Leistung während eines Zeitraumes geschuldet wird, weshalb für die Dauer der Vertragsbeziehung auch eine vertrauensvolle Zusammenarbeit gefordert wird[309]. Diese Vertrauensbindung besteht jedoch im Hinblick auf die fortdauernde Leistungspflicht und deren Erfüllung[310]. Folglich kann allein die zeitliche Dauer des Vertragsverhältnisses

---

306 Aus dem schuldrechtlichen Schrifttum: *Beitzke*, Dauerrechtsverhältnisse, S. 10; *Larenz*, Schuldrecht, Bd. I, § 2 VI (S. 32); für nachvertragliche Pflichten, § 10 II f (S. 141 f.); *Esser / Schmidt*, Schuldrecht, Bd. I, § 15 II (S. 224 f.); *Münch.Komm. / Roth*, § 242, Rdn. 154. Aus dem arbeitsrechtlichen Schrifttum: *Fabricius*, Leistungsstörungen, S. 27, bejaht eine Verbindung zwischen Dauerschuldcharakter und Treuepflicht des Arbeitnehmers; den Dauercharakter neben der personalen Besonderheit berücksichtigen: *Käuffer*, Vor- und Nachwirkungen, S. 34; *Kull*, Grundlagen, S. 59 f.; *Schwarze*, Nachwirkungen, S. 94 und 100.

307 In diesem Sinne BAG, SAE 1973, S. 224; vgl. auch *Mohnen*, RdA 1957, S. 361 (364 ff.); *Moos*, RdA 1967, S. 301 (304).

308 Ausdrücklich *Monjau*, ArbuR 1965, S. 323 (326).

309 *Larenz*, Schuldrecht, Bd. I, § 2 VI (S. 32).

310 Vgl. *Larenz*, Schuldrecht, Bd. I, § 2 VI (S. 29 f.); *Esser / Schmidt*, Schuldrecht, Bd. I, § 15 II 4 (S. 225); zu weitgehend daher *Beitzke*, Dauerrechtsverhältnisse, S. 10, auf das personenrechtliche Element abstellend.

nicht zu einer gesteigerten Vertragsbindung führen. Schließlich hat sich bei näherer Betrachtung der als arbeitsvertragliche Nachwirkungen erfaßten Pflichten gezeigt, daß diese keiner Beeinflussung durch den Dauercharakter unterliegen.

Insgesamt ist festzuhalten, daß mit dem Ende des Arbeitsvertrages auch die vertraglichen Bindungen erlöschen. Die im nachvertraglichen Zeitraum bestehende Rechtsbeziehung kann weder als arbeitsvertragliche Nachwirkung noch als fortbestehendes Restarbeitsverhältnis erfaßt werden. Der besondere Pflichtengehalt weist diese als gesetzliches Schuldverhältnis aus.

2. Abschnitt

Die rechtliche Bedeutung des Ruhestandseintritts des Arbeitnehmers für die nachvertraglichen Rechtsbeziehungen

I. Bedeutung und Auswirkungen des Ruhestandes für die Rechtsbeziehungen im nachvertraglichen Stadium

Ausgehend von den vorstehend getroffenen Feststellungen kann nunmehr der Frage nachgegangen werden, ob dem Umstand, daß der ausscheidende Arbeitnehmer in den Ruhestand tritt, besondere Bedeutung für die weiteren Rechtsbeziehungen zukommt.

Bereits im Rahmen der entwicklungsgeschichtlichen Untersuchung wurde deutlich, daß der Ruhestand einen außerrechtlichen Tatbestand beschreibt, dessen Ursprung und Bedeutung im Sozialversicherungsrecht und dem Ausbau der staatlichen Altersversorgung zu suchen ist. Der Begriff Ruhestand kennzeichnet danach eine Lebensphase, die nach Beendigung eines Beschäftigtenverhältnisses und damit verbundenem endgültigen Ausscheiden aus dem Erwerbsleben — in der Regel mit dem Erreichen eines bestimmten Rentenalters — beginnt. Im Gegensatz zum Arbeitsverhältnis, das durch den Arbeitsvertrag und die persönliche Inanspruchnahme des Arbeitnehmers und seiner Arbeitskraft charakterisiert wird, kennzeichnet der Ruhestand eine Lebensphase, die jedenfalls überwiegend frei von Erwerbstätigkeit und einer arbeitsvertraglichen Bindung ist. Arbeitsrechtliche Relevanz erlangt der Ruhestand — mit Ausnahme der Ruhegeldleistungen — nur mittelbar für die altersbedingte Vertragsauflösung zum Zwecke der Pensionierung.

Ein Ausscheiden aus dem Arbeitsleben wird dem Arbeitnehmer in der Regel erst mit Beginn der staatlichen Altersversorgungsleistungen ermöglicht. Die Gewährung von Altersruhegeld wird im Rentenversicherungsrecht neben der Erfüllung der Wartezeit im wesentlichen vom Erreichen bestimmter Altersgrenzen abhängig gemacht[1]. Für das „allgemeine“[2] Altersruhegeld ist die Altersgrenze nach den Ruhegeldvorschriften[3] im Rentenversicherungsrecht mit Vollendung des 65. bzw. 60. Lebensjahres erreicht. Sie markiert den Zeitpunkt, ab dem ungeachtet der individuellen Arbeitsfähigkeit des einzelnen der Eintritt der Erwerbsunfähigkeit vermutet wird. Jene rentenversicherungsrechtliche Altersgrenze wird im allgemeinen auch im Arbeitsrecht als Altersgrenze für die Auflösung des Arbeitsverhältnisses und die Pensionierung des Arbeitnehmers herangezogen. Sie bewirkt zwar keinen automatischen Wechsel in den Ruhestand, wird aber in Arbeitsverträgen als „übliche“[4] Befristungsabrede für zulässig gehalten. Die Ruhestandsbegründung ist damit nur eine Folge altersbedingter Vertragsbeendigung, die für sich allein betrachtet keine weitergehenden Pflichten für die Vertragspartner begründen kann.

II. Bedeutung und Auswirkungen für nachvertragliche Vereinbarungen

Nachdem festgestellt wurde, daß das endgültige Ausscheiden des Arbeitnehmers aus dem Erwerbsleben und der Ruhestandseintritt keine Veränderung für die „nachvertraglichen“ Rechtsbeziehungen bewirkt, ist noch zu prüfen, ob dies auch für Vereinbarungen, die gerade im Hinblick auf den nachvertraglichen Zeitraum geschlossen werden, die sogenannten nachvertraglichen Vereinbarungen, gilt. Häufigste Form ist hierbei die Vereinbarung einer Wettbewerbsenthaltung des Arbeitnehmers, mit der sich der Arbeitgeber vor unliebsamer Konkurrenz durch seinen früheren Arbeitnehmer schützen kann. Wie bereits dargestellt, begründen Rechtsprechung und Lehre die Notwendigkeit einer vertraglichen Vereinbarung mit Karenzentschädigung mit dem Erwerbsinteresse und damit, daß die §§ 74 ff. HBG den Schutz der im Erwerbsleben stehenden Arbeitnehmer bezwecken[5]. Die Karenzvergütung soll dementsprechend dem Ausgleich der durch die Wettbewerbsverbotsklausel bedingten Erwerbseinschränkungen[6] und der Sicherung des Lebensstandards[7] dienen. Damit stellt sich die Frage, ob auch

---

[1] Vgl. dazu die Übersicht bei *Schulin,* Sozialversicherungsrecht, S. 187 ff., Rdn. 474 ff.

[2] Zur Terminologie vgl. *Schulin,* Sozialversicherungsrecht, S. 188, Rdn. 476.

[3] Vgl. § 1248 Abs. 5 i. V. m. Abs. 7, S. 2 RVO, § 25 Abs. 5 i. V. m. Abs. 7, S. 2 AVG.

[4] Auf die Üblichkeit der Altersgrenzenregelung im Arbeitsrecht, nach der die Vollendung des 65. Lebensjahres zu einer Auflösung des Arbeitsverhältnisses führen soll, verweist vor allem die Rechtsprechung: Grundlegend für die Beurteilung von Befristungsabreden schon BAG AP Nr. 16 zu § 620 Befristeter Arbeitsvertrag; vgl. auch BAGE 23, S. 257 (272); 29, S. 133 (135); BAG, NZA 1988, S. 617 (619). Zur Feststellung der „Üblichkeit“: BAG AP Nr. 1 zu § 620 BGB Altersversorgung.

[5] Vgl. die Ausführungen unter IV 1.a)aa).

[6] Amtliche Begründungen der Novelle zum HGB vom 10. 6. 1914, Verhandlungen des Reichstags, Bd. 300, Aktenstück Nr. 575, S. 728. auch BAG AP Nr. 19 zu § 74 HGB.

[7] Vgl. BAG AP Nr. 20 zu § 74 HGB.

der im Ruhestand befindliche Arbeitnehmer an die Wettbewerbsabrede gebunden ist und die vereinbarte Karenzvergütung beanspruchen kann oder ob mit dem Übergang vom Arbeitsleben in den Ruhestand Wettbewerbsvereinbarungen „hinfällig werden" mit der Folge, daß eine Unterlassungsverpflichtung des Pensionärs und eine Entschädigungsverpflichtung des vormaligen Arbeitgebers nicht besteht.

1. Ruhestand und Erwerbstätigkeit

Die für die Zeitraum nach Beendigung des Arbeitsverhältnisses vereinbarten Wettbewerbsverbote werden meist zu Beginn oder während des laufenden Arbeitsverhältnisses vereinbart, ohne daß der Ruhestand besonders erwähnt wird. Jene Vereinbarung wird dann aufschiebend befristet gemäß §§ 163, 158 BGB mit Beendigung des Arbeitsverhältnisses wirksam[8]. Die Frage nach dem Geltungsbereich vereinbarter Wettbewerbsklauseln stellt sich für die Vertragspartner meist erst dann, wenn die Beendigung des Arbeitsverhältnisses zu Pensionierungszwecken erfolgt und der Arbeitnehmer jede weitere Erwerbstätigkeit aufgibt.

Dem Interesse des pensionierten Arbeitnehmers wird es ohne Zweifel entsprechen, in den Genuß der Karenzvergütung zu gelangen. Das Wettbewerbsverbot wird bei fehlendem Erwerbsinteresse für ihn in der Regel keine Belastung sein. Aber auch der Arbeitgeber kann daran interessiert sein, den pensionierten Arbeitnehmer durch wettbewerbsbeschränkende Maßnahmen zu binden. Das Wettbewerbsverbot dient dem Schutz seines „berechtigten geschäftlichen Interesses", so der Wortlaut des § 74 a HGB. Die Zurruhesetzung im Rentenalter führt nicht automatisch zu einem Erlöschen der geschützten Interessen; der Ruhestand macht eine Konkurrenztätigkeit des früheren Arbeitnehmers zwar nicht sehr wahrscheinlich, schließt diese aber auch nicht aus. Schließlich erlischt mit der Aufgabe der Erwerbstätigkeit nicht auch das verfassungsmäßig garantierte Recht auf Berufsfreiheit, wenn es auch faktisch an Bedeutung einbüßt[9]. Ebensowenig kann die in der Altersgrenzenregelung der Rentenversicherung enthaltene Vermutung des Beginns der Erwerbsunfähigkeit zu dem Schluß verleiten, daß eine tatsächliche Möglichkeit des Wettbewerbs im Ruhestand auszuschließen ist. Die allgemeine Altersgrenze bestimmt — wie gesagt — lediglich den Eintritt des Versicherungsfalles Alter und den Beginn der Versicherungsleistungen, schließt aber eine weitere Erwerbstätigkeit nicht aus[10]. Der Arbeitgeber muß also auch bei dem in

[8] *Buchner,* Wettbewerbsverbot, S. 73; *Schlegelberger / Schröder,* HGB, § 74 a, Rdn. 5.

[9] Vgl. *Binder,* Das Zusammenspiel arbeits- und sozialrechtlicher Leistungsansprüche, S. 356.

[10] *Bley,* Sozialrecht, S. 202; *Schulin,* Sozialversicherungsrecht, S. 188, Rdn. 476. Zu den unterschiedlichen Bestimmungsgründen der Altersgrenze vgl. schon *Kindel / Schakow,* Die Bedeutung der Altersgrenze, S. 14 ff.

Pension gehenden Arbeitnehmer befürchten, daß dieser im Ruhestand für ihn nachteilige Konkurrenzhandlungen vornehmen kann. Eine Verpflichtung der pensionierten Arbeitnehmer neben den noch aktiven Ausgeschiedenen erscheint damit nicht von vornherein sinnlos[11].

2. Weiter Geltungsbereich für Wettbewerbsverbotsvereinbarungen für die Zeit nach Beendigung des Arbeitsverhältnisses

Für eine Fortgeltung der Wettbewerbsvereinbarung auch im Ruhestand des Arbeitnehmers hat sich in jüngster Zeit das Bundesarbeitsgericht ausgesprochen. Nach Ansicht des 3. Senats kann nicht davon ausgegangen werden, daß jedes Wettbewerbsverbot nur für die Dauer des aktiven Arbeitslebens abgeschlossen wird[12]. Soweit das Wettbewerbsverbot nicht aufgrund Parteiabrede[13] deutlich auf die Aktivenzeit bis zum Eintritt des Ruhestandes begrenzt sei, und auch im Wege der ergänzenden Vertragsauslegung keine entsprechende Eingrenzung feststellbar sei, müsse im Zweifel die Vereinbarung auch für die Zeit nach Erreichen der Altersgrenze gelten. Damit wird klargestellt, daß der Entschädigungsanspruch des Arbeitnehmers und der Unterlassungsanspruch des Arbeitgebers unabhängig von der Fortdauer der Erwerbstätigkeit im Zeitpunkt des Ausscheidens des Arbeitnehmers aus dem Arbeitsverhältnis entsteht. Zur Begründung beruft sich der Senat auf den synallagmatischen Charakter des Wettbewerbsverbotes. Danach schulde der Arbeitnehmer allein die Wettbewerbsunterlasssung als Gegenleistung für die Karenzentschädigung. Unerheblich sei, aus welchem Grund die Konkurrenztätigkeit unterbleibe. Dieser könne vielmehr auch dann seiner Wettbwerbsenthaltungspflicht nachkommen, wenn rein tatsächlich keine Wettbewerbsmöglichkeit[14] bestehe oder der Arbeitnehmer aus persönlichen Gründen, etwa aufgrund seines Alters- und Gesundheitszustandes, zu einer entsprechenden Betätigung nicht mehr fähig sei[15] oder diese gar nicht beabsichtige[16].

Die herrschende Lehre hat sich der Rechtsprechung des 3. Senats, nach der es auf die Gründe für die Wettbewerbsenthaltung nicht ankommt, im Ergebnis angeschlossen[17]. Vereinzelt wird allerdings darauf verwiesen, daß von einem

---

[11] Vgl. auch *Beitzke*, Anmerkung zu BAG AP Nr. 46 zu § 74 HGB, Bl. 955 R; *Gaul*, BB 1980, S. 57 (58).

[12] BAG AP Nr. 46 zu § 74 HGB, Bl. 954 R; bestätigt durch BAG AP Nr. 30 zu § 611 BGB Konkurrenzklausel, Bl. 1076 f. Zuvor schon OLG Stuttgart, BB 1980, S. 527.

[13] BAG AP Nr. 46 zu § 74 HGB, Bl. 955.

[14] Vgl. BAG AR-Blattei, Wettbewerbsverbot, Entsch. 66 zu 4. der Entscheidungsgründe = AP Nr. 3 zu § 74 a HGB.

[15] So schon BAG AR-Blattei, Wettbewerbsverbot, Entsch. 119 zu I 2 a der Gründe = AP Nr. 1 zu § 74 b HGB.

[16] Differenzierend auch BAG AR-Blattei, Wettbewerbsverbot, Entsch. 119 unter I 2 a der Gründe = AP Nr. 1 zu § 74 b HGB.

[17] *Buchner*, Wettbewerbsverbot, S. 100; *Schaub*, RdA 1971, S. 268 (270); *Weisemann / Schrader*, DB 1980, Beilage 4, S. 13 unter e).

„verdienten" Anspruch auf die Karenzleistung nicht die Rede sein könne, wenn der ausgeschiedene Arbeitnehmer zu Wettbewerbshandlungen nicht mehr in der Lage sei[18]. Ob dagegen auch der Eintritt in den Ruhestand ohne Einfluß auf die Karenzentschädigungspflicht bleiben soll, ist in der Literatur bisher nur sporadisch erörtert[19]. So verweisen *Weisemann/Schrader*[20] für den Bereich nachvertraglicher Wettbewerbsbeschränkungen darauf, daß ein im Anstellungsvertrag enthaltenes Wettbewerbsverbot keine Bedeutung mehr für das Ruhestandsverhältnis habe. Ob damit — methodisch — ein Erlöschen des Wettbewerbsverbots bei Eintritt des Ruhestandes bejaht wird, bleibt mangels Begründung unklar.

3. Folgerungen aus den gesetzespositiven Bestimmungen der §§ 74 ff. HGB

Die auch für nichtkaufmännische Arbeitnehmer maßgebende Vorschrift des § 74 HGB bestimmt, daß eine Vereinbarung zwischen dem Prinzipal und dem Handlungsgehilfen, die den Gehilfen für die Zeit nach Beendigung des Dienstverhältnisses in seiner gewerblichen Tätigkeit beschränkt, zu ihrer Verbindlichkeit neben der Schriftform und der Aushändigung einer formgerecht unterzeichneten Vertragsurkunde der Vereinbarung einer Karenzentschädigung bedarf. Schon der Wortlaut der Vorschrift läßt Rückschlüsse auf eine zeitliche Befristung von wettbewerbsvertraglichen Vereinbarungen für die Dauer des beruflichen Arbeitslebens nicht zu. § 74 Abs. 1 HGB regelt ganz allgemein nur die Anforderungen, die an wettbewerbsbeschränkende Vereinbarungen für den Zeitraum nach Ablauf des Arbeitsverhältnisses zu stellen sind. Dem Gesetzgeber kam es zudem darauf an, die Erwerbsfreiheit des Beschäftigten vor einer zu starken Beschränkung zu schützen. Die Erstfassung des § 74 HGB[21] erklärte wettbewerbsbeschränkende Vereinbarungen „nur insoweit verbindlich, als die Beschränkung nach Zeit, Ort und Gegenstand nicht die Grenzen überschreitet, durch welche eine unbillige Erschwerung des Fortkommens des Handlungsgehilfen ausgeschlossen wird". Auch zielte der durch die Novelle vom 10. Juni 1914 in das Handelsgesetzbuch eingeführte Grundsatz der bezahlten Karenz darauf ab, durch die Entschädigungsverpflichtung den Arbeitgeber dazu anzuhalten, Wettbewerbsabreden nur auf Fälle zu beschränken, in denen ein berechtigtes Interesse für eine vertragliche Bindung des Ausscheidenden besteht[22]. Dies spricht dafür, daß mit der Wettbe-

---

18 Siehe *Gamillscheg*, RdA 1975, S. 13 (18), der allerdings im Ergebnis der herrschenden Meinung zustimmt; *Simitis*, Anmerkung zu BAG, SAE 1969, S. 5 (6). In diesem Sinne jetzt auch *Löwe*, Nachvertragliches Wettbewerbsverbot, S. 59 ff.

19 Den hierzu ergangenen Urteilen des BAG jeweils zustimmend *Beitzke*, Anmerkung zu BAG AP Nr. 46 zu § 74 HGB, Bl. 955 R und AP Nr. 30 zu § 611 BGB Konkurrenzklausel, Bl. 1077 R; *Grüll*, Die Konkurrenzklausel, S. 69 (ohne klares Ergebnis).

20 *Weisemann / Schrader*, DB 1980, Beilage 4, S. 14 unter Nr. 10.

21 Handelsgesetzbuch vom 10. Mai 1897, RGBl, S. 235.

22 Gesetz vom 10. Juni 1914, RGBl I, S. 209; Erläuterungen bei *Düringer / Hakkenburg*, Das Handelsgesetzbuch, § 74, Rdn. 5 und 15.

werbsregelung des § 74 HGB allein die Gestaltungsrechte des Prinzipals beschränkt und die Erwerbsfreiheit der Beschäftigten vor mißbräuchlicher Knebelung geschützt werden sollte. Zu berücksichtigen ist in diesem Zusammenhang noch, daß um die Jahrhundertwende, zur Zeit der ersten gesetzlichen Regelung der Wettbewerbsvereinbarung, ein erwerbsloser Ruhestand, wie er heute ab dem 65. Lebensjahr die Regel ist, noch weitgehend unbekannt war, die Erwerbstätigkeit also meist bis zum Lebensende oder bis zum Eintritt altersbedingter Arbeitsunfähigkeit ausgeübt werden mußte. Ein Zusammentreffen von Wettbewerbsverbotsvereinbarung und erwerbsfreier, versorgter Altersphase dürfte damit weitgehend unbekannt und daher nicht mitbedacht gewesen sein.

Schließlich läßt sich auch aus dem Sinn und Zweck des § 74 HGB keine rechtliche Bewertung entnehmen, die dafür spricht, den im Ruhestand befindlichen Arbeitnehmer von den Rechtswirkungen der Vorschrift auszunehmen. Mit Recht wird in der Rechtsprechung[23] und Literatur[24] als rechtspolitische Zielsetzung der §§ 74 ff. HGB vor allem das Schutzbedürfnis der abhängig Erwerbstätigen herausgestellt. Der Prinzipal (Arbeitgeber) soll nicht berechtigt sein, nach eigenem Gestaltungsinteresse nachvertragliche Erwerbsbeschränkungen mit den bei ihm beschäftigten Gehilfen (Arbeitnehmern) abzuschließen. Für die vor bzw. während des laufenden Arbeitsverhältnisses getroffenen Vereinbarungen soll gewährleistet sein, daß die Erwerbstätigen sich nicht unter dem Zwang der Stellensuche und der allgemeinen Verhandlungsüberlegenheit des Prinzipals (Arbeitgebers) auf für sie unzumutbare Beschränkungen einlassen. Im Hinblick auf Bedeutung und Stellenwert der Erwerbsfreiheit will das Gesetz durch den Grundsatz der bezahlten Karenz vor allem das wirtschaftliche Interesse des Arbeitnehmers schützen. Das in den Wettbewerbsverbotsregelungen der §§ 74 ff. HGB zum Ausdruck kommende Anliegen des Gesetzgebers geht also dahin, die Rechtsposition des Erwerbstätigen zu stärken und dessen Erwerbsfreiheit zu schützen. Dieser Schutzzweck ist gegenüber allen Arbeitnehmern gleich und unabhängig davon, ob sie nach Vertragsbeendigung tatsächlich nicht mehr oder doch noch erwerbstätig sind[25]. Folglich können auch die pensionierten Arbeitnehmer von den Rechtswirkungen der Wettbewerbsabrede nicht ausgenommen werden.

4. Verlust der Wettbewerbsmöglichkeit und Anspruch auf Karenzentschädigung

Rechtfertigt allein der Eintritt in den Ruhestand keinen Wegfall der Wettbewerbsverbotsabrede, weil die Pensionierung nicht automatisch zu einem Verlust

---

[23] Vgl. etwa BAG AR-Blattei, Wettbewerbsverbot, Entsch. 57 = AP Nr. 23 zu § 74 HGB und Entsch. 66 = AP Nr. 3 zu § 74 a HGB.

[24] *Düringer / Hackenburg*, Das Handelsgesetzbuch, § 74, Rdn. 5; *Röhsler / Borrmann*, Wettbewerbsbeschränkungen, S. 69.

[25] Vg. auch *Buchner*, Wettbewerbsverbot, S. 123 f.

der Erwerbsfreiheit und Erwerbsmöglichkeit führt und auch der Bezug der regulären gesetzlichen Altersrente[26] eine weitere berufliche Tätigkeit nicht ausschließt, so bleibt zu prüfen, ob dies auch dann gilt, wenn für den Pensionär keinerlei Wettbewerbsmöglichkeiten mehr bestehen, insbesondere weil dieser für den Zeitraum der Schuldabrede erwerbsunfähig wird und damit eine Wettbewerbstätigkeit von vornherein auszuschließen ist. Der Verlust der Fähigkeit zu Wettbewerbshandlungen könnte hier eine Vertragsstörung bewirken und dazu führen, daß dem Wettbewerbsverpflichteten die Karenzvergütung versagt werden kann, weil Konkurrenzhandlungen ohnehin nicht mehr möglich sind und die Schuldabrede damit aufgrund anderweitiger Zweckerledigung gegenstandslos ist. Die Situation stellt sich wie folgt dar: Der mit der Wettbewerbsabrede verfolgte Zweck ist darauf gerichtet, den Ausgeschiedenen von schädlicher Konkurrenztätigkeit abzuhalten. Dieser Zweck wird unabhängig vom Schuldnerverhalten erreicht, wenn der Verpflichtete erwerbsunfähig wird und zu Wettbewerbshandlungen nicht mehr imstande ist. Das Arbeitgeberinteresse wird dann schon auf andere Weise ohne Zutun des Schuldners befriedigt. Problematisch ist unter diesen Umständen, ob und unter welchen Voraussetzungen der Wettbewerbsverpflichtete die Karenzleistung beanspruchen kann.

a) Die Unmöglichkeit der Wettbewerbsunterlassungspflicht

Die herrschende Meinung[27] begründet die Karenzleistungspflicht damit, daß es für den Entgeltanspruch nicht darauf ankomme, aus welchen Gründen schädlicher Wettbewerb unterlassen wird, sondern alleinentscheidend soll sein, daß sich der Verpflichtete nach außen der übernommenen Verpflichtung entsprechend verhält und tatsächlich Wettbewerbshandlungen unterläßt. Der Eintritt der Erwerbsunfähigkeit beim Schuldner hat demnach auch keine Leistungsunmöglichkeit und den Verlust der Gegenleistung zur Folge. Dieses Ergebnis wird allerdings nur über eine nicht unbedenkliche, einschränkende Interpretation der Unterlassungspflicht erreicht, indem für deren Erfüllung ein bloßes Untätigbleiben für ausreichend angesehen wird. Dabei wird außer acht gelassen, daß auch die Unterlassungspflicht — ebenso wie die positive Handlungspflicht — auf die Herbeiführung eines Erfolges zielt, sich also nicht in einem bloßen Nichtstun[28] erschöpft, sondern als ein willentliches Nicht-Tun zu verstehen ist. Das vertraglich

---

[26] Gemeint ist das Altersruhegeld, das mit Vollendung des 65. bzw. bei Frauen ab dem 60. Lebensjahr gewährt wird.

[27] BAG AR-Blattei, Wettbewerbsverbot, Entsch. 66 unter 4 der Gründe = AP Nr. 3 zu § 74 a HGB; BAG AP Nr. 4, 5 und 7 zu § 74 c HGB; BAG AR-Blattei, Wettbewerbsverbot, Entsch. Nr. 119; *Buchner*, Wettbewerbsverbot, S. 100; vgl. *Hueck / Nipperdey*, Arbeitsrecht, Bd. I, § 38 II 7 (S. 256), Fußnote 39.

[28] *Beuthien*, Zweckerreichung und Zweckstörung, S. 13; auch: *Esser*, Schuldrecht, Bd. 1, § 5 II (S. 22); *Fikentscher*, Schuldrecht, § 102 IV 7 (S. 714). Zum Leistungsbegriff: *Wieacker*, Leistungshandlung und Leistungserfolg im Bürgerlichen Schuldrecht, S. 783 ff.

geschuldete Unterlassen besteht darin, daß der Schuldner „von einer Handlung, die er sonst vornehmen könnte, absieht“[29]. Entfällt jene Handlungsmöglichkeit, so kann auch die Unterlassungspflicht nicht mehr erfüllt werden. Auf den Fall der Wettbewerbsabrede bezogen hat dies zur Konsequenz, daß mit dem Verlust der Erwerbsfähigkeit und einer — diese voraussetzenden — Konkurrenzmöglichkeit auch die vereinbarte Unterlassungsverpflichtung unmöglich wird[30]. Die Frage ist dann, ob der Verpflichtete gleichwohl die Karenzleistung beanspruchen kann.

b) Die Anwendbarkeit der Unmöglichkeitsregeln bei anderweitiger Zweckerreichung

Die auf normale Austauschverträge zugeschnittenen Unmöglichkeitsvorschriften der § 323 ff. BGB werden auf jene Fälle anderweitiger Zweckerreichung nur einschränkend angewandt[31]. Danach finden nach der überwiegenden Auffassung zwar grundsätzlich die §§ 275, 323 BGB Anwendung, so daß der Schuldner im Falle zufälliger Leistungsunmöglichkeit regelmäßig den Anspruch auf die Gegenleistung verlieren müßte. Für den Sonderfall der Leistungsstörung aufgrund anderweitigen Erfolgseintritts wird jedoch gemeinhin eine Durchbrechung dieser Rechtsfolge dahingehend bejaht, daß der Schuldner wenigstens eine Teilvergütung als Gegenleistung, zumindest aber Aufwendungsersatz, beanspruchen kann. Begründet wird dieses Ergebnis zum Teil mit einer verdeckten Regelungslücke des § 323 Abs. 1 1. HS BGB im Hinblick auf die Fälle der Zweckerreichung, die eine andere als die in § 323 BGB bestimmte Risikoverteilung erfordere[32], zum Teil wird die werkvertragliche Sonderregelung des § 645 BGB bei zufälliger Leistungsunmöglichkeit analog angewandt[33]. Hier genügt es festzuhalten, daß auch die Feststellung einer Leistungsunmöglichkeit bei Zweckstörung aufgrund anderweitiger Gläubigerbefriedung ohne Zutun des Schuldners nicht notwendigerweise zum Erlöschen des Gegenanspruchs führt. Zu prüfen ist, welcher der Vertragsparteien das Vergütungsrisiko anzulasten ist.

---

29 So ausdrücklich: *Beuthien,* Zweckerreichung und Zweckstörung, S. 15; vgl. auch *Münch.Komm. / Kramer,* § 241, Rdn. 8.

30 *Lehmann,* Die Unterlassungspflicht, S. 237. Für den Fall der Berufsuntauglichkeit des Wettbewerbsverpflichteten: *Beuthien,* Zweckerreichung und Zweckstörung, S. 25 f.; *Gamillscheg,* RdA 1975, S. 13 (18); zuvor schon *Görg,* Nachträgliche Geltungshindernisse und Leistungsstörungen bei Wettbewerbsvereinbarungen, S. 91 f.; Allgemein auch: *Münch.Komm. / Roth,* § 241 zu Rdn. 7, Fußnote 20.

31 Anders noch zum Teil das ältere Schrifttum, das eine Anwendung der Lehre von der Geschäftsgrundlage befürwortete. Eine Übersicht über die einzelnen Lösungsansätze geben *Beuthien,* Zweckerreichung und Zweckstörung, S. 46 ff.; *Köhler,* Unmöglichkeit und Geschäftsgrundlage, S. 67 ff.

32 So *Beuthien,* Zweckerreichung und Zweckstörung, S. 114 ff. mit dem Ansatz einer sog. risikogliedernden Unmöglichkeitstheorie.

33 In diesem Sinne *Köhler,* Unmöglichkeit und Geschäftsgrundlage, S. 77 ff.

c) Das Entgeltrisiko des Arbeitgebers bei Wettbewerbsunmöglichkeit

Für die Wettbewerbsvereinbarung sind dabei die in den §§ 74 ff. HGB zum Ausdruck gelangten Wertungsmaßstäbe des Gesetzgebers und die Grundsätze der Rechtsprechung zu berücksichtigen.

Ein Blick auf die Gesetzesregelung macht deutlich, daß der Gesetzgeber vom Grundsatz der Karenzentschädigungspflicht ausgegangen ist und eine Entpflichtung des Arbeitgebers nur in Ausnahmefällen zulassen wollte. Dies entspricht voll und ganz dem Schutzcharakter der Wettbewerbsregelung. So ist als einzige Ausnahmeregelung für den Fall der persönlichen Verhinderung des Verpflichteten in § 74 c Abs. 1 S. 3 HGB vorgesehen, daß für die Dauer der Verbüßung einer Freiheitsstrafe ein Karenzentschädigungsanspruch nicht besteht. Dem Gesetzgeber erschien es nicht sachgerecht, dem Arbeitnehmer, der aufgrund eigenen, zu mißbilligenden Verhaltens an einer Wettbewerbstätigkeit gehindert ist, die Karenzentschädigung zu belassen und damit den Arbeitgeber mit den wirtschaftlichen Folgen der Freiheitsentziehung zu belasten. Es handelt sich folglich um eine Sonderregelung, deren Anwendungsfeld auf andere Fälle der Leistungsunmöglichkeit nicht ausgedehnt werden kann[34]. Andererseits verdeutlicht die Ausnahmeregelung, daß der Gesetzgeber das Problem der Wettbewerbsverhinderung gesehen hat und in dieser Konzeption abschließend regeln wollte, so daß für die übrigen Fälle der Wettbewerbsunmöglichkeit, insbesondere der krankheits- und altersbedingten Erwerbsunfähigkeit, eine Befreiung des Arbeitgebers von der Zahlungsverpflichtung bewußt nicht vorgesehen ist.

Für einen Zahlungsanspruch des ausgeschiedenen Arbeitnehmers trotz fehlender Wettbewerbsmöglichkeit sprechen schließlich auch sozialpolitische Aspekte der Leistung. Es sei nochmals daran erinnert, daß die Karenzvergütung sowohl eine Gegenleistung für die Wettbewerbsenthaltung ist als auch Entgelt, das dem sozialen Schutz und der Sicherung des Lebensstandards des Verpflichteten dient[35]. Sie ist damit eine durch soziale Rücksichten beeinflußte Gegenleistung[36], die dem Arbeitnehmer eine angemessene Entschädigung für die durch die Abrede verursachten Einbußen verschaffen soll. Ihre Entschädigungsfunktion[37] verliert die Karenzleistung auch dann nicht, wenn der Arbeitnehmer die Erwerbsbeschränkungen nicht unmittelbar spürt, weil er für die Zeit der Wettbewerbsabrede keiner seiner bisherigen Tätigkeit entsprechenden Erwerbstätigkeit nachgeht, also eine völlig anders geartete Arbeitsaufgabe wahrnimmt oder keinen Arbeitsplatz findet,

---

34 *Buchner*, Wettbewerbsverbot, S. 100; *Schlegelberger / Schröder*, HGB, § 74 c, Rdn. 7.

35 Vgl. die Ausführungen unter II dieses Abschnittes. Zum darin enthaltenen Versorgungsgedanken schon *Wiedemann*, Austausch- und Gemeinschaftsverhältnis, S. 17.

36 BAG AP Nr. 16 zu § 74 HGB, Bl. 249; vgl. auch *Dorndorf*, Freie Arbeitsplatzwahl, S. 199; anders *Löwe*, Nachvertragliches Wettbewerbsverbot, S. 67, nur auf den Gegenleistungscharakter abstellend.

37 Auf den Zweck abstellend: *Simitis*, Anmerkung zu BAG, SAE 1969, S. 5 (6).

zumal gerade in den genannten Fällen die Beschränkungen der Wettbewerbsabrede mittelbar ursächlich für die Unmöglichkeit sein können. Schließlich enthalten die §§ 74 ff. HGB keine dahingehende Einschränkung, daß nur die tatsächlich feststellbaren Nachteile abgegolten werden sollen. Im Ergebnis wird daher mit Recht ein Wegfall des Karenzentschädigungsanspruchs bei fehlender Wettbewerbsmöglichkeit[38] verneint.

d) Unbeachtlichkeit von Alter und Altersversorgung

Gleiches gilt, wenn für den im Ruhestand befindlichen Arbeitnehmer aus Alters- und Gesundheitsgründen eine Wettbewerbssituation auszuschließen ist[39]. Das Unvermögen des Pensionärs zu Wettbewerbshandlungen kann hier ebensowenig zu einem Verlust der Karenzentschädigung führen, wenn auch gerade der Altersfaktor und die Altersversorgung zu dem Schluß verleiten könnten, für diesen Sonderfall den Arbeitgeber von der Karenzzahlungspflicht zu befreien.

Die Ruhestandssituation rechtfertigt eine unterschiedliche Beurteilung nicht. Das Karenzgeld ist für den Pensionär wie für den im Erwerbsleben stehenden Arbeitnehmer Entgelt für die Selbstbeschränkung der Arbeitsfähigkeit. Der Arbeitgeber, der im Hinblick auf die Pensionierung die Konkurrenzgefahr durch den Arbeitnehmer nur noch gering einstuft oder gänzlich ausschließt, kann sich entsprechend § 75 a HGB vor der Beendigung des Arbeitsverhältnisses von der Wettbewerbsabrede durch Verzicht lösen. Versäumt er diese Möglichkeit, bleibt er dem Pensionär in gleicher Weise verpflichtet wie dem erwerbstätigen ausgeschiedenen Arbeitnehmer.

Ebensowenig kann die Ruhestandsversorgung in Form einer allgemeinen Altersrente den Wegfall oder eine Kürzung des Karenzgeldes rechtfertigen. Aufgrund der Ausgleichsfunktion der Karenzentschädigung für die mit dem Konkurrenzverbot zu erwartenden Erwerbseinschränkungen können nur Einkünfte angerechnet werden, die aus einer weiteren Erwerbstätigkeit erzielt werden. Dementsprechend hat der Gesetzgeber in § 74 c HGB lediglich die Anrechnung anderweitigen Arbeitseinkommens, soweit diese zusammen mit dem Karenzgeld die letzte vertragsgemäße Vergütung zu mehr als 10 % übersteigt, für zulässig erklärt. Wie bereits erwähnt, dient die gesetzliche Altersrente als Lohnersatz der Versorgung im Ruhestand, sie ist aber kein Arbeitseinkommen[40]. Ebensowenig kann das betriebliche Ruhegeld — ungeachtet des Meinungsstreits um die Rechtsnatur und Rechtswirkungen der Leistung — nicht als im Karenzzeitraum „durch

---

38 Auch *Görg*, Nachträgliche Geltungshindernisse und Leistungsstörungen bei Wettbewerbsvereinbarungen, S. 136, allerdings nur auf ein allgemeines Vertragsrisiko rekurrierend.

39 Schon *Hefermehl,* Anm. zu BAG AP Nr. 14 zu § 14 zu § 74 HGB, Bl. 111.

40 BAG AP Nr. 14 zu § 74 HGB, Bl. 110 R mit zustimmender Anmerkung von *Hefermehl;* BAG AP Nr. 46 zu § 74 HGB, Bl. 955; *Röshler / Borrmann,* Wettbewerbsbeschränkungen, S. 93. Vgl. auch *Gamillscheg,* RdA 1975, S. 13 (17).

anderweitige Verwertung seiner (des Verpflichteten, d. Verf.) Arbeitskraft" erworbenes Arbeitsentgelt auf die Karenzentschädigung angerechnet werden[41]. Denn die Ruhegeldleistungen des Arbeitgebers erfolgen im Hinblick auf vergangene Leistungen des ehemaligen Arbeitnehmers und dienen nicht der Abgeltung gegenwärtiger Arbeitskraft[42].

Kann aber der Arbeitgeber angesichts der Anrechnungsvorschrift in § 74 c HGB nicht Ruhestandsbezüge auf die Karenzentschädigung anrechnen, so kann daraus im Wege des argumentum a minore ad maius der Schluß hergeleitet werden, daß es ihm dann erst recht versagt ist, aufgrund der Versorgungslage seine Karenzentschädigung einzustellen. Im Ergebnis ist somit der neueren Rechtsprechung zuzustimmen, wonach der Ruhestandseintritt, unabhängig von der weiteren Erwerbsfähigkeit und Erwerbsabsicht des in den Ruhestand Tretenden, keinen Einfluß auf nachvertragliche Wettbewerbsvereinbarungen hat.

III. Ergebnis und abschließende Betrachtung

Die eingangs gestellte Frage nach dem Inhalt und Umfang der im Ruhestandsverhältnis möglichen Rechte und Pflichten läßt sich nach der vorangegangenen Untersuchung wie folgt beantworten: Aus dem Ruhestandseintritt auf seiten des Arbeitnehmers ergeben sich für die Gestaltung der nachvertraglichen Rechtsbeziehungen zwischen den ehemaligen Vertragsparteien keine rechtlichen Besonderheiten. Weder dem Arbeitnehmer noch dem Arbeitgeber erwachsen aus dem Umstand, daß der Arbeitnehmer in den Ruhestand tritt, besondere Rücksichtspflichten; die Existenz der im Nachstadium des Arbeitsverhältnisses bestehenden Rechte und Pflichten läßt sich vielmehr nur aus dem vorangegangenen Vertragsverhältnis und weiteren Einwirkungsmöglichkeiten auf Rechtsgüter des Betriebes und des Arbeitnehmers erklären.

Inhaltlich handelt es sich dabei um noch zu erfüllende Vertragspflichten sowie Schutzpflichten, deren Bestand davon unabhängig ist, ob der Arbeitnehmer in den Ruhestand tritt oder weiterhin am aktiven Erwerbsleben teilnimmt. Denn jene Pflichten knüpfen an das beendete Vertragsverhältnis an und nicht an dessen Beendigungsgrund, so daß eine unterschiedliche Behandlung der aus Gründen der Pensionierung ausscheidenden Arbeitnehmer zu den aus anderen Gründen aus dem Arbeitsverhältnis ausgeschiedenen Arbeitnehmern nicht gerechtfertigt ist.

---

41 In diesem Sinne: *Beitzke*, Anm. zu BAG AP Nr. 30 zu § 611 BGB Konkurrenzklausel, Bl. 1078; *Buchner*, Wettbewerbsverbot, S. 124; *Grüll*, Die Konkurrenzklausel, S. 69; *Röshler / Borrmann*, Wettbewerbsbeschränkungen, S. 93; *Schlegelberger / Schröder*, HGB § 74 c, Rdn. 3 b. Offenlassend dagegen: BAG AP Nr. 46 zu § 74 HGB, Bl. 955 und BAG AP Nr. 30 zu § 611 BGB Konkurrenzklausel, Bl. 1077.

42 Dies verkennt *Schaub*, BB 1972, S. 223 (226); ohne Begründung auch *Gamillscheg*, RdA 1975, S. 13 (17); *Schaub / Schusinski / Ströer*, Altersvorsorge, S. 108; eine Anrechnung aus „Billigkeitsgesichtspunkten" bejaht *Stefan*, BB 1980, S. 685 (687).

Entstehung und Fortdauer der Schweigepflicht beispielsweise richten sich nach den durch den vorangegangenen arbeitsvertraglichen Kontakt eröffneten Einwirkungsmöglichkeiten auf schützenswerte Rechtsgüter der Vertragspartner und nicht danach, ob der Arbeitnehmer einer weiteren Erwerbstätigkeit nachgeht oder ganz aus dem Arbeitsprozeß ausscheidet. Ebensowenig kann die Tatsache, daß der Arbeitnehmer aufgrund seines Ruhestandseintritts ein Arbeitszeugnis zu Bewerbungszwecken nicht mehr benötigt, dazu führen, daß dieser seinen Anspruch auf Zeugniserteilung verliert, da die Zeugnispflicht nicht an eine weitere Erwerbstätigkeit des Ausscheidenden gebunden ist, sondern aus einem allgemeinen, in dem Arbeitsverhältnis begründeten Schutzinteresse des Arbeitnehmers erwächst.

Im übrigen kann auch die Tatsache, daß der Pensionär durch den Bezug einer staatlichen Altersversorgung von weiterer Erwerbstätigkeit befreit ist, nicht dazu führen, daß diesem im Vergleich zu den noch aktiven Ausgeschiedenen ein Mehr an Pflichten obliegt. Auch hier ist zu berücksichtigen, daß die im Nachstadium des Arbeitsverhältnisses bestehenden Pflichten entweder auf einem durch den arbeitsvertraglichen Kontakt hervorgerufenen Vertrauenstatbestand beruhen oder ihre rechtliche Grundlage in dem Vertragsverhältnis selbst haben und damit stets einen konkreten Bezug zu dem beendeten Leistungsverhältnis aufweisen. Die wirtschaftliche Versorgung des ausgeschiedenen Arbeitnehmers ist hiervon losgelöst und kann sich daher nicht auf die nachvertragliche Pflichtenstellung auswirken. So würde etwa die Tatsache, daß ein noch erwerbstätiger Ausgeschiedener aufgrund einer Erbschaft oder eines Vermögensgewinns wirtschaftlich gesichert ist und einer weiteren Erwerbstätigkeit nicht mehr notwendig bedarf, nicht dazu führen können, daß dieser per se zur Wettbewerbsunterlassung oder gesteigerten Rücksichtnahme gegenüber wirtschaftlichen oder betrieblichen Belangen seines früheren Arbeitgebers verpflichtet ist. Die Versorgungslage des pensionierten Arbeitnehmers, der Ruhestandsbezüge aus der gesetzlichen Rentenversicherung bezieht, ist nicht anders zu beurteilen. Die Feststellung stimmt überein mit der grundsätzlichen Bewertung, welche die Rechtsprechung der Altersversorgung bei der Frage der zwangsweisen Pensionierung bei Vollendung des 65. Lebensjahres einräumt. Danach stellt eine ausreichende Versorgungslage aufgrund gesetzlicher oder betrieblicher Rentenleistungen keinen sachlichen Grund für eine schematische Beendigung des Arbeitsverhältnisses mit Erreichen des Rentenalters dar[43]. Der Versorgungslage kommt grundsätzlich keine rechtliche Bedeutung zu. Der Ruhestandseintritt hat auch keine Auswirkungen auf die im Nachstadium anerkannten Arbeitgeberpflichten. Die Pensionierung als solche rechtfertigt weder den Wegfall nachvertraglicher Wettbewerbsvereinbarungen noch eine Kürzung der Karenzleistung in Höhe anrechnungsfähiger Versorgungsbezüge.

---

[43] BAGE 11, S. 278 (286); LAG Berlin AP 1953 Nr. 163; LAG Düsseldorf AP 1954 Nr. 134.

Dritter Teil

Die Rechtsbeziehungen im Versorgungsverhältnis

Im folgenden Teil der Arbeit ist zu untersuchen, ob bzw. wie Ruhegeldleistungen des Arbeitgebers an den pensionierten Arbeitnehmer die rechtlichen Beziehungen beeinflussen. Dabei ist insbesondere zu überprüfen, ob jene Ruhegeldleistungen — wie dies die herrschende Meinung offenbar annimmt — eine besondere Pflichtenbindung des Pensionsempfängers rechtfertigen und zugleich den Charakter des Rechtsverhältnisses als einer vereinbarten Nachwirkung des Arbeitsverhältnisses bestimmen.

1. Abschnitt

Die Ruhestandsleistung der betrieblichen Altersversorgung

I. Die Rechtsgrundlage der Ruhegeldleistung

Vorab ist es allerdings zweckmäßig, sich kurz die rechtliche Grundlage der Ruhegeldleistung und die mit ihrer Durchführung verbundenen Grundsätze zu vergegenwärtigen. Dabei ist zunächst festzustellen, daß Verpflichtungsgrund für alle Formen der betrieblichen Altersversorgung eine Vertragsvereinbarung ist; die allgemeine Fürsorgepflicht als ursprüngliche Grundlage der Alters-, Invaliditäts- oder Hinterbliebenenleistungen ist mittlerweile in Literatur und Rechtsprechung vollständig aufgegeben worden[1]. Innerhalb der Versorgungsvereinbarung regeln die Vertragspartner Art und Umfang der betrieblichen Leistung, die Leistungsvoraussetzungen für den Erwerb des Versorgungsanspruchs und dessen Durchführungsform sowie weitere für die Abwicklung wichtige Nebenpflichten. Im Rahmen der unmittelbaren Versorgungszusage, welche die verbreitetste Form der Ruhegeldzusage darstellt[2] und auf deren Betrachtung sich diese Arbeit beschränkt, übernimmt der Arbeitgeber unmittelbar die Verpflichtung, seinem Arbeitnehmer mit Eintritt des Versorgungsfalles Pensionsleistungen zu erbringen. Die Ruhegeldleistungspflicht ist damit die Hauptpflicht des Arbeitgebers im Versorgungsverhältnis[3].

---

[1] BGH AP Nr. 1 zu § 242 BGB Ruhegehalt; BAG AP Nr. 15 zu § 242 BGB Ruhegehalt; BAG AP Nr. 64 zu § 242 BGB Gleichbehandlung für den Deputatsanspruch mit zust. Anmerkung von *Herschel,* Bl. 405; *Höfer / Abt,* BetrAVG, Arb.Gr., Rdn. 147; *Schaub / Schusinski / Ströer,* Altersvorsorge, § 7 I 1 (S. 47).

[2] Vgl. Monatsberichte der Deutschen Bundesbank 1984, Heft 8, S. 31 f.

II. Die Pflichten im Zusammenhang mit der Ruhegeldzusage

Die vom Arbeitgeber eingegangene Verpflichtung, dem Arbeitnehmer bei Erfüllung der Leistungsvoraussetzungen Ruhestandsbezüge zu erbringen, umfaßt mehr als die reine Leistungszusage. Der Verpflichtete hat nach Ansicht der Rechtsprechung[4] aufgrund seiner „Fürsorgepflicht" besondere Rücksicht auf die Interessen des Arbeitnehmers zu nehmen. Wegen der grundsätzlichen Bedeutung, die jedes Versorgungsversprechen für die materielle Sicherung des Beschäftigten nach dem Ende des Erwerbslebens hat, ist dieser gehalten, den Versorgungsbegünstigten über den Inhalt der Versorgungszusage aufzuklären und über Zweifelsfragen der Versorgungsregelung zu belehren[5]; versäumt er dies, so muß er sich unter Umständen an einer für ihn ungünstigen Auslegung festhalten lassen. Des weiteren anerkannt sind Aufklärungs- und Erörterungspflichten, die darauf abzielen, den Versorgungsberechtigten in seinem Vertrauen auf den Bestand der zugesagten Leistung zu schützen: Vertragliche Änderungen der Versorgungszusage können nur bei hinreichender Aufklärung des Begünstigten, insbesondere über mögliche Nachteile, verwirklicht werden[6]; Auskünfte des Ruhegeldverpflichteten müssen richtig und vollständig sein; eine schuldhafte Verletzung dieser Pflicht begründet Schadensersatzansprüche des Versorgungsberechtigten[7]. Diese Pflichten sind, da sie in engem Zusammenhang zu der Leistungspflicht stehen und von deren Bestand abhängig sind, vertragliche Nebenleistungspflichten der Ruhegeldzusage[8]. Hierzu zählen auch die im Betriebsrentengesetz normierten Nebenpflichten über Auskunft gemäß § 2 Abs. 6 über die Anspruchsberechtigung und die Höhe der Versorgungsleistungen gegenüber ausgeschiedenen Arbeitnehmern und die Anpassungs- und Prüfungspflicht gemäß § 16 für die laufenden Ruhegeldleistungen[9]. Die Prüfungspflicht umfaßt zugleich die Mitteilung der Entscheidungsgründe an den Versorgungsempfänger[10].

---

3 *Dieterich / Rühle,* AR-Blattei, Betriebliche Altersversorgung II, D.I.1.; *Schaub / Schusinski / Ströer,* Altersvorsorge, § 14 I 1 (S. 81); *Schaub,* Handbuch, § 81 VI 1 (S. 485).

4 BAG AP Nr. 2 zu § 242 BGB Ruhegehalt-Unterstützungskassen; BAGE 14, S. 193 (195); auch *Blomeyer / Otto,* BetrAVG, Einl., Rdn. 254.

5 BAG AP Nr. 160 zu § 242 BGB Ruhegehalt, Bl. 378; AP Nr. 2 zu § 242 BGB Ruhegehalt-Unterstützungskassen, Bl. 604; BAGE 14, S. 193 (195).

6 *Höfer / Abt,* BetrAVG, Arb.Gr., Rdn. 194.

7 BAG AP Nr. 6 zu § 242 BGB Ruhegehalt-VBL, Bl. 591 R; *Blomeyer / Otto,* BetrAVG, Einl., Rdn. 254.

8 BAG AP Nr. 6 zu § 242 BGB Ruhegehalt-VBL, Bl. 591 R; *Blomeyer / Otto,* BetrAVG, Einl., Rdn. 254; *Dieterich / Rühle,* AR-Blattei, Betriebliche Altersversorgung II, F IV.

9 *Blomeyer / Otto,* BetrAVG, Einl., Rdn. 254 und § 2, Rdn. 431. Für die Auskunftspflicht auch *Dieterich / Rühle,* AR-Blattei, Betriebliche Altersversorgung II, C II 4 a; *Gethmann,* DB 1979, S. 746.

10 *Höfer / Abt,* BetrAG, § 16, Rdn. 224; *Heubeck / Höhne / Paulsdorff / Weinert,* Kommentar § 16, Rdn. 175.

Eine allgemeine Fürsorgepflicht des Arbeitgebers im Versorgungsverhältnis wird dagegen ebenso wie im Arbeitsverhältnis abzulehnen sein. Schützenswerte Interessen der Pensionäre und auch der anwartschaftsberechtigten Arbeitnehmer betreffen hier stets den vermögenswerten Anspruch auf die Versorgungsleistung. Die Schutzbedürftigkeit zeigt sich darin, daß bei der Versorgungsform der unmittelbaren Versorgungszusage bislang eine Passivierungspflicht nicht bestand, so daß Pensionsrückstellungen zur Bereitstellung der finanziellen Mittel nicht erfolgen müssen und die aus dieser Versorgungsform resultierenden Ansprüche somit insolvenzgefährdet sind[11]. Zur Sicherung der Versorgungsansprüche des Betriebsrentners sieht § 7 Abs. 1 BetrAVG einen weitreichenden Insolvenzschutz vor. Danach hat unter anderem bei Kürzung oder Einstellung der Versorgungsleistungen aufgrund wirtschaftlicher Notlage des Arbeitgebers der Pensions-Sicherungs-Verein als Träger der Insolvenzsicherung die Versorgungsansprüche zu erfüllen, soweit die wirtschaftliche Notlage durch rechtskräftiges Urteil festgestellt ist oder der Pensions-Sicherungs-Verein die Kürzung oder Einstellung der Leistungen wegen wirtschaftlicher Notlage für zulässig erachtet. Der Arbeitgeber ist deshalb gehalten, von vornherein den Träger der Insolvenzsicherung einzuschalten und diesen zur Übernahme der Rentenzahlungen zu veranlassen, um überhaupt eine Einstellung oder Kürzung vornehmen zu können[12]. Versäumt er dies, kann er auch gegenüber dem Rentenberechtigten Kürzungen nicht geltend machen, da ein „einseitiger" Widerruf ohne Einschaltung des Versicherungsträgers durch den Insolvenztatbetand des § 7 Abs. 1 S. 3 Nr. 5 BetrAVG ausgeschlossen ist[13]. Eines Rückgriffs auf die „Fürsorgepflicht" des Pensionsverpflichteten — wie sie in der Rechtsprechung des BGH[14] vertreten wird — bedarf es nicht.

III. Die Pflichten des Ruhegeldempfängers

Innerhalb des Versorgungsverhältnisses obliegen dem Ruhegeldempfänger keine Hauptpflichten. Der Leistungspflicht des ehemaligen Arbeitgebers steht keine adäquate Gegenleistungspflicht des Betriebsrentenempfängers gegenüber, da sich dieser nach allgemeiner Meinung das Ruhegeld bereits während des vorangegan-

---

11 Eine Passivierungspflicht besteht lediglich für Neuzusagen, die nach dem 1. 1. 1987 begründet werden.

12 BAG AP Nr. 177 zu § 242 BGB Ruhegehalt, Bl. 681; BAG AP Nr. 4 zu § 7 BetrAVG, Bl. 189 f.; AP Nr. 1 zu § 4 BetrAVG, Bl. 410; BAG, DB 1981, S. 750 (751); BAG, ZIP 1985, S. 760 (762); BGH AP Nr. 34 zu § 7 BetrAVG, Bl. 349; BAG AP Nr. 12 zu § 7 BetrAVG Widerruf, Bl. 1000; a. A. ausdrücklich: LAG Hamm, DB 1985, S. 1596 f.

13 Allein der Widerruf berechtigt nicht zur Kürzung der Bezüge: *Bunge*, RdA 1981, S. 13 (14); *Sieg*, Betriebliche Altersversorgung 1982, S. 206 (207); vgl. auch *Blomeyer / Otto*, BetrAVG, Vorbem. § 7, Rdn. 86; *Heubeck / Höhne / Paulsdorff / Weinert*, Kommentar, § 7, Rdn. 31 a.

14 BGH, ZIP 1985, S. 760 (762).

genen Arbeitsverhältnisses verdient hat[15]. Im Hinblick auf die Abwicklung und Durchführung der Geldleistungen treffen ihn jedoch Anzeige-, Auskunfts- und Mitwirkungspflichten. Soweit in der Versorgungsvereinbarung festgelegt, kann dieser verpflichtet sein, zu festgesetzten Terminen eine Lebensbescheinigung zu erbringen[16], für die Anpassungsprüfung gemäß § 16 erforderliche Daten und Beträge anzugeben oder eintretende Änderungen hinsichtlich des Wohnsitzes oder der Bankverbindungen für die Überweisung mitzuteilen[17]. Gegebenenfalls kann der Betriebspensionär, wenn die Ruhegeldvereinbarung eine Anrechnung der gesetzlichen Rentenleistungen auf die Betriebsrente vorsieht, mit Rücksicht auf die Ruhegeldleistenden verpflichtet sein, einen weiteren Rentenantrag zu stellen, wenn der Rentenversicherungsträger zuvor die Bewilligung der Rente nach Ansicht des Arbeitgebers zu Unrecht abgelehnt hatte[18]. Bezieht der Betriebspensionär vorgezogene Versorgungsleistungen, so ist er gemäß § 6 S. 3 BetrAVG verpflichtet, die Aufnahme oder Ausübung einer Beschäftigung oder Erwerbstätigkeit, die zum Wegfall des Altersruhegeldes aus der gesetzlichen Rentenversicherung führt, dem Versorgungsträger unverzüglich anzuzeigen.

Die Verletzung dieser Nebenpflichten begründet keine Schadensersatzpflicht des Rentners, sondern kann dazu führen, daß der Anspruch auf das Ruhegeld ruht oder im Ausnahmefall entfällt. Zur Rechtfertigung dieser — im Vergleich zu den Nebenleistungspflichten des Arbeitgebers — bloßen Verhaltensanforderungen des Ruheständlers verweisen *Höfer / Abt*[19] darauf, daß es sich um Pflichten handele, die der Leistungsberechtigte im eigenen Interesse zu beachten habe, wenn er in den Genuß der Geldleistung kommen will. Ein Unterlassen jener Verhaltensregeln habe lediglich Nachteile für den Pensionär, indem der Arbeitgeber und Versorgungsverpflichtete von seiner Zahlungspflicht (zumindest vorübergehend) befreit werde. Damit wird eine deutliche Parallele zu den vor allem im Versicherungsrecht anerkannten Obliegenheiten gezogen, bei denen es sich zwar um Pflichten handelt, die aber als Pflichten „minderer Zwangsintensität" angesehen werden, weil es sich nicht um erzwingbare und im Falle der Nichterfüllung zum Schadensersatz verpflichtende Verbindlichkeiten handelt[20]. Nach der herrschenden Meinung ist die Beachtung jener Verhaltensregeln lediglich Voraussetzung für die Erhaltung des Anspruchs des Leistungsberechtigten[21].

---

15 Vgl. nur: *Dieterich / Rühle*, AR-Blattei. Betriebliche Altersversorgung II, A.I.2; *Hueck / Nipperdey*, Arbeitsrecht, Bd. I, § 52 III 1 (S. 478); *Nikisch*, Arbeitsrecht, Bd. I, § 41 I 2 (S. 572); *Schaub*, Handbuch, § 81 VIII (S. 507).

16 BGH, BB 1978, S. 556.

17 *Höfer / Abt*, BetrAVG, Arb.Gr., Rdn. 332; weitere Beispiele bei *Blomeyer / Otto*, BetrAVG, Einl., Rdn. 256.

18 BAG AP Nr. 146 zu § 242 BGB Ruhegehalt, Bl. 336 R.

19 *Höfer / Abt*, BetrAVG, Arb.Gr., Rdn. 330.

20 Vgl. *R. Schmidt*, Die Obliegenheiten, S. 104 und 314; *Erman / Sirp*, Einl. zu § 241 BGB, Rdn. 6; *Köpke*, Typen der positiven Vertragsverletzung, S. 113; *Larenz*, BGB AT, § 12 II d (S. 205); umfassend: *Staudinger / Schmidt*, Einl. zu §§ 241 ff., §§ 241, 242, Rdn. 221 ff.

IV. Zwischenergebnis

Das aufgrund einer Ruhegeldvereinbarung bestehende Versorgungsverhältnis stellt somit ein „Mehr" gegenüber den sonstigen nachvertraglichen Rechtsbeziehungen dar. Während die im Nachstadium bestehenden Pflichten sich aufgrund der Beendigung des Arbeitsverhältnisses im wesentlichen auf Schutzpflichten reduzieren, wird durch den Eintritt des Versorgungsfalles und das Einsetzen der Ruhegeldleistungen ein eigenes Leistungsverhältnis mit neuen Pflichten begründet. Es ist daher nicht gerechtfertigt, das Versorgungsverhältnis als eine Nachwirkung oder gar als Fortsetzung des Arbeitsverhältnisses zu erfassen, denn es unterscheidet sich beträchtlich von den allgemeinen „Nachwirkungen" und ist vom Pflichtengehalt nicht mit den im Arbeitsverhältnis bestehenden Pflichten identisch.

2. Abschnitt

Die Auswirkungen der Ruhegeldleistung auf die Pensionärspflichten

I. Ausgangspunkt

Wie oben festgestellt wurde, bestehen für den Ruhegeldberechtigten Auskunfts- und Informationspflichten, die sich aus dem Zusammenhang mit dem Ruhegeldleistungsversprechen des Arbeitgebers und der Abwicklung der Versorgungsleistungen ergeben. An anderer Stelle wurde bereits erklärt, daß dem pensionierten Arbeitnehmer, der ohne betriebliche Versorgungsansprüche in den Ruhestand geht, keine besonderen Pflichten gegenüber dem ehemaligen Arbeitgeber obliegen, so daß im Anschluß untersucht werden kann, inwieweit sich aus der Versorgungsvereinbarung und den Ruhegeldleistungen weitergehende Pflichten des Betriebsrentenempfängers ableiten lassen.

1. Die Einschränkungen der Rechtsprechung

Ausgangspunkt ist die Rechtsprechung des Bundesarbeitsgerichts, nach der im Hinblick auf die betrieblichen Ruhegeldleistungen von dem Rentenempfänger vor allem ein gewisses Maß an Wettbewerbsenthaltung und eine allgemeine Rücksichtnahme auf die wirtschaftliche Situation des Unternehmens verlangt werden kann. Diese im Rahmen richterlicher Rechtsfortbildung entwickelten Verpflichtungsgrundsätze sind vom BAG trotz nachhaltiger Veränderungen in

21 Zur sog. Voraussetzungstheorie: *Prölss / Martin*, Versicherungsvertragsgesetz, § 6, Anm. 4; *Weyers*, Versicherungsvertragsrecht, S. 124.

der Beurteilung des Ruhegeldcharakters und auch nach der Kodifizierung des Betriebsrentengesetzes beibehalten worden. Zu beiden Fallgruppen sind unterschiedliche Kriterien und Begründungen erarbeitet worden, die hier lediglich auf ihre Rechtfertigung hin betrachtet werden.

a) Wettbewerbshandlungen

Zur Einführung folgender Fall: Ein leitender technischer Angestellter, der mit Beginn des 66. Lebensjahres aus einem Unternehmen ausscheidet, erhält ein Ruhegehalt von DM 675,— monatlich unter der Bedingung, daß er sich jeder Handlung enthalten solle, die die Interessen des Arbeitgebers beeinträchtigen oder seinem Ansehen schaden könnte; andernfalls solle die Zahlung entfallen. Der Pensionär übernimmt bald darauf eine Tätigkeit als leitender technischer Angestellter bei einem Konkurrenzunternehmen[1].

Die Rechtsprechung rechtfertigt Wettbewerbsbeschränkungen des Ruhegeldempfängers damit, daß es den allgemeinen Grundsätzen von Treu und Glauben im Rahmen eines Ruhestandsverhältnisses widerspreche, wenn der Pensionär Ruhegeldleistungen des Arbeitgebers in Anspruch nehme und gleichzeitig eine Konkurrenztätigkeit betreibe[2]. Als typischer Fall einer groben Treuepflichtverletzung, die zum Verlust des Versorgungsanspruchs führt, galt in der älteren Rechtsprechung eine hauptberufliche Konkurrenztätigkeit, auch wenn innerhalb der Ruhegeldvereinbarung keine ausdrückliche Treuepflichtklausel vorgesehen war[3]. Eine entsprechende Erwerbstätigkeit hatte — ungeachtet der Höhe der Versorgungsleistung und eines tatsächlich eintretenden Schadens — regelmäßig den endgültigen Verlust der Geldleistung zur Folge.

Die Generalklausel aus § 242 BGB ist auch für die neuere Rechtsprechung Grundlage für den Entzug oder die Kürzung von Ruhegeldansprüchen; erhöhte Anforderungen werden hingegen für die Anerkennung einer Treuepflichtverletzung gestellt. Danach kann im Anschluß an die BGH-Rechtsprechung[4] unter Beachtung des Entgeltcharakters des Ruhegeldes nur bei schwerwiegenden Verstößen — etwa bei ruinösem Wettbewerb — die Geltendmachung des Versorgungsanspruchs als rechtsmißbräuchlich erscheinen[5]. Entwickelt wurde dieser Grundsatz vom BAG in Fällen, in denen über den Widerruf der Ruhegeldzusage

---

1 BAG AR-Blattei, Ruhegeld (-gehalt), Entsch. 27 = AP Nr. 1 zu § 139 BGB.

2 BAG AR-Blattei, Ruhegeld (-gehalt), Entsch. 27; 47 (= AP Nr. 100 zu § 242 Ruhegehalt); Entsch. 54 mit zustimmender Anmerkung von *Nikisch,* (= AP Nr. 109 zu § 242 BGB Ruhegehalt) sowie Entsch. 91 = BAGE 22, S. 169 ff.

3 BAG AR-Blattei, Ruhegeld (-gehalt), Entsch. 91 = BAGE 22, S. 169 (176).

4 BGB AP Nr. 151 zu § 242 BGB Ruhegehalt.

5 Im Grundsätzlichen: LAG Düsseldorf, EzA Nr. 72 zu § 242 BGB Ruhegeld; LAG Frankfurt, BB 1981, S. 1098 f. sowie BAG AP Nr. 1, 2, 4, 7 zu § 1 BetrAVG Treuebruch BGH AP Nr. 3 zu § 1 BetrAVG Treuebruch. Für betrügerisches, die Existenz des Arbeitgebers gefährdendes Verhalten: LAG Frankfurt, DB 1989, S. 432 f.

gegenüber ausgeschiedenen Arbeitnehmern mit unverfallbarer Anwartschaft zu entscheiden war. In einem Fall[6] hielt sich der Arbeitgeber zum Widerruf berechtigt, weil der Arbeitnehmer nach seinem Ausscheiden bei einem Konkurrenzunternehmen tätig wurde; in den anderen zu entscheidenden Fällen[7] nahmen Arbeitgeber eine noch während des laufenden Arbeitsverhältnisses begangene, z. T. erst nach Vertragsbeendigung entdeckte, z. T. zur Beendigung des Beschäftigungsverhältnisses führende Pflichtverletzung zum Anlaß, die Versorgungszusage zu widerrufen und sich auf die Rechtsmißbräuchlichkeit der Geltendmachung einer unverfallbaren Anwartschaft zu berufen. Zu dieser Änderung der Rechtsprechung veranlaßt sah sich das BAG aufgrund der im Betriebsrentengesetz zum Ausdruck kommenden Wertentscheidung, die Stelle des Anwartschaftsberechtigten durch die in § 1 aufgenommene Unverfallbarkeitsregelung zu festigen und den Vergütungscharakter der Versorgungsleistung stärker zu betonen. Gleichwohl sah das Gericht hiernach keine Notwendigkeit, die Entzugsmöglichkeit gänzlich auszuschließen, weil auch der Gesetzesentwurf[8] der Bundesregierung in § 1 Abs. 5 ursprünglich die Klarstellung enthielt, daß etwaige Kürzungs- und Widerrufsrechte durch die Unverfallbarkeitsregelung nicht berührt werden sollten[9]. Zwar hat das BAG in seiner ersten Entscheidung zur Widerrufsproblematik nach dem Inkrafttreten des Betriebsrentengesetzes ausdrücklich offen gelassen, ob für die Entziehbarkeit von Versorgungsanwartschaften und von bereits fälligen Versorgungsansprüchen die gleichen Maßstäbe anzulegen sind oder ob die Konkurrenztätigkeit des Rentenempfängers einer strengeren Bewertung unterliegt[10]. Dagegen spricht jedoch, daß bereits fällige Ruhegeldansprüche zumindest im gleichen Maße Bestandsschutz genießen wie erdiente Anwartschaften[11].

Der Einwand des Rechtsmißbrauchs bleibt somit nach Auffassung des BAG das geeignete Mittel, Versorgungsansprüche bei entsprechendem Fehlverhalten zu entziehen. Allerdings fehlen bislang konkrete Angaben dazu, unter welchen Voraussetzungen von einem Rechtsmißbrauch gesprochen werden kann.

---

6 BAG AP Nr. 172 zu § 242 BGB Ruhegehalt; hier wurde allerdings schon ein treuwidriges Verhalten aufgrund Konkurrenztätigkeit verneint.

7 So etwa in: BAG AP Nr. 1, 2, 4 und 7 zu § 1 BetrAVG Treuebruch; BGH AP Nr. 3 zu § 1 BetrAVG Treuebruch, betreffend Konkurrenztätigkeit während des Dienstverhältnisses.

8 Diese Klarstellung wurde — *weil sie entbehrlich erschien* — auf Vorschlag des Ausschusses für Arbeit und Sozialordnung gestrichen; vgl. BT-Drucksache 7/2843, S. 1 (7). In der Begründung wurde der Widerrufsvorbehalt für Fälle schwerer Treupflichtverletzung ausdrücklich erwähnt; dazu: BT-Drucksache 7/1281, S. 6 und 24.

9 Vgl. BAG AP Nr. 2 zu § 1 BetrAVG Treuebruch, Bl. 1063 R.

10 BAG AP Nr. 172 zu § 242 Ruhegehalt, Bl. 824 R, 825, nachdem die Konkurrenztätigkeit eines noch im Erwerbsleben stehenden 47jährigen Anwartschaftsberechtigten nicht zum Entzug der Anwartschaft berechtigt.

11 Im oben genannten Sinne auch *Grunsky*, Anmerkung zu AP Nr. 172 zu § 242 BGB Ruhegehalt, Bl. 171 ff. Zur Bestandsfestigkeit fälliger Versorgungsansprüche zu erdienten bzw. noch zu verdienender Teilanwartschaften: BAG (Großer Senat), NZA 1987, S. 168 (175).

b) Widerruf aufgrund wirtschaftlicher Notlage

Dagegen sind in der Rechtsprechung die materiellen Anforderungen [12] präzisiert worden, nach denen laufende Ruhegeldleistungen aufgrund der wirtschaftlichen Situation des Arbeitgebers eingeschränkt bzw. ganz eingestellt werden können. Hier gilt der Grundsatz, daß der Betriebsrentenempfänger nur insoweit Zugeständnisse machen muß, wie diese zur Rettung des Unternehmens unerläßlich erscheinen [13].

Eine umfassende Konkretisierung und zugleich relativ strenge Eingrenzung der Widerrufsvoraussetzungen — die im wesentlichen auch heute gelten — erfolgte in dem BAG-Urteil vom 10. 12. 1972 [14], wenngleich schon zuvor eine Kürzungsmöglichkeit unter dem Gesichtspunkt der Zumutbarkeit und Tragbarkeit der Versorgungslasten bei Bestandsgefährdung erörtert worden war [15]. In jenem Urteil wurde anerkannt, daß ein Arbeitgeber auch bei vorbehaltloser Versorgungszusage unter engen Voraussetzungen aus Gründen einer wirtschaftlichen Notlage die Ruhegeldleistung kürzen oder gar einstellen kann. Eine wirtschaftliche Notlage ist nach Auffassung des BAG [16] gegeben, „wenn und solange bei ungekürzter Weiterzahlung der Bestand des Unternehmens gefährdet ist", nicht dagegen schon, wenn eine nachhaltige wesentliche Verschlechterung der wirtschaftlichen Lage des Unternehmens eintritt [17]. Einbußen bei den Ruhegeldern sollen den Pensionären zumutbar sein, wenn die Einstellung oder Kürzung ein geeignetes Mittel ist, zur Sanierung des Unternehmens beizutragen [18] und die Sanierungsmaßnahmen nicht allein zu Lasten der Rentenempfänger gehen, sondern auch durch finanzielle Opfer der aktiven Arbeitnehmer und des Arbeitgebers selbst gefördert werden [19].

Eine erleichterte Widerrufsmöglichkeit könnte für jene Versorgungsrechte bestehen, die auf einer Direktzusage mit vorbehaltener Widerrufsbefugnis beruhen, soweit diese vor Inkrafttreten des Gesetzes zur Verbesserung der betrieblichen Altersversorgung erteilt wurde. Dies dürfte im Hinblick auf den zeitlichen Rah-

---

[12] Zur formellen Voraussetzung der Einschaltung des Pensionssicherungs-Vereins siehe oben.

[13] BAG AP Nr. 167 zu § 242 BGB Ruhegehalt.

[14] BAG AP Nr. 154 zu § 242 BGB Ruhegehalt; vgl. aus jüngster Zeit: BGH, BB 1987, S. 199 f.

[15] Schon RAG ARS 18, S. 153 (156); RGZ 148, S. 81 (88 ff.); BAG AP Nr. 2 zu § 242 BGB Ruhegehalt, Bl. 302; AP Nr. 1 zu § 57 BetrVG, Bl. 594; AP Nr. 26 zu § 611 BGB; AP Nr. 104 zu § 242 BGB Ruhegehalt, Bl. 355.

[16] BAG AP Nr. 154 zu § 242 BGB Ruhegehalt, Bl. 174.

[17] BAG AP Nr. 157 zu § 242 BGB Ruhegehalt, Bl. 118 R.

[18] Bei Aussichtslosigkeit der Sanierung entfallen Versorgungsbeschränkungen: vgl. BAGE 24, S. 204 (209); BAG AP Nr. 157 zu § 242 BGB Ruhegehalt, Bl. 119 R; AP Nr. 167 zu § 242 BGB Ruhegehalt, Bl. 536; BAG AP Nr. 2 zu § 7 BetrAVG, Bl. 752 und AP Nr. 1 zu § 7 BetrAVG Widerruf, Bl. 841 R; BAG, DB 1986, S. 2029 f.

[19] BAG AP Nr. 154, 167, 175 zu § 242 BGB Ruhegehalt.

men der Zusage bis zum Beginn der Leistungen für die Mehrzahl der heutigen Versorgungsverhältnisse der Fall sein.

Zwar hat das BAG in einer Reihe von Entscheidungen den Grundsatz herausgearbeitet, daß Ruhegeldzusagen mit unbeschränktem Widerrufsvorbehalt vorbehaltlosen Zusagen hinsichtlich der Widerrufsmöglichkeit gleichzustellen sind[20]. Dagegen hat jedoch das Bundesverfassungsgericht in jüngster Zeit bestätigt, daß die vom BAG aufgestellte Widerrufsvoraussetzung nicht für alle in der Vergangenheit geleisteten Versorgungszusagen gleichermaßen Anwendung finden kann[21]. Danach kann für sogenannte Altfälle[22] aus der Zeit vor Inkrafttreten des Betriebsrentengesetzes und für Übergangsfälle[23], bei denen der Widerrufsfall zwar unter der Geltung des Betriebsrentengesetzes eintritt, deren rechtliche und tatsächliche Grundlagen jedoch in einem Zeitpunkt gelegt worden sind, in dem noch erleichterte Widerrufsmöglichkeiten bestanden, der strenge Maßstab der Widerrufsbefugnis bei „wirtschaftlicher Notlage“ nicht gelten. Wenn schon ein beliebiger Widerruf ausgeschlossen werde, so müsse nach dem Grundsatz der Verhältnismäßigkeit bei jenen Altfällen bereits ein triftiger Grund zum Widerruf berechtigen[24]. Die Entscheidungen des Bundesverfassungsgerichts betrafen zwar Sachverhalte, in denen die Widerrufsmöglichkeit für Unterstützungskassenleistungen, auf die nach § 1 Abs. 4 BetrAVG ohnehin kein Rechtsanspruch besteht, zur Entscheidung stand. Die Grundsätzlichkeit[25] der Aussagen könnte jedoch den Schluß auf eine allgemeine Bedeutung für andere Ruhegeldzusagen, und hier insbesondere unmittelbare Zusagen, deren freier Vorbehalt auf eine Widerrufsbefugnis nach billigem Ermessen reduziert wurde, zulassen[26].

Hier bleibt zumindest festzuhalten, daß nach unumstrittener Meinung in der Rechtsprechung Pensionsansprüche einem wirtschaftlichen Vorbehalt unterliegen, der eine teilweise oder gänzliche Aufhebung der Versorgungsrechte rechtfertigt.

---

20 Vgl. BAG AP Nr. 8 zu § 242 BGB Ruhegehalt-Unterstützungskasse, Bl. 956 f.; insbesondere: BAG AP Nr. 9 zu § 242 BGB Ruhegehalt-Unterstützungskasse, Bl. 1039 = SAE 1981, S. 13 ff., mit Anmerkung von *Schulin.*

21 BVerfG, Beschluß vom 19. 10. 1983, NJW 1983, S. 476 ff.; BVerfG, Beschluß vom 14. 1. 1987, NZA 1987, S. 347 ff. sowie BVerfG, Beschluß vom 26. 2. 1987, AP Nr. 12 zu § 1 BetrAVG Unterstützungskassen, Bl. 329 ff.

22 Betreffend den Beschluß von 1983.

23 Eingrenzend BVerfG, NZA 1987, S. 347 (348); BVerfG AP Nr. 12 zu § 1 BetrAVG Unterstützungskassen, Bl. 331 R; vgl. dagegen noch BAG, NZA 1986, S. 60.

24 Vgl. nunmehr auch BAG, DB 1984, S. 2461 (2463).

25 Eine allgemeine Geltung für sämtliche Ruhegeldzusagen bejaht *Wiedemann,* Zum Widerruf von betrieblichen Versorgungszusagen, S. 951 (970); a. A. wohl *Griebeling / Bepler,* Das Arbeitsrecht der Gegenwart, Bd. 25 (1988), S. 263 (267).

26 Vgl. insbesondere die ältere Rechtsprechung: BAGE 3, S. 327 ff. = AP Nr. 18 zu § 242 BGB Ruhegehalt, Bl. 106 f.; auch BAG AP Nr. 86 zu § 242 BGB Ruhegehalt, Bl. 253; AP Nr. 162 zu § 242 BGB Ruhegehalt, Bl. 388 R; AP Nr. 179 zu § 242 BGB Ruhegehalt, Bl. 745.

Anzumerken ist noch, daß auf seiten des Arbeitgebers ein Verschulden an der Notlage die Zulässigkeit des Widerrufsrechts nicht berührt[27]. Zum Schutz der Ruhegeldempfänger sind Versorgungsbeschränkungen nur insoweit zulässig, wie sie zur Rettung des Unternehmens unbedingt erforderlich sind. Die Rechtsprechung hat hier das allgemeine Widerrufsrecht auf ein Leistungsverweigerungsrecht in Form einer Stundung reduziert[28] und das Mittel der endgültigen Kürzung oder der endgültigen Einstellung der Zahlungen auf außergewöhnliche Einzelfälle eingeschränkt[29].

2. Die Rechtsgrundlage der Kürzungs- und Einstellungsberechtigung

Die Verpflichtung des Pensionärs, in Notsituationen auf die wirtschaftliche Lage des Versorgungsverpflichteten Rücksicht zu nehmen, wird ebenso wie bei den allgemeinen Verhaltenspflichten aus § 242 BGB abgeleitet. Unterschiedlich sind die Begründungen, welche zur Heranziehung der Generalklausel im Hinblick auf die Wettbewerbsbindung und die wirtschaftliche Rücksichtspflicht gegeben werden.

Im Bereich der Wettbewerbstätigkeit und ähnlicher Handlungen wird auf die Grundsätze der unzulässigen Rechtsausübung verwiesen, der Verlust des Versorgungsanspruchs damit von einem grob unbilligen oder unredlichen Verhalten abhängig gemacht[30]. Die Kürzung der Ruhegeldleistungen rechtfertigt sich nach Auffassung der Rechtsprechung aus mehreren Gesichtspunkten, die alle ihre Wurzel im Grundsatz von Treu und Glauben finden. Zum einen werden Einschränkungen in diesen Fällen mit der Treuepflicht des Ruhegeldempfängers und einer damit vorhergehenden Betriebsverbundenheit begründet[31]. Unausgesprochene Grundlage jeder Versorgungszusage soll sein, daß das Unternehmen in der Lage sei, die Versorgungsleistungen zu erbringen[32]. Daneben verpflichte auch der Gesichtspunkt der Solidargemeinschaft mit den noch aktiven Arbeitnehmern zur Rücksicht auf die wirtschaftlichen Belange des Unternehmens[33].

---

27 BAG AP Nr. 175 zu § 242 BGB Ruhegehalt, Bl. 945 R.

28 BAG AP Nr. 154 zu § 242 BGB Ruhegehalt, Bl. 174 f.; AP Nr. 157 zu § 242 Ruhegehalt, Bl. 119; AP Nr. 175 zu § 242 BGB Ruhegehalt, Bl. 945 R; AP Nr. 177 zu § 242 BGB Ruhegehalt, Bl. 679 R; BAG, DB 1984, S. 2461 (2464).

29 Grundlegend BAG AP Nr. 154 zu § 242 BGB Ruhegehalt, Bl. 174 R; *Höfer / Abt*, BetrAVG, Arb.Gr., Rdn. 370.

30 Grundlegend: BGH AP Nr. 151 zu § 242 Ruhegehalt; BAGE 22, S. 139 (145 f.).

31 BAG AP Nr. 2 zu § 242 BGB Ruhegehalt, Bl. 302 R mit zustimmender Anmerkung von *Hueck;* AP Nr. 3 zu § 242 BGB Ruhegehalt, Bl. 356 R; AP Nr. 4 zu § 242 BGB Ruhegehalt, Bl. 360; AP Nr. 154 zu § 242 BGB Ruhegehalt, Bl. 174.

32 BAG AP Nr. 154 zu § 242 BGB Ruhegehalt, Bl. 174, AP Nr. 157 zu § 242 BGB Ruhegehalt, Bl. 118 R.

33 BAG AP Nr. 154 zu § 242 BGB Ruhegehalt, Bl. 174; BAG AR-Blattei, Betriebliche Altersversorgung, Entsch. 35 unter 1 a der Gründe = AP Nr. 2 zu § 7 BetrAVG, Bl. 752.

Schließlich wird in neueren Entscheidungen darauf verwiesen, daß auch die Betriebsrentner aus Bestandsschutzgründen des Unternehmens in einer Krisensituation Kürzungen hinnehmen müßten, weil ihre Leistungen ebenso wie jene der Arbeitnehmer und der Unternehmensträger aus den Erträgen des Unternehmens gezahlt würden und daher der Bestand des Unternehmens die Opfergrenze markiere, bei der der Versorgungsanspruch gegenüber der Bestandssicherung der Versorgungsquelle zurückzutreten habe[34]. Grundgedanke für Einschränkungen der betrieblichen Altersleistung ist hier nicht die Treuepflicht, sondern eine Risikobeteiligung der Pensionäre in jenen Fällen, in denen die Existenz des Unternehmens auf dem Spiel steht. Diese Begründung stellt damit letztlich auf eine Betriebsgemeinschaft ab, in der die Pensionäre — in Anknüpfung an die Betriebsrisikolehre —[35] mit dem Unternehmen und der Belegschaft zu einer Risikogemeinschaft verbunden sind.

Die Begründungen zeigen, daß sich auch im Bereich des Ruhegeldrechts eine Abkehr von der traditionellen Lehrmeinung vollzieht, die im wesentlichen auf eine persönliche Verbundenheit von Pensionär und versorgungsverpflichtetem Arbeitgeber abstellt. Anstelle der Treuepflicht wird zunehmend auf eine wirtschaftliche Verbindung des Ruhegeldempfängers mit dem Unternehmen verwiesen. Andererseits fällt auf, daß mit der Verknüpfung der Versorgungsansprüche mit der wirtschaftlichen Lage des Unternehmens wiederum eine spezifisch arbeitsrechtliche Lösung gewählt wurde und damit eine besondere Pflichtenbindung des Ruhegeldempfängers erneut bestätigt wurde.

II. Grundlagen

Der Rechtsprechung des BAG wird seitens des Schrifttums im Ergebnis weitgehend, wenn auch zum Teil mit anderer dogmatischer Begründung, gefolgt. Deutlicher als in der Rechtsprechung wird im Schrifttum vor allem auf den besonderen Charakter der Ruhegeldleistung, deren Rechtsnatur, zur Rechtfertigung weiterer Pensionärspflichten abgestellt. Dabei kommt vor allem dem besonderen Charakter des Ruhegeldes als einer zusätzlichen (freiwilligen) betrieblichen Sozialleistung Bedeutung zu. Auswirkungen werden hier sowohl im Hinblick auf die Gläubigerstellung des Ruhegeldberechtigten, als auch auf dessen Pflichtenstellung bejaht.

---

34 BAG AP Nr. 157 zu § 242 BGB Ruhegehalt, Bl. 119; AP Nr. 175 zu § 242 BGB Ruhegehalt, Bl. 944 R; BAG AP Nr. 177 zu § 242 BGB Ruhegehalt, Bl. 678 ff.

35 Vgl. dazu *Biedenkopf,* Die Betriebsrisikolehre als Beispiel richterlicher Rechtsfortbildung, S. 7 ff.; *Reuter,* Anmerkung zu AP Nr. 167 zu § 242 Ruhegehalt, Bl. 536 (537 R).

1. Betonung des Fürsorgeelements gegenüber dem Entgeltelement

Eine weitere Rechtsbindung des Pensionärs an den Betrieb wird mittels des Fürsorgecharakters des Ruhegeldes begründet. Ausgangspunkt ist die von der Rechtsprechung entwickelte Argumentationsfigur eines sogenannten Doppelcharakters der betrieblichen Altersversorgung, nachdem das Ruhegeld sowohl Versorgungs- als auch Entgeltleistung des Arbeitgebers ist. So verweisen *Höfer/Abt*[36] darauf, daß neben der stärkeren Betonung des Entgeltcharakters nicht der Versorgungs- oder Fürsorgecharakter außer acht gelassen werden dürfe. Der Fürsorge seien dort natürliche Grenzen gesetzt, wo sie seitens des Begünstigten mißbraucht werde. Entgegen der neueren Rechtsprechung sei diese Grenze nicht erst bei schwersten Verstößen des Ruhegeldberechtigten überschritten; ein mißbräuchliches und damit treuwidriges Verhalten sei — entsprechend der alten Rechtslage vor dem Betriebsrentengesetz — bereits gegeben, wenn der Versorgungsempfänger fortgesetzt und hauptberuflich Konkurrenz mache[37]. Auch scheint gerade das Fürsorgeelement eine Verbindung der Ruhegeldleistung mit der nachvertraglichen Treuepflicht zu rechtfertigen, indem eine nachvertragliche Treuepflichtverletzung wie die Preisgabe von Betriebsgeheimnissen den vollständigen oder zumindest teilweisen Verlust der Versorgungsleistung zur Folge haben soll[38]. Ebenso bejaht *Gaul*[39] eine aus dem Pensionsvertrag abzuleitende „Enthaltsamkeitsverpflichtung“ des Pensionärs dahingehend, keine hauptamtliche Wettbewerbstätigkeit aufzunehmen, wenn er die Versorgungsleistung behalten will. Eine berufliche Enthaltsamkeit stelle für den Pensionär keine unbillige Belastung dar, da die Betriebsrente nach ihrem Fürsorge- und Vorsorgezweck gerade dazu diene, den Ruhestand wirtschaftlich abzusichern und dem Pensionär ein zur Aufrechterhaltung seines bisherigen Lebenszuschnitts notwendiges Einkommen zu erhalten[40].

Grundsätzlich wird also trotz verstärkter Betonung des Entgeltcharakters nach wie vor auf das Fürsorgeelement zur Begründung zusätzlicher Verhaltensanforderungen an den Rentenempfänger abgestellt. Als Erklärung dient hier der bereits für das Arbeitsverhältnis und für die nachwirkenden Pflichten entwickelte Ansatz, daß einer arbeitgeberseitigen Fürsorge eine arbeitnehmerseitige Treuebindung entsprechen müsse. Unabhängig von der Fragwürdigkeit dieses Ansatzes bleiben

---

36 *Höfer / Abt*, BetrAVG, Arb.Gr. Rdn. 375; ähnlich auch: *Buchner*, Wettbewerbsverbot, S. 128; auf den "Auch-Fürsorgecharakter“ hinweisend auch *Heubeck / Höhne / Paulsdorff / Weinert*, Kommentar, § 1 Rdn. 419 b.

37 Im Ergebnis für eine Fortsetzung der vorgesetzlichen Rechtsprechung vor Inkrafttreten des Betriebsrentengesetzes auch: *Ahrend / Rühmann*, DB 1979, Beilage 2, S. 1 (13); *Buchner*, Wettbewerbsverbot, S. 126 f.; wohl auch: *Heubeck / Höhne / Paulsdorff / Weinert*, Kommentar, § 1, Rdn. 419.

38 *Höfer / Abt*, BetrAVG, Arb.Gr., Rdn. 376.

39 *Gaul*, BB 1980, S. 57 (60); *ders.*, BB 1984, S. 346 (348 f.); einschränkend: *Bobrowski / Gaul*, Arbeitsrecht, Bd. II, L VI (S. 266).

40 *Gaul*, BB 1980, S. 57 (60).

bei dieser Argumentation zwei Gesichtspunkte offen: Zum einen wird vorausgesetzt, daß der in der Rechtsprechung zur Kennzeichnung des Ruhegeldcharakters verwendete Begriff der „Versorgung" tatsächlich den ursprünglichen Fürsorgegedanken fortsetzt, was durchaus umstritten ist[41]; zum anderen stellt sich die Frage, ob nicht gerade der Entgeltcharakter des Ruhegeldes einer fortgesetzten Treuebindung im Ruhestand entgegensteht.

2. Gewichtung des Entgeltelements

Das Entgeltmerkmal bringt bekanntlich zum Ausdruck, daß die im Ruhestand zu leistende Versorgung die Gegenleistung des Arbeitgebers für geleistete Betriebstreue ist[42] und der Versorgungsempfänger aufgrund der geleisteten Betriebstreue entsprechend der Zusage auch einen wirksamen und durchsetzbaren Rechtsanspruch erwirbt[43]. Konsequenterweise verneinen denn auch die Vertreter der strengen Entgelttheorie[44], nach deren Auffassung das Ruhegeld letztlich aufgespartes Arbeitsentgelt sei, unter Verweis auf den Lohncharakter der Leistung Einschränkungen des Anspruchs. Demgegenüber bleibt es nach vermittelnder Auffassung dabei, daß auch der Anspruchscharakter der Ruhegeldleistung eine Widerrufsmöglichkeit nicht generell ausschließt[45]. Der Entgeltcharakter zwinge lediglich dazu, einen strengeren Maßstab als bisher für den Entzug oder die Verweigerung der Geldleistung anzulegen[46]. Nach überwiegender Literaturmeinung sollen — der heutigen Rechtsprechung entsprechend — nur schwerwiegende Treuepflichtverletzungen, wie eben jene schädigende Wettbewerbshandlung, den Entzug des Ruhegeldes rechtfertigen und sei es nur für die Dauer der Wettbewerbstätigkeit[47].

---

41 Vgl. *von Arnim*, Verfallbarkeit, S. 83; *Heubeck / Höhne / Paulsdorff / Weinert*, Kommentar, § 1, Rdn. 419 b; dagegen: *Blomeyer / Otto*, BetrAVG, Einl. Rdn. 116 und 120; *dies.*, RdA 1977, S. 1 (6); *Koller / Bender*, Anmerkung zu BAG, SAE 1984, S. 213 (215) m. w. N.

42 Vgl. die Grundsatzentscheidung des BAG zur Unverfallbarkeit AP Nr. 156 zu § 242 BGB Ruhegehalt, Bl. 562 f. und AP Nr. 1 bis 3 zu § 87 BetrVG 1972 Altersversorgung jeweils mit Nachweisen.

43 *Blomeyer*, Die betriebliche Altersversorgung zu Beginnn der 80er Jahre, S. 34; *Hilger*, Die Entwicklung des Richterrechts und seine Bedeutung für die betriebliche Altersversorgung, S. 60 (63 ff.); *dies.*, RdA 1981, S. 6 (8 f.).

44 So *Grunsky*, JuS 1970, S. 16 (18), *ders.*, Anmerkung zu BAG AP Nr. 172 zu § 242 BGB Ruhegehalt, Bl. 826 R und Anmerkung zu BAG AP Nr. 2 zu § 7 BetrAVG, Bl. 753 ff.; *Säcker*, Rechtliche Probleme, S. 23 (35 ff. und S. 42 mit Fußnote 44); *Schwerdtner*, Fürsorge- und Entgelttheorie, S. 149 f. und S. 169 ff.; vgl. auch *Steindorff*, BB 1973, S. 1129 (1132).

45 Vgl. schon das ältere Schrifttum: *Hilger*, BB 1957, S. 296; *Lemke*, BB 1957, S. 512 (514 f.); *Monjau*, DB 1957, S. 188 (190 f.); trotz Anerkennung des Entgeltcharakters; *Sieg*, Anmerkung zu BAG, Urteil v. 10. 2. 1968, SAE 1968, S. 177 (178), Parallelwertung zu § 89 b III, S. 2 HGB; § 7 IV, S. 2 BUrlG.

46 Vgl. *Sieg*, Anmerkung zu BAG, SAE 1968, S. 177 f.

Diese Argumentation macht deutlich, daß sich aufgrund der Ruhegeldleistung für den Versorgungsempfänger eine weitere — wenn auch zunehmend sachlich reduzierte — Rücksichtspflicht dergestalt ergeben soll, daß Konkurrenzhandlungen zum Schaden des Arbeitgebers zu unterlassen sind. Es wird also davon ausgegangen, daß der Ruhegeldberechtigung auch weitere Ruhestandspflichten entsprechen, der pensionierte Arbeitnehmer kein „gewöhnlicher" Forderungsgläubiger ist, sondern eben „Betriebsrenten-Gläubiger" und somit aufgrund der Versorgungsleistung in einer besonderen rechtlichen Bindung zu seinem früheren Arbeitgeber steht.

III. Der Fall der wirtschaftlichen Bestandsgefährdung

Diese offensichtlich aus dem Fürsorgeaspekt abgeleitete Rücksichtnahme wird auch auf den wirtschaftlichen Bereich ausgedehnt. Danach wirkt sich eine Verschlechterung der wirtschaftlichen Ertragslage bis hin zur wirtschaftlichen Notlage unmittelbar auf den Bestand und die Entwicklung des Versorgungsanspruchs des Betriebsrenten-Empfängers aus. Zur Rechtfertigung der Kürzung oder Einstellung der Ruhegehälter wird neben arbeitsrechtlichen auch auf schuldrechtliche Grundsätze zurückgegriffen.

1. Abhängigkeit des Ruhegeldanspruchs von der wirtschaftlichen Lage

a) Die wirtschaftliche Verbundenheit als Bezugspunkt

Das in der Literaturdiskussion ursprünglich auch zur Begründung der Herabsetzung von Ruhegeldern herangezogene Treueargument ist heute weitgehend durch eine mehr betriebsbezogene Argumentation abgelöst worden[48]. Jedenfalls spielt der Gesichtspunkt der fortbestehenden Betriebsverbundenheit nur noch eine untergeordnete Rolle in der weiteren Auseinandersetzung[49]. *Dieterich/Rühle*[50] sehen

[47] Vgl. *Götz*, Nachvertraglicher Wettbewerb, S. 203 (211); *Hölters*, DB 1975, S. 2179 (2182) für den Verwirkungstatbestand; vor der Rechtsprechungsänderung und dem Inkrafttreten des Betriebsrentengesetzes schon *Schaub*, BB 1972, S. 223 (227); weniger deutlich allerdings jetzt in: Handbuch, § 81 X 5 c (S. 511). Wohl auch *W. Zöllner*, Arbeitsrecht, § 26 II 3 (S. 262); *Dieterich / Rühle*, AR-Blattei, Betriebliche Altersversorgung II, G VI; abweichend *Gaul*, BB 1984, S. 349 (348) und *ders.*, Arbeitsrecht, Bd. II, L VI (S. 255) für eine Einstellung schon bei hauptamtlicher Konkurrenz bejahend, allerdings nur für den Zeitraum der Verletzungshandlung.

[48] So vor allem *Hueck / Nipperdey*, Arbeitsrecht, Bd. I, § 52 VIII 3 (S. 492 f.); auch *Balkenhol*, Zulässigkeit und Grundlagen, S. 27; *Dieterich*, AR-Blattei Ruhegeld (-gehalt) I, 5 a; *Engel*, Die Rechtserheblichkeit betrieblicher Notlagen, S. 75 ff.; *Schering*, Verbindlichkeiten, S. 68 f.; *Schwarze*, Nachwirkungen, S. 81 f.

[49] Ablehnend: *Hilger*, Das betriebliche Ruhegeld, S. 263; *Reuter*, Anmerkung zu BAG AP Nr. 167 zu § 242 BGB Ruhegehalt, Bl. 538 R; *Richardi*, Entwicklungstendenzen, S. 41 (68); *Säcker*, Rechtliche Probleme, S. 23 (49).

[50] *Dieterich / Rühle*, AR-Blattei, Betriebliche Altersversorgung II, G V 1.

die Verpflichtung des Pensionärs zu Einschränkungen als arbeitsrechtliche Auswirkung einer bestehenden Gefahren- und Treuegemeinschaft. *Wiedemann*[51] betont weiterhin den Fürsorgecharakter des Ruhegeldes und begründet eine gesteigerte Rücksichtnahme im Hinblick auf die Belastbarkeit des Unternehmens mit spezifisch versorgungsrechtlichen Gesichtspunkten[52], indem er das Ruhegeld ebenso wie die Lohnzahlung als Daseinsvorsorge und Unterhalt interpretiert[53]: Nach seiner Ansicht wird der Vertrauensschutz des Versorgungsberechtigten auf den Bestand der Leistungen begrenzt durch einen entsprechenden Vertrauensschutz des sich freiwillig verpflichtenden Arbeitgebers. Wesentliches Argument für eine Widerrufsmöglichkeit ist hier noch eine der Fürsorge entsprechende Rücksichtnahme. Im Mittelpunkt heutiger Begründungsversuche steht vor allem der Gesichtspunkt einer wirtschaftlichen Verbundenheit des Ruhegeldberechtigten mit dem Versorgungsträger und dessen Substanzerhaltung. Kennzeichnend sind hier vor allem die Ausführungen von *Hilger*[54] aus dem Jahre 1959, die auch für die gegenwärtigen vielfältigen Stellungnahmen prägend waren.

b) Ertragsfähigkeit als Grundlage

Hilger leitet die Verpflichtung des Pensionärs, in Zeiten einer wirtschaftlichen Notlage Einschränkungen der Versorgungsleistungen hinzunehmen, aus einer wirtschaftlichen Abhängigkeit des Ruhegelds von der Ertragsfähigkeit des Unternehmens ab. Den besonderen Grund für die Bindung der Ruhegeldleistung an die wirtschaftliche Leistungsfähigkeit des Versorgungsträgers sieht *Hilger* in dem zusätzlichen Charakter des Ruhegeldes als Sondervergütung, die außerhalb der reinen Austauschbeziehung von Lohn und Arbeitsleistung stehe und dazu diene, die Begünstigten am Ertrag des Unternehmens teilhaben zu lassen[55]. Nicht die Eigenart des Ruhegeldes als freiwillige Sozialleistung, sondern eine aus der wirtschaftlichen Abhängigkeit abzuleitende „Gefahren- und Schicksalsgemeinschaft", die zur Rücksichtnahme auf den Betrieb und zur Solidarität mit der Belegschaft verpflichte, solle Eingriffe bei Bestandsgefährdung rechtfertigen. Auf den Fürsorge- oder Entgeltcharakter oder eine etwaige Treuepflicht komme es für die Kürzungsbefugnis nicht an[56].

---

51 *Wiedemann,* Zum Widerruf von betrieblichen Versorgungszusagen, S. 955 (973).

52 *Wiedemann,* Zum Widerruf von betrieblichen Versorgungszusagen, S. 955 (967 und 972).

53 Grundlegend zu seiner Konzeption: *Wiedemann,* Austausch- und Gemeinschaftsverhältnis, S. 11 ff. und zur Risikolehre, S. 90 f.

54 *Hilgers,* Das betriebliche Ruhegeld, S. 259 ff.

55 Ähnlich schon *Molitor,* RdA 1952, S. 124 (125).

56 Vgl. *Hilger,* Das betriebliche Ruhegeld, S. 265.

c) Betriebs- und Solidargemeinschaft

Dies dürfte zumindest mit ein Grund gewesen sein, weshalb mit der Anerkennung des Entgeltcharakters und dessen Verfestigung durch das Betriebsrentengesetz in verstärktem Maße dazu übergegangen wurde, Leistungseinschränkungen der Rentenempfänger aus der Argumentationsfigur einer Betriebs- und Solidargemeinschaft zu rechtfertigen[57].

aa) Solidargemeinschaft der Aktiven und Pensionäre

Um eine rechtliche Begründung und begriffliche Klärung des Solidaritätsgedankens hat sich *Gamillscheg*[58] bemüht, der eine Ruhegeldkürzung aufgrund des Solidaritätsprinzips befürwortet, indem er auf eine die „Solidarität der Arbeitnehmer und Pensionäre untereinander" tragende Drittdimension des Arbeitsverhältnisses verweist. Mit dem Solidaritätsgrundsatz wird allerdings auf eine weitere umstrittene Argumentationsfigur der Arbeitsrechtsdogmatik zurückgegriffen, die vor allem im Rahmen der Betriebsrisikolehre zur Begründung einer Risikoverteilung nach Gefahrensphären herangezogen wurde[59], und dessen historischer Ursprung zudem in der Arbeiter- und Gewerkschaftsbewegung liegt[60]. Ein Zusammenhalt bzw. Zusammengehörigkeitsgefühl im Sinne der Begriffsdeutung[61] wurde aber bislang nur für die aktive Arbeitnehmerschaft angenommen, sei es, daß der einzelne Arbeitnehmer aufgrund einer solidarischen Pflicht mit Rücksicht auf die Interessen der übrigen Arbeitnehmer die Einsparung von Gratifikationen hinnehmen muß[62], oder sei es, daß er bei Arbeitsmangel wegen Teilstreiks Lohneinbußen selbst bei fehlender Beteiligung an dem Streik erdulden muß[63]. Die Befürworter eines erweiterten Solidaritätsmodells, in das neben den Aktiven auch die Versorgungsempfänger eines Unternehmens einbezogen werden sollen, begründen dies mit pragmatischen Argumenten. Der Sachzwang gebiete es, das

---

[57] Vgl. die Anmerkung von *G. Hueck* zu BAG AP Nr. 154 zu § 242 BGB Ruhegehalt, Bl. 176 (177 R ff.); *Reuter*, Anmerkung zu BAG AP Nr. 167 zu § 242 BGB Ruhegehalt, Bl. 537 ff.; *Feudner*, DB 1984, S. 613 (615 f.); *Vogt*, Entziehung von Ansprüchen, S. 103 ff.

[58] *Gamillscheg*, Die Solidarität als Rechtsbegriff, S. 135 (144 f.); ihm folgend: *Richardi*, Entwicklungstendenzen, S. 41 (68 ff.); auch *Röshler*, Das Arbeitsrecht der Gegenwart, Bd. 12 (1975), S. 107 (110 ff.).

[59] Vgl. *Biedenkopf*, Die Betriebsrisikolehre als Beispiel richterlicher Rechtsfortbildung, S. 18 ff.

[60] *Pfarr / Kittner*, RdA 1974, S. 284 (287 ff.); vgl. *Rüthers*, ZfA 1972, S. 403 (411 f.).

[61] *Voelker*, Solidarität als Rechtspflicht, S. 10; eine ausführliche Begriffsgenese geben: *Pfarr / Kittner*, RdA 1974, S. 284 (287 ff.).

[62] BAG AP Nr. 5 und Nr. 51 zu § 611 BGB Gratifikation. Weitere Beispiele: *Gamillscheg*, Die Solidarität als Rechtsbegriff, S. 135 (145 ff.).

[63] Vgl. nur BAG AP Nr. 2 zu § 615 BGB Betriebsrisiko; AP Nr. 45 zu Art. 9 Arbeitskampf; kritisch zur Annahme einer „Zwangssolidarisierung": *Biedenkopf*, Die Betriebsrisikolehre als Beispiel richterlicher Rechtsfortbildung, S. 18 ff.

„Unternehmen als Lebensgrundlage"[64] für jene, die daraus Leistungen beziehen, zu erhalten, weshalb auch von den Betriebsrentnern, deren Ruhestandsversorgung vielfach durch die Aktiven erarbeitet und aus den Erträgen des Unternehmens geleistet werde, ein gemeinschaftliches Opfer verlangt werden könne[65].

Diese auf den ersten Blick eingängige Argumentation verliert allerdings an Überzeugungskraft, wenn man einmal die Position der Versorgungsempfänger und der Beschäftigten eines wirtschaftlich notleidenden Unternehmens im Hinblick auf eine mögliche Solidargemeinschaft miteinander vergleicht. Zwar ist es richtig, daß die Ruhegelder vielfach auch aus den Erträgen des Unternehmens geleistet und von den aktiv Beschäftigten miterwirtschaftet werden; gleichwohl hat der Bestand des Unternehmens seit Einführung der Insolvenzsicherung[66] für den Betriebsrentner nicht mehr die gleiche existentielle Bedeutung wie für die Arbeitnehmer: die Ruhestandsbezüge des pensionierten Arbeitnehmers sind im Rahmen der Höchstgrenzenregelung des § 7 Abs. 3 BetrAVG durch eine Einstandspflicht des Pensions-Sicherungs-Vereins weitgehend abgesichert, während für die Arbeitnehmer der Bestand des Arbeitsplatzes und der Arbeitsstätte unmittelbare existentielle Bedeutung hat.

Das Zusammengehörigkeitsgefühl wird spätestens dort enden, wo von den Versorgungsberechtigten ein größeres Opfer verlangt wird als von der Arbeitnehmerschaft. Die Frage des Sonderopfers stellt sich aber, wenn man mit der herrschenden Meinung einen "Auch-Entgeltcharakter"[67] des Ruhegeldes anerkennt und zugleich eine Bezügeabsenkung mit dem Solidaritätsprinzip begründet. Schließlich hat der Ruhegeldberechtigte für seinen Versorgungsanspruch bereits vorgeleistet, *und* notwendige Einschränkungen müssen nach der BAG-Rechtsprechung „sozial gerecht" verteilt werden[68]. Dagegen müssen Betriebsangehörige Gehaltskürzungen zur Bestandssicherung des Unternehmens nicht ohne weiteres hinnehmen[69], um nicht die Leistungsbereitschaft der Beschäftigten zu schmälern[70]. Einschränkungen sollen hier auf den Bereich der Sozialzulagen und noch

---

64 *Gamillscheg*, Die Solidarität als Rechtsbegriff, S. 135 (144) im Anschluß an: *Hilger*, Das betriebliche Ruhegeld, S. 263.

65 Neben *Gamillscheg* und *Hilger* auch: *Feudner*, DB 1984, S. 613 (615 f.).

66 Einen Rückgriff auf den Solidaritätsgedanken hält *Röshler*, Das Arbeitsrecht der Gegenwart, Bd. 12 (1975), S. 107 (119) deshalb für „wohl nicht mehr erforderlich". Das Solidaritätsargument für überwunden hält neuerdings: *Blomeyer*, NZA 1985, S. 1 (4 f.).

67 *Hilger*, Das betriebliche Ruhegeld, S. 16 f. und S. 261.

68 BAG AP Nr. 154 zu § 242 Ruhegehalt, Bl. 176 R. Vergleiche auch LAG Düsseldorf, BB 1979, S. 215 f., eine Opfergleichheit nur bei finanziellen Opfern auch der Aktiven und nicht schon bei einer Verminderung der Belegschaft bejahend.

69 Jedenfalls nicht aufgrund des Solidaritätsprinzips. Einschränkungen können nur über arbeitsrechtliche Instrumentarien der Individualvereinbarung bzw. Änderungskündigung versucht werden; vgl. *H. Müller*, NZA 1985, S. 307 ff. So auch *Gamillscheg*, Die Solidarität als Rechtsbegriff, S. 135 (149), wobei ein Lohnverzicht selbst dann nicht zumutbar sein soll, wenn dieser das Unternehmen retten könnte; *Dieterich / Rühle*, AR-Blattei, Betriebliche Altersversorgung II, G.V.2.

70 *Höfer / Abt*, BetrAVG, Arb.Gr., Rdn. 356 und *Schaub*, Handbuch, § 81 X 6 (S. 512).

zu erdienender Versorgungsanwartschaften begrenzt sein[71]. Eine Gleichheit von Versorgungsempfängern und Aktiven, die auf eine Verbundenheit im Sinne einer Solidaritätsgemeinschaft schließen ließe, ist somit nicht feststellbar. Vielmehr wird an einen vor allem im älteren Schrifttum vertretenen Standpunkt angeknüpft, nach dem Ansprüche auf betriebliche Sonderleistungen bei Bestandsgefährdung des Unternehmens hinter den Lohnansprüchen zurückzutreten haben[72].

Gegen eine solidarische Verbundenheit spricht schließlich auch die im Bereich der Anpassungsrechtsprechung zu § 16 BetrAVG anerkannte Vorrangigkeit der Sozialleistungen der Aktivbeschäftigten vor dem Anpassungsbegehren der Rentner. Der Fortzahlung freiwilliger Sozialleistungen an die Arbeitnehmer — wie Weihnachtsgratifikationen und Jubiläumsgeschenke — steht nicht entgegen, daß zur gleichen Zeit eine Anpassung der Betriebsrenten aufgrund der wirtschaftlichen Lage des Arbeitgebers verneint wird, weil von den Aktiven im Hinblick auf eine mögliche Anpassung keine Opferbeteiligung verlangt werden kann[73]. Die Pensionäre müssen insoweit hinter den Arbeitnehmern zurückstehen.

bb) Grundsätzliche Bedenken gegen das Solidaritätsargument

Dieser Vergleich soll genügen, einzelne Bedenken, die gegen eine Erweiterung des Solidariätsprinzips auf die Betriebsrentenempfänger sprechen, aufzuzeigen[74]. Ein weiterer grundlegender Einwand, der hier nur erwähnt werden kann, betrifft die Frage, ob sich aus dem Solidaritätsprinzip überhaupt rechtsgestaltende Wirkungen herleiten lassen oder ob es sich nicht vielmehr wie bei dem arbeitsrechtlichen Schutzprinzip um ein soziales Leitbild[75] handelt, das aufgrund seines traditionellen Verständnisses ohnehin nicht zur Legitimation einer betriebsbezogenen Solidarität tauglich ist. Hier genügt es zunächst festzuhalten, daß das Solidaritätsargument weder als Rechtfertigungsgrund noch als Zumutbarkeitskriterium[76] für

---

71 Vgl. *Gamillscheg,* Die Solidarität als Rechtsbegriff, S. 135 (149), mit dem Beispiel des Gratifikationsverzichts. Ein finanzielles Opfer bei Kürzung aller sonstigen freiwilligen Zuwendungen anerkennend auch LAG Düsseldorf, BB 1979, S. 215 f.

72 Dazu *Molitor,* RdA 1952, S. 124 (126); auch LAG Bremen, RdA 1949, S. 428 f. trotz Betonung des Vergütungscharakters des Ruhegeldes; *Nikisch,* Arbeitsrecht, Bd. I, § 41 VII 2 (S. 593) Fußnote 110. Aus neuerer Zeit auch: LAG Düsseldorf, BB 1978, S. 813; *Höfer / Abt,* BetrAVG, Arb.Gr., Rdn. 356, unter Bezug auf oben zitierte Rechtsprechung. Die Frage, inwieweit diese Differenzierung zwischen Lohn- und Sonderzuwendungen überhaupt noch aufrechterhalten werden kann, weil mittlerweile auch für Gratifikationsleistungen der Entgeltcharakter anerkannt ist, kann in diesem Zusammenhang dahingestellt bleiben. Kritisch dazu: *Blomeyer,* RdA 1977, S. 1 (11); anders noch: *Voelker,* Solidarität als Rechtspflicht, S. 40 ff.

73 BAG EzA Nr. 11 zu § 16 BetrAVG; ebenso *Schaub,* NJW 1978, S. 2076 (2080); weitere Nachweise bei *Blomeyer / Otto,* BetrAVG, § 16, Rdn. 195. Kritisch zu o. g. Entscheidung gerade im Hinblick auf den Entgeltcharakter und das Solidaritätsargument: *Schulin,* Anmerkung zu BAG EzA Nr. 11 zu § 16 BetrAVG, Bl. 146 d f.

74 Weitergehend: *Blomeyer,* RdA 1977, S. 1 (10 f.).

75 Siehe oben Zweiter Teil, 1. Abschnitt II 2 c: Kritisch zur juristischen Verwendbarkeit des Solidaritätsarguments beispielsweise *Pfarr / Kittner,* RdA 1974, S. 284 (292 f.).

die Begründung einer Ruhegeldabsenkung überzeugen kann. Die Befürworter eines Solidarverbandes zwischen Arbeitnehmern und Versorgungsempfängern bejahen eine Opferbeteiligung der Pensionäre, weil der Erhalt des Unternehmens als Ertragsquelle dem allgemeinen Interesse beider entsprechen müsse[77], doch erklären sie nicht, worauf diese notwendige Interessengemeinschaft basiert. Außerdem wird mit dem Solidaritätsprinzip ebenso wie bei der Begründung aus einer Treue- und Betriebsgemeinschaft wiederum auf eine spezifisch arbeitsrechtliche Argumentationsfigur zurückgegriffen, ohne überhaupt die Anwendbarkeit arbeitsrechtlicher Grundsätze auf das Pensionsverhältnis zu untersuchen.

d) Wirtschaftliche Leistungsfähigkeit als Regelungsbestandteil der Versorgungsvereinbarung

Andere Begründungen suchen dagegen Einschränkungen der Pensionsleistungen allein aus dem Gesichtspunkt der wirtschaftlichen Bestandssicherung und Leistungsfähigkeit des Versorgungsverpflichteten zu rechtfertigen. Von grundlegender Bedeutung ist hierbei die Annahme, daß die betrieblichen Versorgungsleistungen dergestalt mit der wirtschaftlichen Lage des Unternehmens verknüpft sind, daß eine wesentliche Verschlechterung der Wirtschaftslage unmittelbar auf Bestand und Höhe der Versorgungsansprüche einwirkt.

aa) Stillschweigender Vorbehalt wirtschaftlicher Leistungsfähigkeit

So wird im älteren Schrifttum die Kürzungsberechtigung von Ruhestandsbezügen damit begründet, daß betriebliche Sonderzuwendungen stets unter dem Vorbehalt der fortbestehenden Leistungsfähigkeit oder dem Vorbehalt des Widerrufs, insbesondere im Falle der Nichtleistungsfähigkeit, gewährt werden[78]. Die Ruhegeldzusage werde allgemein mit der Vorstellung abgegeben, die später anfallenden Pensionsleistungen bei gleichbleibender wirtschaftlicher Leistungsfähigkeit auch erbringen zu können; folglich sei unausgesprochene Grundlage jener Vereinbarungen, daß eine Verschlechterung der Ertragslage mit abnehmender Liquidität einseitige Kürzungen der Ruhestandsbezüge zur Bestandssicherung des Unternehmens rechtfertige.

Diese Auffassung stützt sich auf die Rechtsprechung des Reichsgerichts und Reichsarbeitsberichts[79] der 30er Jahre, die eine Begrenzung der Leistungspflicht

---

[76] Soweit die Solidarität als zusätzliches Argument neben der Betriebsverbundenheit genannt wird. Vgl. neben BAG AP Nr. 154 zu § 242 BGB Ruhegehalt, Bl. 174; BAG AP Nr. 2 zu § 7 BetrAVG, Bl. 752; auch *Nikisch*, Arbeitsrecht, Bd. I, § 41 VII 2 (S. 593); *Balkenhol*, Zulässigkeit und Grundlagen, S. 91.

[77] So wenig überzeugend: *Vogt*, Entziehung von Ansprüchen, S. 107 f.

[78] *Molitor*, RdA 1952, S. 124 (126); *Westphal*, Betriebliche Ruhegelder, S. 73, insbes. S. 77 f. Grundlage sei, daß die Mindestleistungen aus den Arbeitsverhältnissen erbracht werden können.

bei Sonderzuwendungen vor allem aus Gründen der wirtschaftlichen Unzumutbarkeit und der wirtschaftlichen Existenzsicherung bei drohendem Ruin[80] bejahten und dabei anfangs Ruhegeldkürzungen neben dem Treuegesichtspunkt unter Heranziehung der sog. „clausula rebus sic stantibus" befürworteten[81]. Im Gegensatz zur Rechtsprechung bedarf es nach dieser Literaturauffassung jedoch keines weiteren Rückgriffs auf das Treueargument, da sich die Kürzungsberechtigung aus dem zusätzlichen Charakter des Ruhegeldes als einer freiwilligen Sonderzuwendung ableiten lasse[82].

Die These vom Vorbehalt gleichbleibender wirtschaftlicher Verhältnisse basiert damit allerdings auf einem Verständnis von der Rechtsnatur der Versorgungsleistung, in dem der Fürsorgecharakter dominierend sein soll; denn grundlegend ist hier die Annahme, daß der Ruhegeldanspruch nicht dieselbe Bestandsfestigkeit habe wie die sonstigen aus dem Arbeitsverhältnis erwachsenden Lohnansprüche. Dies bestätigt ein Blick auf die frühere Rechtsprechung, nach der parallel mit der Anerkennung als Fürsorgeleistung auch die Kürzungsberechtigung befürwortet wurde, umgekehrt aber eine Kürzung oder Einstellung der Leistung selbst in wirtschaftlichen Krisenzeiten verneint wurde, solange das betriebliche Ruhegeld noch als einbehaltener Lohn angesehen wurde[83]. Dementsprechend kann der Hinweis auf den Sondervergütungscharakter des Ruhegeldes und den Vorbehalt der gleichbleibenden wirtschaftlichen Verhältnisse angesichts des heute anerkannten Entgeltcharakters der Pension als Argument für die Leistungseinschränkung nicht mehr geeignet sein. Das hier dargelegte Argument einer direkten Abhängigkeit der Ruhestandsleistungen von der wirtschaftlichen Situation des Unternehmens müßte auch zur Konsequenz haben, daß allein wirtschaftliche Einbrüche in unmittelbarer Folge zu Leistungseinschränkungen führen[84]. Gerade

[79] RAG ARS 18, S. 153 (156); 22, S. 5 (11 f.); 23, S. 163 (166); 36, S. 188 (189); RG RGZ 148, S. 81 (88 ff.); vgl. auch später BGHZ 2, S. 150 (156); BAG AP Nr. 2 – 4 zu § 242 BGB Ruhegehalt und noch BAG AP Nr. 154 zu § 242 BGB Ruhegehalt, Bl. 174, unausgesprochene Grundlage jeder Versorgungszusage sei, daß das Unternehmen in der Lage ist, diese Leistungen zu erbringen.

[80] Zur Entwicklung der sog. Ruintheorie vgl. *Rüthers,* Die unbegrenzte Auslegung, S. 15 ff., insbes. S. 25 ff.

[81] Insbesondere ARS 22, S. 5 (11 f.): „... so wird der Ruhegeldbewilligung doch häufig — wenn nicht regelmäßig — der Gedanke zugrunde liegen, daß die Dienste des Zurruhegesetzten sich auch in der Zukunft auswirken und daß die Entwicklung und das künftige Gedeihen des Betriebes mit auf jene Dienste zurückzuführen sind, daß es also billig erscheint, dem Zurruhegesetzten einen Anteil auch an den weiteren Erträgnissen des Betriebes zukommen zu lassen. Dann liegt dem Ruhegeldversprechen regelmäßig die Erwartung zugrunde, daß der Betrieb wie bisher ertragreich sein werde."

[82] *Molitor,* RdA 1952, S. 124 (126); *Westphal,* Betriebliche Ruhegelder, S. 73 ff.; vgl. auch *Hilger,* Das betriebliche Ruhegeld, S. 261 f.

[83] RAG ARS 13, S. 546 f. zur Unterhaltsrente; ARS 15, S. 553 f.; 16, S. 281 (283) und S. 460 f.; ARS 34, S. 273 ff. Zum Zusammenhang zwischen dem Wandel der Rechtsprechung zum Ruhegeldcharakter und der Anerkennung der Kürzungsbefugnis aus wirtschaftlichen Gründen auch *Rüthers,* Die unbegrenzte Auslegung, S. 29 f.

[84] Vgl. *Blomeyer,* RdA 1977, S. 1 (9).

diese Konsequenz wird jedoch allgemein abgelehnt. Ruhestandsbezüge sollen bei Notsituationen nur im Ausnahmefall und unter weiteren strengen Voraussetzungen gekürzt werden können. Insbesondere das BAG knüpft mit Hinweis auf den Entgeltcharakter der Versorgung an die Widerrufsmöglichkeit als weitere Bedingungen die Sanierungsaussicht und die sozial gerechte Verteilung der zu erbringenden Opfer[85].

Abgesehen davon, ob ein verstärkter Bestandsschutz der Versorgung aus dem Entgeltcharakter oder dem Grundsatz des Vertrauensschutzes begründet wird, ist auch die Rechtfertigung der Kürzungsmöglichkeit über einen immanenten oder stillschweigend vereinbarten Verschlechterungsvorbehalt methodisch verfehlt. Die Annahme, Ruhegeldvereinbarungen stünden unter einem allgemeinen Verschlechterungsvorbehalt, weil die Zusage in der Erwartung abgegeben werde, die wirtschaftliche Lage des Versorgungsverpflichteten würde sich nicht wesentlich verschlechtern, arbeitet mit einer Fiktion, die der Ruhegeldvereinbarung eine Grundlage unterstellt, um so ein bestimmtes, als gerecht empfundenes Ergebnis zu ermöglichen[86].

bb) Das Argument von der schwächeren Bestandsfestigkeit der Versorgungszusage

In engem Zusammenhang mit der oben abgelehnten Ansicht vertritt *Meilicke*[87] die Auffassung, daß zumindest die unter dem ausdrücklichen Vorbehalt gleichbleibender Verhältnisse zugesagten Pensionen herabsetzbar seien. Er weist darauf hin, daß schätzungsweise 90 % aller Pensionzusagen einen ausdrücklichen, steuerlich anerkannten Mustervorbehalt[88] enthalten, nach dem das Ruhegeld unter dem allgemeinen Vorbehalt gewährt wird, die Leistungen zu kürzen oder einzustellen, wenn die bei Erteilung der Pensionszusage maßgebenden Verhältnisse sich nachhaltig so wesentlich geändert haben, daß der Firma die Aufrechterhaltung der zugesagten Leistungen auch unter objektiver Beachtung der Belange des Pensionsberechtigten nicht mehr zugemutet werden kann. Der Arbeitgeber habe sich mit jenem ausdrücklichen Vorbehalt gegen zukünftige wirtschaftliche Risiken absichern und damit gerade keine bestandsfeste Verpflichtung eingehen wollen. Daher müsse für ihn auch die Möglichkeit bestehen, aufgrund der Vorbehaltsklausel Versorgungsleistungen einzuschränken oder zurückzunehmen. *Mei-*

---

85 Vgl. nur BAG AP Nr. 154 zu § 242 BGB Ruhegehalt, Bl. 174 f.

86 Vgl. auch *Säcker*, Gruppenautonomie, S. 300 ff. gegen die Annahme eines allgemeinen Änderungsvorbehalts bei arbeitsvertraglicher Einheitsregelung. Wie hier ablehnend auch: *Balkenhol*, Zulässigkeit und Grundlagen, S. 84 ff.; *Meckl*, Die Kürzung von Leistungen, S. 30 f.

87 *Meilicke*, BB 1983, S. 73 (74 f.).

88 Nach Abschnitt 41 Abs. 3 Satz 3 EStR, die dem Arbeitgeber die steuerunschädliche Bildung von Rückstellungen ermöglichen. Zu weiteren speziellen Vorbehalten vgl. *Höfer / Abt*, BetrAVG, Arb.Gr., Rdn. 405 ff.

licke schließt daraus, daß die unter dem Vorbehalt gleichbleibender Verhältnisse zugesagten Pensionen von vornherein nur von eingeschränkter Bestandskraft seien[89]. Für die vorbehaltlos erklärten Pensionszusagen leite sich die Kürzungsberechtigung aus der Anpassungsvorschrift des § 16 BetrAVG ab, die sowohl eine Anpassung nach oben als auch nach unten eröffne. Er berücksichtigt dabei jedoch nicht, daß gerade die mit den Vorbehaltsklauseln verbundenen Unverbindlichkeitsregelungen und freien Widerrufsvorbehalte, die den Pensionsberechtigten schutzlos ließen, Rechtsprechung und Literatur dazu bewogen haben, jene Klauseln im Wege der rechtsgeschäftlichen Auslegung und der Billigkeitskontrolle inhaltlichen Schranken zu unterwerfen. Auch bei einem ausdrücklichen allgemeinen Vorbehalt wird nach der h. M. die Versorgungszusage als rechtsverbindlich anerkannt[90]; für den Verpflichteten soll nur in engen Grenzen die Möglichkeit bestehen, bei „wesentlichen Änderungen" Einschränkungen bei den Versorgungsleistungen vorzunehmen[91]. Wirtschaftliche Vorbehaltsklauseln haben somit lediglich deklaratorischen Charakter und bilden nicht die rechtliche Grundlage für Ruhegeldkürzungen[92]. Demnach kann entgegen *Meilicke*[93] die Widerrufsmöglichkeit bei ausdrücklich vereinbarter clausula rebus sic stantibus nicht weiter gefaßt sein als bei vorbehaltlosen Zusagen, da es auf das in dem Vorbehalt üblicherweise verwendete Kriterium der „wesentlichen Veränderung der Verhältnisse" nicht ankommt. Dies ist zumindest für die Direktzusage unumstritten[94].

Eine weitergehende Widerrufsmöglichkeit würde auch der Insolvenzschutzregelung des § 7 Abs. 3 S. 3 Nr. 5 BetrAVG widersprechen, nach welcher der Insolvenzsicherungsverein nur bei Kürzungen oder Einstellungen aufgrund wirtschaftlicher Notlage einspringen muß. Zwar hat der Gesetzgeber in § 7 nicht

89 *Meilicke*, BB 1983, S. 73 (74) „keine Festzusagen".

90 Vgl. BAG AP Nr. 84 und 86 zu § 242 BGB Ruhegehalt gegen die freie Widerrufsmöglichkeit gegenüber Pensionären; vgl. auch BAG AP Nr. 162 und 179 zu § 242 BGB Ruhegehalt; BAG, SAE 1989, S. 16 (17). *Hilger*, Das betriebliche Ruhegeld, S. 138 f.; im Ergebnis eine bindende Zusage aufgrund zurechenbaren Vertrauenstatbestandes bejahend auch *Canaris*, Vertrauenshaftung, S. 398.

91 Vgl. für den Vorbehalt sozialversicherungsrechtlicher Änderungen BAG AP Nr. 170 zu § 242 BGB Ruhegehalt, Bl. 807 R, wo allerdings eine wesentliche Änderung verneint wird; im weiteren auch: *Höfer / Abt*, BetrAVG, Arb.Gr., Rdn. 411 f.

92 So BAG AP Nr. 157 zu § 242 BGB Ruhegehalt, Bl. 118 R; AP Nr. 162 zu § 242 BGB Ruhegehalt, Bl. 388 R; BAG AP Nr. 8 zu § 242 BGB Ruhegehalt-Unterstützungskassen, Bl. 956 und AP Nr. 9 zu § 242 BGB Ruhegehalt-Unterstützungskassen, Bl. 1040 R; *Blomeyer*, RdA 1977, S. 1 (2); *Heubeck / Höhne / Paulsdorff / Rau / Weinert*, Kommentar, § 1, Rdn. 412; auch schon *Höhne*, BB 1967, S. 122 (126); *Höfer / Abt*, Arb.Gr., Rdn. 400 m. w. N.; *Schulin*, DB 1984, Beilage 10, S. 1 (4).

93 *Meilicke*, BB 1983, S. 73 (79).

94 Vgl. *Heubeck / Höhne / Paulsdorff / Weinert*, Kommentar, § 1, Rdn. 412; *Blomeyer / Otto*, BetrAVG, Einl. Rdn. 359 a, 361. Auf die bereits angesprochene Änderung im Hinblick auf erleichterte Widerrufsbedingungen von Unterstützungskassenleistungen bei sog. Alt- und Übergangsfällen aufgrund des Bundesverfassungsgerichtsbeschlusses vom 14. 1. 1987, NZA 1987, S. 347 ff. und vom 26. 2. 1987, AP Nr. 12 zu § 1 BetrAVG Unterstützungskassen sei nochmals verwiesen.

zum Ausdruck gebracht, unter welchen Voraussetzungen der Arbeitgeber verbindliche Ruhegeldzusagen widerrufen und Kürzungen bei laufenden Versorgungsleistungen vornehmen kann und damit einen möglichen Kürzungstatbestand vorausgesetzt[95], doch wollte er mit der Regelung des § 7 Abs. 1 S. 3 Nr. 5 BetrAVG erkennbar den Versorgungsempfänger davor schützen, daß dieser in für den verpflichteten Arbeitgeber wirtschaftlich schwierigen Zeiten seine Pension verliert. Dabei hat er als Kürzungsvoraussetzung offensichtlich das in der Rechtsprechung zugelassene Kriterium der wirtschaftlichen Notlage im Auge gehabt, das gegenüber dem Vorbehalt der wesentlichen Verschlechterung nicht bereits wirtschaftliche Schwierigkeiten, sondern eine konkrete Existenzgefährdung des Unternehmens für eine Widerrufsberechtigung voraussetzt. Mit dem in der Insolvenzregelung zum Ausdruck kommenden Schutzgedanken ist es nicht vereinbar, erleichterte Leistungseinschränkungen aufgrund wirtschaftlichen Vorbehalts zuzulassen[96]. Einstellungen und Kürzungen bei insolvenzgeschützten Versorgungsrechten sind allenfalls dann möglich, wenn eine wirtschaftliche Notlage gegeben ist, wobei hier noch offen bleiben muß, inwieweit dieser Widerrufsgrund überhaupt noch zulässig ist[97].

Aus dem soeben aufgezeigten Zusammenhang zwischen Insolvenzschutz und Widerrufsbefugnis folgt auch, daß sich eine Kürzung von Versorgungsleistungen nicht mit Hilfe der Anpassungsregelung in § 16 BetrAVG begründen läßt[98]. Das für die Anpassungsprüfung maßgebende Kriterium der „wirtschaftlichen Lage des Arbeitgebers" ist nicht gleichzusetzen mit der wirtschaftlichen Notlage, die bei der unmittelbaren Versorgungszusage allein zu Leistungsreduzierungen berechtigt[99]. Bei der Beurteilung der wirtschaftlichen Lage geht es darum, ob eine Anpassung der Rente an die Geldentwertung ohne Gefährdung des Bestandes und der Fortentwicklung des Unternehmens möglich ist, nicht um die Feststellung eines Not- und Insolvenzfalles. Gegen eine Heranziehung des § 16 zur Rechtfertigung von Ruhegeldkürzungen spricht auch, daß die Anpassungsvorschrift einen anderen Anwendungsbereich umfaßt[100]. Anknüpfungspunkt für eine Anpassungs-

---

95 Vgl. den Bericht des Ausschusses für Arbeit und Sozialordnung vom 22. 11. 1974, BT-Drucksache 7/2843, S. 7.

96 Vgl. BAG AP Nr. 9 zu § 7 BetrAVG, Bl. 415; vgl. BAG, NZA 1986, S. 60 (62) mit Bezug auf die Widerrufsmöglichkeit bei Unterstützungskassen. Zur Verknüpfung von Versorgungskürzung und Insolvenzschutz auch *Griebeling / Bepler*, Das Arbeitsrecht der Gegenwart, Bd. 25 (1988), S. 263 (267).

97 Vgl. dazu die weiteren Ausführungen unter 2. bis 5.

98 Wie *Meilicke* hält auch Gerhard *Müller*, DB 1981, S. 93 (98), scheinbar eine Reduzierung über § 16 BetrAVG für möglich.

99 BAG AP Nr. 5 zu § 16 BetrAVG, Bl. 480 R; BAG AP Nr. 13 zu § 16 BetrAVG; *Richardi*, Gemeinsame Anmerkung zu BAG AP Nr. 3 und 4 zu § 16 BetrAVG, Bl. 357; auch *Schulin*, in Anmerkung zu o. g. BAG-Entscheidung AP Nr. 13 in: EzA Nr. 11 zu § 16 BetrAVG, Bl. 146 c.

100 Dies übersieht *Vogt*, Entziehung von Ansprüchen, S. 99 ff., eine analoge Anwendung des § 16 BetrAVG bejahend.

prüfung nach § 16 BetrAVG ist stets das Eintreten einer Geldwertänderung, nicht die wirtschaftliche Lage des Unternehmens[101].

2. Zwischenergebnis: Keine Rücksichtnahme aufgrund wirtschaftlicher Abhängigkeit

Bislang hat die Analyse der von der Rechtsprechung und Literatur gegebenen Begründungen für eine Kürzungsberechtigung der Ruhegeldleistungen gezeigt, daß weder eine Betriebs- oder Gefahrengemeinschaft und eine damit implizierte Solidargemeinschaft, noch der Sondervergütungscharakter der Versorgungsleistung, insbesondere als freiwillige Sozialleistung, eine besondere Verpflichtung des Rentenempfängers zu wirtschaftlicher Rücksichtnahme rechtfertigen können.

3. Der schuldrechtliche Ansatz: Störung der Geschäftsgrundlage bei wirtschaftlicher Notlage

Ein anderer Weg, Kürzungen bzw. Einstellungen der Versorgungsleistungen zu begründen, wird neuerdings mit Hilfe des Rechtsinstituts des Wegfalls der Geschäftsgrundlage eingeschlagen.

a) Risikobeteiligung des Versorgungsempfängers bei wirtschaftlicher Notlage?

Für eine Anwendbarkeit des Instituts des Wegfalls der Geschäftsgrundlage spricht zunächst, daß mit diesem Ansatz auf die Argumentationsfigur einer betrieblichen Risiko- und Gefahrengemeinschaft verzichtet werden kann[102]. Die Grundsätze über den Wegfall der Geschäftsgrundlage finden bei allen schuldrechtlichen Verträgen Anwendung, wenn nicht bezüglich der Vertragsstörung eine entsprechende vertragliche oder gesetzliche Regelung vorrangig eingreift. Im Vordergrund steht nicht die Frage der rechtmäßigen Kürzung erworbener Besitzstände, sondern eine Anpassung des Vertrages an veränderte Umstände, soweit dem Schuldner ein Festhalten am bisherigen Vertrag nicht zugemutet werden kann[103]. Insoweit kommt eine Anwendung des Instituts des Wegfalls der Geschäftsgrundlage auch auf Versorgungsvereinbarungen in Betracht[104].

---

101 *Leitherer,* Die Belange des Versorgungsempfängers, S. 27; in diesem Sinne gegen *Meilicke* auch *Lieb,* BB 1983, Beilage 10, S. 1 (12).

102 Vgl. auch *Hölters,* DB 1975, S. 2179 (2183 f.); *Lieb,* BB 1983, Beilage 10 (S. 1 (8).

103 *Hilger,* Vertragsauslegung und Wegfall der Geschäftsgrundlage, S. 240 (253); *Larenz,* Schuldrecht, Bd. I, § 21 (S. 321).

104 Aus der Rechtsprechung: BAG AP Nr. 1 zu § 242 BGB Geschäftsgrundlage; BAG AP Nr. 82 zu § 242 BGB Ruhegehalt; AP Nr. 83 zu § 242 BGB Ruhegehalt; LAG

aa) Die für die Versorgungszusagen bislang anerkannten Anpassungsgründe

Rechtsprechung und Lehre wenden die Grundsätze über den Wegfall bzw. die Änderung der Geschäftsgrundlage auf Pensionsverträge an, bei denen vor allem äußere Einflüsse in der rechtlichen oder tatsächlichen Entwicklung den Regelungsinhalt oder Vertragszweck nachhaltig beeinflussen.

Eine wesentliche Änderung, die als Kürzungsgrund für Betriebsrenten nach den Grundsätzen des Wegfalls der Geschäftsgrundlage anerkannt wurde, war die infolge der Rentenreform von 1957 verursachte Aufstockung der Sozialrenten, die eine Anpassung der bis dahin an den (niedrigen) Sätzen der Sozialversicherungsrenten orientierten Ruhegeldsätze erforderlich machte[105]. In Ausnahmefällen soll auch eine Kürzung bereits erdienter Anwartschaften in Betracht kommen, soweit dadurch eine der Versorgungsregelung zweckwidrige Überversorgung[106] der Pensionäre im Vergleich zu den Nettoeinkünften der Aktiven abgebaut wird[107], und schließlich können auch bei Ruhestandsbezügen Kürzungen bei der Anpassung an die Lohnentwicklung wegen Wegfalls der Geschäftsgrundlage vorgenommen werden, wenn durch eine nicht voraussehbare Steigerung bei den Sozialabgabelasten die Aktiven schlechter gestellt werden als die Rentner, so daß der Vertragszweck, den Versorgungsempfängern im Rahmen einer Gesamtversorgung einen den aktiven Arbeitnehmern entsprechenden Lebensstandard zu sichern, durch die weitergehende Besserstellung verfehlt wird[108]. Bislang wird das Institut des Wegfalls der Geschäftsgrundlage im Bereich von Versorgungszusagen also auf Fallgruppen angewandt, in denen aufgrund wesentlich veränderter Umstände (in rechtlicher oder tatsächlicher Hinsicht) eine nachhaltige Störung des mit der betrieblichen Versorgungsregelung verfolgten Zwecks feststellbar ist[109]. Es liegt auf der Hand, daß sich mit diesen Fallgruppen die hier anstehende

---

Frankfurt, BB 1983, S. 316; BAG, SAE 1987, S. 195 (196) und schließlich BAG (Großer Senat), NZA 1987, S. 168 (177). Aus dem Schrifttum: vgl. *Hilger*, Das betriebliche Ruhegeld, S. 257 ff.; *Richardi*, Entwicklungstendenzen, S. 41 (68); *Säcker*, Rechtliche Probleme, S. 23 (42); *ders.*, Gruppenautonomie, S. 407 f.; aus neuerer Zeit auch *Blomeyer*, DB 1984, S. 926 (929); *Lieb*, BB 1983, Beilage 10, S. 1 (8).

105 Ablehnend gegenüber der Lehre vom Fortfall der Geschäftsgrundlage noch BAG AP Nr. 46 zu § 242 Ruhegehalt. Dagegen BAG AP Nr. 82 und 83 zu § 242 BGB Ruhegehalt; allgemein auf politische Einbrüche bezogen: LAG Frankfurt, BB 1983, S. 316; *Heissmann*, Ruhegeldverpflichtungen, S. 161 ff.; *Hilger*, BB 1957, S. 296 (299); *dies.*, Das betriebliche Ruhegeld, S. 296. Ein weiterer Diskussionspunkt betraf die Frage der Angestelltenversicherungspflicht als Geschäftsgrundlage einer Ruhegeldzusage; vgl. dazu etwa *Hilger*, BB 1968, S. 712 ff.

106 Zum Begriff der „Überversorgung" vgl. *Lieb*, BB 1983, Beilage 10, S. 1 (2 und 15); wie hier *Löwisch*, DB 1983, S. 1709 (1712).

107 Allerdings ohne Bezug auf WGG-Grundsätze: BAG AP Nr. 1 zu § 1 BetrAVG-Ablösung für die ablösende Betriebsvereinbarung; AP Nr. 1 zu § 1 BetrAVG-Unterstützungskassen.

108 BAG, SAE 1987, S. 195 ff. mit Anmerkung von *Windbichler*. BAG, SAE 1989, S. 79 (82). Vgl. auch *Höfer / Küpper*, BB 1982, S. 565 (569) für künftige Versorgungsfälle; einschränkend: *Löwisch*, DB 1983, S. 1709 (1712).

Anpassungsproblematik aufgrund verschlechterter wirtschaftlicher Unternehmenslage nicht ohne weiteres vergleichen läßt. Gleichwohl hat der Große Senat in seinem Beschluß vom 16. 9. 1986[110] die Regeln über den Wegfall der Geschäftsgrundlage auch für die Kürzung und Streichung von betrieblichen Ruhestandsbezügen aus wirtschaftlichen Gründen für grundsätzlich anwendbar erklärt. Sozialleistungen sind demnach kraft Gesetzes einschränkbar oder fallen ganz weg, wenn die Geschäftsgrundlage für die Zusage nachträglich wegfällt oder wesentlich erschüttert wird.

Indes haben weder das BAG noch die Vertreter des Schrifttums näher dargelegt, welche Voraussetzungen an eine Anpassung der Ruhestandsbezüge nach den Regeln des Wegfalls der Geschäftsgrundlage zu knüpfen sind[111]. Zwar hat das BAG in einer neueren Entscheidung darauf hingewiesen, daß der Wegfall der Geschäftsgrundlage gleichbedeutend mit dem Sicherungsfall der wirtschaftlichen Notlage i. S. des § 7 BetrAVG sei[112]. Ein Rückgriff auf das Institut erscheint hier aber erst als ein Ansatz, abweichend von der herrschenden Begründung — mit dem Argument der Betriebsgemeinschaft und der Opfer- bzw. Bestandsgefährdungsrenze —[113] Einschränkungen bei betrieblichen Ruhegeldansprüchen mit Hilfe schuldrechtlicher Grundsätze zu legitimieren und im Vergleich zur individualrechtlichen Änderungskündigung einer flexibleren und damit praktikableren Lösung zuzuführen[114].

bb) Zum Begriff der Geschäftsgrundlage

Es ist also mit Blick auf das Versorgungsverhältnis zu prüfen, ob bei Eintritt einer wirtschaftlichen Notlage Ruhegeldleistungen zwecks Anpassung an eine veränderte Geschäftsgrundlage gekürzt oder wegen deren Wegfall eingestellt werden können.

Bekanntlich gehört zu den umstrittensten Fragen des Zivilrechts, unter welchen Voraussetzungen man von einem Wegfall der Geschäftsgrundlage sprechen kann.

---

109 Weitergehend differenzierend: *Wiedemann*, Zum Widerruf von betrieblichen Versorgungszusagen, S. 955 (S. 962 ff.).

110 Im Kern die Frage der ablösenden Betriebsvereinbarung behandelnd: BAG, NZA 1987, S. 168 ff. (hier: S. 177).

111 Die Grundsätze für anwendbar erklären ganz allgemein außer BAG, NZA 1987, S. 168 (177): *Blomeyer*, DB 1984, S. 926 (929); für die Überversorgung: *Hölters*, DB 1975, S. 2179 (2184) bei wirtschaftlichen Schwierigkeiten.

112 BAG, SAE 1989, S. 16 ff.

113 Vgl. die Grundsatzentscheidung RAG ARS 3, S. 116 (122) für Lohnansprüche; für die Ruhegeldansprüche vgl. die Ausführungen unter III.1. dieses 2. Abschnitts und BAG AP Nr. 46 zu § 242 BGB Ruhegehalt, Bl. 529 f., in der die Grundsätze über den Wegfall der Geschäftsgrundlage für nicht anwendbar erklärt wurden.

114 Die Subsidiaritätsfrage und der Anwendbarkeit des WGG-Instituts neben Kündigung und Änderungskündigung gemäß §§ 2, 1 KSchG soll hier nicht weiter nachgegangen werden. Dazu: *Coester*, BB 1984, S. 797 (800) m. N.; *Däubler*, ArbuR 1984, S. 1 (18); *W. Zöllner*, Arbeitsrecht, § 6 III (S. 80).

Dabei steht zur Diskussion, ob bei der Prüfung des Wegfalls der Geschäftsgrundlage von einer subjektiven oder einer objektiven Formel oder von einer die subjektiven und objektiven Momente verbindenden sogenannten Vereinigungsformel auszugehen ist[115]; den subjektiven Theorien dient zur Erfassung der Geschäftsgrundlage die beim Geschäftsabschluß zutage tretende Vorstellung über das Vorhandensein oder den Eintritt gewisser Umstände, während die objektiven Theorien (nachträgliche) Veränderungen der Umstände erfassen. Ohne daß jedoch diese Auseinandersetzung hier weiter vertieft werden müßte, kann für die weitere Prüfung zugrundegelegt werden, daß die „Geschäftsgrundlage" Tatumstände umschreibt, die zwar nicht Vertragsinhalt sind, aber doch von beiden Parteien gemeinsam oder erkennbar bewußt oder unbewußt vorausgesetzt wurden und deren Bedeutung für das von der Partei eingegangene Vertragsrisiko so groß ist, daß die Abweichung in der Wirklichkeit von der Vorstellung der Partei bei der Bildung des Zweckwillens es für diese unzumutbar macht, unverändert am Vertrag festzuhalten[116]. Als typische, wenn auch nicht ausschließliche Haupttatbestände der Geschäftsgrundlagenstörung sind nach *Larenz*[117] die Äquivalenz- und die Zweckstörung anzusehen.

cc) Keine Äquivalenz- oder Zweckstörung bei wirtschaftlicher Notlage

Da die betriebliche Altersversorgung nach allgemeiner Auffassung Bestandteil eines gegenseitigen, von den pensionierten Arbeitnehmern durch Vorleistung erfüllten Vertrages[118] ist, wäre zu untersuchen, inwieweit wirtschaftliche Gründe eine Äquivalenzstörung des Leistungsverhältnisses herbeiführen können. Jedoch setzt der Tatbestand der Äquivalenzstörung voraus, daß die beiderseitigen vertraglichen Verpflichtungen infolge nachträglicher Veränderungen der politischen oder allgemeinen wirtschaftlichen Verhältnisse in ein objektives Mißverhältnis geraten[119].

Die überwiegende Rechtsprechung und Lehre sehen das Ruhegeld in einem Austauschverhältnis zur erbrachten Betriebstreue und legen damit für den betrieblichen Pensionsvertrag ein Wertverhältnis zwischen geleisteter *Betriebstreue* und

---

[115] Zur Vielzahl der hierzu vertretenen Theorien, auf die hier nicht weiter einzugehen ist, vergleiche *Münch.Komm. / Roth,* § 242, Rdn. 472 ff.; *Staudinger / Schmidt,* § 242, Rdn. 843 ff.; zur Unterscheidung zwischen objektiver und subjektiver Geschäftsgrundlage: *Larenz,* Geschäftsgrundlage und Vertragserfüllung, S. 184.

[116] Vgl. *Fikentscher,* Geschäftsgrundlage, S. 35 ff.; *Staudinger / Schmidt,* § 242, Rdn. 835 ff.

[117] *Larenz,* Geschäftsgrundlage und Vertragserfüllung, S. 134 ff.; *ders.*, Schuldrecht, Bd. I, § 21 II (S. 324).

[118] Vgl. BAG AP Nr. 154 zu § 242 BGB Ruhegehalt, Bl. 174 R; BAG AP Nr. 3 zu § 242 BGB Ruhegehalt-Unterstützungskassen, Bl. 470 R f.; BVerfG, NJW 1984, S. 476 (477); *Blomeyer / Otto,* BetrAVG, Einl. Rdn. 114 und *Höfer / Abt,* BetrAVG, Arb.Gr., Rdn. 41 ff. mit zahlreichen Nachweisen.

[119] Vgl. besonders *Larenz,* Schuldrecht, Bd. I, § 21 II (S. 324 f.).

Pensionsleistung zugrunde[120]. Macht man sich einmal diese Auffassung zu eigen, so können wirtschaftliche Gründe des Unternehmens eine Äquivalenzstörung nicht begründen, weil die wirtschaftliche Notlage des Versorgungsverpflichteten jenes Wertverhältnis nicht berührt[121]. Der Pensionär kann die nach seiner Vorleistung und der Pensionszusage bemessene Versorgungsleistung verlangen. Dies verdeutlicht auch im umgekehrten Sinne der Fall, daß die wirtschaftliche Situation sich in erheblichem Maße verbessern sollte; auch in diesem Falle wäre die wirtschaftliche Lage ohne Bedeutung für die Höhe der Pensionsleistung.

Zwar hat das BAG[122] vor Inkrafttreten des Betriebsrentengesetzes im Wege richterlicher Rechtsfortbildung[123] die Aufstockung von Ruhestandsleistungen mit dem Argument einer Äquivalenzstörung begründet, doch war Bezugspunkt auch bei den Anpassungsentscheidungen nicht die wirtschaftliche Lage des Unternehmens, sondern eine eingetretene Geldwertänderung. Im übrigen fehlt bislang eine überzeugende Begründung dafür, weshalb gerade bei den betrieblichen Versorgungsleistungen eine wirtschaftliche Notlage Einschränkungen oder den Wegfall der Geldleistung wegen Unzumutbarkeit zur Folge haben soll. Generell gilt, daß für die Zumutbarkeit der Leistungspflicht ein strenger Maßstab besteht[124]. Die finanzielle Leistungsfähigkeit obliegt danach dem Verantwortungsbereich des Schuldners[125]; auch der Einwand der "überobligationsmäßigen Schwierigkeit"[126] und des „drohenden Ruins"[127] machen die Erfüllung der Leistungsverpflichtung für gewöhnlich nicht unzumutbar. So trägt der Arbeitgeber in Fällen des Wirtschaftsrisikos (bei Auftrags- oder Absatzmangel) grundsätzlich auch das Lohnrisiko[128]. Einseitige Lohnkürzungen sind nach h. M.[129] auch beim bestandsgefähr-

---

120 Vgl. nur BAG AP Nr. 1 zu § 87 BetrAVG 1972 Altersversorgung, Bl. 243 R f.; AP Nr. 3 zu § 242 Ruhegehalt-Unterstützungskassen, Bl. 470 R f.; AP Nr. 156 zu § 242 BGB Ruhegehalt, Bl. 562. *Hilger,* RdA 1981, S. 6 (8 f.); *Höfer / Abt,* BetrAVG, Arb.Gr., Rdn. 50; eine Entgeltrelation zwischen dem Anspruch und der Betriebstreue bejahen auch *Blomeyer / Seitz,* Anmerkung zu BAG, SAE 1979, S. 179 (180).

121 *Blomeyer,* RdA 1977, S. 1 (8).

122 Vgl. BAG AP Nr. 99 zu § 242 BGB Ruhegehalt, Bl. 819 R zu den Anpassungsvoraussetzungen; AP Nr. 4 zu § 242 BGB Ruhegehalt-Geldentwertung. Vgl. auch BGH, WM 1968, S. 473 f.

123 Zu den Voraussetzungen und zur Zulässigkeit jener Anpassungsrechtsprechung vgl. *Blomeyer,* Betriebliche Altersversorgung 1979, S. 78 m. w. N.

124 Einschränkend etwa: BGHZ 25, S. 390 (395); BGHZ 40, S. 334 (337). Für die betriebl. Ruhegeldleistung schon: BAG AP Nr. 83 zu § 242 BGB Ruhegehalt, Bl. 444 f.

125 Wertentscheidung aus § 279 BGB. So schon für das Ruhegeldrecht: *Heissmann,* Anmerkung zu BAG AP Nr. 104 zu § 242 BGB Ruhegehalt, Bl. 356 R; vgl. *Hilger,* Das betriebliche Ruhegeld, S. 259; *Westphal,* Betriebliche Ruhegelder, S. 61 f.; auch *Blomeyer,* NZA 1985, S. 1 (12); *Wiedemann,* Zum Widerruf von betrieblichen Versorgungszusagen, S. 955 (967).

126 Vgl. insofern die heute überwundene Lehre von der wirtschaftlichen Unmöglichkeit, die auf einer Gleichstellung der sog. wirtschaftlichen Unmöglichkeit mit der rechtlichen Unmöglichkeit basiert. Dazu RGZ 57, S. 116 ff.; 94, S. 45 (49 f.); RGZ 107, S. 156 ff.

127 *Larenz,* Schuldrecht, Bd. I, § 10 II c (S. 134 f. m. w. N.).

denden Betriebsrisiko unzulässig. Diese Risikoverteilung muß in gleichem Maße auch für das Versorgungsverhältnis gelten, zumal der im Ruhestand befindliche Arbeitnehmer im Vertrauen auf die versprochene Betriebsrente seinen Beitrag bereits vollständig erbracht hat[130]. Sieht man zudem die Betriebstreue als Leistung an, so spricht auch der darin zum Ausdruck kommende personale Bezug[131] der Leistung und der damit verbundene Vertrauensschutz dafür, das wirtschaftliche Risiko beim Versorgungsverpflichteten zu belassen[132].

Eine andere Risikoverteilung ergibt sich auch nicht unter dem Gesichtspunkt einer Zweckstörung bzw. Zweckverteilung. Bereits die Betrachtung einzelner — unter Heranziehung der Geschäftsgrundlagenlehre — entschiedener Fälle hat gezeigt, daß eine Zweckbindung beim Ruhegeld wohl im Hinblick auf die Versorgungs- und Ergänzungsfunktion bestehen kann. Nachträgliche Veränderungen in den wirtschaftlichen Verhältnissen machen jene Zweckbindung jedoch nicht hinfällig.

b) Ist die wirtschaftliche Ertragsfähigkeit Geschäftsgrundlage?

Damit stellt sich die Frage, ob die wirtschaftliche Lage, wenn schon nicht Vertragsinhalt, so doch Geschäftsgrundlage der Versorgungsregelung ist, so daß nachteilige Veränderungen eine Vertragsstörung herbeiführen.

In diesem Sinne vertritt *Meckl*[133] in seiner Dissertation die Ansicht, die fortbestehende Ertragsfähigkeit sei objektive Geschäftsgrundlage der Ruhegeldvereinbarung[134] und damit ein Umstand, ohne den der Vertrag nicht als sinnvolle Regelung bestehen könne. Die wirtschaftliche Ertragsfähigkeit grenzt er als „selbständiges Element" von der allgemeinen wirtschaftlichen Leistungsfähigkeit, die im Risikobereich des Leistungsverpflichteten bleibe, ab[135]. Kommt es aufgrund

---

128 Vgl. BAG AP Nr. 13 zu § 615 BGB Betriebsrisiko, Bl. 1091 R; BAG, DB 1981, S. 321, mit Einschränkungen für Fernwirkungen eines Streiks.

129 Vgl. *Münch.Komm. / Schaub,* § 615, Rdn. 111; *Schaub,* Handbuch, § 101 VI (S. 663) m. w. N. *Vollmer*, DB 1982, S. 1670 (1672) m.w.N. Anders hingegen die ältere Rechtsprechung: RAG ARS 12, S. 487 f.; BAG AP Nr. 15 und Nr. 28 zu § 615 BGB Betriebsrisiko.

130 Die einseitige Vorleistung hervorhebend auch: BAG AP Nr. 1 zu § 1 BetrAVG Ablösung, Bl. 161 R; BAGE 32, S. 293 (295); BAG, SAE 1986, S. 177 (181); *Grunsky / Wuppermann,* Anmerkung zu BAG AP Nr. 159 zu § 242 BGB Ruhegehalt, Bl. 484.

131 Vgl. dazu oben Zweiter Teil, 1. Abschnitt II.4. In diesem Sinne auch *Chiotellis,* Geschäftsgrundlagenstörungen, S. 164 f., daraus für die Anpassungsfrage bei inflationärer Geldentwertung eine leichtere Bejahung der Unzumutbarkeit herleitend.

132 Mehr auf den Entgeltcharakter abhebend: *Blomeyer,* NZA 1985, S. 1 (8).

133 *Meckl,* Die Kürzung von Leistungen, S. 50 ff. in seiner Dissertation aus dem Jahre 1984.

134 *Meckl,* Die Kürzung von Leistungen, S. 52.

135 Vgl. dessen Ausführungen S. 51 ff. Zuvor schon *Hilger,* Das betriebliche Ruhegeld, S. 262 f. nach der *Ertragsfähigkeit* (wirtschaftliche Existenz) und dem *Ertrag* (im Sinne einer Gewinnbeteiligung) differenzierend.

des Absinkens der Ertragsfähigkeit zu wesentlichen Störungen, deren Fortwirkungen die Substanz des Unternehmens treffen, so soll die wirtschaftliche Notlage in Verbindung mit dem Solidaritätsprinzip eine Stundung bzw. Kürzung der Ruhegelder rechtfertigen. Objektiv sinngebendes Moment für das Versorgungsverhältnis soll demnach der Umstand sein, daß die wirtschaftliche Lage Ruhegeldleistungen ohne Bestandsgefährdung erlaubt.

In ähnlicher Weise befürwortet auch *Säcker*[136] eine Herabsetzung der Ruhestandsgelder nach den Grundsätzen über den Wegfall der Geschäftsgrundlage, wenn ein für den Arbeitgeber und den Pensionär maßgebliches Wertungsmoment für die Gewährung der Ruhegeldleistung entfällt. Die betriebliche Ruhegeldleistung sei als „thesauriertes" Arbeitsentgelt nicht von einer gleichbleibenden günstigen wirtschaftlichen Entwicklung abhängig, wie etwa die jährliche Gratifikationszahlung. Ein Wegfall der Geschäftsgrundlage der Versorgungszusage könne daher nur bei einer schweren, auch zu Lohnminderungen bei der Aktivbelegschaft führenden wirtschaftlichen Krise angenommen werden.

Nach den hier dargelegten Ansichten kommt eine Anpassung (Kürzung) von Ruhegeldleistungen nach der Geschäftsgrundlagenlehre ausschließlich aus Bestandsschutzgründen in Betracht. Allerdings darf diese Feststellung nicht darüber hinwegtäuschen, daß damit die Pensionäre nur wirtschaftliche Risiken mittragen sollen. Wirtschaftliche Erfolgs- oder Fehlentwicklungen wirken sich gleichermaßen positiv wie negativ auf die Ertragsfähigkeit aus. Mit der Unterscheidung zwischen Ertragsfähigkeit und allgemeiner wirtschaftlicher Leistungsfähigkeit ist also für die Risikobeteiligung wenig gewonnen. Im übrigen wird auch nicht deutlich, weshalb gerade beim Versorgungsverhältnis im Vergleich zu sonstigen Leistungsverhältnissen die wirtschaftliche Ertragslage Geschäftsgrundlage sein soll. Die hier dargelegten Ansichten verweisen auf den bei einer wirtschaftlichen Notlage auftretenden Bestandsschutzaspekt und den Solidargedanken[137] und greifen damit letztlich wieder auf die nicht tragfähige Argumentationsfigur einer betriebsbezogenen Risikogemeinschaft zurück.

4. Die Langzeitbindung der Ruhegeldregelung als vertragstypisches Verschlechterungsrisiko

Vereinzelt wird dahingehend argumentiert, der Ruhegeldzusage sei ein vertragstypisches Veränderungsrisiko immanent, das bei wirtschaftlicher Notlage Leistungseinschränkungen rechtfertige. *Rebel*[138] sieht vor allem die Langfristigkeit der Ruhegeldregelung als maßgebliches Kriterium, das zu einer Änderung der

---

[136] *Säcker*, Gruppenautonomie, S. 407 ff.; insbesondere S. 412 f.; *ders.*, Rechtliche Probleme, S. 23 (47).

[137] So jedenfalls ausdrücklich *Meckl*, Die Kürzung von Leistungen, S. 56.

[138] *Rebel*, Widerruf des betrieblichen Ruhegeldes, S. 70 f.

betrieblichen Pensionszusage auch gegenüber Versorgungsempfängern berechtige. Hieraus leitet er „im Sinn einer vertrags- und regelungstypisch orientierten Geschäftsgrundlagenbestimmung“[139] ein immanentes Verschlechterungsrisiko ab. *Lieb*[140] führt eine leichtere Abänderbarkeit auf den Gesichtspunkt der weit in die Zukunft reichenden und daher in den Auswirkungen nicht ausreichend voraussehbaren Regelung zurück. Dieser Aspekt könne möglicherweise auch bei Individualvereinbarungen zu einer etwas leichteren Abänderbarkeit führen als bei zeitlich überschaubaren Verbindlichkeiten. *Lieb* beläßt es jedoch bei dieser gedanklichen Anregung[141].

a) Das Abstellen auf den Dauerschuldcharakter

Mit dem Hinweis auf die Langfristigkeit der Regelung könnte das vor allem bei Dauerschuldverhältnissen[142] auftretende Problem der Geschäftsgrundlagenstörung bei zeitlich bedingten Veränderungen gemeint sein. Hierbei können unvorhersehbare außervertragliche Umstände, mit denen üblicherweise im Geschäftsverkehr nicht zu rechnen ist[143], oder aber durch Zeitablauf eintretende Änderungen der Verhältnisse dazu führen, daß das Schuldverhältnis nachhaltig gestört wird. Solche Umstände liegen anerkanntermaßen vor, wenn durch eine Änderung der politischen Verhältnisse oder der Gesetzgebung oder aufgrund einer inflationären Geldentwertung[144] die Vertragsgrundlagen nachhaltig erschüttert werden. In erster Linie kommt hier eine Anpassung an die veränderten Bedingungen vor einer Vertragsauflösung im Wege der Kündigung in Betracht. Allerdings wird auch bei den sogenannten Dauerschuldverhältnissen nicht davon ausgegangen, daß gerade der Zeitfaktor Anpassungen an veränderte Entwicklungen impliziert. Auch bei kurzzeitigen Schuldverhältnissen kann eine Störung der Geschäftsgrundlage Änderungen erfordern; wohl mag bei langfristigen Vertragsbindungen die Wahrscheinlichkeit des Eintritts von Veränderungen größer sein, doch sind auch hier stets die veränderten Umstände und nicht die Langfristigkeit maßgebend dafür, ob eine Anpassung der Vertragsgrundlage notwendig erscheint[145]. Auch hier gilt, wie bei allen anderen Schuldverhältnissen, daß nur

---

139 *Rebel,* Widerruf des betrieblichen Ruhegeldes, S. 67. Zur Eingrenzung auf den wirtschaftlichen Notfall, S. 235.

140 *Lieb,* Gemeinsame Anmerkung zu BAG, SAE 1983, S. 130 (132).

141 Die Ausführungen beschäftigen sich in erster Linie mit der Abänderung vertraglich begründeter Ansprüche aufgrund Gesamtzusage und arbeitsvertraglicher Einheitsregelung.

142 Zur Kennzeichnung von Dauerschuldverhältnissen: *Larenz,* Schuldrecht, Bd. I, §§ 2 VI (S. 29 ff.), 10 II c (S. 136 f.) und Abgrenzung von langfristigen Verträgen im engeren Sinne. *Horn,* Gutachten, S. 551 (560 ff.).

143 *Larenz,* Schuldrecht, Bd. I, § 21 II (S. 321); auch *Chiotellis,* Geschäftsgrundlagenstörungen, S. 160.

144 BGHZ 61, S. 31; BAG, NJW 1973, S. 959.

145 So *Horn,* Gutachten, S. 551 (560).

gravierende Störungen eine Anpassung erlauben. Das Zeitmoment ist bei langfristigen Verträgen, insbesondere bei Dauerschuldverhältnissen, jedoch insofern von Bedeutung, als für unbestimmte, auf Dauer angelegte Vertragsbeziehungen ein besonderes Vertrauensverhältnis bejaht wird, das unter Umständen auch eine weitergehende Rücksichtnahme gebietet[146]. Es fragt sich aber, ob diese Tatsache dazu zwingt, für langfristig angelegte Verbindlichkeiten eine vertragstypisch bedingte leichte Änderbarkeit anzuerkennen. Im Hinblick auf den Dauercharakter des Ruhegeldverhältnisses ist dabei zu prüfen, ob jenes — von *Rebel* befürwortete —Verschlechterungsrisiko auch die Kürzung des Ruhegeldes bei wirtschaftlicher Notlage umfaßt[147].

Nach allgemeiner Ansicht wird für Dauerschuldverhältnisse im Hinblick auf die zeitliche Dauer der Verbindung als weiteres Merkmal eine ständige Pflichtenanspannung und ein darauf aufbauendes Vertrauensverhältnis gefordert[148]. Das Vertrauenselement ist also Konsequenz daraus, daß sich im Dauerschuldverhältnis die vertraglichen Beziehungen nicht auf einen einmaligen Leistungsaustausch beschränken. Da die Parteien über einen längeren Zeitraum einander verbunden sind, erfordert die Abwicklung des Leistungsverhältnisses eine vertrauensvolle Zusammenarbeit. Aufgrund der Vertrauensbindung kann die Vertragsparteien zwar eine weitergehende Rücksichtnahme treffen, doch folgt daraus nicht automatisch, daß auch Rücksichtnahme auf die wirtschaftliche Existenz des Schuldners gefordert ist, dieser also das wirtschaftliche Risiko mitträgt. Auch für langfristige Verträge besteht der Grundsatz, daß die im Laufe der Zeit eintretenden Veränderungen im normalen Vertragsrisiko liegen. Wer einen langfristigen Vertrag abschließt, muß damit rechnen, daß es zu einer Veränderung — auch der wirtschaftlichen Verhältnisse — kommt. Die Langfristigkeit einer Verbindlichkeit ist demnach als Argument für die Rechtfertigung einer leichteren Abänderbarkeit nicht geeignet.

b) Dauercharakter der Ruhegeldverbindlichkeit

Nach diesen grundsätzlichen Überlegungen muß die Annahme, das Ruhegeldleistungsverhältnis unterliege einem immanenten Verschlechterungsrisiko, das Pensionskürzungen bei wirtschaftlicher Notlage zulasse, erheblichen Bedenken begegnen. Zunächst einmal ist festzuhalten, daß die Langfristigkeit keine Besonderheit der Ruhegeldverbindlichkeit ist, sondern daß es eine Vielfalt von Rechtsverhältnissen gibt, die für eine dauerhafte Verbindung begründet werden[149]. Wenn

---

146 *Esser*, Schuldrecht, Bd. 1, § 23 II (S. 135); vgl. auch *Horn*, Gutachten, S. 551 (560); so allgemein auf die wirtschaftliche Existenz bezogen auch *Larenz*, Schuldrecht, Bd. I, § 21 I e (s. 320).

147 *Rebel*, Widerruf des betrieblichen Ruhegeldes, S. 235 f.: "Das der Ruhegeldordnung immanente, weil aus der typischen Risikobehaftung folgende Widerrufsrecht bleibt materiellrechtlich auch im Verhältnis von Arbeitgeber und Pensionär erhalten ...".

148 *Esser*, Schuldrecht, Bd. I, § 23 II (S. 135).

aber die zeitliche Dauer kein besonderes Merkmal des Versorgungsverhältnisses darstellt, dann erscheint auch nicht mehr plausibel, weshalb gerade aufgrund der Langfristigkeit der Versorgungsregelung Leistungseinschränkungen wegen einer wirtschaftlichen Notsituation zulässig sein sollen. Im übrigen wird zwar häufig auf die Langfristigkeit von Versorgungsverbindlichkeiten verwiesen, doch wird diese nicht als tragendes Argument für eine Sonderbehandlung der betrieblichen Altersversorgung verwandt, sondern soll die praktische Notwendigkeit der Anpassung an die im Zeitablauf eintretenden Veränderungen unterstreichen[150]. Versorgungsansprüche der Pensionäre sind nach überwiegender Meinung ohnehin nur unter strengen Voraussetzungen reduzierbar; der Dauercharakter der Versorgungsleistung ist dabei — selbst im Rahmen einer Anpassungsprüfung wegen Geschäftsgrundlagenstörung — kein Kriterium[151].

Zusammenfassend ergibt sich, daß auch mit Hilfe des Rechtsinstituts des Wegfalls der Geschäftsgrundlage Einschränkungen von Ruhegeldleistungen bei wirtschaftlicher Notlage nicht zu rechtfertigen sind.

5. Unzumutbarkeit als vertragliches Regulativ

Das BAG rechtfertigt Versorgungsbeschränkungen schließlich mit Zumutbarkeitserwägungen, indem es einerseits darauf verweist, daß bei einer den Bestand des Unternehmens gefährdenden wirtschaftlichen Notlage für den Versorgungsverpflichteten die Grenze erreicht sei, bei der die Fortzahlung der Ruhestandsbezüge unzumutbar werde, andererseits dem Pensionär dann aber auch Abstriche zumutbar seien, wenn sie zur Rettung des Unternehmens geeignet und unerläßlich erscheinen[152].

Mit dem Begriff der Unzumutbarkeit wird allerdings ein tatbestandlich nicht näher erfaßtes „Etwas“[153] gekennzeichnet; abgeleitet wird er aus der Generalklausel des § 242 BGB. Nach allgemeiner Auffassung dient das Unzumutbarkeitsprinzip als Wertungsmaßstab zu einem Interessenausgleich, der es erlaubt,

---

149 Vgl. nur BGHZ 64, S. 288 ff. für einen zeitlich unbegrenzten Wärmeversorgungsvertrag. Ein weiteres — der betrieblichen Versorgungsvereinbarung vergleichbares Beispiel — ist der auf die Lebenszeit eines Menschen geschlossene Leibrentenvertrag gemäß § 759 BGB.

150 Vgl. BAG AP Nr. 142 zu § 242 BGB Ruhegehalt, Bl. 146 R; AP Nr. 1 zu § 1 BetrAVG-Ablösung; weiter einschränkend: BAG, SAE 1987, S. 195 (196).

151 Vgl. den Fall der Zweckstörung wegen Überversorgung BAG, SAE 1987, S. 195 (196 f.). Das BAG verweist mit Bezug auf die Langfristigkeit der Versorgungszusage darauf, daß Änderungen der äußeren Umstände in Kauf genommen werden müssen und das Risiko globaler Schwankungen der Arbeitgeber trägt.

152 BAG AP Nr. 157 zu § 242 Ruhegehalt, Bl. 118 R f.; auch schon BAG AP Nr. 154 zu § 242 BGB Ruhegehalt, Bl. 174; vgl. auch BAG AP Nr. 175 zu § 242 BGB Ruhegehalt, Bl. 945.

153 Vgl. *Gusseck*, Zumutbarkeit, S. 39.

in besonderem Maße die subjektiven Interessen der Beteiligten zu berücksichtigen[154]. Deshalb können bei der Beurteilung der Unzumutbarkeit die individuellen Umstände des Einzelfalles, die wirtschaftlichen Verhältnisse der Vertragsparteien und auch die Belastung des Schuldners bei Aufrechterhaltung der Leistungspflicht berücksichtigt werden[155]. Als regulatives Prinzip zur Pflichtenbegrenzung ist es allen Schuldverhältnissen immanent[156].

Auf dieser Grundlage erweist sich der Tatbestand der wirtschaftlichen Notlage als eigenständiger Schuldbefreiungsgrund[157], der die Versorgungsempfänger aufgrund außervertraglicher Gesichtspunkte zur Hinnahme von Einschränkungen zwingt. Das BAG spricht in diesem Zusammenhang denn auch von einer „Opfergrenze", die bei einer Bestandsgefährdung des Unternehmens erreicht sei und bei der auch den Pensionären zwecks Bestandssicherung ein „Opfer" zuzumuten sei. Es handelt sich hier im Grunde in etwa um das gleiche Argument, wie es für die wirtschaftliche Leistungsfähigkeit als Grundlage der Versorgungszusage vorgebracht wird, nur daß hier die Bestandsgefährdungsgrenze als selbständiger Befreiungstatbestand wirken soll.

Gegen diese schon seit langem vertretene Lösung sind wiederholt überzeugende Argumente vorgebracht worden[158]. Kernpunkt der Kritik ist, daß die wirtschaftliche Lage kein geeignetes rechtliches Kriterium für die Beurteilung der Frage sein kann, ob die Leistungspflicht entfallen oder fortdauern soll[159].

IV. Konkurrenztätigkeit des Betriebsrentenempfängers

1. Wettbewerbsbeschränkungen aus dem Versorgungsverhältnis

Nachdem bereits bei der Überprüfung der sogenannten nachvertraglichen Pflichten festgestellt worden ist, daß auch für die im Ruhestand befindlichen Arbeitnehmer ohne Vertragsvereinbarung keine Wettbewerbsbeschränkungen bestehen, kann nunmehr untersucht werden, ob die von der herrschenden Lehre vertretene Auffassung, aus der Ruhegeldleistung folge eine wettbewerbsbezogene

---

154 *Hoyningen-Huene*, Die Billigkeit im Arbeitsrecht, S. 93 ff.; vgl. auch *Erman / Sirp*, § 242, Rdn. 177 f.

155 Vgl. BGH, NJW 1952, S. 137; BGHZ 2, S. 150 (154 ff.) und S. 176 (188).

156 Vgl. *Henkel*, Zumutbarkeit und Unzumutbarkeit, S. 249 (261); für das Arbeitsrecht: *Frey*, JZ 1955, S. 106 ff.

157 Nach *Wiedemann*, Zum Widerruf von betrieblichen Versorgungszusagen, S. 955 (968) wirkt der Tatbestand der wirtschaftlichen Notlage absolut; *Richardi*, Entwicklungstendenzen, S. 41 (70), verweist auf ein ungeschriebenes materielles Insolvenzrecht.

158 Eine ausführliche Darstellung gibt *Rüthers*, Die unbegrenzte Auslegung, S. 27 ff. mit zahlreichen Nachweisen aus der älteren Literatur.

159 Vgl. *Rüthers*, Die unbegrenzte Auslegung, S. 27; ablehnend gegenüber der Zumutbarkeitslehre auch: *Wiedemann*, Austausch- und Gemeinschaftsverhältnis, S. 91; anders für die betriebliche Altersversorgung allerdings *ders.*, Zum Widerruf von betrieblichen Versorgungszusagen, S. 954 (967).

Rücksichtspflicht des Pensionärs, deren Verletzung zum Verlust der Geldleistung führe, berechtigt ist.

a) Der Maßstab für die Beurteilung ruhegeldschädlicher Konkurrenz

Ausgangspunkt der herrschenden Lehre ist entsprechend der allgemeinen Tendenz in der Rechtsprechung, daß zwar nicht jede (einfache) Konkurrenztätigkeit zum Entzug der betrieblichen Altersversorgung berechtige. Während aber noch vor dem Inkrafttreten des Gesetzes zur Verbesserung der betrieblichen Altersversorgung eine hauptamtliche Konkurrenztätigkeit als grobe Treuepflichtverletzung[160] gewertet wurde, die den Widerruf der Ruhegeldzusage rechtfertigte, wird numehr bei ruinösem Wettbewerb[161] ein schwerwiegendes Fehlverhalten des Pensionärs bejaht. Der weiteren Geltendmachung des Versorgungsanspruchs stehe in diesem Falle der Einwand des Rechtsmißbrauchs entgegen[162]. Rechtsprechung und Lehre haben damit die Voraussetzungen für eine Leistungseinschränkung dahin korrigiert, daß nur ein die wirtschaftlichen Grundlagen des Pensionsschuldners gefährdender Wettbewerb eine Einstellung der Ruhegehälter rechtfertigen kann. Sie begründen diese Einschränkung damit, daß vor allem der im BetrAVG zum Ausdruck gekommene Schutzgedanke, die Unverfallbarkeitsregelung für Anwartschaften und die Anerkennung des Entgeltcharakters der Leistung einen strengeren Maßstab für den Entzug des Ruhegeldes erfordere, zeigen aber andererseits nicht auf, weshalb — trotz des Vergütungscharakters — weiterhin überhaupt noch ein Entzug zulässig sein soll, insbesondere, aus welchen Gesichtspunkten das Verhalten des Ruhegeldberechtigten als rechtsmißbräuchlich erscheint.

b) Rechtsmißbrauch als Entzugsgrund

Das Bundesarbeitsgericht hat in einzelnen Entscheidungen den Entzug der Ruhegeldleistung mit dem Einwand der Arglist begründet. Anknüpfungspunkt ist hierbei allerdings ein rechts- oder sittenwidriges Verhalten beim Rechtserwerb[163]. Die Entscheidungen betrafen Fälle, in denen zumindest der Verdacht

---

160 Vgl. BAG AP Nr. 1 zu § 139 BGB; AP Nr. 100 und 109 zu § 242 BGB Ruhegehalt; aus der Literatur vgl. z. B.: *Hueck / Nipperdey*, Arbeitsrecht, Bd. I, § 52 VII 1 (S. 488); *Nikisch*, Arbeitsrecht, Bd. I, § 41 VII 1 (S. 591).

161 Eine Treuepflichtverletzung bei hauptamtlicher Konkurrenztätigkeit bejahen dagegen nach wie vor: *Gaul*, BB 1980, S. 57 (61) und BB 1984, S. 346 (347); *Höfer / Abt*, BetrAVG, Arb.Gr., Rdn. 375; *Weisemann / Schrader*, DB 1980, Beilage 4, S. 1 (14); wohl auch: *Ahrend / Rühmann*, DB 1979, Beilage 2, S. 1 (13).

162 Vgl. die unter I 1 a dieses Abschnittes dargestellte Rechtsprechung; wegweisend hier: BGH AP Nr. 151 zu § 242 BGB Ruhegehalt. *Buchner*, Wettbewerbsverbot, S. 128; *Dieterich / Rühle*, AR-Blattei, Betriebliche Altersversorgung II, G VI; *Hölters*, DB 1975, S. 2179 (2182); *Schaub / Schusinski / Ströer*, Altersvorsorge, § 18 V 2 (S. 108); wohl auch *W. Zöllner*, Arbeitsrecht, § 26 II 3 (S. 262).

163 *Esser / Schmidt*, Schuldrecht, Bd. I, § 10 III 2 d (S. 154).

bestand, daß der Arbeitnehmer während des laufenden Arbeitsverhältnisses schwerwiegende Vertragspflichtverletzungen begangen hatte und daher eine unverfallbare Anwartschaft nur erlangt hatte, weil er die hierfür erforderliche Betriebszugehörigkeitsdauer durch Vertuschung seiner Pflichtverletzungen erreichte [164]. Der Arglisteinwand stützte sich folglich auf die Tatsache, daß der Begünstigte den Ruhegeldanspruch unter Täuschung des Arbeitgebers erlangt hatte, weil der Arbeitnehmer bei rechtzeitiger Aufdeckung mit seinem Arbeitsplatz auch die Versorgungsanwartschaft verloren hätte. Hier geht es aber darum, ob der Betriebsrentenempfänger seinen redlich erworbenen Anspruch nachträglich verliert. Unter diesem Blickwinkel sind die zum Institut des Rechtsmißbrauchs zu § 242 BGB entwickelten Fallgruppen zu betrachten. Die Rechtsausübung kann hiernach unzulässig sein [165]

a) bei früherem oder gegenwärtigem mißbilligtem Verhalten (z. B. Fehlverhalten) [166],
b) bei mangelndem korrespondierendem Verhalten (z. B. Verletzung einer eigenen Pflicht) [167],
c) bei Fehlen eines berechtigten Interesses,
d) bei mißbräuchlicher Rechtsausübung,
e) bei widersprüchlichem Verhalten,

wobei die letztgenannte Fallgruppe den hier nicht relevanten Aspekt des Widerspruchs zum früheren Verhalten und der Verwirkung aufgrund Zeitablaufs umfaßt.

aa) Mißbilligtes Verhalten

Diese Fallgruppe des Verbots mißbräuchlicher Rechtsausübung knüpft an ein Fehlverhalten eines Berechtigten an und untersagt die Wahrnehmung eines an sich bestehenden Rechts [168]. Der Rechtsverlust aufgrund mißbilligten Verhaltens wird mitunter auch als „Verwirkung" bezeichnet [169].

Vor allem in der Rechtsprechung wird eine den wirtschaftlichen Erfolg des Unternehmens beeinträchtigende Konkurrenztätigkeit als schwerwiegendes Fehlverhalten des Pensionärs gewertet, das eine Aufrechterhaltung der Ruhegeldleistung als nicht gerechtfertigt erscheinen läßt [170];das den Schuldner schädigende

---

164 Insbesondere BAG AP Nr. 1 zu § 1 BetrAVG Treuebruch (behauptete Tätigkeit bei der Konkurrenz; Offenlegung vertraulicher Geschäftsunterlagen; BAG AP Nr. 5 zu § 1 BetrAVG Treuebruch (festgestellte rechtswidrige Bereicherung auf Kosten unterstellter Mitarbeiter).

165 Vgl. insgesamt zu den z. T. abweichenden Gruppenbildungen: *Erman / Sirp*, § 242, Rdn. 78; *Münch.Komm. / Roth*, § 242, Rdn. 249 ff.; *Soergel / Teichmann*, § 242, Rdn. 281 ff.; *Staudinger / Schmidt*, § 242, Rdn. 598 ff.

166 Vgl. *Staudinger / Schmidt*, § 242, Rdn. 598 ff.

167 *Münch.Komm. / Roth*, § 242, Rdn. 381; *Staudinger / Schmidt*, § 242, Rdn. 612.

168 Vgl. insbesondere *Staudinger / Schmidt*, § 242, Rdn. 602 ff.

169 *Münch.Komm. / Roth*, § 242, Rdn. 275.

Verhalten als solches sei zu mißbilligen und lasse es als unbillig erscheinen, den Gläubiger, der auf diese Weise die wirtschaftlichen Grundlagen des Verpflichteten gefährde, auch noch durch Ruhestandsleistungen zu unterstützen. Dieser Grundsatz soll unabhängig davon bestehen, ob die Ruhegeldzusage einen entsprechenden oder zugunsten des Arbeitgebers erweiterten Widerrufsvorbehalt enthält.

In gleicher Weise hat schon die Rechtsprechung vor Erlaß des BetrAVG den Widerruf der Ruhegeldzusage begründet. Nur galt zu jener Zeit noch die hauptberufliche Konkurrenztätigkeit als grob treuwidriges Verhalten, das eine Verwirkung des Ruhegeldanspruchs zur Folge hatte[171]. Maßgebend war auch hier die Überlegung, daß es den Grundsätzen von Treu und Glauben widerspreche, wenn der Arbeitgeber auf Ruhegeld in Anspruch genommen und ihm gleichzeitig Konkurrenz gemacht werde[172]. Die Argumentation basierte allerdings noch auf einer durch Treuepflichten gekennzeichneten personenrechtlichen Bindung der Arbeitsvertragsparteien und der Beurteilung des Ruhegeldes als einer reinen Fürsorgeleistung des Arbeitgebers. Sie verdeutlicht, weshalb dem Ruhegeldempfänger eine im Vergleich zum Arbeitnehmer zwar abgeschwächte, im Vergleich zum ausgeschiedenen aktiven Arbeitnehmer jedoch gesteigerte Rücksichtnahme obliegt. Während für Erwerbstätige ohne vertragliche Vereinbarung eine nachvertragliche Wettbewerbsbeschränkung verneint wurde, leitete sich diese für den Betriebspensionär aus dem Fürsorgecharakter des betrieblichen Ruhegeldes ab. Die mit der Fürsorge korrespondierende Treuepflicht ließ ein gegensätzliches Verhalten des Berechtigten als treuwidrig erscheinen, das mit dem Entzug der Versorgung sanktioniert werden konnte[173]. Diese Argumentation wurde auch noch beibehalten, als die Rechtsprechung gegen Ende der 60er Jahre dazu übergging, den Entgelt- und Versorgungscharakter des Ruhegeldes zu betonen[174].

Angesichts der gewandelten Rechtsauffassung zur Natur und zum Besitzstand der Versorgungsleistungen kann jene Begründung nicht mehr überzeugen. Dies

---

170 Vgl. BAG AP Nr. 151 zu § 242 BGB Ruhegehalt und die in AP Nr. 1 bis 4 zu § 1 BetrAVG Treuebruch wiederkehrende Formulierung. Vergleiche aber auch *Hölters*, DB 1975, S. 2179 (2182); *Götz*, Nachvertraglicher Wettbewerb, S. 203 (211); allgemein für Verfehlungen des Ruhegeldberechtigten schon *Monjau*, DB 1957, S. 188 (190); auch *W. Zöllner*, Arbeitsrecht, § 26 II 3 (S. 262).

171 BAG AP Nr. 8 zu § 242 BGB Ruhegehalt, Bl. 115; vgl. auch BAGE 22, S. 161 (177); ähnlich *Galperin*, DB 1950, S. 559; *Gütner*, ArbuR 1957, S. 169 (172); *Lemke*, BB 1957, S. 512 (515); *Monjau*, DB 1957, S. 188 (190); *Nikisch*, Arbeitsrecht, Bd. I, § 41 VII 1 (S. 591 f.).

172 BAG AP Nr. 100 zu § 242 BGB Ruhegehalt; AP Nr. 109 zu § 242 BGB Ruhegehalt = BAGE 18, S. 301 (303); BAGE 22, S. 169 (176).

173 Vgl. *Gütner*, ArbuR 1957, S. 169 (173).

174 So unter Heranziehung des (mittlerweile aufgehobenen) § 7 Abs. 4, S. 2 BUrlG und des § 89 b Abs. 3, S. 2 HGB: BAG, SAE 1968, S. 174 (175); BAG, SAE 1971, S. 16 (17); zuletzt noch: ArbG Kassel, DB 1979, S. 947 f.; zum Sanktionscharakter des Pensionsentzugs auch: *Sieg*, Anmerkung zu BAG, SAE 1968, S. 177 (178); *Schwerdtner*, Arbeitsrecht I, S. 238; ablehnend auch: *R. Birk*, Anm. zu BAG, EzA Nr. 82 zu § 242 BGB Ruhegeld, S. 429.

folgt zum einen daraus, daß die auf dem Fürsorge- und Treueelement aufbauenden Begründungen wegen der darin zum Ausdruck kommenden personenrechtlichen Wertung nicht mehr tragfähig sind. Daher kann auch aus dem Fürsorgeaspekt nicht mehr ohne weiteres auf eine Treuepflicht geschlossen werden. Zum anderen kann auch das Argument, der Pensionär zeige zumindest bei schädigendem Wettbewerb grob treuwidriges Verhalten, das den Einwand des Rechtsmißbrauchs rechtfertige, nicht überzeugen. Das Bedürfnis, dem Ruhegeldempfänger eine wettbewerbsbezogene Rücksichtspflicht aufzuerlegen, scheint sich daraus zu ergeben, daß die laufenden Pensionszahlungen aus dem erwirtschafteten Ertrag des Arbeitgeberunternehmens gezahlt werden. Es erscheint deshalb sinnvoll, daß der Leistungsempfänger die Quelle, aus der er seine Versorgung bezieht, nicht durch eigene Tätigkeit gefährdet. Die Rücksichtnahme entspricht hier einer wirtschaftlichen Vorstellung, sie wird dadurch aber nicht juristisch bestimmt. Der gerade von der Rechtsprechung anerkannte Gegenleistungscharakter des Ruhegeldes zeigt vielmehr, daß die Pensionsleistung im Hinblick auf die in der Vergangenheit geleisteten Dienste erfolgt und nicht vom Ruhestandsverhalten abhängig ist[175]. Damit fehlt auch der für den Einwand des Rechtsmißbrauchs vorausgesetzte sachliche Zusammenhang zwischen dem schädigenden Verhalten und dem Rechtsverlust[176].

bb) Verletzung eigener Vertragspflichten

Eine weitere Fallgruppe des Verbots mißbräuchlicher Rechtsausübung knüpft an die Verletzung eigener Vertragspflichten des Berechtigten an. Die Forderung des Rechtsinhabers kann rechtsmißbräuchlich sein, wenn dieser seine gegenüber dem Vertragspartner bestehende Pflicht verletzt[177]. Maßgebend ist der Gedanke, daß nur derjenige Rechtstreue verlangen kann, der selbst Rechtstreue zeigt[178], wobei allerdings „ein besonderer, rechtlich relevanter Zusammenhang zwischen der beanspruchten und der selbst geübten Verhaltensweise“[179] gegeben sein muß.

Dieser rechtliche Zusammenhang klingt zumindest bei denjenigen an, die für das Versorgungsverhältnis eine ausdrückliche Rechtspflicht zur Unterlassung von Konkurrenztätigkeit bejahen[180]. Indes wird diese Unterlassungspflicht wiederum mit der nicht mehr vertretbaren Begründung einer durch Fürsorge beding-

---

175 Anders: *Schering*, Verbindlichkeiten, S. 60; *Vogt*, Entziehung von Ansprüchen, S. 69. Ablehnend wie hier: *Säcker*, Rechtliche Probleme, S. 23 (49).

176 Vgl. *Münch.Komm. / Roth*, § 242, Rdn. 275; *Staudinger / Schmidt*, § 242, Rdn. 603.

177 Vgl. *Esser / Schmidt*, Schuldrecht, Bd. I, § 10 III 2 e (S. 155); *Münch.Komm. / Roth*, § 242, Rdn. 381; *Staudinger / Schmidt*, § 242, Rdn. 612.

178 Vgl. *Staudinger / Schmidt*, § 242, Rdn. 612.

179 *Münch.Komm. / Roth*, § 242, Rdn. 381.

180 *Hueck / Nipperdey*, Arbeitsrecht, Bd. I, § VII 1 (S. 488); *Moos*, RdA 1962, S. 301 (306); *Nikisch*, Arbeitsrecht, Bd. I, § 41 VII 1 (S. 591); *Schering*, Verbindlichkeiten, S. 61; *Söllner / Meyer*, AR-Blattei, Arbeitsvertrag — Arbeitsverhältnis X, B V 1 b.

ten Treuepflicht gerechtfertigt. In ähnlicher Weise argumentiert auch jener Teil des Schrifttums, der schädigende Wettbewerbshandlungen des Ruhegeldempfängers als Obliegenheitsverletzung wertet. Die Treuepflicht zur Unterlassung der Konkurrenztätigkeit sei keine Gegenleistung für den Bezug des Ruhegeldes, sie gebe dem Leistungspflichtigen keinen klagbaren Anspruch oder einen Schadensersatzanspruch, sondern führe — bei Verletzung dieser Pflicht — zur Leistungsbefreiung des Schuldners[181]. Nach dieser Auffassung handelt es sich also um eine spezifisch ruhegeldbezogene Pflicht. Hiergegen ist jedoch bereits mehrheitlich durch die Rechtsprechung und Literatur eingewandt worden, daß Wettbewerbsbeschränkungen nur durch eine vertragliche Konkurrenzklausel entsprechend den §§ 74 ff. HGB vereinbart werden können und eine Rechtspflicht zur Wettbewerbsenthaltung nicht schon aus der Ruhegeldvereinbarung entnommen werden kann[182]. Im übrigen kann hier auch nicht von einer stillschweigend vereinbarten Obliegenheit ausgegangen werden, da jene stets einer ausdrücklichen Vereinbarung bedarf[183]. Im Ergebnis läßt sich aus der Ruhegeldvereinbarung keine Rechtspflicht zu Wettbewerbsbeschränkungen ableiten.

cc) Fehlendes berechtigtes Interesse

Schließlich kann sich die Rechtsmißbräuchlichkeit der Rechtsausübung dadurch ergeben, daß der Berechtigte keine schützenswerten Interessen verfolgt oder die Interessen der anderen Seite vorgehen[184]. Zu diesem Bereich gehören die Fälle, in denen eine Leistung gefordert wird, die sofort wieder zurückgewährt werden müßte (dolo facit qui petit quod statim redditurus est), in denen der Berechtigte aus rücksichtslosem, übermäßigem Eigennutz handelt oder die Rechtsausübung dem Verpflichteten einen erheblichen Nachteil bringt, während für den Berechtigten eine mildere Maßnahme möglich und zumutbar ist. Diese Beispiele verdeutlichen, daß die Frage der Rechtsmißbräuchlichkeit einer einzelfallbezogenen Interessenabwägung unterliegt.

Das schützenswerte Interesse des Ruhegeldberechtigten an der Geltendmachung der betrieblichen Altersleistung ergibt sich daraus, daß die Ruhegeldleistung seiner Versorgung dient. Dieses Interesse entfällt nicht schon dadurch, daß

---

181 Vgl. *Allerdissen,* Kürzung und Aufhebung, S. 49 und 52 unter Bezug auf *Bohn,* DB 1967, S. 641 (642), der allerdings für jede Konkurrenztätigkeit; ebenso *Gaul,* BB 1980, S. 57 (61) für die hauptamtliche Tätigkeit; auch: *Stefan,* BB 1980, S. 685 (686). Ähnlich auch BAG AP Nr. 109 zu § 242 BGB Ruhegeld.

182 Vgl. BGH AP Nr. 151 zu § 242 Ruhegehalt, Bl. 459; BAG AP Nr. 172 zu § 242 BGB Ruhegehalt, Bl. 825; AP Nr. 46 zu § 74 HGB, Bl. 955 mit zustimmender Anmerkung von *Beitzke,* Bl. 956; *Bobrowski / Gaul,* Arbeitsrecht, Bd. II, L VI (S. 255); *Buchner,* Wettbewerbsverbot, S. 123; *Röshler / Borrmann,* Wettbewerbsbeschränkungen, S. 49; *Schaub,* Handbuch, § 81 X 5 b (S. 511).

183 *Höfer / Abt,* BetrAVG, Arb.Gr., Rdn. 330 im Anschluß an *Prölss / Martin,* Versicherungsvertragsgesetz in der 24. Auflage, § 6, Anm. 2.

184 Vgl. *Münch.Komm. / Roth,* § 242, Rdn. 398.

er überhaupt eine Tätigkeit im Wettbewerbsbereich ausübt[185]. Eine wesentliche Aufgabe der betrieblichen Altersversorgung besteht darin, Versorgungslücken auszufüllen, die entstehen, wenn die gesetzlichen Rentenleistungen nicht das für die Erhaltung des erreichten Lebensstandards gesetzte Rentenniveau erreichen. Diese Versorgungslücken treten vor allem in der Altersversorgung der höherverdienenden Arbeitnehmer auf, deren Renten nur das Arbeitseinkommen bis zur Beitragsbemessungsgrenze abdecken[186]. Allerdings gewährleistet auch die Betriebsrente nicht in jedem Fall eine Vollversorgung, da sich die Höhe des Ruhegeldes je nach den Konditionen der Ruhegeldzusage meist unabhängig von der Sozialversicherungsrente[187] bemißt und daher die Versorgungslücke auch je nach Ausgestaltung mehr oder weniger ausgeglichen wird. Daraus erklärt sich beispielsweise[188], daß auch ein ruhegeldberechtigter Arbeitnehmer ein begründetes Interesse daran haben kann, auch nach der Pensionierung weiter erwerbstätig zu sein. Im übrigen ist nochmals darauf hinzuweisen, daß durch die Pensionierung die Erwerbsfreiheit eingeschränkt wird. Auch der Versorgungsanspruch schränkt dieses Recht nicht ein, insbesondere wird das Versorgungsinteresse nicht dadurch hinfällig, daß der Betriebsrentner einer weiteren Erwerbstätigkeit nachgeht; der Arbeitgeber kann allenfalls das verdiente Arbeitsentgelt auf die betriebliche Altersversorgung anrechnen und dies auch nur dann, wenn eine entsprechende Anrechnungsklausel in der Ruhegeldregelung enthalten ist[189]. Dementsprechend wird auch eine Erwerbstätigkeit im Wettbewerbsbereich, auch wenn sie sich schädlich auf das Unternehmen des Versorgungsverpflichteten auswirkt, nicht dazu führen können, daß ein schützenswertes Versorgungsbedürfnis und damit die Ruhegeldberechtigung entfällt.

Ein überwiegendes schutzwürdiges Interesse des Versorgungsverpflichteten könnte dagegen bestehen, wenn sich die Ruhegeldzahlung aufgrund der eingetretenen Schäden als unzumutbar[190] erweist. Insofern hat jedoch bereits die vorangegangene Untersuchung gezeigt, daß finanzielle Schwierigkeiten oder eine schlechte Ertragslage nicht zu einer Einstellung der Versorgungsleistungen aus dem Gesichtspunkt der Unzumutbarkeit berechtigen.

---

185 So aber anscheinend *Bobrowski / Gaul,* Arbeitsrecht, Bd. II, L VI (S. 255), schon bei hauptamtlicher Konkurrenz. Nach der Versorgungslage differenzierend: *Schaub,* BB 1972, S. 223 (227).

186 *Ahrend / Walkiewicz,* Die Angestelltenversicherung 1986, S. 226 (228); *Lohauss,* BFuP 1978, S. 437 (439). Nach *Tänzer,* Betriebliche Altersversorgung 1981, S. 45, sind dies nur etwa 20 bis 25 % der letzten Bruttobezüge.

187 Soweit nicht eine Gesamtversorgungszusage erteilt ist.

188 Ebenso eine insgesamt zu niedrige Altersversorgung oder psychologische Aspekte (etwa bei einer Frühpensionierung).

189 Dies ist allerdings umstritten: Eine Anrechnung bejahen *Höfer / Abt,* BetrAVG, § 5, Rdn. 30; eine volle Anrechnung bezweifeln immerhin: *Heubeck / Höhne / Paulsdorff / Weinert,* Kommentar, § 5, Rdn. 60; gänzlich ablehnend: *Steindorff,* BB 1973, S. 1129 (1134); *Gröbing,* ArbuR 1977, S. 42 (44).

190 Vgl. dazu *Münch.Komm. / Roth,* § 242, Rdn. 435; *Esser / Schmidt,* Schuldrecht, Bd. I, § 10 III 2 f. (S. 155).

dd) Mißbilligte Rechtsausübung

(1) Ruinöser Wettbewerb als Einstellungsgrund

Eher schon könnte man erwägen, daß sich die Geltendmachung des Versorgungsanspruchs bei gleichzeitigem ruinösem Wettbewerb als unzulässig erweist.

Eine mißbräuchliche Rechtsausübung wird in Fällen bejaht, in denen die Rechtsausübung lediglich auf die Benachteiligung der anderen Seite abzielt und das Recht damit zweckwidrig ohne eigenes schützenswertes Interesse ausgeübt wird oder aber aufgrund der äußeren Umstände ihrer Art und Weise nach sich als ungehörig und damit als abzulehnenden Mißbrauch darstellt[191].

Die Art und Weise, in der ein Recht wahrgenommen wird, könnte demnach eine unzulässige Rechtsausübung darstellen und zum Verlust des Ruhegeldanspruchs führen. Die äußeren Umstände erlauben hier eine Berücksichtigung der wirtschaftlichen Gefährdung des Unternehmens und des Verhaltens des Berechtigten. Danach erscheint es in der Tat rechtsmißbräuchlich, wenn ein Ruhegeldberechtigter, der Wettbewerb mit solcher Intensität betreibt, daß er eine wirtschaftliche Gefährdung des Unternehmens des Versorgungsverpflichteten herbeiführt, gleichzeitig auch noch von diesem weiterhin Ruhestandsleistungen verlangen können soll. Dies wird allgemein nur dann der Fall sein können, wenn sich aus seinem Verhalten, insbesondere der Zielsetzung und dem Ausmaß der Tätigkeit, Anhaltspunkte ergeben, die darauf schließen lassen, daß er eine Schädigung des Unternehmens zur Durchsetzung seiner eigenen Interessen bewußt in Kauf nimmt oder gar beabsichtigt[192]. Unter diesen Umständen kann sich auch das Ruhegeldverlangen lediglich als weitere Belastung des Arbeitgebers darstellen, mit der eine zweckwidrige Rechtsausübung verfolgt wird. Ein solches Verhalten wäre auch in seiner Bewertung jenem Fall gleichzustellen, in dem nach geltender Rechtsprechung die Versorgungsanwartschaft aufgrund schwerwiegender schädigender Pflichtverletzungen innerhalb des Arbeitsverhältnisses nicht redlich „verdient" ist und deshalb die Berufung auf die Versorgungszusage für rechtsmißbräuchlich erklärt wird. Faßt man dieses Verhalten unter den Begriff des ruinösen Wettbewerbs, so kennzeichnet er mit Recht jenen Ausnahmefall, in dem der Arbeitgeber neben Unterlassungs- und Schadensersatzansprüchen auch die Möglichkeit hat, die Ruhegeldzahlung wegen unzulässiger Rechtsausübung einzustellen.

---

191 Vgl. *Münch.Komm. / Roth,* § 242, Rdn. 249 ff.; *Soergel / Teichmann,* § 242, Rdn. 302.

192 Zur subjektiven Tatseite vgl. *Münch.Komm. / Roth,* § 242, Rdn. 249. Ähnlich auch schon *Schaub,* BB 1972, S. 223 (227), der für eine „Verwirkung" des Ruhegeldsrechts u. a. auch Schädigungsbewußtsein bei der Ausübung der Wettbewerbstätigkeit verlangt. Vgl. auch LAG Frankfurt, DB 1989, S. 432 f. (außerhalb von Wettbewerbshandlungen).

(2) Kein endgültiger Verlust des Versorgungsanspruchs

Bisher offen geblieben ist die Frage, ob der Mißbrauchseinwand zum endgültigen oder nur vorübergehenden Entzug berechtigt. Da hier die mißbilligte Rechtsausübung mit der schädigenden Tätigkeit des Berechtigten verknüpft ist, liegt es nahe, die Ruhegeldzahlung auch nur für die Dauer der mißbräuchlichen Rechtslage zu versagen.

Die Rechtsprechung hat hier noch keine eindeutige Aussage getroffen; der BGH hat in seiner grundlegenden Entscheidung vom 7. 1. 1971[193] zum Entzug eines Ruhegehalts wegen schädigender Konkurrenz die Möglichkeit der zeitweiligen Einstellung nur angesprochen. Die ältere Rechtsprechung[194] zum Widerruf wegen Konkurrenzhandlungen des Pensionärs hat stets einen endgültigen Verlust des Ruhegeldanspruchs angenommen, während in der Literatur[195] unterschiedliche Auffassungen vertreten wurden. Seit Geltung des BetrAVG wird verstärkt ein nur vorübergehendes Leistungsverweigerungsrecht bejaht[196].

Für eine zeitweise Einstellung dürfte neben dem Rechtsanspruchscharakter[197] aber auch der Versorgungszweck des Ruhegeldes sprechen und dessen existentielle Bedeutung für die Lebenshaltungssicherung in der erwerbsfreien Ruhestandsphase. Deshalb ist es angemessen, dem Versorgungsberechtigten die Ruhegeldzahlungen nur für die Dauer seiner schädigenden Konkurrenztätigkeit vorzuenthalten, sofern nicht gerade aufgrund des Ausmaßes und der Intensität des Mißbrauchs und der dadurch verursachten Störungen der Rechtsbeziehungen ein endgültiger Verlust der Versorgung gerechtfertigt erscheint[198].

c) Ergebnis

Ziel der Untersuchungen war es, die für das Versorgungsverhältnis vertretene Auffassung zu überprüfen, daß es mit der Ruhegeldleistung unvereinbar sei und einen schwerwiegenden Verstoß bzw. ein treuwidriges Verhalten darstelle, wenn der Ruhegeldberechtigte in schädigenden Wettbewerb zum Arbeitgeber tritt. Als treuwidriges Verhalten wird ein die wirtschaftlichen Grundlagen gefährdender ruinöser Wettbewerb erfaßt mit der Folge, daß hier der Einwand des Rechtsmißbrauchs den Verlust des Ruhegeldanspruchs rechtfertigen soll.

---

[193] Vgl. BGH AP Nr. 151 zu § 242 Ruhegehalt, Bl. 460.

[194] Vgl. BAG AP Nr. 1 zu § 139 BGB entsprechend dem Inhalt der Treuepflichtklausel; BAG AP Nr. 100 zu § 242 BGB Ruhegehalt; AP Nr. 109 zu § 242 BGB Ruhegehalt.

[195] Vgl. etwa *Hilger,* Das betriebliche Ruhegeld, S. 310 ff. m. N.

[196] Für die Dauer der schädigenden Konkurrenz: *Buchner,* Wettbewerbsverbot, S. 128; *Gaul,* BB 1980, S. 57 (62), und BB 1984, S. 346 (349); wohl auch *Hölters,* DB 1975, S. 2179 (2182) bei ruinösem Wettbewerb; *Schaub,* Handbuch, § 81 X 5 c (S. 511) für ein Ruhen des Anspruchs.

[197] *Gaul,* BB 1980, S. 57 (62).

[198] Ähnlich *Gaul,* BB 1980, S. 57 (62).

Die Überprüfung hat ergeben, daß sich der Entzug des Ruhegeldanspruchs nicht mit einem Fehlverhalten oder einer Vertragspflichtverletzung des Pensionärs begründen läßt. Aus der Ruhegeldzusage als solcher und dem damit begründeten Versorgungsverhältnis ergibt sich keine Verpflichtung des Berechtigten zur Einschränkung oder Unterlassung wettbewerbsbezogener Tätigkeit. Ein ruinöser, auf die Schädigung des Unternehmens des Versorgungsverpflichteten gerichteter Wettbewerb rechtfertigt die Einstellung der Ruhegeldzahlungen, wenn sich aufgrund der Gesamtumstände die Wahrnehmung des Ruhegeldanspruchs bei gleichzeitiger schädigender Konkurrenz als mißbräuchliche Rechtsausübung darstellt. Das Ruhegeldrecht selbst wird hierdurch nicht berührt, so daß im allgemeinen nur eine vorübergehende, auf den Zeitraum des Rechtsmißbrauchs begrenzte Einstellung angemessen ist.

2. Vertragliche Wettbewerbsbeschränkungen des Ruhegeldberechtigten

a) Auswirkungen einer Verbindung von Wettbewerbs- und Versorgungsvereinbarung

Abschließend ist zu klären, ob sich die Vereinbarung eines nachvertraglichen Wettbewerbsverbots auf die Rechtsbeziehungen im Versorgungsverhältnis auswirkt.

Wie soeben festgestellt, erwächst für den Betriebsrentenempfänger aus der Versorgungszusage keine Verpflichtung, wettbewerbsbezogene Tätigkeiten zu unterlassen. Ein Arbeitgeber, der zum Schutz seiner Interessen auch im Hinblick auf die Pensionierung des Arbeitnehmers ein Wettbewerbsverbot vereinbart, wird dieses nach Möglichkeit mit der Ruhegeldzusage verbinden. Beispielhaft ist der genannte Fall, daß einem leitenden Angestellten ein Ruhegeld unter der Bedingung gewährt wird, daß dieser die Interessen des Arbeitgebers beeinträchtigende Handlungen (wie hauptamtliche Konkurrenztätigkeit) unterläßt[199]. In einem anderen Fall wurde ein Altersruhegeld, das der Hälfte des im Jahr vor der Pensionierung bezogenen Gehalts entsprach, zugesagt und zusätzlich vereinbart, daß für die Dauer eines Jahres der Berechtigte einem Wettbewerbsverbot unterliegen sollte. Für diesen Zeitraum sollte das volle Gehalt weiterbezahlt werden[200].

Aus der im Arbeitsverhältnis gegebenen Versorgungszusage erwächst, wie die vorangegangene Untersuchung gezeigt hat, auch bei Widerrufsvorbehalt[201] ein Versorgungsanspruch, sei es, daß man auf den ‚Auch'-Entgelt- bzw. Gegenlei-

---

199 BAG AP Nr. 1 zu § 139 BGB.

200 Vgl. OLG Stuttgart, BB 1980, S. 527.

201 Zur Bedeutungslosigkeit dieser sog. Treuepflichtklausel vgl. BAG AP Nr. 4 zu § 1 BetrAVG Treuebruch, Bl. 728 R und AP Nr. 7 zu § 1 BetrAVG Treuebruch, Bl. 646 mit Anmerkung von *Herschel*.

stungscharakter der Leistung oder auf das Gebot des Vertrauensschutzes verweist. Der Versorgungszweck (Alterssicherung) verdeutlicht, daß das betriebliche Ruhegeld zum Zwecke des Lebensunterhalts und zur Aufrechterhaltung des bisherigen Lebensstandards dient und nicht der Abgeltung unterlassener Konkurrenztätigkeit. Mithin kann auch keine Vereinbarung in die Versorgungszusage aufgenommen werden, die Versorgungsleistungen von dem Unterlassen entsprechender Tätigkeiten abhängig macht, da andernfalls der Ruheständler zu einem Verhalten gezwungen wäre, zu dem er weder aufgrund des Leistungszwecks noch aufgrund einer wirksamen Wettbewerbsvereinbarung i. S. d. § 74 HGB verpflichtet wäre. Mit Recht wird deshalb von einer zunehmenden Zahl von Autoren[202] gefordert, daß auch das im Zusammenhang mit dem Pensionsvertrag vereinbarte nachvertragliche Wettbewerbsverbot den Schutzvorschriften der §§ 74 ff. HGB genügen muß. Die Wettbewerbsverbotsabrede ist demnach als eigenständiges Schuldverhältnis Grundlage der Wettbewerbsenthaltung[203], aus der dem Betriebspensionär — wie das zweite Beispiel verdeutlicht — ein weiterer Zahlungsanspruch, nämlich auf Karenzentschädigung in Höhe der Hälfte der letzten Bezüge, erwächst. Bei Leistungsstörungen sind die §§ 320 ff. BGB anwendbar. Ein Verstoß gegen das Wettbewerbsverbot gibt dem Arbeitgeber ein Rücktrittsrecht bzw. einen Schadenersatzanspruch und berechtigt gemäß § 320 BGB zur Einstellung der Karenzentschädigung, nicht aber der Ruhegeldleistung. Dagegen spricht die unterschiedliche Zweckbindung und Struktur der Rechtsbeziehungen. Ein vorübergehender Entzug[204] des Ruhegeldes hätte demgegenüber den Charakter einer Strafmaßnahme und wäre allenfalls im Rahmen einer vereinbarten Vertragsstrafenregelung[205] denkbar.

Eine gewisse Parallelwertung läßt sich aus der Beurteilung des Verhältnisses der Versorgungsvereinbarung zum Arbeitsverhältnis entnehmen. Auch wenn die Ruhegeldzusage als Bestandteil des Arbeitsvertrages betrachtet wird, kann dies nach Auffassung der Rechtsprechung nicht dazu führen, daß die Verletzung einer arbeitsvertraglichen Pflicht mit dem Verlust der erdienten unverfallbaren Anwartschaft geahndet werden kann[206]. Ein Teilwiderruf soll allenfalls dann möglich sein, wenn die Vertragspflichtverletzung zugleich auf die für das Vertragsverhältnis wesentliche Pflicht durchschlägt und die in diesem Zusammenhang geleistete

---

202 *Bobrowski / Gaul*, Arbeitsrecht, Bd. II, L VI (S. 255); *Gaul*, Die betriebliche Altersversorgung, S. 15 (30); *ders.*, BB 1980, S. 57 (58); *Schaub*, BB 1972, S. 223 (224).

203 *Bengelsdorf*, DB 1985, S. 1585 (1586); *Gaul*, BB 1980, S. 57 (58).

204 *Blomeyer / Otto*, BetrAVG, Einl. Rdn. 258; *Bobrowski / Gaul*, Arbeitsrecht, Bd. II, L VI (S. 255): *Bohn*, DB 1967, S. 641 (643); *Buchner*, Wettbewerbsverbot, S. 128; *Höfer / Abt*, BetrAVG, Arb.Gr., Rdn. 376; *Schaub*, Handbuch, § 81 X 5 c (S. 511). Ablehnend: *Nikisch*, Arbeitsrecht, Bd. I, § 41 VII 1 (S. 592).

205 So *Gaul*, BB 1980, S. 57 (59 f.); *Sina*, DB 1985, S. 902 (904). Vgl. dagegen: *Götz*, Nachvertraglicher Wettbewerb, S. 203 (215 ff.).

206 Vgl. z. B. BAG AP Nr. 7 zu § 1 BetrAVG Treuebruch, Bl. 646 mit zustimmender Anmerkung von *Herschel*, BGH, NJW 1984, S. 1529 (1530); aber auch BAG AP Nr. 1 – 4 zu § 1 BetrAVG Treuebruch.

Betriebstreue des Arbeitnehmers als wertlos erscheinen läßt[207]. Ebensowenig kann in eine unverfallbare Anwartschaft eingegriffen werden, wenn der ausgeschiedene Arbeitnehmer legitimerweise einer wettbewerbsbezogenen Tätigkeit nachgeht[208]. Wettbewerbsbeschränkungen sind — wie oben aufgezeigt — nur in Ausnahmefällen aufgrund gesonderter Vereinbarung möglich. Die Rechtsprechung verneint die Zugriffsmöglichkeit mit dem Schutzgedanken des BetrAVG und der Versorgungsfunktion[209] und erkennt damit im Grunde die Eigenständigkeit der Versorgungsregelung an.

Damit ist zunächst festzuhalten, daß Vertragspflichtsverletzungen eines für den Ruhestand vereinbarten Wettbewerbsverbots den Ruhegeldanspruch grundsätzlich unberührt lassen.

b) Anrechenbarkeit der Karenzvergütung

Offen geblieben ist, ob der Betriebsrentner für die Dauer der Wettbewerbsabrede beide Leistungen nebeneinaner beanspruchen kann oder ob der Arbeitgeber nicht zumindest im Wege der Anrechnung eine Reduzierung der Geldleistungen bewirken kann.

An dieser Stelle ist nochmals darauf hinzuweisen, daß bereits bei der Untersuchung des Karenzzahlungsanspruchs im Ruhestand festgestellt wurde, daß eine Anrechnung der betrieblichen Altersversorgung auf die Karenzentschädigung gemäß § 74 c HGB ausscheidet, weil sie kein Einkommen ist, das während der Dauer des Wettbewerbsverbots durch tatsächliche Arbeitsleistung erzielt wird. Damit stellt sich die Frage, ob beim Zusammentreffen von Ruhegeld und Karenzentschädigung der Arbeitgeber nicht zumindest eine Reduktion bzw. Anrechnung der Karenzentschädigung auf die Versorgung vornehmen kann.

Bejaht wurde eine solche Herabsetzungsmöglichkeit der Karenzentschädigung bislang nur vom OLG Stuttgart[210]. Das OLG begründete seine Entscheidung allerdings mit dem Argument, daß bereits der Bezug einer betrieblichen Altersversorgung zu einer hauptberuflichen Wettbewerbsenthaltung verpflichte, so daß ein vereinbartes Wettbewerbsverbot allenfalls noch für eine „ruhegeldunschädli-

---

207 Ob ein Teilwiderruf überhaupt möglich ist, erscheint zweifelhaft. Ablehnend: *R. Birk,* Anmerkung zu BAG, EzA Nr. 85 zu § 242 BGB Ruhegehalt, nachdem ein beschränkter Widerruf für die Zeit der Pflichtverletzung möglich sein soll. Ablehnend auch BAG AP Nr. 7 zu § 1 BetrAVG Treuebruch, Bl. 646 R bei langjähriger korrekter Tätigkeit; auch *Schulin,* ZfA 1981, S. 577 (705); anders: BGH, NJW 1984, S. 1529 (1530). Jedenfalls ist festzuhalten, daß auch hier ein Entzug berechtigt erdienter Anwartschaften ausgeschlossen ist.

208 BAG AP Nr. 172 zu § 242 BGB Ruhegehalt; zustimmend wie hier: *Grunsky,* in der Anmerkung, Bl. 826 R.

209 Vgl. insbesondere BGH, NJW 1984, S. 1529 (1530), linke Spalte.

210 OLG Stuttgart, BB 1980, S. 527. Der Senat reduzierte die Karenzentschädigung auf ein Viertel des Betrages, der neben dem Altersruhegeld verlangt wurde. Vgl. dazu auch *Stefan,* BB 1980, S. 685 ff.

che" nebenberufliche Tätigkeit von Bedeutung sei. Dementsprechend könne in Anwendung des § 287 ZPO auch die Höhe der Karenzvergütung ohne weiteres verringert werden.

Im Rahmen der vorliegenden Untersuchung konnte jedoch festgestellt werden, daß die Ruhegeldleistung nicht zu einer allgemeinen Wettbewerbsenthaltung verpflichtet, weil sie eine gegenüber der Karenzentschädigung anders gelagerte Zweckbestimmung verfolgt. Deshalb scheidet unter diesem Gesichtspunkt eine einseitige Herabsetzung der Karenzentschädigung aus.

Arbeitgeber und Arbeitnehmer können jedoch eine Anrechnung der Karenzentschädigung auf die Versorgungsleistung vereinbaren. § 5 Abs. 2 BetrAVG steht jedenfalls einer entsprechenden Anrechnungsklausel nicht entgegen. Diese Regelung verbietet lediglich, andere *Versorgungsbezüge* auf das betriebliche Ruhegeld anzurechnen. Im übrigen besteht auch für die Vereinbarung einer Anrechnungsklausel — wie überhaupt für die inhaltliche Gestaltung der Ruhegeldzusage — Vertragsfreiheit. Das Anrechnungsverbot stellt freilich keine abschließende Regelung dar und läßt offen, was unter dem Begriff „anderer" und „sonstiger Versorgungsbezüge" zu verstehen ist[211]. Die Gesetzesauslegung zeigt jedoch, daß darunter Leistungen fallen, deren Zweckbestimmung darin liegt, neben der Altersversorgung den Lebensunterhalt im Ruhestand abzusichern, die also auch Versorgungsfunktion haben[212]. Vom Anrechnungsverbot erfaßt werden dabei auch nur jene Leistungen, die auf eigenen Beiträgen des Versorgungsempfängers beruhen[213]. Damit wird deutlich, daß die Karenzentschädigung nicht zu den Versorgungsbezügen i. S. d. § 5 Abs. 2 BetrAVG zählt[214].

c) Ergebnis

Auswirkungen einer nachvertraglichen Wettbewerbsverbotsabrede auf das Versorgungsverhältnis können sich daraus ergeben, daß der Arbeitgeber — bei einer entsprechend vereinbarten Anrechnungsklausel — die Karenzentschädigung auf die betriebliche Altersversorgung anrechnen kann.

---

[211] Vgl. BT-Drucksache 7 / 2843, S. 8. Eine abschließende Aufzählung sollte aufgrund der Vielzahl unterschiedlicher Sozialleistungen und möglicher Anrechnungsregelungen vermieden werden.

[212] *Heubeck / Höhne / Paulsdorff / Weinert,* Kommentar, § 5, Rdn. 29; *Höfer / Abt,* BetrAVG, § 5, Rdn. 8.

[213] *Blomeyer,* DB 1982, S. 952 (954) „Versicherungsleistungen".

[214] Vgl. auch BAG AP Nr. 30 zu § 611 BGB Konkurrenzklausel, Bl. 1077; *Buchner,* Wettbewerbsverbot, S. 124; *Blomeyer,* DB 1982, S. 952 (954); *Grüll,* Die Konkurrenzklausel, S. 70.

V. Zusammenfassung und Folgerungen

Als Ergebnis dieses Untersuchungsabschnittes ist zunächst festzuhalten, daß sich alle für die Begründung besonderer Rücksichts- und Treuepflichten des Ruhegeldberechtigten vorgebrachten Argumente als nicht tragfähig und widerlegbar erwiesen haben.

Ruhegeldkürzungen bei wirtschaftlicher Notlage lassen sich jedenfalls nicht mit einer im Versorgungsverhältnis bestehenden besonderen Rücksichtspflicht auf die wirtschaftliche Lage oder einer vertragstypisch begründeten abweichenden Risikoverteilung rechtfertigen. Im Ergebnis ist daher all jenen zuzustimmen, die vor allem mit dem Hinweis auf den Entgeltcharakter und den im BetrAVG zum Ausdruck kommenden Wertungsmaßstäben Eingriffe in laufende Ruhegeldleistungen weitestgehend ausschließen[215].

Die Betrachtung des zweiten praktisch wichtigen Problemfeldes der Wettbewerbstätigkeit hat gezeigt, daß auch der Bezug einer betrieblichen Altersversorgung zu keinem weitergehenden Wettbewerbsverbot verpflichtet. Der Pensionär ist wie jeder andere ausgeschiedene Arbeitnehmer in den Grenzen der §§ 1, 17 UWG, 138, 823, 826 BGB in der Verwertung seiner Arbeitskraft frei, soweit mit dem Arbeitgeber nicht ein nachvertragliches Wettbewerbsverbot analog den §§ 74 ff. HGB vereinbart wurde. Die Verletzung dieser Vertragspflicht rechtfertigt neben den vertraglichen Ansprüchen eine Einstellung der Ruhegeldzahlung nur dann, wenn sich nach den Umständen des Einzelfalles die Geltendmachung des Anspruchs als unzulässige Rechtsausübung darstellt.

Zu einem ähnlichen Ergebnis sind schon 1970 unabhängig voneinander *Grunsky*[216] und *Schwerdtner*[217] gelangt, indem sie den Entzug des Ruhegeldanspruchs im Ruhestand gänzlich ausschlossen, *Grunsky* darüber hinaus auch den Einwand des Rechtsmißbrauchs verneinte. Sie begründeten ihre Auffassung allerdings mit einem Lohncharakter des Ruhegeldes, das der Arbeitnehmer sich durch seine Arbeitsleistung verdient habe und das erst nachträglich ausgezahlt werde; den damals noch dominierenden Fürsorgeaspekt zur Kennzeichnung der Leistung lehnten beide ab.

---

[215] *Blomeyer,* RdA 1977, S. 1 (11); *ders.,* NZA 1985, S. 1 (3); auch: *Blomeyer / Otto,* BetrAVG, Vorbem. zu § 7, Rdn. 67; *Grunsky / Wuppermann,* Anmerkung zu BAG AP Nr. 159 zu § 242 BGB Ruhegehalt, Bl. 484 f. und *Grunsky,* Anmerkung zu BAG AP Nr. 2 zu § 7 BetrAVG, Bl. 753 f.; wohl auch *Reuter,* Anmerkung zu BAG AP Nr. 167 zu § 242 BGB Ruhegehalt, Bl. 538 R; im Ergebnis auch *Schwerdtner,* ZfA 1979, S. 1 (34).

[216] *Grunsky,* JuS 1970, S. 16 (19); so nochmals in: Anmerkung zu BAG AP Nr. 172 zu § 242 Ruhegehalt, Bl. 826 R.

[217] *Schwerdtner,* Fürsorge- und Entgelttheorie, S. 168 f.

1. Zum Versorgungsbegriff

Insoweit hat die vorangegangene Untersuchung bestätigt, daß im Versorgungsverhältnis bislang das fürsorgerische Element als Begründungsansatz für die Annahme weiterer Pensionärspflichten diente, der Fürsorgeaspekt aber hier ebenso wie in arbeitsvertragsrechtlichen Beziehungen nicht Rechtsgrundlage für eine spezifische Treuepflicht sein kann. Der Hinweis auf den Fürsorgecharakter ist jedenfalls nicht geeignet, den Bezug der Ruhegeldleistung von der Einhaltung weiterer Verhaltenspflichten im Ruhestand abhängig zu machen. Nimmt man die im Rahmen der entwicklungsgeschichtlichen Betrachtung gewonnenen Erkenntnisse hinzu, nach denen die betriebliche Altersversorgung heute unstreitig eine sozialpolitisch bedeutsame Zusatzversorgung darstellt, für die neben anderen Motiven auch Fürsorge Anlaß, aber nicht Rechtsgrundlage sein kann, so besteht keine Veranlassung mehr, an einer Charakterisierung als Fürsorgeleistung festzuhalten. Vor diesem Hintergrund ist es ausgeschlossen, in dem heute zur Kennzeichnung des Ruhegeldes verwendeten Versorgungsbegriff nicht mehr als eine Fortführung des ursprünglichen Fürsorgebegriffs zu sehen. Vielmehr ist mit der wohl überwiegenden Meinung der Versorgungsbegriff so zu verstehen, daß er den wirtschaftlichen Zweck, den Lebensunterhalt im Alter zu sichern, kennzeichnet[218].

2. Zur Rechtsstellung des Versorgungsempfängers

Nach den hier getroffenen Feststellungen erscheint auch die Rechtsstellung des Betriebspensionärs in einem anderen Licht.

Bislang wurde der Betriebsrentner aufgrund der angenommenen Bindungen weniger als Ruhegeldgläubiger, sondern als gewissermaßen inaktiv gewordener Betriebsangehöriger[219] oder „Ruhestandsarbeitnehmer"[220] betrachtet. Dies galt vor allem für die vorgesetzliche Rechtsprechung, die den Ruhegeldempfängern insofern zwischen den aktiven Arbeitnehmern und den Ausgeschiedenen eine Art Zwitterstellung zuwies. Die in diesem Zusammenhang immer wieder verwandte Formulierung von der wohl abgeschwächten, aber doch gesteigerten Treuepflicht gibt hiervon Zeugnis. Daß sich diese „Sonderstellung" der Ruhegeld-

---

218 Instruktiv: BVerfG, NJW 1984, S. 476 (477): „Die Ansicht, das betriebliche Altersruhegeld habe Versorgungscharakter, berücksichtigt den Wandel, den die betriebliche Altersversorgung im Gesamtgefüge der Altersversorgung der Arbeitnehmer erfahren hat. Von einer Einrichtung mit reinem Wohltätigkeitscharakter zur Sicherung des Existenzminimums ist sie zu einer zusätzlichen Versorgungsinstitution zur Aufrechterhaltung des Lebensstandards, den der Arbeitnehmer vor Eintritt des Versorgungsfalles erreicht hatte, geworden." Vergleiche ferner: *Blomeyer / Otto,* BetrAVG, Einl. Rdn. 126; *Blomeyer,* NZA 1985, S. 1 (2); gegen eine Gleichstellung mit dem Fürsorgecharakter auch *Hilger,* RdA 1981, S. 6 (8); *Koller / Bender,* Anmerkung zu BAG, SAE 1984, S. 213 (215).

219 So ausdrücklich *Galperin,* DB 1950, S. 559.

220 Begriffsverwendung nach *Grunsky,* Anmerkung zu BAG AP Nr. 2 zu § 7 BetrAVG, Bl. 753 R.

berechtigten mittlerweile weiter zu einer zunehmend verselbständigten Gläubigerstellung hin verschoben hat, belegt auch die seit Geltung des BetrAVG ergangene Rechtsprechung. Es wurde gezeigt, daß die hiernach einsetzende Rechtsprechung in Abkehr von den vorgesetzlichen Grundsätzen deutlich auf eine verstärkte Rechtsstellung des Ruhegeldberechtigten abstellt und Eingriffe in diese Rechtsposition weiteren Schranken unterworfen hat. Gleichwohl hat man den Schritt zu einer völligen Lösung des Pensionärs aus arbeitsrechtlichen Bindungen noch nicht vollzogen, wie der Rückgriff auf die Treuepflichtverletzung und den Rechtsmißbrauchseinwand im Rahmen der Widerrufsproblematik zeigt.

Demgegenüber muß die Erkenntnis, daß sich aus der Ruhegeldleistung keine arbeitsrechtlichen Pflichten ableiten lassen, dazu führen, eine selbständige Gläubigerstellung anzuerkennen. Die Rechtsstellung des Ruheständlers ist also die eines Ruhegeld-Gläubigers.

Diese Feststellung leitet über zu der Frage nach der Rechtsnatur des Versorgungsverhältnisses und seine Qualifizierung im Verhältnis zum Arbeitsverhältnis.

3. Abschnitt

Das Versorgungsverhältnis

I. Das Versorgungsverhältnis als selbständiger Teil des Arbeitsverhältnisses

Eine rechtliche Erfassung des Versorgungsverhältnisses läßt sich nur vornehmen, wenn zuvor die Verbindung der Ruhegeldzusage mit dem Arbeitsverhältnis geklärt ist.

1. Verknüpfung von Arbeits- und Versorgungsverhältnis

Der eingangs gegebene Überblick hat bereits gezeigt, daß zwischen dem Arbeitsverhältnis und dem Ruhestandsverhältnis ein enger Zusammenhang gesehen wird, aus dem heraus die Ruhegeldzahlung und die damit verbundenen Rechtsbeziehungen als Nach- und Fortwirkungen des Arbeitsverhältnisses erfaßt werden. Anknüpfungspunkt für diese Charakterisierung des Versorgungsverhältnisses ist die Ruhegeldzusage, die als Teil des Arbeitsvertrages oder doch zumindest als mit dem Arbeitsverhältnis unlösbar verbunden bestimmt wird[1]. Dies gilt zumin-

[1] Vgl. *Blomeyer / Otto*, BetrAVG, Einl. Rdn. 42; *Blomeyer*, Betriebliche Altersversorgung 1980, S. 170 (174); *Buchner*, AR-Blattei, Wettbewerbsverbot III, C IV 1; *Grunsky*, JuS 1970, S. 16 (18); *Heissmann*, Ruhegeldverpflichtungen, S. 63; *Hilger*, Das betriebliche Ruhegeld, S. 15 f.; *Höfer / Abt*, BetrAVG, Arb.Gr., Rdn. 156; *Krejci*, Betriebsübergang und Arbeitsvertrag, S. 313; *Schwerdtner*, Anmerkung zu BAG, SAE 1978, S. 57 (60). Vgl. auch BAG AP Nr. 156 zu § 242 BGB Ruhegehalt, Bl. 562.

dest für die individualrechtlich begründete Versorgungszusage[2]. Damit ist allerdings noch keine Klarheit über die rechtliche Qualifizierung der Zusage gewonnen, also ob auch eine rechtliche Verknüpfung der Zusage mit dem Arbeitsverhältnis der Art besteht, daß die Versorgungszusage Bestandteil eines einheitlichen Arbeitsvertrages ist. Dies scheinen jedenfalls diejenigen anzunehmen, die in der Ruhegeldzahlung eine noch zu erfüllende Leistungspflicht des Arbeitsverhältnisses sehen[3].

Das BetrAVG enthält in § 1 Abs. 1 S. 1 die Formulierung, daß die Leistungen einem Arbeitnehmer „aus Anlaß seines Arbeitsverhältnisses zugesagt" sein müssen. Sie zielt auf eine Abgrenzung und Eingrenzung gegenüber anderen Leistungen, wie dem Leibrentenvertrag gemäß § 759 BGB, der eine selbständige Verpflichtung zu wiederkehrenden Leistungen für die Lebensdauer eines Menschen begründet[4]. Unter die betriebliche Altersversorgung fallen nur Leistungen, die einem *Arbeitnehmer,* und zwar in *ursächlichem* Zusammenhang mit dem Arbeitsverhältnis, zugesagt werden[5]. Es ist also erforderlich, daß das Arbeitsverhältnis der Grund für die Abgabe des Versorgungsversprechens ist; allerdings besagt dies nicht, daß die Leistungspflicht zugleich Bestandteil der Arbeitsvertragspflicht ist. Dagegen spricht einmal, daß als Grundlage des Versorgungsanspruchs heute nicht mehr eine arbeitsvertragliche Fürsorgepflicht, aus deren Nachwirkung ein Zahlungsanspruch herzuleiten wäre, anerkannt wird, sondern ein besonderes Versorgungsverhältnis[6], das durch die Versorgungszusage begründet wird. Auch sind — wie wir gesehen haben — die mit der Ruhestandsleistung verbundenen Rechte und Pflichten nicht mit den Arbeitsvertragspflichten vergleichbar. Dies gilt sowohl für die Obliegenheiten des Berechtigten als auch für die Ruhegeldleistungspflicht, die aufgrund ihres Versorgungszwecks und ihres an die Lebensdauer des Versorgungsberechtigten gekoppelten Bestandes nicht mit der Vergütungspflicht im Arbeitsverhältnis gleichgesetzt werden kann. Deshalb kann auch die

---

[2] Vgl. *Höfer / Abt,* BetrAVG, Arb.Gr., Rdn. 149 ff.

[3] *Säcker / Joost,* DB 1978, S. 1030 (1034). So vor allem die Vertreter der „Lohntheorie": *v. Arnim,* Verfallbarkeit, S. 91; *Grunsky,* JuS 1970, S. 16 (18); *Säcker,* Rechtliche Probleme, S. 23 (35); *Schwerdtner,* Fürsorge- und Entgelttheorie, S. 145 ff. Vgl. aber auch *Nikisch,* Arbeitsrecht, Bd. I, § 41 V 1 (S. 586) für die weitgehend überholte Auffassung, das Ruhegeld sei Ausfluß einer das Arbeitsverhältnis überdauernden Fürsorge; auch *Mohnen,* RdA 1957, S. 361 (368), die Ruhegeldleistung als nachwirkende Nebenpflicht einordnend.

[4] BGH, WM 1966, S. 248. Ebenso: RGZ 80, 208 ff.; 94, S. 157 ff. (Ausklammerung von Ruhegehaltszusagen).

[5] *Blomeyer / Otto,* BetrAVG, Einl. Rdn. 28 und 42.

[6] BGH AP Nr. 1 zu § 242 Ruhegehalt; BAG, BB 1955, S. 166; BAG AP Nr. 64 zu § 242 BGB Gleichbehandlung, Bl. 403 R (für den Deputatanspruch); *Blomeyer / Otto,* BetrAVG, Einl. Rdn. 120 und 138; *Dieterich / Rühle,* AR-Blattei, Betriebliche Altersversorgung II, B I; schon *Heissmann,* Ruhegeldverpflichtungen, S. 63; *Hilger,* Das betriebliche Ruhegeld, S. 33; *Hueck / Nipperdey,* Arbeitsrecht, Bd. I, § 52 III 3 (S.479); *Kemper,* Unverfallbarkeit, S. 25 f.; *Nikisch,* Arbeitsrecht, Bd. I, § 41 II 1 (S. 574); *Schaub / Schusinski / Ströer,* Altersvorsorge, S. 48; *Stecher,* RdA 1961, S. 261 (265).

z. T. in der Literatur vertretene Auffassung, bei dem Ruhegeld handele es sich um einen zurückbehaltenen Teil des Arbeitslohnes, mit dessen Auszahlung der Arbeitgeber seiner Lohnzahlungspflicht nachkomme, nicht überzeugen[7]. Die Ruhegeldzahlungspflicht ist Hauptpflicht des Versorgungsverhältnisses und steht außerhalb des arbeitsvertraglichen Synallagmas. Sie kann deshalb nicht unmittelbare Entgeltleistung für die Arbeitsleistung des Arbeitnehmers sein[8]. Zum anderen erscheint die These, es handele sich um eine Geldleistungspflicht des Arbeitsvertrages, mit den Grundprinzipien des Betriebsrentenrechts unvereinbar. Aufgrund der Unverfallbarkeitsregelung behält ein Arbeitnehmer seinen Versorgungsanspruch auch dann, wenn das Arbeitsverhältnis vorzeitig, vor Eintritt des Versorgungsfalles, beendet wird. Der Gesetzgeber wollte damit erkennbar den Bestand der Versorgungszusage vom Bestand des Arbeitsverhältnisses unabhängig machen. Anlaß für diese Regelung war, daß früher in den meisten Fällen die Ruhegeldzahlung davon abhängig war, daß der Arbeitnehmer bis zur Pensionierung im Betrieb des Arbeitgebers verblieb, so daß sich das Ruhestandsverhältnis zwangsläufig an das Arbeitsverhältnis anschließen mußte. In der Vergangenheit wurde die Ruhegeldzusage deshalb mit Recht als unselbständige Nebenabrede des Dienst- und Arbeitsvertrages betrachtet[9]. Gerade diese Unselbständigkeit ist durch die Unverfallbarkeitsregelung beseitigt worden, deren erklärter Zweck neben dem Schutz erdienter Ansprüche auch die Förderung der Mobilität der Arbeitnehmerschaft ist[10].

Aus dieser Entwicklung folgt, daß der im Rahmen des Arbeitsverhältnisses erteilten Versorgungszusage eine eigenständige Bedeutung zukommt. Andererseits ist hier nicht zu verkennen, daß die Versorgungszusage in besonders enger Weise mit dem Arbeitsverhältnis verknüpft ist, weil der Arbeitgeber jene Zusage gerade im Hinblick auf das Beschäftigungsverhältnis und in der Erwartung erteilt, den Arbeitnehmer auf diese Weise langjährig an sich zu binden. Deshalb ist mit Recht ein notwendiger innerer Zusammenhang zwischen der Versorgungsvereinbarung und dem Arbeitsverhältnis anzuerkennen. Das Arbeitsverhältnis bildet

---

7 Anders mag es sein, wenn wie in BAG AP Nr. 151 zu § 242 BGB Ruhegehalt das Ruhegeld als Entgelt für die vereinbarte Dienstleistung zugesagt wurde.

8 Die „Lohntheorie" wird im Ergebnis, wenn auch mit z. T. unterschiedlichen Begründungen, abgelehnt: vgl. *Diederichsen*, Rechtsfortbildung, S. 225 (228 f.), den Unterschied zum Arbeitsrecht aufzeigend; *Höfer / Ahrend*, DB 1972, S. 1824 f., gestützt auf das Fürsorgeprinzip; auf das fehlende Synallagma verweisend auch *Jahnke*, ZfA 1980, S. 863 (871). Eine unmittelbare Gegenseitigkeit zur Arbeitspflicht verneint auch das BAG: Grundlegend: BAG AP Nr. 156 zu § 242 BGB Ruhegehalt mit insoweit zustimmender Anmerkung von *Weitnauer*.

9 Vgl. *Hoffmann*, Die Bedeutung der Beendigung des Arbeitsverhältnisses für den Anspruch auf betriebliches Ruhegeld, S. 71. Ebenso drei Dissertationen aus den 30er Jahren: *Reifenberg*, Leibrenten- und Pensions-Vertrag, S. 32 ff.; *Müntinga*, Die Pensionierung von Arbeitnehmern, S. 11 f.; *Richter*, Der Anspruch auf Ruhegeld im Arbeitsrecht, S. 15.

10 BT-Drucksache 7/2843, S. 4; *Kemper*, Unverfallbarkeit, S. 30 ff.

gleichsam die Geschäftsgrundlage für den Abschluß der Ruhegeldvereinbarung. Deutliches Zeichen hierfür ist, daß eine vorzeitige Beendigung des Beschäftigungsverhältnisses vor Eintritt der Unverfallbarkeit im allgemeinen auch zum Wegfall der Ruhegeldzusage führt[11].

Im Ergebnis ist festzuhalten, daß mit der Ruhegeldzusage ein eigenständiges Versorgungsverhältnis[12] begründet wird, das aufgrund seiner engen Verknüpfung mit dem Arbeitsverhältnis wohl Bestandteil der arbeitsrechtlichen Beziehungen, aber nicht unselbständiger Teil eines einheitlichen Arbeitsvertrages ist.

2. Konsequenz: Keine Fortführung des Arbeitsverhältnisses aufgrund der Versorgungszusage

Die soeben getroffene Feststellung muß konsequenterweise zu einer vom Arbeitsverhältnis getrennten Beurteilung des Versorgungsverhältnisses führen.

In diesem Zusammenhang ist insbesondere der in der Literatur und auch in einzelnen Urteilsbegründungen zu findenden Ansicht zu widersprechen, das Ruhegeldleistungsverhältnis führe zu einer Fortsetzung des Arbeitsverhältnisses, wenn auch mit anderem Inhalt, und sei somit als ein noch nicht beendetes Restarbeitsverhältnis zu betrachten[13]. Abgesehen davon, daß der Pensionär in keinem Arbeitsverhältnis mehr zum Arbeitgeber steht und auch die Pensionärspflichten ebenso wie die Ruhegeldleistungspflicht nicht den Arbeitsvertragspflichten vergleichbar sind, erlaubt auch der Zusammenhang mit dem Arbeitsverhältnis, aufgrund dessen die Versorgungszusage überhaupt erteilt wird, keine derartige Schlußfolgerung. Denn es hat sich gezeigt, daß der Versorgungszusage neben den arbeitsvertraglichen Beziehungen eine eigenständige Bedeutung zukommt. Eher schon ist die Versorgungsvereinbarung mit der nachvertraglichen Wettbewerbsverbotsabrede vergleichbar. Dieser kommt, auch wenn sie gleichzeitig mit dem Arbeitsvertrag vereinbart wird, ebenfalls eigenständige Bedeutung zu[14]. Obwohl auch sie nur mit Rücksicht auf das bestehende Arbeitsverhältnis getroffen wird, handelt es sich dennoch um eine echte selbständige Vereinbarung. Für die Wettbewerbsverbotsabrede, deren Rechtswirkungen erst nach Beendigung des Arbeitsverhältnisses eintreten, hat bislang jedoch niemand die These vertre-

---

11 BAG, BB 1984, S. 537 f.

12 Aus österreichischer Sicht auch *Fischer,* Das betriebliche Ruhegeld, S. 63 (75).

13 So noch *Säcker / Joost,* DB 1978, S. 1030 (1035); auch *Mickler,* Ruhegeldzahlungen, S. 139; *Schwerdtner,* ZfA 1975, S. 171 (183 f.); anders hingegen *ders.,* ZIP 1986, S. 1030 (1034); aus dem älteren Schrifttum: *Grell,* Der Betriebsinhaberwechsel, S. 159; BGH AP Nr. 151 zu § 242 Ruhegehalt, Bl. 459.

14 *Röshler / Borrmann,* Wettbewerbsbeschränkungen, S. 73; ebenso *Bengelsdorf,* DB 1985, S. 1585 (1586): „Der zugesagte Anspruch … ist dann faktisch Bestandteil des Arbeitsvertrages, ohne indessen ein unselbständiger Teil dieses Vertrages zu werden." *Grüll,* Die Konkurrenzklausel, S. 16 f.

ten, sie führe zu einer Fortsetzung des Arbeitsverhältnisses. Im übrigen ist den Bedenken *Schwerdtners*[15] zuzustimmen, der darauf hinweist, daß es bei Fortdauer eines „Versorgungsarbeitsverhältnisses" zu einer Vervielfältigung arbeitsvertraglicher Beziehungen kommen könne, wobei die Qualität des Restarbeitsverhältnisses gänzlich ungeklärt sei. Ebenso wäre es widersinnig, für einen Arbeitnehmer, der im Laufe seines Erwerbslebens in mehreren Arbeitsverhältnissen mit wechselnden Arbeitgebern gestanden hat, aufgrund des Ruhegeldbezugs wieder ein ursprüngliches Restarbeitsverhältnis zu dem Arbeitgeber, gegenüber dem er seinerzeit Versorgungsansprüche erworben hatte, zu konstruieren. Diese Folgeaspekte machen für sich schon die Unhaltbarkeit dieser These deutlich.

II. Rechtsnatur und Struktur

Die Feststellung, daß es sich bei dem Ruhestandsverhältnis um ein Rechtsverhältnis eigener Art handelt, macht es notwendig, die weitere Natur des Versorgungsverhältnisses zu untersuchen.

1. Unterscheidung von Ruhegeldzusage und Ruhegeldleistung

Dafür ist es zweckmäßig, zunächst nochmals auf die verschiedenen Entwicklungsstufen des Versorgungsverhältnisses hinzuweisen. Mit der Erteilung der unmittelbaren Versorgungszusage wird zunächst das Versorgungsverhältnis begründet. Danach wird dem Arbeitnehmer im Hinblick auf seinen späteren Ruhestand (wobei meist das gesetzliche Rentenalter als Anfangstermin bestimmt wird) ein betriebliches Ruhegeld versprochen. In der Regel macht der Arbeitgeber das Versorgungsversprechen von mehrfachen Bedingungen abhängig, etwa der Erfüllung einer Wartezeit, mit der das Risiko eines vorzeitigen Versorgungsfalles ausgeschlossen werden soll und vor allem dem Eintritt des Versorgungsfalles selbst, der durch die vereinbarte Altersgrenze bestimmt wird. Tritt der Versorgungsfall ein, so beginnt die Zahlungsverpflichtung, das Versorgungsverhältnis wird in Vollzug gesetzt. Dieser Zahlungsverpflichtung wird nicht nur für die Kennzeichnung des Rechtsverhältnisses als Ruhegeldleistungsverhältnis entscheidende Bedeutung zuerkannt, sondern auch für die Struktur des Versorgungsvertrages, wie die folgenden Ausführungen zeigen werden.

2. Unvollkommen zweiseitiges Vertragsverhältnis

Aufgrund der vorangegangenen Feststellung, daß mit der Ruhegeldleistung nicht notwendigerweise besondere Pensionärspflichten einhergehen, ist zugleich

15 *Schwerdtner*, ZIP 1986, S. 1030 (1033 f.)

diejenige Auffassung abzulehnen, nach der das Versorgungsverhältnis ein unvollkommen zweiseitiges Vertragsverhältnis ist, in dem der Versorgungsempfänger keine Gegenleistung, aber doch gewisse Treuepflichten schuldet[16].

3. Austauschvertrag

Die überwiegende Meinung sieht in dem Versorgungsvertrag ein gegenseitiges Austauschverhältnis, in dem die Ruhegeldzahlung Gegenleistung für eine vom Arbeitnehmer bereits erbrachte Leistung ist. Umstritten ist lediglich, ob die Versorgungsbezüge als Äquivalent für die Arbeitsleistung oder für erbrachte Betriebstreue anzusehen sind.

a) Der traditionelle Ansatz: Ruhegeldleistung für Betriebstreue

Das BAG erkennt in ständiger Rechtsprechung an, daß das Ruhegeld auch Gegenleistung aus dem Arbeitsvertrag ist. Allerdings diene es nicht der unmittelbaren Abgeltung der Arbeitsleistung und könne deshalb nicht als vorenthaltenes Arbeitsentgelt verstanden werden. Es stelle vielmehr ein Entgelt für die geleistete Betriebstreue dar[17]. Diese Abgrenzung gegenüber dem Arbeitsentgelt rechtfertige sich aus dem Sozialleistungscharakter des betrieblichen Ruhegeldes. Sie berücksichtige die für betriebliche Sozialleistungen kennzeichnende soziale Zweckbestimmung der Arbeitgeberleistung[18]. Als wesentliches Argument gegen eine Zuordnung zum Arbeitsentgelt werden denn auch der Zweck und das Wesen der betrieblichen Altersversorgung angeführt, zugleich werden diese aber auch zur Herausbildung eines besonderen Austauschzweckes verwandt. So heißt es in der Grundsatzentscheidung vom 10. 3. 1972[19], daß es dem Zweck und dem Wesen der betrieblichen Altersversorgung entspreche, wenn man sie als Gegenleistung für die bis zum Eintritt in den Ruhestand erwartete und geschuldete Betriebstreue ansehe. Mit dem „Zweck" ist hier allerdings offensichtlich die Entgeltlichkeit der Zuwendung gemeint[20], während der Sozialleistungscharakter in dem „Wesen" der Leistung zum Ausdruck kommt. Auch in der Literatur wird in dieser Weise argumentiert, indem das Ruhegeld als vereinbarte Leistung für im Arbeitsverhält-

---

[16] *Hilger*, Das betriebliche Ruhegeld, S. 17; *Bohn*, DB 1967, S. 641 (643); unklar: *Bobrowski / Gaul*, Arbeitsrecht, Bd. II, L VI (S. 253).

[17] Grundlegend: BAG AP Nr. 3 zu § 242 BGB Ruhegehalt-Unterstützungskassen; AP Nr. 156 zu § 242 BGB Ruhegehalt; AP Nr. 5 zu § 242 BGB Ruhegehalt-Geldentwertung, Bl. 767 und AP Nr. 1 und 3 zu § 87 BetrVG 1972 Altersversorgung; AP Nr. 3 zu § 16 BetrAVG; AP Nr. 9 zu § 242 BGB Ruhegehalt-Unterstützungskassen.

[18] Eingehend dazu *Jahnke*, ZfA 1980, S. 863 (870 ff.).

[19] BAG AP Nr. 156 zu § 242 BGB Ruhegehalt, Bl. 562.

[20] Wie die folgenden Ausführungen zum Teilanspruch bei vorzeitigem Ausscheiden belegen.

nis erbrachte Dienste betrachtet wird[21]. Bemerkenswert an dieser rechtlichen Konstruktion des Versorgungsverhältnisses ist die deutliche Parallele zum arbeitsvertraglichen Synallagma mit seiner Gegenseitigkeit von Arbeitsleistungs- und Vergütungspflicht, so als ob das Versorgungsverhältnis nichts anderes sei als ein „arbeitsvertragsähnliches" Rechtsverhältnis.

b) Vergleichbarkeit von Arbeits- und Versorgungsverhältnis

aa) Das Synallagma im Arbeits- und Versorgungsverhältnis

Kern des Arbeitsverhältnisses ist der wirtschaftliche Austausch von Arbeit und Lohn[22]. Die beiderseitigen Verpflichtungen sind in ihrer Entstehung voneinander abhängig (genetisches Synallagma). Die Arbeitspflicht wird um der Lohnzahlungspflicht willen eingegangen und umgekehrt. Ein ähnliches Abhängigkeitsverhältnis läßt sich auch für die Versorgungsvereinbarung feststellen. Der Arbeitgeber verspricht die Altersversorgung, um dafür als Gegenleistung den Verbleib und die weitere Mitarbeit des Arbeitnehmers zu erhalten, der Arbeitnehmer erbringt Betriebstreue und langjährige Dienste um der versprochenen Versorgung willen. Der Zweckvereinbarung steht hierbei nicht entgegen, daß der Arbeitnehmer nicht zur Betriebstreue verpflichtet ist, denn causa einer Verpflichtung kann auch eine tatsächliche Leistung sein, für die keine Verpflichtung besteht[23]. Die Verknüpfung der Leistungen wird dann zumeist eine konditionale sein[24]. In diesem Gegenseitigkeitsverhältnis erweist sich die Arbeitgeberleistung als *entgeltliche* Leistung, auf die der Arbeitnehmer aufgrund der geleisteten Betriebstreue und Arbeitsleistung einen Rechtsanspruch erwirbt[25].

bb) Das Äquivalenzverhältnis

Damit ist jedoch noch nichts über das Wertverhältnis der gegenseitigen Leistungen ausgesagt. Die im Gegenseitigkeitsverhältnis zum Ausdruck kommende rechtliche Äquivalenz der Leistungen ist von dem Wertverhältnis der Leistungen

---

21 *Hilger,* Das betriebliche Ruhegeld, S. 29; *Hölters,* DB 1975, S. 2197 (2181); *Säcker,* Rechtliche Probleme, S. 23 (35); *Weitnauer,* Anmerkung zu BAG AP Nr. 156 zu § 242 BGB Ruhegehalt, Bl. 571 R f.; *W. Zöllner,* Arbeitsrecht, § 26 II 3 (S. 262).

22 BAGE 8, S. 285 (296).

23 *Kegel,* Verpflichtung und Verfügung, S. 57 (62); mit ihm *Klinke,* Causa und genetisches Synallagma, S. 76.

24 Ausführlich: *Blomeyer / Otto,* BetrAVG, Einl. Rdn. 124 mit Bezug auf Larenz, BGB AT, § 18 II e (S. 330).

25 Vgl. auch *Blomeyer,* Betriebsrentengesetz und höchstrichterliche Rechtsprechung, S. 23 (34); *Schulin,* ZfA 1979, S. 139 (150); allgemein zum Austauschverhältnis auch *Larenz,* Schuldrecht, Bd. I, § 15 I (S. 202 f.).

zu unterscheiden[26]. Dieses wird von den Parteien der beiderseitigen Leistungen bestimmt, wobei sie auch sehr verschiedenwertige Leistungen als Äquivalent vereinbaren können[27].

(1) Unbestimmtheit der Ruhegeldzahlungen

Im Arbeitsverhältnis ist vereinbarter Gegenwert zur Arbeitsleistung der Lohn. Er steht in unmittelbarer Beziehung zu der zeitanteilig zu erbringenden Arbeitsleistung. Diese unmittelbare Relation fehlt im Versorgungsverhältnis, weil die Versorgung in ihrer Wertigkeit nach den Vorstellungen der Parteien nicht auf eine erbrachte Arbeitsleistung, sondern auf den Ruhestand und die Lebensdauer des Ruhegeldberechtigten bezogen wird. Aus diesem Grunde wird die Arbeitgeberleistung überwiegend auch nicht als nachträgliche Lohnzahlung bewertet[28]. Aus eben diesem Gesichtspunkt erscheint es aber auch fraglich, die Ruhegeldzahlung als Gegenwert im Verhältnis zur erbrachten Betriebstreue zu sehen, wie dies in der Rechtsprechung und z. T. in der Literaturmeinung geschieht. Hiergegen spricht wiederum die Unbestimmtheit über das Ob und den Gesamtumfang der Leistung. Bedenklich erscheint es aber auch, gerade die Geldleistungen in eine Wertrelation zur Betriebstreue zu setzen.

(2) Fehlende Wertrelation zur Betriebstreue

Unklarheit besteht darüber, wie der Begriff der Betriebstreue zu bewerten ist. Fest steht, daß er nicht im Sinne einer psychologisch/moralischen Verpflichtung zu verstehen ist[29]. Andererseits werden mitunter an die Betriebstreue auch sachliche Anforderungen im Hinblick auf das Verhalten gestellt[30]. Das BAG definiert Betriebstreue als freiwilliges Festhalten an der vertraglichen Bindung[31]. Schließlich soll die Betriebstreue nichts anderes als die zeitliche Dimension der erbrachten Arbeitsleistung erfassen[32]. In diesem Sinne wird man vor allem im Hinblick

[26] Vgl. *van den Daele,* Probleme des gegenseitigen Vertrages, S. 30 ff., kennzeichnet dies als Neutralität des Synallagmas gegenüber dem Wertverhältnis der gegenseitigen Leistungen; auch *Klinke,* Causa und genetisches Synallagma, S. 128. Vgl. für das Versorgungsverhältnis auch BAG AP Nr. 3 zu § 16 BetrAVG, Bl. 345, wonach es für die Entgeltbewertung nicht auf eine bestimmte Wertrelation ankomme.

[27] Vgl. *van den Daele,* Probleme des gegenseitigen Vertrages, S. 32.

[28] BAG AP Nr. 156 zu § 242 BGB Ruhegehalt; Bl. 345; AP Nr. 3 zu § 16 BetrAVG, Bl. 345; *Diederichsen,* Rechtsfortbildung, S. 225 (228 f.); kritisch zu der BAG Begründung, im Ergebnis aber zustimmend *Höfer / Ahrend,* DB 1972, S. 1824.

[29] Vgl. *von Arnim,* Verfallbarkeit, S. 136; *Blomeyer,* Anmerkung zu BAG AP Nr. 3 zu § 87 BetrVG 1972 Altersversorgung, Bl. 265 R; *Weitnauer,* Anmerkung zu BAG AP Nr. 156 zu § 242 BGB Ruhegehalt, Bl. 571 R f.

[30] So ausdrücklich BGH, NJW 1984, S. 1529 (1530).

[31] BAG AP Nr. 5 zu § 1 BetrAVG Treuebruch, Bl. 644 R.

[32] Vgl.*Götz,* Nachvertraglicher Wettbewerb, S. 203 (208).

auf die hier zu erörternde Problematik die Betriebstreue als zeitlichen Bemessungsfaktor zu verstehen haben, der allein die Dauer der Betriebszugehörigkeit und damit den rechtlichen Bestand des Arbeitsverhältnisses erfaßt[33].

Für die Ruhegeldzusage ist die Betriebszugehörigkeitsdauer jedoch in der Regel nur ein — wenn auch wichtiger — Faktor bei der Bemessung der Versorgungsleistung; andere sind daneben das Alter, die Einkommenshöhe und der Versorgungsbedarf des Arbeitnehmers, die je nach Einzelfall und Versorgungszusage unterschiedliches Gewicht haben können. Die Betriebstreue wird dann schon bei der Versorgungsvereinbarung nicht als äquivalenter Wert in bezug auf die späteren Ruhegeldleistungen zugrundegelegt[34].

Gegen die Annahme eines Gleichwertigkeitsverhältnisses von Ruhegeldleistung und Betriebstreue spricht im wesentlichen, daß die Versorgungsvereinbarung nicht von der gemeinsamen Vorstellung getragen ist, es werde in jedem Fall eine der Betriebszugehörigkeit wertmäßig gleiche Versorgung gezahlt. Der Arbeitnehmer erwartet, die Altersversorgung bis zum Ende seines Lebens zu erhalten, also entsprechend der Dauer seines Bedarfs. Dieser kann nur gegen null gehen, wenn er vor oder kurz nach der Pensionierung verstirbt, er kann bei entsprechender Lebensdauer aber auch weit über das hinausgehen, was er an Vorleistung an den Arbeitgeber erbracht hat. Die Altersversorgung ist insofern risikobehaftet. Eben dieses Risiko übernimmt der Arbeitgeber — wirtschaftlich gesehen — mit der Versorgungszusage. Der Versorgungsbedarf und nicht die Betriebstreue bestimmt daher Umfang und überwiegend auch Höhe der Ruhestandsbezüge.

4. Versicherungsmerkmale des Versorgungsvertrages

a) Übereinstimmungen

Die Besonderheit, daß der Arbeitgeber mit der Ruhegeldzusage ein Versorgungsrisiko übernimmt, ist in neuerer Zeit Anlaß dafür, den Versorgungsvertrag als Versicherungsgeschäft, ähnlich dem Typus des Versicherungsvertrages, zu begreifen[35].

---

33 In diesem Sinne auch: *Schwerdtner*, ZIP 1986, S. 1030 (1034). Ebenso knüpft die Unverfallbarkeitsregelung in § 1 BetrAVG an die Betriebszugehörigkeit an. Zur Definition der Betriebszugehörigkeit allgemein: OLG Frankfurt a. M., DB 1985, S. 804 (805).

34 Eine vermögensmäßige Erfassung der Betriebstreue verneinen generell: *Lieb / Westhoff*, DB 1976, S. 1958 (1964); *Schulin*, ZfA 1979, S. 139 (150), und *ders.*, SAE 1981, S. 17 (19).

35 So mehrfach *Blomeyer*, RdA 1977, S. 1 (6); *ders.* auch in: Betriebliche Altersversorgung 1979, S. 78 (80); Betriebliche Altersversorgung 1980, S. 170 (176); Betriebsrentengesetz und höchstrichterliche Rechtsprechung, S. 23 (34 ff.); DB 1982, S. 952 (955); Anmerkung zu den BAG Urteilen vom 17. 4. 1985 — 3 AZR 72/83 — und vom 23. 4. 1985 — 3 AZR 194/83 —, SAE 1986, S. 98 (103); *Blomeyer / Otto*, BetrAVG,

Gegenstand der Versicherung ist die Übernahme eines Risikos durch den Versicherer, das bei der Güterversicherung durch den Eintritt eines Schadensfalles, bei einer Personenversicherung durch den Todes- bzw. Erlebensfall bestimmt werden kann[36]. Der Eintritt des Versicherungsfalles kann dabei überhaupt ungewiß oder zumindest zeitlich während der Vertragsdauer ungewiß sein. Für die betriebliche Altersversorgung, die im allgemeinen wie die reine Erlebensfallversicherung[37] vom Erreichen eines vertraglich vereinbarten Lebensalters abhängig gemacht wird, trifft ersteres zu. Eine weitere Übereinstimmung besteht hinsichtlich der bedingten Zahlungspflicht. Der Versorgungsberechtigte muß ebenso wie der Versicherer nur bei Eintritt des Versorgungs- bzw. Versicherungsfalles leisten. Ebenso ist die Rechtsstellung des Versorgungsberechtigten der eines Versicherungsnehmers vergleichbar. Vor dem Eintritt des Versorgungsfalles verfügt er über eine sogenannte Ruhegeldanwartschaft, die aufgrund ihres wachsenden Teilwertes entsprechend der tatsächlichen Betriebszugehörigkeit und damit verbundener Steigerungsbeträge[38] weniger dem Charakter der dinglichen Eigentumsanwartschaft[39] entspricht, als vielmehr der Versicherungsanwartschaft, die durch einen wirtschaftlichen und rechtlichen Selbstzweck gekennzeichnet ist[40]. Innerhalb des laufenden Versorgungsverhältnisses treffen den Pensionär Auskunfts-, Anzeige- und Mitwirkungspflichten, die, wie wir festgestellt haben, in Anlehnung an die versicherungsrechtlichen Pflichten des Versicherungsnehmers als Obliegenheiten begriffen werden. Als weiteres — kleines — Indiz für eine versicherungsrechtliche Natur spricht, worauf schon *Blomeyer*[41] hingewiesen hat, die Übernahme versicherungsrechtlicher Grundsätze in das Gesetz zur Verbesserung der betrieblichen Altersversorgung: versicherungsmathematische Grundsätze finden z. B. Anwendung bei der steuerlichen Rückstellungsbildung (§ 19 Nr. 3) und der Berechnung von Abfindungen (§ 3 Abs. 2).

Einl. Rdn. 130 ff.; *Blomeyer / Seitz*, Anmerkung zu BAG, SAE 1970, S. 177 (181); *Ehmann*, ZfA 1980, S. 683 (825); aus österreichischer Sicht: *Fischer*, Das betriebliche Ruhegeld, S. 63 (68 ff.); *Koller / Bender*, Anmerkung zu BAG, SAE 1984, S. 213 (214); *Mickler*, Ruhegeldzahlungen, S. 105; *Richardi*, ZfA 1976, S. 1 (16); *Schulin*, ZfA 1981, S. 577 (707); *ders.*, RdA 1983, S. 385 (386 f.); *Zöllner*, Arbeitsrecht, § 26 II 3 (S. 262); ansatzweise auch schon *Lorenz*, Anmerkung zu BAG, SAE 1971, S. 202 (204); *Hanau / Zimmermann*, ZfA 1982, S. 639 (641).

36 Vgl. *Weyers*, Versicherungsvertragsrecht, S. 20 f. und S. 236 f.

37 Dazu und zum Altersversorgungszweck der Versicherung: *Eichler*, Versicherungsrecht, S. 292.

38 Vgl. dementsprechend die Differenzierung nach erdienten und noch nicht erdienten Anwartschaften. Zur Entwicklung: *Schulin*, DB 1984, Beilage 10, S. 1 (8).

39 So noch BAG AP Nr. 156 zu § 242 BGB Ruhegehalt, Bl. 563; dagegen *Blomeyer*, Bestandsschutz der Ruhegeldanwartschaften, S. 41 (44 ff.) mit weitergehender Parallele zum Bezugsrecht der Versicherung; auch *Stumpf*, Die Versorgungsanwartschaft, S. 409 (414).

40 *Bruck / Möller*, Kommentar, § 1, Anm. 42; *Eichler*, Vom Zivilrecht zum Versicherungsrecht, S. 177 (194); *ders.*, Versicherungsrecht, S. 29.

41 *Blomeyer*, Betriebsrentengesetz und höchstrichterliche Rechtsprechung, S. 14 (36); auch *Blomeyer / Seitz*, Anmerkung zu BAG, SAE 1979, S. 177 (181).

b) Unterschiede

Wenn bislang für die unmittelbare Versorgungszusage nur ein versicherungs*ähnlicher* Charakter anerkannt wird, so vor allem deshalb, weil die Versorgungszusage in untrennbarem Zusammenhang mit dem Arbeitsvertrag gesehen wird. So verweist *Blomeyer*[42] als Befürworter einer versicherungsähnlichen Charakterisierung der Direktzusage darauf, daß die Versorgungszusage in einem inneren Zusammenhang mit dem Arbeitsvertrag als Nebenabrede zu diesem stehe und aus diesem Grunde nicht als eigenständiges Versicherungsgeschäft betrachtet werden könne. Die enge Verknüpfung der Ruhegeldzusage mit dem Arbeitsvertrag, insbesondere ihre Abhängigkeit vom Bestand des Arbeitsverhältnisses, war schon im älteren Schrifttum[43] Anlaß, den Pensionsvertrag vom Versicherungsvertrag abzugrenzen, denn damals wie heute zählt zu den Wesensmerkmalen des Versicherungsbegriffs, daß die Risikoübernahme selbständiger Inhalt der rechtsgeschäftlichen Vereinbarung sein muß und versicherungsähnliche Nebenabreden zu einem anderen Vertrag daher nicht als Versicherung verstanden werden können[44]. Es wurde jedoch schon an anderer Stelle geklärt, daß die betriebliche Altersversorgung aufgrund einer besonderen Versorgungsvereinbarung gewährt wird, die zwar in einem unmittelbaren inneren Zusammenhang mit dem Arbeitsverhältnis steht, aber doch — im Hinblick auf die Entgeltlichkeit und Unverfallbarkeit — eine gewisse Eigenständigkeit aufweist. Es stellt sich daher die Frage, inwiefern diese Verknüpfung einer versicherungsrechtlichen Beurteilung des Versorgungsvertrages entgegensteht.

aa) Das Kriterium der Selbständigkeit

Das Merkmal der Selbständigkeit dient, wie soeben dargelegt, der Abgrenzung des Versicherungsverhältnisses zur vertraglichen Nebenabrede. Strenge Anforderungen werden vor allem für das aufsichtsrechtliche Versicherungsgeschäft i. S. des § 1 Abs. 1 VAG gesetzt. Selbständigkeit liegt danach vor, wenn die Risikoübernahme ohne inneren Zusammenhang mit einem Rechtsgeschäft anderer Art erfolgt[45]. Diese strenge Unterscheidung wird jedoch nicht überall mitvollzogen. So wird beispielsweise die Versorgung über eine Pensionskasse als Versicherungsverhältnis anerkannt, obwohl auch hier die Pensionszusage mit Rücksicht

[42] Vgl. Blomeyer / Seitz, Anmerkung zu BAG, SAE 1979, S. 179 (181); auch *Blomeyer / Otto*, BetrAVG, Einl. Rdn. 133.

[43] Vgl. *Müntinga*, Die Pensionierung von Arbeitnehmern, S. 11; ähnlich auch *Reifenberg*, Leibrenten- und Pensionsvertrag, S. 35 f.

[44] Vgl. KG, VA 26, S. 266 f.; RFH, VA 29, S. 280 f.; RGZ 88, S. 29 (32 f.); BVerwG, VersR 1963, S. 53; BVerwG, VerBAV 63, S. 24 f.; *Eichler*, Versicherungsrecht, S. 14 f.; *Goldberg / Müller*, VAG, § 1, Rdn. 22; *Sieg*, Grenzfälle, S. 495 (500 ff.).

[45] Vgl. *Prölss / Schmidt / Frey*, VAG, § 1, Rdn. 12; *Eichler*, Versicherungsrecht, S. 14, Fußnote 67 mit weiteren Definitionen.

auf das Arbeitsverhältnis erfolgt[46]. *Sieg* unterscheidet zwischen versicherungsartigen Nebenabreden und Nebenverträgen. Ein Arbeitgeber, der eine Pensionskasse gründe, verschaffe damit den begünstigten Arbeitnehmern echte Versicherungsansprüche, auch wenn diese letztlich im Arbeitsverhältnis wurzeln[47]. Andere differenzieren danach, ob die Versorgungsleistungen von einer rechtlich selbständigen Pensionskasse, die das Risiko für die Versorgungsansprüche trägt, geleistet werden oder ob sie aus dem Vermögen des Arbeitgebers erfüllt werden[48]. Im letzteren Fall liege keine Versicherung vor. Ebenso wird auch bei der Versorgungsform der Direktversicherung ein Versicherungsvertrag bejaht, obwohl Grundlage dieses Versicherungsvertrages wiederum eine im Rahmen des Arbeitsverhältnisses getroffene Versorgungsvereinbarung ist[49]. Im Unterschied zur Direktzusage verpflichtet sich hier der Arbeitgeber nicht, betriebliche Versorgungsleistungen direkt an den Begünstigten zu erbringen, sondern dafür zu sorgen, daß der Arbeitnehmer im Versorgungsfall eine Versicherungsleistung erhält. Schließlich hat auch die Pensionsversicherung über eine Unterstützungskasse[50] ihre Grundlage in einer Versorgungszusage des Arbeitgebers. Es besteht also bei allen Versorgungsformen, gleich welcher Durchführungsart, ein innerer Zusammenhang mit dem Arbeitsverhältnis. Es ist deshalb auch nicht einzusehen, weshalb diese Verbindung gerade bei der unmittelbaren Versorgungszusage einer versicherungsrechtlichen Beurteilung entgegenstehen soll, zumal — wie gezeigt — auch hier Versorgungsleistungen selbständiger Hauptinhalt einer Pensionsvereinbarung sind. Da die Zahlungen direkt von dem Arbeitgeber aus seinem Vermögen erbracht werden, mögen zwar nach der dargestellten Auffassung nicht die Merkmale des aufsichtsrechtlichen Versicherungsbegriffs erfüllt sein; andererseits kann die Pensionsvereinbarung wegen ihrer eigenständigen Bedeutung aber auch nicht als unselbständige Nebenabrede des Arbeitsvertrages verstanden werden. Nach Struktur und Inhalt handelt es sich um ein eigenständiges Schuldverhältnis, in dem die Hauptverpflichtung des Arbeitgebers, die Zusage einer Altersversorgung, deutlichen versicherungsmäßigen Charakter hat.

---

46 Es handelt sich hierbei um ein Versicherungsgeschäft i. S. d. § 1 VAG. *Höfer / Abt,* BetrAVG, Arb.Gr. Rdn. 127; vgl. auch schon RGZ 88, S. 29 ff.

47 *Sieg,* Grenzfälle, S. 495 (502); ähnlich auch *Bruck / Möller,* Kommentar, § 1, Anm. 10.

48 Vgl. dazu *Prölss / Schmidt / Frey,* VAG, § 1, Rdn. 13; ähnlich *Goldberg / Müller,* VAG, § 1, Rdn. 23; anders dagegen RGZ 88, S. 29 (35) die fehlende rechtliche Selbständigkeit der Pensionskasse hindert nicht die Annahme einer Versicherung.

49 *Blomeyer / Otto,* BetrAVG, Einl. Rdn. 423 f. Zu den hier bestehenden Rechtsbeziehungen: *Blomeyer,* VersR 1979, S. 781 ff.

50 Versicherungscharakter bejaht *Blomeyer,* Betriebliche Altersversorgung 1980, S. 170 (174); anders dagegen *Scheben,* Betriebliche Unterstützungskassen, S. 44 f.

bb) „Betriebstreue“ als Versicherungsprämie

Ein weiteres wesentliches Merkmal der Versicherung ist die Entgeltlichkeit der Risikoübernahme als Mittel zur Bedarfsdeckung. Im Hinblick auf die Gegenleistung des Versicherungsnehmers wird von Prämien gesprochen (§ 1 Abs. 2 VVG), die dieser in Geld oder durch andersartige Leistung erbringen kann[51]. Der Annahme einer Versicherung steht nicht entgegen, daß die Prämienleistung die zu erbringenden Versicherungsleistungen nicht voll deckt, denn maßgebend ist nicht die tatsächliche Gleichwertigkeit der Leistungen, sondern daß nach der Vertragsentscheidung der Parteien der Versicherte eine Leistung übernimmt, die als entsprechendes Äquivalent für den durch die Risikoentlastung eingeräumten Vorteil angesehen wird[52].

Der Annahme eines Versicherungsvertrages beim Versorgungsverhältnis steht also nicht entgegen, daß der Arbeitnehmer seine „Prämie“ nicht in Form einer Geldleistung, sondern durch tatsächlichen Verbleib und dauerhafte Mitarbeit erbringt. Ob die Gegenleistung des Arbeitnehmers mehr in Form von Betriebstreue und/oder Arbeitsleistung erbracht wird, hängt maßgebend davon ab, was die Beteiligten als Äquivalent für die Versorgung ansehen. Läßt sich hierzu keine eindeutige Feststellung treffen, wird es auf den objektiven Erkärungsgehalt ankommen[53]. Die Bestimmung des Gegenwerts erscheint insofern schwierig, weil nach der Interessenlage, vor allem beim Arbeitgeber, Betriebstreue und Arbeitsleistung in engem Zusammenhang gesehen werden. Diesem geht es bei der Betriebsbindung im weiteren auch darum, sich die Arbeitsleistung des bei ihm Beschäftigten zu erhalten.

Schließlich wird, wie schon der historische Werdegang gezeigt hat[54], das Ruhegeldversprechen stets auch aus wirtschaftlichen Überlegungen heraus erteilt. Allerdings folgt daraus nicht, daß die Betriebstreue keinen Eigenwert besitzt[55]. Für den Arbeitgeber ist sie zum Zwecke der Sicherung einer qualifizierten Stammbelegschaft von personalwirtschaftlichem und betriebswirtschaftlichem Interesse. Der Arbeitnehmer verzichtet seinerseits auf individuelle Entfaltungsmöglichkeiten[56]. Die Betriebstreue wird als Gegenwert insbesondere bei Ruhegeldordnungen anzunehmen sein, bei denen sich die Steigerungsbeträge für die Versorgungsleistung auch nach der Betriebszugehörigkeit richten. Darüber hinaus spricht aber

---

51 Vgl. *Goldberg / Müller*, VAG, § 1, Rdn. 20; *Prölss / Schmidt / Frey*, VAG, § 1, Rdn. 10.

52 Siehe BVerwG, VersR 1961, S. 361 (362); ähnlich BGH, VersR 1962, S. 974 (976). Vgl. allgemein auch *Larenz*, BGB AT, § 18 II e (S. 330).

53 Siehe auch *Blomeyer*, Anmerkung zu BAG AP Nr. 3 zu § 87 BetrVG 1972 Altersversorgung, Bl. 265 ff.

54 Vgl. dazu Erster Teil III.2.

55 So *Streckel*, JuS 1974, S. 631 (632 f.); *von Arnim*, Verfallbarkeit, S. 136.

56 Siehe dazu *Binder*, ZfA 1978, S. 75 ff.; *Hilger*, RdA 1981, S. 6 (9).

auch die für die Entwicklung der betrieblichen Altersversorgung bedeutsame Funktion als mobilitätshemmendes Bindungsmittel dafür, die Betriebstreue als Entgelt für die Übernahme der Versicherungsleistung anzusehen[57].

5. Abschließende Würdigung

Die vorstehend festgestellte Vergleichbarkeit der betrieblichen Versorgungsvereinbarung mit dem Versicherungsgeschäft muß zwangsläufig zu einer veränderten Sichtweise des Versorgungsverhältnisses führen.

Abzurücken ist dabei insbesondere von der Vorstellung, die Ruhegeldzusage begründe ein Austauschverhältnis, in dem der Arbeitgeber die vom Arbeitnehmer geleistete Beriebstreue in Form einer Altersrente abgelte. Der versicherungsrechtliche Charakter der Versorgungsvereinbarung legt vielmehr nahe, die vom Arbeitgeber zu erbringende Hauptleistung in der Übernahme des Versorgungsrisikos und weniger in der Geldleistung selbst zu sehen. Zwar besteht auch im Versicherungsrecht darüber Streit, ob der Versicherer seine Leistung bereits durch die Übernahme des Versorgungsrisikos[58] oder erst durch die bei Eintritt des Versicherungsfalles zu erfüllende Geldleistung[59] erbringt. Für die sog. Risikotragungstheorie spricht hier, daß der Arbeitgeber durch die Zusage ein Versorgungsrisiko übernimmt und damit dem Berechtigten auf Dauer eine vermögenswerte und unverfallbare Anwartschaft einräumt. Für den Versorgungsberechtigten hat somit schon die Risikoübernahme wirtschaftlichen Wert; der Risikoübernahme des Arbeitgebers entspricht es, daß diesem die erbrachte Leistung des Arbeitnehmers auch dann gebührt, wenn der Versorgungsfall aufgrund vorzeitigen Todes des Berechtigten nicht eintritt.

Die Anerkennung eines zumindest versicherungsähnlichen Charakters des Versorgungsverhältnisses eröffnet die Anwendung versicherungsrechtlicher Grundsätze. Eingriffe in Ruhegeldleistungen sind damit — wie bereits gezeigt — nur bei entsprechenden Obliegenheitsverletzungen des Versorgungsberechtigten zulässig. Inwieweit sich daneben, in entsprechender Anwendung des Spezialtatbe-

---

[57] Im Ergebnis so auch *Blomeyer / Otto*, BetrAVG, Einl. Rdn. 133; *Blomeyer*, Betriebliche Altersversorgung 1979, S. 78 (80); anders *ders.*, Anmerkung zu BAG AP Nr. 3 zu § 87 BetrVG 1972 Altersversorgung, Bl. 265 R. Vergleiche auch *Koller / Bender*, Anmerkung zu BAG, SAE 1984 (S. 214); *Mickler*, Ruhegeldzahlungen, S. 105 ff.; *Richardi*, ZfA 1976, S. 1 (16); *Schulin*, ZfA 1981, S. 577 (707). Abweichend *Ehmann*, ZfA 1980, S. 683 (825).

[58] Sog. Gefahr- oder Risikotragungstheorie: *Bruck / Müller*, Kommentar, § 1, Anm. 40; *Eichler*, Vom Zivilrecht zum Versicherungsrecht, S. 177 (188 ff.); *ders.*, Versicherungsrecht, S. 27 ff.; *Möller*, ZVersWiss 1962, S. 269 (280 ff.).

[59] Sog. Geldleistungstheorie: *Prölss / Martin*, Versicherungsvertragsgesetz, § 1, Anm. 2 A a; *Siebert*, Der Risikogedanke im Vertragsrecht, S. 125 (135 f.).

standes des § 89 VAG, auch eine Kürzung oder Einstellung der Leistungen bei wirtschaftlicher Notlage rechtfertigen ließe[60], kann angesichts des zu erwartenden Umfangs derartiger Erörterungen im Rahmen dieser Arbeit nicht vertieft werden.

60 Dazu ansatzweise *Sieg*, Betriebliche Altersversorgung 1982, S. 206; *Blomeyer*, BetrAVG, Vorbem. zu § 7 Rdn. 69; *ders.*, Betriebsrentengesetz und höchstrichterliche Rechtsprechung, S. 23 (35) (Parallele Versicherungsaufsicht-Insolvenzsicherung).

Vierter Teil

Kollektive Regelung von Ruhegeldansprüchen

I. Problemstellung

Bisher außer Betracht geblieben ist der kollektive Regelungsbereich der betrieblichen Altersversorgung. Je nach Wahl der Versorgungsform unterliegt die betriebliche Altersversorgung durch Direktzusage und Direktversicherung der Mitbestimmung des Betriebsrats nach § 87 Abs. 1 Nr. 10 BetrVG [1], wird sie durch Pensions- oder Unterstützungskassen durchgeführt, nach § 87 Abs. 1 Nr. 8 BetrVG [2]. Kollektive Vereinbarungen in der Form der Betriebsvereinbarung gelten unmittelbar und zwingend für die Arbeitnehmer des Betriebes, § 77 Abs. 4 BetrVG. Befindet sich ein Arbeitnehmer im Ruhestand und bezieht er eine betriebliche Altersversorgung, so stellt sich die Frage, ob kollektive Regelungen über betriebliche Ruhegelder auch für die ausgeschiedenen Arbeitnehmer zulässig sind und normative Wirkungen auch für die bereits laufenden Versorgungsverhältnisse entfalten können. Im folgenden soll daher abschließend die Reichweite kollektiver Regelungsbefugnis auf das Versorgungsverhältnis untersucht werden.

II. Die personellen Grenzen kollektiver Regelungsmacht

1. Das Betriebsverfassungsgesetz

Aus dem Betriebsverfassungsgesetz läßt sich keine konkrete Aussage über den persönlichen Geltungsbereich einer kollektiven Regelung entnehmen, insbesondere findet sich keine Bestimmung darüber, ob in einer Betriebsvereinbarung verbindliche Regelungen auch für die Gruppe der Betriebspensionäre getroffen werden können. Als feststehend angesehen werden kann aufgrund der vorangegangenen Prüfung, daß die Betriebsrentenempfänger nicht der Gruppe der Arbeitnehmer im Sinne des § 5 BetrVG zuzurechnen sind [3], denn sie stehen weder in einem Arbeitsverhältnis, noch können sie nach den in Rechtsprechung und Lehre

---

[1] Betriebsverfassungsgesetz 1972 in der Neufassung der Bekanntmachung vom 23. 12. 1988 (BGBl. I, S. 13).

[2] BAG AP Nr. 1 bis 3 BetrVG 1972 Altersversorgung.

[3] Denn bei der Bestimmung des betriebsverfassungsrechtlichen Arbeitnehmerbegriffs ist von dem allgemeinen Arbeitnehmerbegriff auszugehen. Vgl. *Kreutz*, Betriebszugehörigkeit, S. 209.

angewandten Kriterien als betriebsangehörig betrachtet werden. Danach ist die Betriebszugehörigkeit entweder vom Bestand eines durch Arbeitsvertrag begründeten Arbeitsverhältnisses abhängig, oder es soll nur die tatsächliche (Arbeits)-Beziehung zum Betrieb bzw. — nach vermittelnder Meinung — sowohl die tatsächliche als auch arbeitsrechtliche Beziehung maßgebend sein[4]. Damit ist allerdings zunächst nur klargestellt, daß die Betriebspensionäre nicht vom betriebsverfassungsrechtlichen Arbeitnehmerbegriff umfaßt werden. Ob damit das Versorgungsverhältnis der betrieblichen Rechtsetzungsmacht entzogen ist, weil — wie vielfach begründet — betriebsverfassungsrechtliche Regelungen durch Betriebsvereinbarungen normative Wirkung nur für die Arbeitsverhältnisse der Arbeitnehmer entfalten können, oder ob nicht eine extensive Regelungsbefugnis der Betriebspartner für die Ruhegeldleistungsverhältnisse in Betracht kommt, obwohl die Betriebsrentenempfänger gerade nicht mehr Arbeitnehmer sind, bleibt zu prüfen. Grundlegend hierfür ist die Frage, ob das Betriebsverfassungsgesetz hinsichtlich der Gestaltung der betrieblichen Versorgungsverhältnisse eine Regelungslücke aufweist, die im Wege einer erweiterten Normsetzungsbefugnis ausfüllungsbedürftig und ausfüllungsfähig ist[5].

2. Der Standpunkt der Rechtsprechung aufgrund des Beschlusses vom 16. 3. 1956 und der Meinungsstand in der Literatur

a) Der Beschluß des Großen Senats vom 16. 3. 1956

Vom Standpunkt der Rechtsprechung aus ist die betriebliche Rechtsetzungsmacht auf den Kreis der Arbeitnehmer und die Arbeitsverhältnisse beschränkt. Grundlegend für diese Auffassung war der Beschluß des Großen Senats des BAG vom 16. 3. 1956[6], auf den in nachfolgenden Entscheidungen stets verwiesen wurde[7]. Der Große Senat des BAG hatte seinerzeit darüber zu entscheiden, ob Versorgungsansprüche der Ruheständler, die auf einer während des Arbeitsverhältnisses getroffenen Betriebsvereinbarung beruhen, durch eine spätere, nach

---

[4] Vergleiche die Übersicht bei *Kreutz,* Betriebszugehörigkeit, S. 209; ebenso *Kreutz,* GK-BetrVG, § 7, Anm. 17 ff.

[5] Zur Methodik: *Canaris,* Lückenfeststellung, S. 89 f.; *Larenz,* Methodenlehre, S. 271 ff.

[6] BAG AP Nr. 1 zu § 57 BetrVG 1952.

[7] Vgl. BAG AP Nr. 2 zu § 57 BetrVG 1952; AP Nr. 46, 47 und Nr. 142 zu § 242 BGB Ruhegehalt, Bl. 152 f. mit insofern zustimmender Anmerkung von *Richardi,* AP Nr. 7 zu § 242 BGB Ruhegehalt-Unterstützungskassen mit dem ausdrücklichen Hinweis, daß auch die neueren Entscheidungen zur Reichweite des Mitbestimmungsrechts und der Änderung von Versorgungsordnungen (AP Nr. 1 bis 3 zu § 87 BetrVG 1972 Altersversorgung) an dieser Rechtsprechung festhalten; AP Nr. 175 zu § 242 BGB Ruhegehalt; mit kritischen Anmerkungen im Ergebnis auch LAG Hamm, DB 1985, S. 396. Anders hingegen BAG AP Nr. 1 zu § 242 BGB Ruhegehalt-Pensionskassen, eine nachwirkende Gestaltungsbefugnis — allerdings ohne nähere Begründung — bejahend.

dem Ruhestandseintritt getroffene Betriebsvereinbarung abgeändert werden können. Die ablösende Betriebsvereinbarung hatte eine die Ruhegeldansprüche der Versorgungsempfänger verschlechternde Regelung zum Inhalt. Der Senat begründete seine ablehnende Haltung zunächst mit einer begrenzten Normenwirkung der Betriebsvereinbarung. Diese könne — wie erwähnt — nur die Rechtsverhältnisse der im Betrieb tätigen Arbeitnehmer regeln. Der Pensionär gehöre jedoch weder zu den aktiven Betriebsangehörigen noch stehe er in einem Arbeitsverhältnis. Da sich die Regelungsmacht der Betriebspartner nur auf die Arbeitnehmer erstrecke, fehle es an der Legitimationsbefugnis des Betriebsrats zur Interessenvertretung der ausgeschiedenen Arbeitnehmer. Zur Repräsentation der Arbeitnehmer sei der Betriebsrat befugt, weil er auch nur von diesen gewählt werde; Pensionäre hätten jedoch weder ein Wahlrecht noch seien sie in der Lage, ein Ausschluß- oder Ablösungsverfahren nach § 23 BetrVG in die Wege zu leiten. Neben der mangelnden Einflußmöglichkeit auf die Tätigkeit des Betriebsrates fehle es zudem an einem engen persönlichen Kontakt zwischen dem Betriebsrat und den Ruheständlern, wie er im Verhältnis zur Belegschaft gegeben sei, so daß die Gefahr einer einseitigen Interessenvertretung zu Lasten der Betriebspensionäre nicht von der Hand zu weisen sei. Darüber hinaus schloß das BAG eine kollektive Gestaltung bereits laufender Ruhegeldleistungen mit der Begründung aus, daß die Betriebspensionäre über selbständige[8] schuldrechtliche Ruhegeldansprüche verfügen würden, die einer kollektivrechtlichen Regelung entzogen seien. Mit der Beendigung des Arbeitsverhältnisses werde der bisher auf der Betriebsvereinbarung beruhende Anspruch zu einem individuellen Einzelanspruch gegenüber dem Arbeitgeber, der durch eine zeitlich spätere Betriebsvereinbarung nicht mehr verändert werden könne. Dementsprechend sei selbst bei einem allgemeinen Änderungsvorbehalt eine begünstigende oder verschlechternde Betriebsvereinbarung ohne Einfluß auf den bestehenden Pensionsanspruch.

b) Der Meinungsstand in der Literatur

In der Literatur hat die Entscheidung des BAG wegen des nach allgemeiner Auffassung darin zum Ausdruck kommenden Schutzgedankens weitgehend Zustimmung erfahren[9]. Vielfach wurde auch in der Begründung der Rechtsprechung gefolgt[10]. Bedenken rief allerdings die daraus folgende Konsequenz hervor, daß

---

8 BAG AP Nr. 1 zu § 57 BetrVG 1952, Bl. 262 R f.

9 Vgl. *Mendigo,* ArbuR 1956, S. 221 f.; *Straetmans,* ArbuR 1969, S. 269 (271); ebenso *Hilger,* Das betriebliche Ruhegeld, S. 189.

10 *Heissmann,* Ruhegeldverpflichtungen, S. 68; *Hilger,* Das betriebliche Ruhegeld, S. 189; *Hueck / Nipperdey,* Arbeitsrecht, Bd. II/2, § 65 C II 2 b (S. 1258 ff.); *Karakatsanis,* Die kollektive Gestaltung, S. 76 ff.; *Neumann-Duesberg,* JZ 1960, S. 525 (528); *Richardi,* Kollektivgewalt und Individualwille, S. 439; *Siebert,* Anmerkung zu BAG AP Nr. 2 zu § 57 BetrVG 1952. So auch heute noch: *Blomeyer / Otto,* BetrAVG, Einl. Rdn. 192; *Bobrowski / Gaul,* Arbeitsrecht, Bd. II, O XI (S. 525); *Dietz / Richardi,*

Ruhegeldempfänger auch von verbessernden Regelungen[11] abgeschnitten sind und allenfalls im Wege einzelvertraglicher Vereinbarungen Verbesserungen erzielen können[12]. In zeitlich distanzierten Stellungnahmen ist die Rechtsprechung jedoch zunehmend auf Kritik gestoßen. Nach einer im Vordringen befindlichen Meinung sollen auch laufende Versorgungsverhältnisse der betriebsverfassungsrechtlichen Rechtsetzungsmacht der Betriebspartner unterstellt werden. Die hierzu vorgetragenen Begründungen divergieren zum Teil:

Im Gegensatz zur Rechtsprechung leitet *Schwerdtner*[13] die Regelungsmacht der Betriebspartner aus dem geltenden Recht ab, indem er das Ruhegeldverhältnis als ein durch eine besondere Pflichtenstruktur gekennzeichnetes „regelungsfähiges Arbeitsverhältnis"[14] einstuft und damit de lege lata der Normsetzungsbefugnis der Kollektivvertragsparteien unterstellt. Er gelangt damit folgerichtig zu der Feststellung, daß betriebliche Versorgungsleistungen sowohl durch verbessernde als auch durch verschlechternde Kollektivregelungen abgeändert werden könnten. Verschlechternde Eingriffe in bestehende Ansprüche seien allerdings besonderen Schranken unterworfen[15].

In ähnlicher Weise argumentiert *Herschel*[16], indem er zwischen ausgeschiedenen Arbeitnehmern und sogenannten passiven Angehörigen des Betriebes unterscheidet. Letztere verbinde noch eine rechtliche oder tatsächliche Beziehung mit dem Betrieb, die aus der ehemaligen aktiven Belegschaftszugehörigkeit resultiere und in einer anderen, aber dem Arbeitsverhältnis adäquaten Art fortgesetzt werde.

Nach den in der vorliegenden Untersuchung gewonnenen Erkenntnissen kann jedoch mit Hilfe dieser Begründungsansätze eine Einbeziehung der Ruhegeldempfänger unter die kollektive Regelungszuständigkeit nicht erreicht werden.

BetrVG, § 77, Rdn. 62 ff.; *Höfer / Küpper*, BB 1982, S. 565 (566); *Schaub*, Handbuch, § 231 II 6 (S. 1479); *Schulin*, DB 1984, Beilage 10, S. 1 (7); Regelungsinteresse verneinend: *Moll*, Anmerkung zu BAG AP Nr. 6 zu § 87 BetrVG 1972 Altersversorgung, Bl. 1002 ff.

11 *Straetmans*, ArbuR 1969, S. 269 (271); vgl. auch *Fitting / Auffahrth / Kaiser / Heither*, Betriebsverfassungsgesetz, § 77, Rdn. 26 a; *Hanau*, ZfA 1974, S. 89 (107 f.). Allgemein zweifelnd hinsichtlich der Interessenbeurteilung auch *Dieterich*, NZA 1984, S. 273 (277 f.).

12 Hierfür kommen schuldrechtliche Vereinbarungen zwischen Arbeitgeber und Pensionär oder zwischen dem Betriebsrat und dem Arbeitgeber zugunsten der Pensionäre in Betracht.

13 *Schwerdtner*, ZfA 1975, S. 171 (180, 183 f.).

14 *Schwerdtner*, ZfA 1975, S. 171 (184).

15 *Schwerdtner*, ZfA 1975, S. 171 (183).

16 *Herschel*, Der Pensionär in der Betriebsverfassung, S. 311 (314). Ähnlich auch *Travlos-Tzanetatos*, Regelungsbefugnis, S. 119 f. und Fußnote 258, der entgegen der Rechtsprechung die Betriebszugehörigkeit der Pensionäre unter anderem damit rechtfertigt, daß mit dem Ruhestandsverhältnis als Nachwirkung des Arbeitsverhältnisses ein, wenn auch stärker abgeschwächter, Fortbestand der Beziehungen des Ruheständlers zum Betrieb bestehe.

Die mangelnde „Ähnlichkeit" der Rechtsverhältnisse erlaubt keine Gleichstellung des Versorgungsverhältnisses mit dem laufenden Arbeitsverhältnis. Ein Zusammenhang besteht nur insofern, als die Ruhegeldzusage aus Anlaß eines bestehenden Arbeitsverhältnisses gegeben wird, die erst mit dem Ruhestandseintritt eine zu erfüllende Leistungsverpflichtung begründet. Es kommt deshalb darauf an, ob diese Verbindung und die Tatsache, daß die Normsetzungsmacht der Betriebspartner auch den Bereich der Altersversorgungsleistungen umfaßt, eine Regelungsbefugnis auch für die Rechtsverhältnisse der Betriebsrentenempfänger rechtfertigt.

Dieser Gesichtspunkt wird von einem Teil der Literatur[17] zur Begründung einer nachwirkenden Regelungsbefugnis herausgestellt. Die Vertreter dieser Ansicht verweisen darauf, daß betriebliche Ruhegeldregelungen die Besonderheit aufweisen, daß sie erst nach Beendigung des Arbeitsverhältnisses aktuell werden. Wenn das Gesetz aber Betriebsvereinbarungen über Gegenstände vorsehe, die sich ihrer Natur nach auch auf die Zeit nach dem Ende des Arbeitsverhältnisses erstrecken, so müsse eine Regelungsbefugnis auch für diese Verhältnisse bestehen[18]. Dies entspreche allgemeiner Zweckmäßigkeit und diene auch dem Schutz und den Interessen der Pensionäre[19]. Deshalb sei die der Rechtsprechung zugrundeliegende strikte Trennung zwischen Arbeitnehmern und Ruhegeldberechtigten zu formal[20]. *Säcker*[21] meint in diesem Zusammenhang, der Gesetzgeber habe die durch die Ruhestandsleistungen aufgeworfenen Sachprobleme offensichtlich nicht bedacht; die für die Regelung der Versorgungsverhältnisse feststellbare Gesetzeslücke[22] müsse im Wege richterlicher Rechtsfortbildung durch Anerkennung einer nachwirkenden betriebsverfassungsrechtlichen Regelungskompetenz der Betriebspartner ausgefüllt werden.

---

17 So ausdrücklich: *Säcker*, Gruppenautonomie, S. 364; *ders.*, AR-Blattei, Betriebsvereinbarung I, C II 2 a; *Travlos-Tzanetatos*, Regelungsbefugnis, S. 121. Eine Ausdehnung der Regelungsbefugnis in diesem Sinne fordern auch: *U.-A. Birk*, Mitbestimmung, S. 54 ff.; *Galperin / Löwisch*, Kommentar Bd. II, § 77, Rdn. 33; *Löwisch / Hetzel*, Anmerkung zu BAG, SAE 1981, S. 68; *Löwisch*, DB 1983, S. 1709 (1713); *Schulin*, ZfA 1981, S. 577 (702); *Stege / Weinspach*, Betriebsverfassungsgesetz, § 77, Rdn. 28 ff.

18 So vor allem *Galperin / Löwisch*, Kommentar Bd. II, § 77, Rdn. 33; *Löwisch*, DB 1983, S. 1709 (1713); *Säcker*, Gruppenautonomie, S. 364 f.

19 *Säcker*, Gruppenautonomie, S. 365; ihm soweit folgend: *Schwerdtner*, ZfA 1975, S. 171 (180 f.).

20 *Galperin / Löwisch*, Kommentar Bd. II, § 77, Rdn. 33; *Löwisch*, DB 1983, S. 1709 (1713); *Löwisch / Hetzel*, Anmerkung zu BAG, SAE 1981, S. 68; ebenso: *U.-A. Birk*, Mitbestimmung, S. 54 ff.

21 *Säcker*, Gruppenautonomie, S. 364 f.; *ders.*, AR-Blattei, Betriebsvereinbarung I, C II 2 a.

22 Zur methodischen Abgrenzung der Lückenfeststellung gegenüber der am Wortsinn des Gesetzes orientierten Auslegung: *Canaris*, Lückenfeststellung, S. 19 ff.

c) Das BAG-Urteil vom 25. 10. 1988

Demgegenüber hat der 3. Senat des BAG[23] in einer neueren Entscheidung die Auffassung bekräftigt, daß eine Regelungsbefugnis für bereits entstandene Ruhegeldansprüche nicht bestehe. Auch in diesem Fall hatte das BAG zu entscheiden, ob durch eine abändernde Betriebsvereinbarung der Versorgungsanspruch eines Betriebsrentners wirksam gekürzt worden war; mit der neuen Versorgungsregelung sollten zu erwartende Überversorgungen vermieden werden. Das BAG prüfte und bejahte zunächst das Bestehen des Ruhegeldanspruchs, indem es unter Berufung auf die Leitentscheidung vom 16. 3. 1956 feststellte, daß der Versorgungsanspruch des Klägers jedenfalls mit dem Ausscheiden aus dem Arbeitsverhältnis zu einem selbständigen Anspruch erstarkt sei[24]. Im Anschluß daran bestätigte das BAG erneut den Grundsatz, daß eine Betriebsvereinbarung keine Wirkung gegenüber im Ruhestand lebenden Arbeitnehmern, die Versorgungsleistungen erhalten, entfalten könne, weil „die Gründe, die für die Auffassung des Großen Senats sprechen", nach wie vor mehr überzeugend seien „als die Gründe, die gegen diese Rechtsprechung angeführt werden"[25]. Im weiteren führte das BAG aus, daß es zwar wünschenswert erscheinen mag, wenn die Betriebspartner auch für das Ruhestandsverhältnis Regelungsmacht besitzen würden, allerdings räume das Betriebsverfassungsgesetz dem Betriebsrat keine umfassende Regelungskompetenz ein. Nur soweit die gesetzliche Ermächtigung reiche, könne der Betriebsrat zusammen mit dem Arbeitgeber durch den Abschluß von Betriebsvereinbarungen betriebliche Normen setzen. Änderungen der Ruhegeldleistungen seien deshalb nur über Individualvereinbarungen möglich. Spätere Betriebsvereinbarungen fänden nur Anwendung, wenn sich der Ruhegeldberechtigte einzelvertraglich den jeweiligen Neuregelungen unterworfen habe.

III. Auseinandersetzung mit den dargelegten Begründungen und eigene Stellungnahme

1. Der Einwand der fehlenden Interessenvertretungsbefugnis des Betriebsrats

Vom Standpunkt der Rechtsprechung und überwiegenden Literaturmeinung aus ist die betriebliche Rechtsetzungsmacht auf den Kreis der mittels Arbeitsvertrags an den Betriebsinhaber gebundenen Arbeitnehmer beschränkt, so daß für eine Erweiterung der Normsetzungsbefugnis im Wege ergänzender Rechtsfortbildung kein Raum bestehe. Dies folgt nach Auffassung des BAG daraus, daß der Betriebsrat nur die Interessen der aktiven Belegschaft wahrnehmen könne, weil

23 Az. 3 AZR — 483/86 —, NZA 1989, S. 522 ff.

24 Unter I.1. der Entscheidungsgründe.

25 Unter I.2. der Entscheidungsgründe.

er auch nur von dieser als Repräsentant gewählt werden könne. Die Repräsentationsbefugnis sei somit eine abschließende[26]. In die gleiche Richtung zielen Äußerungen in der Literatur[27], die darauf verweisen, daß aufgrund der gesetzlichen Bestimmungen eine Regelungskompetenz nur für die aktiven Arbeitnehmer bestehen soll, soweit nicht ausnahmsweise einzelne Normen eine andere Auslegung zulassen.

Zweifellos ist der Betriebsrat zunächst einmal Repräsentant der ihn wählenden Arbeitnehmer. Dementsprechend muß grundsätzlich darauf abgestellt werden, daß die kollektive Gestaltungsmacht auf die Arbeitsverhältnisse der Betriebsangehörigen ausgerichtet ist. Dies folgt auch aus der Zweckbestimmung der betrieblichen Regelungsmacht, die neben Ordnungsfunktionen[28] mit der Interessenwahrnehmung durch den Betriebsrat auch Schutzzwecken[29] der Arbeitnehmerschaft gegenüber einer arbeitgeberseitigen Übermacht[30] dient. Der Hinweis des BAG in seinem Urteil vom 25. 10. 1988, der Betriebsrat könne nur die ihn wählende Belegschaft repräsentieren und nur deren Rechtsverhältnisse gestalten, läßt allerdings unberücksichtigt, daß dieser durchaus auch die Interessenvertretung für nicht wahlberechtigte Beschäftigte, wie etwa die unter 18jährigen nach § 80 Abs. 1 Nr. 3 BetrVG, mit wahrnimmt. Hierauf wurde bereits in der Grundsatzentscheidung des Großen Senats hingewiesen[31], wenn auch speziell für die Gruppe der Pensionäre mangels persönlichen Kontaktes mit dem Betriebsrat eine Repräsentationsbefugnis verneint wurde.

Ebenso unberücksichtigt bleibt, daß bereits in Einzelfällen, zur Vermeidung von Wertungswidersprüchen, eine Ausweitung der Normsetzungsbefugnis auch für ausgeschiedene Arbeitnehmer bejaht wird, was auf eine zumindest stillschweigend anerkannte Repräsentationsbefugnis des Betriebsrats schließen läßt. Dies ist der Fall bei Sozialplanregelungen nach § 112 Abs. 1 Satz 3 BetrVG, die nach fast einhelliger Meinung auch für die infolge einer mitbestimmungspflichtigen Betriebsänderung aus dem Unternehmen ausgeschiedenen Arbeitnehmer abgeschlossen werden können[32]. Umstrittener ist dies allerdings noch für die Rege-

---

26 BAG, NZA 1989. S. 522 (524) unter I.2.c) der Entscheidungsgründe.

27 *v. Hoyningen-Huene*, RdA 1983, S. 226 (227); *ders.*, Betriebsverfassungsrecht, S. 142 f.

28 Vgl. *Richardi*, Kollektivgewalt und Individualwille, S. 319 und S. 390 mit Fußnote 56, die Ordnungsfunktion hervorhebend. Dagegen *Kreutz*, Grenzen, S. 225 ff., 239 f., eine Ordnungsfunktion ablehnend.

29 Zu der damit verbundenen Schutzzweckbestimmung der Betriebsvereinbarung vgl. schon BAG AP Nr. 26 zu § 611 BGB Fürsorgepflicht, Bl. 636; *Canaris*, ArbuR 1966, S. 129; *Karakatsanis*, Die kollektive Gestaltung, S. 108 f.; *Nause*, Grenzen, S. 73 f.; *Siebert*, Kollektivnorm, S. 119 (122 f.); *Thiele*, GK-BetrVG, Einleitung, Anm. 27 ff.; *Travlos-Tzanetatos*, Regelungsbefugnis, S. 49 ff.

30 Dazu *W. Zöllner*, AcP 176, S. 221; differenzierend: *Kreutz*, Grenzen, S. 172, der z. B. die Schutzbedürftigkeit der Arbeitnehmer aus dem Gesichtspunkt der wirtschaftlichen Unterlegenheit begründet.

31 Siehe schon BAG AP Nr. 1 zu § 57 BetrVG 1952, Bl. 265 R.

lungszuständigkeit bei Werkswohnungen in Angelegenheiten von Ruheständlern[33]. Soweit der Arbeitgeber den Wohnungsbestand einheitlich für die Arbeitnehmerschaft und die Ruheständler zur Verfügung gestellt hat, besteht aber nach verbreiteter Auffassung ein Mitbestimmungsrecht des Betriebsrats auch für Angelegenheiten der Ruheständler. Gerade das Beispiel der Sozialplanregelung verdeutlicht, daß die mangelnde Wahlberechtigung kein Grund ist, die Regelungsbefugnis des Betriebsrats, soweit die Interessenlage der Arbeitnehmer und Ausgeschiedenen und der Zweck der Normsetzungsbefugnis dies gebieten, für Angelegenheiten von Ausgeschiedenen auszuschließen. Deshalb kann man m. E. aus der vom Betriebsverfassungsrecht abgesteckten, durch die Wahl der Arbeitnehmer legitimierten Repräsentationsaufgabe[34] des Betriebsrats nicht ohne weiteres auf die Grenzen der Regelungsbefugnis schließen, jedenfalls nicht in dem Sinne, daß das Betriebsverfassungsgesetz hier eine abschließende Ermächtigung[35] einräumt, die eine Erweiterung der Normsetzungsbefugnis planwidrig ausschließt[36].

Auch kann in diesem Zusammenhang der Hinweis des 3. Senats, daß hinsichtlich der Grenzen der Regelungsbefugnis ja auch nicht bestritten werde, daß Betriebsvereinbarungen nicht für leitende Angestellte gelten[37], nicht überzeugen, da die Gruppe der leitenden Angestellten gerade aufgrund ihrer herausgehobenen Stellung von der Interessenvertretung durch den Betriebsrat ausgenommen ist. Die Ausklammerung dieser Personengruppe aus dem Betriebsverfassungsrecht trägt vielmehr der Interessenpolarität zwischen dem Arbeitgeber und der durch den Betriebsrat repräsentierten Belegschaft Rechnung und der Tatsache, daß leitende Angestellte vor allem unternehmerische Funktionen wahrnehmen. Dieser Zweckbestimmung des § 5 Abs. 3 und 4 BetrVG[38] entsprechend sind deshalb leitende Angestellte aus dem Geltungsbereich von Betriebsvereinbarungen ausgenommen und finden auch die §§ 111 ff. BetrVG mangels ausdrücklicher Bestim-

---

32 Vgl. BAG AP Nr. 9 zu § 112 BetrVG 1972; LAG Hamm AP Nr. 1 zu § 112 BetrVG 1972, Bl. 701; *Fitting / Auffahrth / Kaiser / Heither*, Betriebsverfassungsgesetz, § 112, Rdn. 19; *v. Hoyningen-Huene*, RdA 1983, S. 225 (228) m. w. N.

33 Die Zuständigkeit bejahen: *Galperin / Löwisch*, Kommentar Bd. II, § 77, Rdn. 33 und § 87, Rdn. 209 b; *Moll*, Mitbestimmung, S. 126; *Wiese*, GK-BetrVG, § 87, Anm. 309. Dagegen: *Fitting / Auffahrth / Kaiser / Heither*, Betriebsverfassungsgesetz, § 87, Rdn. 110; *Schaub*, Handbuch, § 244 V 1 a (S. 1579).

34 Vergleiche zu der zur Bestimmung der Rechtsstellung des Betriebsrats vertretenen „Repräsentationstheorie": *Dietz / Richardi*, BetrVG, § 1, Rdn. 14 und § 77, Rdn. 22; *Thiele*, GK-BetrVG, Einl., Anm. 81 sowie die Erörterungen bei *Kreutz*, Grenzen, S. 18 ff.

35 In diesem Sinne auch *Säcker*, Gruppenautonomie, S. 364; *ders.*, Rechtliche Probleme, S. 23 (50). Anders dagegen: *v. Hoyningen-Huene*, RdA 1983, S. 225 (228) auf den Ausnahmecharakter des § 112 BetrVG 1972 verweisend; im Ergebnis auch: *Schulin*, DB 1984, Beilage 10, S. 1 (7).

36 Zu den Fällen „qualifizierten Schweigens" gegenüber der Lückenfeststellng: *Canaris*, Lückenfeststellung, S. 39 ff.; *Larenz*, Methodenlehre, S. 245.

37 BAG, NZA 1989, S. 522 (524).

38 Betriebsverfassungsgesetz 1972 in der Neufassung der Bekanntmachung vom 23. 12. 1988 (BGBl. I., S. 13).

mung auf sie keine Anwendung[39]. Diese Regelung kann jedenfalls nicht als Indiz dafür angesehen werden, daß das Betriebsverfassungsgesetz eine abschließende Regelung hinsichtlich des erfaßten Personenkreises treffen wollte.

2. Schutzaspekt der BAG-Entscheidung vom 16. 3. 1956

Das BAG stützt sich in seiner Entscheidung vom 24. 10. 1988 wiederholt auf den Beschluß des Großen Senats aus dem Jahre 1956, weil es dessen Argumente auch heute für überzeugend hält. Ausgehend von der Grundauffassung, daß das Betriebsverfassungsgesetz eine abschließende Regelungszuständigkeit treffe, läßt der Senat dann allerdings dahingestellt, ob die vom Großen Senat seinerzeit geäußerte Befürchtung, daß bei einer weitergehenden Regelungsbefugnis die Pensionärsinteressen hintenangestellt werden könnten, berechtigt ist[40]. Das BAG vernachlässigt damit insgesamt die Frage, ob die in dem Senatsbeschluß zumindest mitbedachten Schutzwirkungen der Regelungsbegrenzung für Ruhegeldempfänger nach wie vor bedeutsam sind und auch unter diesem Gesichtspunkt die Beibehaltung der Regelungsschranke rechtfertigen. Dies verwundert um so mehr, als — wie bereits erwähnt — der tragende Gedanke des BAG-Beschlusses gerade in dem Schutz der Ruheständler vor Eingriffen der Kollektivmacht gesehen wurde[41].

Zwar hat der Große Senat seine ablehnende Haltung zur Regelungszuständigkeit der Betriebspartner nicht ausdrücklich mit dem Schutz der Pensionäre begründet. Der Schutzgedanke kommt jedoch deutlich in den gerade erwähnten Bedenken zum Ausdruck, daß der Betriebsrat — bei unterstellter Regelungszuständigkeit — mangels persönlichen Kontaktes mit den Ruheständlern die Interessenvertretung jener Gruppe nicht in gleichem Maße wahrnehmen könnte wie die der aktiven Belegschaft[42]. Der Schutzaspekt kommt auch in dem Argument zum Tragen, daß die Pensionäre nach ihrem Ausscheiden aus dem Betrieb über einen selbständigen Ruhegeldanspruch verfügen würden und dieser deshalb kollektivrechtlichen Änderungen entzogen sei[43]. Auf die Unzulänglichkeit dieser im Schrifttum begründeten Grenzziehung zur Beschränkung der Kollektivmacht wurde von anderer Seite wiederholt hingewiesen[44]. Im Kern ging es aber auch

---

[39] Vgl. auch BAG AP Nr. 8 zu § 112 BetrVG 1972 = SAE 1979, S. 49 (52 ff.). Dort wurde allerdings unter dem Gesichtspunkt der Gleichbehandlung eine Verpflichtung des Arbeitgebers zur entsprechenden Leistungserbringung bejaht.

[40] BAG, NZA 1989. S. 522 (524).

[41] So z. B. Straetmans, ArbuR 1968, S. 269 (271); *Travlos-Tzanetatos*, Regelungsbefugnis, S. 121. Vgl. auch *Hilger*, Das betriebliche Ruhegeld, S. 189.

[42] BAG AP Nr. 1 zu § 57 BetrVG, Bl. 265 R.

[43] BAG AP Nr. 1 zu § 57 BetrVG, Bl. 265 R f.

[44] Vergleiche insbesondere die in der Entscheidung skizzierte Lehre von *Siebert*, Kollektivnorm, S. 119 ff. Zur Kritik: *Richardi*, Kollektivgewalt und Individualwille, S. 331 ff.; *Rüthers*, Mitbestimmungsrecht, S. 7 (16 ff.); *Travlos-Tzanetatos*, Regelungs-

bei der Auseinandersetzung um die Frage des „Verhältnisses von Kollektivmacht zu erworbenen Ansprüchen"[45] darum, welche Schutzschranke für bereits entstandene[46] Rechtsansprüche gegenüber beeinträchtigenden Betriebsvereinbarungen besteht[47].

Zum besseren Verständnis des BAG-Beschlusses ist weiterhin ein kurzer historischer Rückblick auf das Ruhegeldrecht und dessen weitere Entwicklung erforderlich.

Zur Zeit der Entscheidung galten nämlich Ruhegeldleistungen als freiwillige Fürsorgeleistungen des Arbeitgebers[48], die — bei entsprechendem Vorbehalt — auch gegenüber bereits im Ruhestand befindlichen Berechtigten nach billigem Ermessen widerrufen werden konnten[49]; Ruhegeldanwartschaften der Arbeitnehmer, die auf einer kollektivvertraglichen Regelung beruhten, waren nach dem Ordnungsprinzip[50] durch eine spätere Betriebsvereinbarung auch verschlechternd abänderbar[51]. Erst mit Urteil vom 26. 10. 1962[52] wurde anerkannt, daß auch Ruhegeldanwartschaften der Arbeitnehmer nicht uneingeschränkt durch eine Kollektivregelung abänderbar sind. Das BAG entschied damals unter Berufung auf den Beschluß des Großen Senats und die Rechtsprechung zur Zulässigkeit des Widerrufs einer Ruhegeldzusage[53], daß eine Kürzung des Ruhegeldes durch Betriebsvereinbarung nicht mehr bei einem kurz vor der Pensionierung stehenden Arbeitnehmer zulässig sei. Die Einschränkung der betriebsverfassungsrechtlichen Regelungsmacht wurde auch hier mit dem Schutz der Ruhegeldberechtigten begründet, allerdings mit dem Gesichtspunkt des Vertrauensschutzes[54]. Zur Zeit

---

befugnis, S. 78 ff. Zum BAG-Beschluß: *Schwerdtner,* ZfA 1975, S. 171 (179) mit Bezug auf *Straetmans,* ArbuR 1968, S. 269 (271).

45 BAG AP Nr. 1 zu § 57 BetrVG, Bl. 265.

46 Wie auch das BAG in der zuvor erwähnten Entscheidung darauf hinweist, ging es bei diesem Problembereich vor allem um die Frage, ob und inwieweit erworbene Rechte der *Arbeitnehmer,* die sich aus dem Arbeitsverhältnis ergeben haben, der Regelungsmacht der Betriebspartner unterliegen.

47 Vgl. die Ausführungen von *Travlos-Tzanetatos,* Regelungsbefugnis, S. 78 ff., ebenso die Kurzdarstellung von *Dietz / Richardi,* BetrVG, § 77, Rdn. 81.

48 Vgl. etwa BAG AP Nr. 8 zu § 242 BGB Ruhegehalt; BAG, AR-Blattei, Ruhegeld (-gehalt), Entsch. 14.

49 BAG AP Nr. 18 zu § 242 BGB Ruhegehalt.

50 Zur Entwicklung des Ordnungsprinzips vergleiche BAG (Großer Senat), NZA 1987, S. 168 (170).

51 So BAG AP Nr. 1 zu § 57 BetrVG 1952, Bl. 265 R für die erworbenen Anwartschaften mit einem kurzen Abriß zum damaligen Diskussionsstand, Bl. 264. Vgl. dazu auch *Hilger,* Das betriebliche Ruhegeld, S. 210 ff.; *Neumann-Duesberg,* JZ 1960, S. 525 (528 f.). Vgl. im weiteren BAG AP Nr. 87 zu § 242 BGB Ruhegehalt, Bl. 421; AP Nr. 142 zu § 242 BGB Ruhegehalt, Bl. 146 R zur Ablösung betrieblicher Ruhegeldordnungen bei gerichtlicher Billigkeitskontrolle.

52 BAG AP Nr. 87 zu § 242 BGB Ruhegehalt, Bl. 421 f.

53 BAG AP Nr. 18 zu § 242 BGB Ruhegehalt.

54 Siehe Bl. 421 R der Entscheidung.

des BAG-Beschlusses stellte also die persönliche Schranke der Regelungsmacht der Betriebspartner[55] in der Tat für die versorgungsberechtigten Pensionäre eine entscheidende Schutzschranke dar.

Eine weitere Betrachtung der Rechtsentwicklung des Ruhegeldes zeigt aber auch deutlich, daß nunmehr dem Schutzinteresse der Ruhegeldberechtigten in anderer Weise Rechnung getragen wird. Neben der soeben erwähnten Entscheidung vom 26. 10. 1962, in der der Vertrauensschutz als Grenze der kollektiven Gestaltungsmacht anerkannt wurde[56], wurden in einer weiteren Entscheidung vom 30. 1. 1970[57] auch Ruhegeldansprüche von Arbeitnehmern, die trotz Erfüllung der Ruhegeldberechtigung über das 65. Lebensjahr hinaus weiterarbeiten, der verschlechternden Kollektivregelung entzogen. Im Rahmen der weiteren Rechtsentwicklung wurden schließlich unter Berücksichtigung des eigentumsähnlichen Schutzes der erworbenen Anwartschaften erdiente Ruhegeldansprüche einem einheitlichen Bestandsschutz unterstellt[58]. Zu differenzieren ist zwischen dem noch zu erdienenden Anteil der Versorgungsberechtigten einerseits und den bereits erdienten Anwartschaften der Arbeitnehmer und den Pensionsansprüchen andererseits[59]. Damit steht fest, daß der Bestandsschutz als selbständiges Kriterium[60] die entscheidende Schranke zur Begrenzung der kollektiven Regelungsmacht ist. Eine ablösende Betriebsvereinbarung darf demnach grundsätzlich nicht in bereits erdiente Besitzstände eingreifen[61]. Ebensowenig können gewachsene Besitzstände von Arbeitnehmern, die auf einer vom Arbeitgeber gesetzten Einheitsregelung oder einer Gesamtzusage beruhen, im Rahmen einer umstrukturierenden Betriebsvereinbarung beschnitten werden[62]. Einzelvertraglich begrün-

---

55 *Travlos-Tzanetatos*, Regelungsbefugnis, S. 122.

56 BAG AP Nr. 87 zu § 242 BGB Ruhegehalt, Bl. 421 f.

57 BAG AP Nr. 142 zu § 242 BGB Ruhegehalt.

58 Vgl. vor allem den BAG-Beschluß vom 8. 12. 1981, AP Nr. 1 zu § 1 BetrAVG-Ablösung = SAE 1983, S. 191 (194) und BAG (vom gleichen Tage), SAE 1983, S. 197 (199) mit Anmerkung von *Reuter*. Zu der hier nur skizzierten Entwicklung: *Blomeyer*, Bestandsschutz der Ruhegeldanwartschaften, S. 41 (43 ff.); *Schulin*, DB 1984, Beilage 10, S. 1 (7 ff.).

59 Vgl. BAG AP Nr. 177 zu § 242 BGB Ruhegeld, Bl. 678, wobei hier allerdings noch, abgestuft nach dem Wert der Besitzstände, die unverfallbare Anwartschaft schutzwürdiger als die verfallbare eingestuft wurde, während Pensionsansprüche wiederum schutzwürdiger als unverfallbare Anwartschaften sein sollten. Nachdem in BAG AP Nr. 185 zu § 242 BGB Ruhegehalt, Bl. 612 R der eigentumsähnliche Schutz unverfallbarer Anwartschaften anerkannt wurde, wird seit dem BAG-Beschluß vom 8. 12. 1981, AP Nr. 1 zu § 1 BetrAVG Ablösung = SAE 1983, S. 191 (194) und dem BAG-Urteil (vom gleichen Tage), SAE 1983, S. 197 (199) mit Anmerkung von *Reuter*, der Bestandsschutz jeder erdienten Anwartschaft anerkannt. Vgl. insoweit auch die Ausführungen des Großen Senats des BAG im Beschluß vom 16. 9. 1986, NZA 1987, S. 168 (175) und BAG, SAE 1987, S. 281 (283); BAG, SAE 1989, S. 79 (81).

60 Vgl. auch: *Griebeling / Bepler*, Das Arbeitsrecht der Gegenwart, Bd. 25 (1988), S. 263 ff.

61 BAG (Großer Senat): NZA 1987, S. 168 (175); BAG, SAE 1987, S. 281 (283); BAG, SAE 1989, S. 79 (81).

dete Ansprüche eines Arbeitnehmers können gegen dessen Willen nicht eingeschränkt werden; insoweit gilt das Günstigkeitsprinzip[63]. Eingriffe in Versorgungsbesitzstände sind nach herrschender Meinung bei Ruhegeldansprüchen wie bei erworbenen Ruhegeldanwartschaften[64] nur noch in seltenen Ausnahmefällen[65] zulässig. Eine Begrenzung der Regelungsmacht auf die Abeitnehmer unter Ausklammerung der Betriebsrentner erweist sich damit, soweit es um Schutzinteressen der Ruhegeldberechtigten geht, als überflüssig[66].

3. Der Einwand der unveränderten Rechtslage im BAG-Urteil vom 25. 10. 1988

Das BAG verweist in der Urteilsbegründung vom 25. 10. 1988[67] auch darauf, daß sich die Rechtslage hinsichtlich des Geltungsbereichs von Betriebsvereinbarungen auch durch das Betriebsverfassungsgesetz vom 15. 1. 1972 nicht geändert habe, Betriebsvereinbarungen deshalb in persönlicher Hinsicht nur für die aktiven Arbeitnehmer gelten sollen. Das BAG läßt hierbei allerdings die nachhaltigen Veränderungen außer acht, die sich gerade für das Mitbestimmungsrecht im Bereich der betrieblichen Altersversorgung ergeben haben. Noch das Betriebsverfassungsgesetz von 1952 sah in § 56 Abs. 1 Buchstabe e ein Mitbestimmungsrecht des Betriebsrats lediglich bei der Verwaltung von Wohlfahrtseinrichtungen vor. Damit verbunden war allerdings nur das Mitbestimmungsrecht bei der Ausgestaltung der Pensions- und Unterstützungskassen[68]. Eine Beteiligung des Betriebsrats bei den Versorgungsformen der Direktzusage und Direktversicherung war dage-

---

62 Vgl. grundlegend: BAG (Großer Senat), NZA 1987, S. 168 (175).

63 Vgl. neben dem BAG-Beschluß, NZA 1987, S. 168 (169) etwa *Schaub*, Handbuch, § 231 II 9 (S. 1481).

64 Zur Gleichbehandlung vgl. *Blomeyer*, Bestandsschutz der Ruhegeldanwartschaften, S. 41 (48); ähnlich auch *Reuter*, Anmerkung zu BAG, SAE 1987, S. 285 (286 f.).

65 So BAG (Großer Senat), NZA 1987, S. 168 (175) unter Verweis auf die Rechtsprechung des 3. Senats. Der Bezug auf den Ausnahmefall der veränderten Geschäftsgrundlage verdeutlicht, daß Kürzungen auf Fälle der wirtschaftlichen Notlage und der Überversorgung beschränkt sein sollen, *wobei nach der hier entwickelten Lösung der Tatbestand der wirtschaftlichen Notlage allerdings kein Fall der Geschäftsgrundlage ist.* Vgl. im weiteren auch BAG, SAE 1987, S. 281 (283), BAG, SAE 1989, S. 16 (17) zur wirtschaftlichen Notlage; BAG, SAE 1989, S. 79 (82) zur Überversorgung.

66 Zutreffend weist *Schulin*, DB 1984, Beilage 10, S. 1 (7) darauf hin, daß — bei einer angenommenen Regelungskompetenz des Betriebsrats — Eingriffe durch Betriebsvereinbarung in Ruhegeldansprüche i. d. R. an den Binnenschranken der betriebsverfassungsrechtlichen Rechtssetzungsmacht scheitern müssen, so daß ein Ruhegeldanspruch durch Betriebsvereinbarung nur in denselben Grenzen zum Nachteil des Betriebspensionärs geändert werden dürfe, wie dies auf individualrechtlichem Weg über die Ausübung eines Widerrufsrechts möglich wäre.

67 BAG, NZA 1989, S. 522 (523).

68 Siehe dazu *Hilger*, Mitbestimmungsrecht, S. 153 ff.; *Dieterich*, NZA 1984, S. 273 (274).

gen nicht vorgesehen und wurde auch in den einschlägigen Kommentierungen nicht einmal bedacht[69]. Fragen der betrieblichen Altersversorgung besaßen keine große praktische Bedeutung[70]. Auch das BetrVG 1972 änderte hieran nichts. Erst mit der Erweiterung des Mitbestimmungsrechts auf Direktzusagen und Direktversicherungen[71] wuchs auch die Bedeutung dieser Sozialleistung als Regelungsbereich kollektiver Gestaltungsmacht. Mit Beschluß vom 12. 6. 1975[72] wurde dem Betriebsrat erstmals aufgrund des nunmehr anerkannten Entgeltcharakters des Ruhegeldes ein Mitbestimmungsrecht nach § 87 Abs. 1 Nr. 10 BetrVG eingeräumt. Damit wurde eine grundsätzliche betriebsverfassungsrechtliche Zuständigkeit der Betriebspartner zur Regelung der Ruhegeldleistungen eröffnet. Es spricht also viel dafür, daß der Gesetzgeber das Problem der Regelungskompetenz für den Bereich der betrieblichen Altersversorgung nicht bedacht hat. Hinzu kommt, daß neben der Erweiterung des Mitbestimmungsrechts auch der bereits beschriebene Bedeutungswandel des Ruhegeldes erst zu der Frage nach den Grenzen der kollektiven Regelungsbefugnis geführt hat. Wenn deshalb festgestellt wird, daß Betriebsvereinbarungen nach dem Betriebsverfassungsgesetz 1972 die Regelung der Arbeitsverhältnisse der Arbeitnehmer bezwecken, so spricht dies nicht von vornherein gegen eine Regelungszuständigkeit auch für die Versorgungsverhältnisse. Vielmehr bleibt zu prüfen, ob nach den hier beschriebenen Veränderungen nicht eine Ergänzung der Regelungsbefugnis dahingehend erforderlich ist, daß dem Betriebsrat eine erweiterte Regelungsbefugnis auch in Angelegenheiten der Ruhegeldberechtigten obliegt.

IV. Erweiterte Regelungszuständigkeit durch Rechtsfortbildung

Allein die Feststellung einer Regelungslücke gibt noch keine Antwort auf die Frage, mit welcher rechtlichen Begründung eine Ausdehnung der Regelungskompetenz des Betriebsrats gerechtfertigt werden kann. Richterliche Rechtsfortbildung muß die Wertvorstellungen der verfassungsmäßigen Rechtsordnung, die in den geschriebenen Gesetzen nicht oder nur unvollständig zum Ausdruck kommen, erkennen und berücksichtigen[73]. Die Lückenausfüllung muß sich danach richten, wie der Gesetzgeber selbst unter Beachtung von Recht und Gesetz (Art. 20 Abs. 3 GG) das Problem geregelt hätte. Bei der ergänzenden Rechtsfortbildung steht dabei von vornherein fest, daß der zu beurteilende Tatbestand vom Wortsinn des Gesetzes nicht umfaßt wird. Entscheidend ist, ob die der Gesetzesregelung zu-

---

69 Vgl. *Hanau,* BB 1976, S. 91 (92).

70 *Dieterich,* NZA 1984, S. 273 f. Die meisten Versorgungsordnungen wurden einseitig vom Arbeitgeber erlassen.

71 Vgl. BAG AP Nr. 1 bis 3 BetrVG 1972 Altersversorgung.

72 Vergleiche dazu auch die eingehende Begründung der grundlegenden Entscheidung des BAG in AP Nr. 1 zu § 87 BetrVG 1972 Altersversorgung, Bl. 242 ff.

73 BVerfGE 34, S. 269 (287).

grundeliegenden Zwecke und Wertprinzipien eine Korrektur erfordern. Ergänzende Rechtsfortbildung ist also nur insoweit zulässig, als die ratio legis die Erweiterung und Ergänzung erfordert, um nicht zu rechtfertigende Wertungswidersprüche zu vermeiden[74]. Die Zweckrichtungen betrieblicher Normsetzungsbefugnis wurden bereits kurz aufgezeigt[75]. Sie erlaubt zum einen, einheitliche Regelungen in verbindlicher Form für alle Arbeitnehmer festzulegen und damit ansonsten notwendige individualvertragliche Regelungen zu vermeiden. Das Instrument zur Verwirklichung dieser Ordnungszwecke ist die Betriebsvereinbarung[76]. Die Betriebsvereinbarung erfüllt aber auch Schutzzwecke. Sie dient ebenso wie der Tarifvertrag dem Machtausgleich zwischen Arbeitgeber und Arbeitnehmer bei Abschluß und Gestaltung eines Arbeitsverhältnisses[77]. Dem Betriebsrat obliegt die Interessenvertretung der Arbeitnehmerschaft. Seine Beteiligung dient also in erster Linie Schutzzwecken der Arbeitnehmerschaft[78].

Auf den ersten Blick scheinen gerade die mit der Regelungskompetenz des Betriebsrats verbundenen Schutzzwecke einer erweiterten Regelungskompetenz entgegenzustehen. Die Situation des Betriebspensionärs im Ruhestand ist nicht mit der des Arbeitnehmers im Arbeitsverhältnis vergleichbar. Es fehlt jedenfalls die für das Arbeitsverhältnis gemeinhin kennzeichnende Abhängigkeit und Unterlegenheit des Arbeitnehmers, deren Kompensation nach h. M. die Interessenvertretung durch den Betriebsrat dient. Die daraus ableitbare Auffassung, daß eine Interessenvertretung nur bei den abhängig beschäftigten Arbeitnehmern erforderlich sei, Ruheständler also dieses Schutzes nicht mehr bedürfen[79], erweist sich aber gerade bei der Regelung sozialer Angelegenheiten als unzulänglich.

Zum einen ist zu berücksichtigen, daß bereits die Einschaltung des Betriebsrats als solches für die Arbeitnehmer Schutzwirkung hat. Der Betriebsrat ist kraft seiner Position eher als der einzelne in der Lage, Interessenbelange der Arbeitnehmerschaft zu vertreten und sich gegen unangemessene Änderungen zur Wehr zu setzen[80]. Seine Beteiligung entfaltet gerade dort Schutzfunktion, wo ansonsten

---

[74] Vgl. *Canaris*, Lückenfeststellung, S. 89 ff.; *Larenz*, Methodenlehre, S. 272 f.

[75] Siehe unter III.1.

[76] Zur Anerkennung der Ordnungsfunktion vergleiche die zuvor genannten Quellen unter III.1.

[77] *Canaris*, ArbuR 1966, S. 129; *Travlos-Tzanetatos*, Regelungsbefugnis, S. 49.

[78] Zu der im Arbeitsrecht grundlegenden Annahme der Ungleichgewichtigkeit: *W. Zöllner*, AcP 176, S. 221. Zum Schutzzweck der Regelungsbefugnis vgl. schon BAG AP Nr. 26 zu § 611 BGB Fürsorgepflicht, Bl. 636; *Canaris*, ArbuR 1966, S. 129; *Karakatsanis*, Die kollektive Gestaltung, S. 108 f.; *Nause*, Grenzen, S. 73 f.; *Siebert*, Kollektivnorm, S. 119 (122 f.); *Thiele*, GK-BetrVG, § 77, Anm. 41; *Travlos-Tzanetatos*, Regelungsbefugnis, S. 49 ff. Abweichend insofern *Kreutz*, Grenzen, S. 154 ff., der zwar auch die Schutzbestimmung der Betriebsvereinbarung anerkennt, das Schutzbedürfnis der Arbeitnehmer aber nur aus dem Gesichtspunkt der wirtschaftlichen Unterlegenheit, nicht aber aus dem der organisatorischen Abhängigkeit begründet.

[79] So wohl in der Tendenz: *Thiele*, GK-BetrVG, § 77, Anm. 53; *Moll*, Anmerkung zu BAG AP Nr. 6 zu § 87 BetrVG Altersversorgung (für Eingriffe).

entweder eine mögliche einseitige Bestimmung oder aber eine einzelvertragliche Regelung materieller Arbeitsbedingungen erfolgen würde[81]. Grundlegend hierfür ist nach der Ungleichgewichtsthese[82] die Annahme, daß gerade individualrechtlichen Vereinbarungen aufgrund der Vormachtstellung des Arbeitgebers eine „potentielle Mißbrauchsgefahr"[83] innewohnt, die Einschaltung des Betriebsrats also — nach ursprünglicher Auffassung — Kompensationszwecken wirtschaftlichen, sozialen und intellektuellen Übergewichts des Arbeitgebers dient[84]. Von einer typischen Vertragsimparität, wie im Arbeitsverhältnis angenommen, kann zwischen Arbeitgeber und Pensionär sicher nicht ausgegangen werden. Eine geschützte Rechtsstellung hat der Pensionär durch das BetrAVG, soweit es um Einschränkungen oder die turnusmäßige Anpassungsprüfung (§ 16 BetrAVG) seiner Bezüge geht. Sonstige Änderungen, insbesondere Verbesserungen der Ruhegeldleistungen, sind jedoch nur einzelvertraglich aushandelbar. Dem Verhandlungsgleichgewicht wäre dann gedient, wenn man den Pensionären — mangels anderer Interessenvertretung[85] — den Betriebsrat zur Wahrnehmung seiner Belange an die Seite stellen würde.

Zum anderen ist zu berücksichtigen, worauf *Zöllner*[86] zutreffend hinweist, daß das Arbeitsrecht heute ein Instrument der Sozialpolitik ist, „das die im Sozialstaatsprinzip sogar verfassungsrechtlich fundierte Gemeinschaftsforderung nach sozialer Sicherung des einzelnen zu verwirklichen sucht". Dem Betriebsrat ist im Wege der Rechtsfortbildung heute in Angelegenheiten der betrieblichen Altersversorgung eine weitreichende funktionelle Regelungszuständigkeit eingeräumt worden. Die Beibehaltung der traditionellen personellen Grenzen der Regelungskompetenz erweist sich demgegenüber als nicht zweckmäßig, zumal die Sozialleistung der betrieblichen Altersversorgung erst mit dem Ausscheiden des Arbeitnehmers in dem dann bestehenden Versorgungsverhältnis zum Tragen kommt. Auf die insofern gerade für das Ruhegeld bestehende Sonderlage[87] und dessen Sachzusammenhang mit dem Arbeitsverhältnis[88] ist bereits von anderer Seite hingewiesen worden.

---

80 Vgl. BAG AP Nr. 142 zu § 242 BGB Ruhegehalt, Bl. 149 R; *Kreutz,* Grenzen, S. 197.

81 Vgl. *Kreutz,* Grenzen, S. 197.

82 Vgl. etwa *Thiele,* GK-BetrVG, § 77, Anm. 40; *Karakatsanis,* Die kollektive Gestaltung, S. 31 ff.; kritisch dazu: *W. Zöllner,* AcP 176, S. 221 ff.

83 Vgl. *Travlos-Tzanetatos,* Regelungsbefugnis, S. 139 nebst Fußnote 370 und S. 155.

84 Vgl. dazu die Darstellung und Kritik von *Kreutz,* Grenzen, S. 156 ff. *Thiele,* GK-BetrVG, § 77, Anm. 41.

85 Vgl. auch *Dieterich,* NZA 1985, S. 273 (278).

86 *W. Zöllner,* AcP 176, S. 220 (241).

87 *Säcker,* Gruppenautonomie, S. 364; ebenso: *Galperin / Löwisch,* Kommentar Bd. II, § 77, Rdn. 33; *Löwisch / Hetzel,* SAE 1981, S. 66 (68). *Travlos-Tzanetatos,* Regelungsbefugnis, S. 122.

88 *Dieterich,* NZA 1984, S. 273 (278).

Die scharfe Trennung zwischen Arbeitnehmern und Betriebspensionären führt darüber hinaus zu sachlich nicht gerechtfertigten Wertungswidersprüchen in der Behandlung der kurz vor der Pensionierung stehenden Ruhegeldberechtigten und den Ruhegeldempfängern. Nach Auffassung der Rechtsprechung[89] sind nämlich jene rentennahen Jahrgänge aufgrund besonderen Vertrauensschutzes nicht nur vor Eingriffen in bereits erdiente Besitzstände geschützt, sondern sie sind regelmäßig auch bei ablösenden Betriebsvereinbarungen hinsichtlich des noch zu erdienenden Teils ihres Versorgungsanspruchs vor Einschränkungen sicher. Nur „ungewöhnlich dringende Änderungsgründe" können bei dieser Personengruppe Änderungen rechtfertigen[90]. Zwar finden sich in der einschlägigen Entscheidung des BAG keine Überlegungen zu den Voraussetzungen des Änderungsgrundes, die Formulierung im Zusammenhang mit den „seltenen Ausnahmefällen" der Kürzungsberechtigung erdienter Ansprüche läßt jedoch darauf schließen, daß auch hier nur wirtschaftliche Notlagen nach der Rechtsprechung Eingriffe rechtfertigen können. Im Ergebnis genießen damit rentennahe Jahrgänge — obwohl noch Arbeitnehmer — den gleichen Vertrauensschutz wie Pensionäre, nehmen aber andererseits — aufgrund ihrer Betriebszugehörigkeit — an verbessernden Regelungen der Betriebspartner teil.Die Anknüpfung der Regelungszuständigkeit an die Betriebszugehörigkeit erscheint hier mit Recht als zu formal. Da auch die kurz vor dem Ruhestandseintritt stehenden Arbeitnehmer in gleichem Maße wie die Versorgungsberechtigten vor einschränkenden Regelungen geschützt sind, erlangt die Regelungszuständigkeit bei diesen grundsätzlich nur noch Bedeutung, wenn es um Verbesserungen der Ruhegeldansprüche geht[91]. Der Betriebsrat übt auch hier noch die Funktion eines „Sachwalters"[92] zum Schutz der Berechtigten aus. Gleiches muß dann auch für die Belange der Ruhegeldempfänger gelten, da zwischen den Pensionären und den Ruhgeldberechtigten soweit Interessengleichheit besteht. Eine Erweiterung der Regelungszuständigkeit zur Vermeidung einer nicht gerechtfertigten Benachteiligung der Pensionäre ist damit geboten. Sie entspricht auch — wie bereits aufgezeigt — Ordnungszwecken, da sie eine einheitliche Gestaltung der Rechtsbeziehungen unter Vermeidung umständlicher einzelvertraglicher Regelungen ermöglicht.

V. Ergebnis und Schlußbetrachtung

Die vorstehenden Erörterungen haben ergeben, daß die in Angelegenheiten der betrieblichen Altersversorgung bestehende Regelungszuständigkeit der Be-

---

89 BAG AP Nr. 142 zu § 242 BGB Ruhegehalt, Bl. 421 R; BAG (Großer Senat), NZA 1987, S. 168 (175).

90 So BAG (Großer Senat), NZA 1987, S. 168 (175).

91 Vgl. *Galperin / Löwisch*, Kommentar Bd. II, § 77, Rdn. 47 f.

92 *Kreutz*, Grenzen, S. 159; *Thiele*, GK-BetrVG, § 77, Anm. 42.

triebspartner auf die Regelung der Versorgungsverhältnisse der Betriebspensionäre auszudehnen ist. Die auf den Kreis der mittels Arbeitsvertrages an den Betrieb gebundenen Arbeitnehmer gerichtete betriebliche Gestaltungsmacht kann im Wege einer teleologischen Extension auf den Kreis der Betriebsrentenempfänger erweitert werden. Der persönliche Geltungsbereich der Betriebsvereinbarungen umfaßt damit auch die Versorgungsverhältnisse. Der Ausübung der Regelungsmacht sind hier durch die sogenannten Binnenschranken[93] der betriebsverfassungsrechtlichen Rechtsetzungsmacht Grenzen gesetzt. Ruhegeldansprüche sind danach aufgrund ihres besonderen Bestandsschutzes ebenso wie erdiente Anwartschaftsteile grundsätzlich einer verschlechternden Betriebsvereinbarung entzogen[94]. Die vor allem vom BAG nach wie vor gegen die Regelungszuständigkeit vorgetragenen Argumente werden mit Recht als zu formalistisch kritisiert, da hierbei weder die bei Ruhegeldleistungen bestehende Sonderlage, noch die Rechtsentwicklungen im Bereich der betrieblichen Altersversorgung und deren Auswirkungen auf die betriebliche Rechtsetzungsmacht ausreichend berücksichtigt werden. Die Anerkennung einer erweiterten Regelungsbefugnis führt demgegenüber zu der Frage, ob und inwieweit eine Einflußmöglichkeit der Betriebspensionäre bei der Gestaltung betrieblicher Versorgungsregelungen notwendig und rechtspolitisch wünschenswert erscheint. Die Beantwortung dieser Frage wäre eine gesonderte Untersuchung wert.

---

93 Vgl. *Schulin,* DB 1984, Beilage 10, S. 1 (7).

94 Vgl. auch *Blomeyer,* Bestandsschutz der Ruhegeldanwartschaften, S. 41 (48); *Galperin / Löwisch,* Kommentar Bd. II, § 77, Rdn. 48 f.; *Schulin,* DB 1984, Beilage 10, S. 1 (7 f.).

Zusammenfassung

Die wesentlichen Ergebnisse der Arbeit lassen sich stichpunktartig wie folgt zusammenfassen:

I. Historische Betrachtung

Die erwerbsfreie Phase des Ruhestandes verdankt ihre Entstehung in erster Linie dem Auf- und Ausbau der staatlichen Altersversorgung, deren Aufgabe heute darin besteht, einen Lohnersatz in Form einer Altersrente zur Verfügung zu stellen. Eine weitere, ergänzende Versorgungsleistung des Ruhestandes stellt die betriebliche Altersversorgung dar. Arbeitnehmer der Privatwirtschaft, denen aus Anlaß ihres Arbeitsverhältnisses vom Arbeitgeber ein betriebliches Ruhegeld zugesagt wird, erlangen damit ein zusätzliches Altersruhegeld, dessen Höhe von den in der Ruhegeldvereinbarung festgelegten Bemessungsfaktoren bestimmt wird.

II. Rechtsbeziehungen des Ruhestandsverhältnisses

Die Untersuchung hat gezeigt, daß die bisherige Qualifizierung des Ruhestandsverhältnisses als einer durch Ruhegeldleistungen des Arbeitgebers und besondere Pensionärspflichten des ausgeschiedenen Arbeitnehmers gekennzeichneten Rechtsbeziehung kritisch zu überdenken ist. Die Kritik richtet sich hierbei sowohl gegen die dogmatische Erfassung des Ruhegeldleistungsverhältnisses, als auch gegen die für das Ruhestandsverhältnis anerkannten besonderen „Treuepflichten" des Betriebspensionärs.

Es konnte zunächst nachgewiesen werden, daß *der Eintritt des Arbeitnehmers in den Ruhestand als solcher* keine Wirkungen in bezug auf die noch bestehenden Rechtsbeziehungen hat. Anhand ausgewählter Beispiele wurde dargelegt, daß es sich bei den im Nachstadium eines Arbeitsverhältnisses noch möglichen Pflichten um Erscheinungsformen der Schutzpflichten handelt, deren Rechtsgrundlage nicht ein nachwirkendes Treue- und Fürsorgeverhältnis, sondern ein gesetzliches Schutzpflichtverhältnis ist. Diese, fälschlicherweise als Nachwirkungen gekennzeichneten Pflichten, bestehen unabhängig davon, ob der Arbeitnehmer in den Ruhestand tritt oder eine weitere Erwerbstätigkeit ausübt. Den pensionierten

Arbeitnehmer treffen darüber hinaus auch keine weiteren Pflichten, etwa zur Anbietung von Erfindungen oder zur Wettbewerbsenthaltung, soweit nicht ein nachvertragliches Wettbewerbsverbot entsprechend den §§ 74 ff. HGB vereinbart wurde; wirksam vereinbarte Wettbewerbsverbotsregelungen behalten auch im Ruhestand ihre Gültigkeit.

Der Bezug einer betrieblichen Altersversorgung wirkt sich für den Ruhegeldempfänger nicht dahingehend aus, daß diesem im Vergleich zu den sonstigen ausgeschiedenen Arbeitnehmern gesteigerte Pflichten obliegen, da jene Schutz- und Vertragspflichten ihre Rechtfertigung aus einem im Rahmen des vorangegangenen Arbeitsverhältnisses begründeten Vertrauenstatbestand beziehen bzw. auf einer gesonderten nachvertraglichen Vereinbarung beruhen. Die bisherige, vor allem mit der Lehre vom personenrechtlichen Gemeinschaftsverhältnis begründete Pflichtenstellung des Pensionsberechtigten vermag für diese Fälle eine gesteigerte Treuepflicht nicht zu begründen.

Eine *hauptamtliche Konkurrenztätigkeit* des Ruhegeldempfängers berechtigt nicht zur Einstellung oder Kürzung der betrieblichen Altersversorgung, soweit der Pensionär nicht einer ruinösen, auf die Schädigung des Unternehmens des Versorgungsverpflichteten gerichteten Tätigkeit nachgeht, die nach den Gesamtumständen die Geltendmachung des Ruhegeldanspruchs als rechtsmißbräuchlich erscheinen läßt. Wettbewerbsbeschränkungen in Verbindung mit einer Ruhegeldvereinbarung sind nur wirksam, wenn sie den Schutzvorschriften der §§ 74 ff. HGB genügen. Verstöße gegen ein vereinbartes Wettbewerbsverbot lassen den Ruhegeldanspruch grundsätzlich unberührt.

Für den Fall der *wirtschaftlichen* Notlage des Versorgungsverpflichteten lassen sich Einschränkungen der Ruhegeldleistungen weder mit einer arbeitsrechtlichen Treuepflicht des Pensionsberechtigten, noch im Hinblick auf den Sozialleistungscharakter des Ruhegeldes, noch mit Hilfe besonderer, an den Bestandsschutz des gefährdeten Unternehmens anknüpfender Risikoerwägungen rechtfertigen. Gleiches gilt für die Anwendung des Instituts des Wegfalls der Geschäftsgrundlage. Deren Grundsätze können wohl in Fällen der zweckwidrigen Überversorgung oder ähnlicher nachhaltiger Vertragsstörungen zu Anpassungen von Pensionsverpflichtungen berechtigen, allerdings vermögen sie für den insofern anders gelagerten Fall der wirtschaftlichen Notlage Kürzungen zugesagter Ruhegeldleistungen nicht zu tragen.

III. Die Rechtsnatur des Versorgungsverhältnisses

Die bei Ruhegeldleistungen bislang herrschende Kennzeichnung des Ruhestandsverhältnisses als einer Art Nachwirkung bzw. Fortsetzung des Arbeitsverhältnisses bedarf in zweifacher Hinsicht der Korrektur.

Zum einen hat sich gezeigt, daß das Ruhestandsverhältnis zwischen Arbeitgeber und pensioniertem Arbeitnehmer rechtliche Beziehungen unterschiedlicher Art und Gestaltung umfaßt. Eine Rechtsbeziehung besonderer Art stellt hierbei das auf die Lebensdauer des Ruheständlers begrenzte und auf die Zahlung fortlaufender Ruhestandsleistungen gerichtete Versorgungsverhältnis dar. Darüber hinaus bestehende nachvertragliche Vereinbarungen oder bestehende Schutzpflichten sind ebenfalls Teil des Ruhestandsverhältnisses, auch wenn sie keine ausschließliche Besonderheit dieses Rechtsverhältnisses darstellen.Die von der herrschenden Meinung vorgenommene Kennzeichnung des Ruhestandsverhältnisses hat sich weder im Hinblick auf diese rechtlichen Beziehungen, noch im Hinblick auf das Versorgungsverhältnis als zutreffend erwiesen und ist deshalb aufzugeben.

Zum anderen konnte nachgewiesen werden, daß das Versorgungsverhältnis ein Rechtsverhältnis eigener Art ist, das zwar stets aus Anlaß eines bestehenden Arbeitsverhältnisses begründet wird und mit diesem eng verknüpft ist, aber einen eigenständigen versicherungsähnlichen Charakter trägt. Aus dem Versorgungsverhältnis ergeben sich für den Ruhegeldberechtigten besondere Pflichten zur Auskunft und Mitwirkung, die ihre Berechtigung allein aus der Versorgungsvereinbarung ableiten.

IV. Kollektive Regelung von Versorgungsansprüchen

Die Überprüfung der gegen eine entsprechende Regelungsbefugnis vorgebrachten Argumente hat ergeben, daß weder der fehlende Arbeitnehmerstatus der Pensionäre, noch die für Betriebsrentner vor allem im BAG-Beschluß von 1956 zum Ausdruck kommenden Schutzaspekte einer personellen Regelungsbegrenzung auf Arbeitnehmer, einer Erweiterung der kollektiven Regelungskompetenz auf Versorgungsansprüche der Ausgeschiedenen entgegenstehen. Es wurde vielmehr aufgezeigt, daß die mit der Regelungsbefugnis des Betriebsrates verbundenen Schutzwirkungen eine Einbeziehung der Pensionäre in den persönlichen Geltungsbereich der Betriebsvereinbarungen rechtfertigen. Der bei rechtsfortbildender Betrachtung anzuerkennenden Regelungsmacht der Betriebspartner sind aufgrund des starken Bestandsschutzes erworbener Ansprüche jedoch Schranken gesetzt, die nachteilige Eingriffe ausschließen. Den Betriebspartnern verbleibt somit nur ein begrenzter Gestaltungsspielraum.

Literaturverzeichnis

Achinger, Hans: Soziale Sicherheit, Stuttgart 1953.

— Sozialpolitik als Gesellschaftspolitik, Hamburg 1958.

Achterberg, Norbert: Das nachvertragliche Wettbewerbsverbot in verfassungsrechtlicher Sicht, in: JZ 1975, S. 713 - 721.

Ahrend, Peter: Die Zukunft der betrieblichen Altersversorgung, in: Soziale Sicherheit in den 80er Jahren, hrsg. von der Beratungs-GmbH für Altersversorgung, Steuerberatungsgesellschaft Dr. Dr. Ernst Heissmann und dem Deutschen Institut für Betriebswirtschaft e. V., Wiesbaden 1981, S. 28 - 46.

Ahrend, Peter / *Dorow,* Sybille: Betriebliche Altersversorgung in der Bundesrepublik Deutschland, in: DB 1978, Beilage 19.

Ahrend, Peter / *Förster,* Wolfgang / *Rössler,* Norbert: Zur Anpassung betrieblicher Versorgungsleistungen, in: BB 1978, Beilage 3.

— Rechtsprechung zur Anpassung von Betriebsrenten auf dem Prüfstand, in: BB 1980, Beilage 6.

Ahrend, Peter / *Rühmann,* Jochen: Haftung der Unternehmer für Risiken der betrieblichen Altersversorgung, in: DB 1979, Beilage 2.

Ahrend, Peter / *Walkiewicz,* Norbert: Die Aufgabe der betrieblichen Altersversorgung in der Bundesrepublik Deutschland, in: Die Angestelltenversicherung 1986, S. 226 - 231.

Allerdissen, Jürgen: Kürzung und Aufhebung von betrieblichen Ruhegeldverpflichtungen, Mainz 1971.
(zitiert: Kürzung und Aufhebung)

Arnim, Hans-Herbert von: Die Verfallbarkeit von betrieblichen Ruhegeldanwartschaften, Heidelberg 1970 = Abhandlungen zum Arbeits- und Wirtschaftsrecht, Band 22.
(zitiert: Verfallbarkeit)

Balkenhol, Hans-Joachim: Zulässigkeit und Grundlagen einer Beseitigung oder Kürzung des vorbehaltlosen Ruhegeldanspruchs und der vorbehaltlosen Ruhegeldanwartschaft, Köln 1966.
(zitiert: Zulässigkeit und Grundlagen)

Ballerstedt, Kurt: Arbeitskraft und Handlungsbegriff, in: JZ 1953, S. 389 - 391.

— Probleme einer Dogmatik des Arbeitsrechts, in: RdA 1976, S. 5 - 14.

Balluseck, Hilde von: Ursprünge und Tendenzen der Sozialpolitik für alte Menschen, in: Soziale Sicherheit 1982, S. 106 - 114 und 145 - 151.

Bar, Christian von: „Nachwirkende" Vertragspflichten, in: AcP 179, S. 452 - 474.

Beitzke, Günther: Nichtigkeit, Auflösung und Umgestaltung von Dauerrechtsverhältnissen, Schloß Bleckede a. d. Elbe 1948 = Rechtswissenschaftliche Studien zu Gegenwartsfragen, Heft 9.
(zitiert: Dauerrechtsverhältnisse)

— Anmerkung zu BAG, Urteil vom 30. 10. 1984 — 3 AZR 213/82, AP Nr. 46 zu § 74 HGB.

— Anmerkung zu BAG, Urteil vom 26. 2. 1985 — 3 AZR 162/84, AP Nr. 30 zu § 611 BGB Konkurrenzklausel.

Bengelsdorf, Peter: Der Anspruch auf Karenzentschädigung, in: DB 1985, S. 1585 - 1593.

Benöhr, Hans-Peter: Wirtschaft und Sozialversicherung vor hundert Jahren, in: ZfA 1982, S. 19 - 48.

Bericht über Trendbeobachtungen des Instituts für Demoskopie, Allensbach: Zur Entstehungsgeschichte eines neuen Standes: Die Altersrentner nach 1957, in: Bundesarbeitsblatt 1960, S. 66 f.

Berie, Hermann: Betriebliche Altersversorgung. Neue statistische Ergebnisse, in: Arbeits- und Sozialstatistik 1978, S. 135 - 140.

Bernert, Günther: Arbeitsverhältnisse im 19. Jahrhundert, Marburg 1972.

Beuthien, Volker: Zweckerreichung und Zweckstörung im Schuldverhältnis, Tübingen 1969 = Tübinger rechtswissenschaftliche Abhandlungen, Band 25.
(zitiert: Zweckerreichung und Zweckstörung)

Beuthien, Volker / *Wehler,* Thomas: Stellung und Schutz der freien Mitarbeiter im Arbeitsrecht, in: RdA 1978, S. 2 - 10.

Biedenkopf, Kurt: Die Betriebsrisikolehre als Beispiel richterlicher Rechtsfortbildung, Karlsruhe 1970 = Juristische Studiengesellschaft Karlsruhe, Schriftenreihe, Heft 98.

Binder, Martin: Allgemeine und rechtliche Aspekte der Mobilität von Arbeitnehmern, in: ZfA 1978, S. 75 - 130.

— Das Zusammenspiel arbeits- und sozialrechtlicher Leistungsansprüche, Salzburg 1980, hrsg. von Theodor Tomandl = Wiener Beiträge zum Arbeits- und Sozialrecht, Band 12.

Birk, Rolf: Anmerkung zu BAG, Urteil vom 18. 10. 1979 — 3 AZR 550/78, EzA § 242 BGB Ruhegeld, Nr. 82.

— Anmerkung zu BAG, Urteil vom 19. 6. 1980 — 3 AZR 137/79, EzA § 242 BGB Ruhegeld, Nr. 85.

Birk, Ulrich-Arthur: Die Mitbestimmung des Betriebsrats bei der betrieblichen Altersversorgung, Köln 1983 = Schriften zum Arbeits- und Sozialrecht.
(zitiert: Mitbestimmung)

Birk, Uwe: Auskünfte über Arbeitnehmer, München 1985 = Rechtswissenschaftliche Forschung und Entwicklung, Bd. 59.

Bley, Helmar: Sozialrecht, 6. Auflage, Frankfurt am Main 1988 = Juristische Lernbücher 7.

Blomeyer, Wolfgang: Die rechtliche Bewertung des Betriebsfriedens im Individualarbeits- und Betriebsverfassungsrecht, in: ZfA 1972, S. 85 - 123.

— Anmerkung zu BAG, Urteil vom 12. 6. 1975 — 3 ABR 66/74, AP Nr. 3 zu § 87 BetrVG 1972 Altersversorgung.

— Der Betriebsrentner im Spannungsfeld zwischen Arbeitgeber, Unternehmen, Belegschaft und Insolvenzsicherung, in: RdA 1977, S. 1 - 13.

— Richterliche Rechtsfortbildung und betriebliche Altersversorgung, in: Betriebliche Altersversorgung 1979, S. 78 - 85.

— Die Direktversicherung zwischen Arbeits- und Versicherungsrecht, in: VersR 1979, S. 781 - 788.

— Betriebliche Altersversorgung und Unterstützungskassen, in: Betriebliche Altersversorgung 1980, S. 170 - 178.

— Betriebsrentengesetz und höchstrichterliche Rechtsprechung, in: Die betriebliche Altersversorgung zu Beginn der 80er Jahre, hrsg. von der Bundesvereinigung der Deutschen Arbeitgeberverbände, Köln 1981, S. 23 - 45.

— Außergesetzliche Schranken für die Anrechnung und Berücksichtigung anderweitiger Ruhestandseinkünfte in der betrieblichen Altersversorgung, in: DB 1982, S. 952 -959.

— Der Bestandsschutz der Ruhegeldanwartschaften bei einer Einschränkung der betrieblichen Altersversorgung, in: Festschrift für Marie-Luise Hilger und Hermann Stumpf, München 1983, S. 41 - 59.
(zitiert: Bestandsschutz der Ruhegeldanwartschaften)

— Die „Billigkeitskontrolle" der abändernden Betriebsvereinbarung über betriebliche Ruhegelder, in: DB 1984, S. 926 - 934.

— Geänderte Rahmenbedingungen für die betriebliche Altersversorgung, in: Betriebliche Altersversorgung unter veränderten Rahmenbedingungen, hrsg. von Wolfgang Blomeyer, Karlsruhe 1984, S. 1 - 19.
(zitiert: Rahmenbedingungen)

— Die wirtschaftliche Lage des Arbeitgebers, in: NZA 1985, S. 1 - 8.

— Schuldrecht, 7. Auflage, Berlin / New York 1985.

— Gemeinsame Anmerkung zu den Urteilen des BAG vom 17. 4. 1985 — 3 AZR 72/83 — und vom 23. 4. 1985 — 3 AZR 194/83, in: SAE 1986, S. 98 - 103.

Blomeyer, Wolfgang / *Otto,* Klaus: Gesetz zur Verbesserung der betrieblichen Altersversorgung, Kommentar, München 1984.
(zitiert: BetrAVG)

Blomeyer, Wolfgang / *Seitz,* Helmut: Anmerkung zu BAG, Urteil vom 1. 6. 1978 — 3 AZR 216/77, SAE 1979, S. 179 - 183.

Blum, Erich: Die Bedeutung der betrieblichen Altersversorgung im System der sozialen Sicherung, in: ZSR 1977, S. 152 - 159.

Bobrowski, Paul / *Gaul,* Dieter: Das Arbeitsrecht im Betrieb, Band II, 7. Auflage, Heidelberg 1979.
(zitiert: Arbeitsrecht, Bd. II)

— Das Arbeitsrecht im Betrieb, Band I und II, 8. Auflage, Heidelberg 1986, (neuerdings Gaul).
(zitiert: Arbeitsrecht, Bd. ...)

Bohn, Hans: Konkurrenztätigkeit während des Ruhestandes, in: DB 1967, S. 641 - 643.

Brill, Werner: Vorverhandlungen zum Abschluß eines Arbeitsvertrages, in: AR-Blattei, D, Arbeitsvertrag — Arbeitsverhältnis IX.
(zitiert: AR-Blattei, Arbeitsvertrag — Arbeitsverhältnis IX)

Bruck, Ernst / *Möller*, Hans: Kommentar zum Versicherungsvertragsgesetz, Erster Band (§§ 1 - 48 VVG und Versicherungsvermittlerrecht), 8. Auflage, Berlin 1961.
(zitiert: Kommentar)

Brüggemann, Dieter / *Würdinger*, Hans: Handelsgesetzbuch, Großkommentar, Band I, §§ 1 - 104, Berlin 1967.
(zitiert: HGB)

Buchner, Herbert: Tendenzförderung als arbeitsrechtliche Pflicht — Zur Bindung des Arbeitnehmers an die Unternehmenszielsetzung —, in: ZfA 1979, S. 335 - 356.

— Das Wettbewerbsverbot nach Beendigung des Arbeitsverhältnisses, in: AR-Blattei, D, Wettbewerbsverbot III.
(zitiert: AR-Blattei, Wettbewerbsverbot III)

— Das Wettbewerbsverbot während der Dauer des Arbeitsverhältnisses, in: AR-Blattei, D, Wettbewerbsverbot II.
(zitiert: AR-Blattei, Wettbewerbsverbot II)

— Wettbewerbsverbot, Stuttgart, Wiesbaden 1981 = Schriften zur Arbeitsrecht-Blattei, Band 10.
(zitiert: Wettbewerbsverbot)

— Meinungsfreiheit im Arbeitsrecht, in: ZfA 1982, S. 49 - 76.

Bulla, Gustav Adolf: Das sozialrechtliche Schutzprinzip als Grundlage des Arbeitsrechts, Die Arbeitskammer 1961, S. 406 - 412.

Bunge, Thomas: Die Sicherung der Betriebsrenten bei wirtschaftlicher Notlage des Arbeitgebers, in: RdA 1981, S. 13 - 16.

Canaris, Claus-Wilhelm: Ansprüche wegen „positiver Vertragsverletzung“ und „Schutzwirkung für Dritte“ bei nichtigen Verträgen, in: JZ 1965, S. 475 - 482.

— Funktionelle und inhaltliche Grenzen kollektiver Gestaltungsmacht bei der Betriebsvereinbarung, in: ArbuR 1966, S. 129 - 140.

— Die Vertrauenshaftung im deutschen Privatrecht, München 1981 (Reprint) = Münchener Universitätsschriften, Reihe der juristischen Fakultät, Band 16.
(zitiert: Vertrauenshaftung)

— Schutzgesetze — Verkehrspflichten — Schutzpflichten, in: Festschrift für Karl Larenz zum 80. Geburtstag, München 1938, S. 27 - 110.

— Die Feststellung von Lücken im Gesetz, 2. Auflage, Berlin 1983 = Schriften zur Rechtstheorie, Heft 3.
(zitiert: Lückenfeststellung)

Chiotellis, Aristide: Rechtsfolgenbestimmung bei Geschäftsgrundlagenstörungen in Schuldverträgen, München 1981 = Münchener Universitätsschriften, Reihe der juristischen Fakultät, Band 48.
(zitiert: Geschäftsgrundlagenstörungen)

Christensen, Karl-Wilhelm: Verschulden nach Vertragsende! (culpa post contractum finitum), Kiel 1958.
(zitiert: Verschulden nach Vertragsende)

Coester, Michael: Zur Ablösung einheitsvertraglicher Leistungsordnungen, in: BB 1984, S. 797 - 804.

Cottmann, Angelika: Rechtstheoretische Grundlagen der Regelungen über die Vergütung von Arbeitsleistungen, Berlin 1982 = Schriften zum Sozial- und Arbeitsrecht, Band 64.

Däubler, Wolfgang: Verschlechterung der Arbeitsbedingungen durch Betriebsvereinbarung? in: ArbuR 1984, S. 1 - 28.

Denck, Johannes: Entgeltfortzahlung im Krankheitsfall und Gurtanschnallpflicht, in: RdA 1980, S. 246 - 252.

Der Bundesminister für Arbeit und Sozialordnung (Hrsg.):

— Darstellung der Alterssicherungssysteme und der Besteuerung von Alterseinkommen, Gutachten der Sachverständigenkommission, Berichtsband 2, Stuttgart, Berlin, Köln, Mainz 1983.

— Unterlagen zum empirischen und rechtlichen Vergleich der Alterssicherungssysteme, Anlageband A zum Gutachten der Sachverständigenkommission vom 19. November 1983.

Dersch, o. V.: Anmerkung zu RAG, Urteil vom 7. 11. 1931 — RAG 149/31, ARS 14, S. 164.

Dersch, Hermann: Entwicklungslinien der Fürsorgepflicht des Arbeitgebers im Arbeitsverhältnis, in: RdA 1949, S. 325 - 331.

— Neue Entwicklung der Fürsorgepflicht im Arbeitsverhältnis, in: Festschrift für Wilhelm Herschel, Stuttgart 1955 = Schriftenreihe des Bundesarbeitsministeriums, Heft 1, S. 71 - 85.

Diederichsen, Uwe: Rechtsfortbildung in der betrieblichen Altersversorgung, in: Gedächtnisschrift für Rolf Dietz, München 1973, S. 225 - 239.
(zitiert: Rechtsfortbildung)

Dieterich, Thomas: Ruhegeld, in: AR-Blattei, D, Ruhegeld(-gehalt) I, I. Übersicht.
(zitiert: AR-Blattei, Ruhegeld I)

— Betriebsverfassungsrecht und betriebliche Altersversorgung, in NZA 1984, S. 273 - 278.

— Aktuelle Rechtsprechung des BAG zur betrieblichen Altersversorgung, in:NZA 1987, S. 545 - 549.

Dieterich, Thomas / *Rühle,* Hans Gottlob: Betriebliche Altersversorgung bei Direktzusagen, in: AR-Blattei, D, Betriebliche Altersversorgung II, Direktzusagen.
(zitiert: AR-Blattei, Betriebliche Altersversorgung II)

Dietz, Rolf: Die Pflicht des ehemaligen Beschäftigten zur Verschwiegenheit über Betriebsgeheimnisse, in: Festschrift für Justus Wilhelm Hedemann zum sechzigsten Geburtstag, Jena 1938, S. 330 - 350.

Dietz, Rolf / *Richardi,* Reinhard: Betriebsverfassungsgesetz, 6. Auflage, München 1982.
(zitiert: BetrVG)

Döring, Diether: Das System der gesetzlichen Rentenversicherung, Frankfurt am Main, New York 1980.

Dorndorf, Eberhard: Freie Arbeitsplatzwahl und Recht am Arbeitsergebnis, Frankfurt am Main 1979.
(zitiert: Freie Arbeitsplatzwahl)

Düringer / Hachenburg: Das Handelsgesetzbuch vom 10. Mai 1897, Band I, Allgemeine Einleitung und §§ 1 - 104, 3. Auflage, Mannheim / Berlin / Leipzig 1930.
(zitiert: Das Handelsgesetzbuch)

Ebel, Wilhelm: Gewerbliches Arbeitsvertragsrecht im deutschen Mittelalter, Weimar 1934.

— Zum Ursprung des Arbeitsvertrags, in: Zeitschrift für die gesamte Staatswissenschaft, Band 96, S. 319 - 336.

Ehmann, Horst: Die Rechtsprechung des Bundesarbeitsgerichts im Jahre 1979, in: ZfA 1980, S. 683 - 862.

Eichler, Hermann: Vom Zivilrecht zum Versicherungsrecht, in: Festgabe für Hans Möller zum 65. Geburtstag, Karlsruhe 1972, S. 177 - 199.

— Versicherungsrecht, 2. Auflage, Karlsruhe 1976.

Elger, Hermann: Nachwirkungen nach Ende des Rechtsverhältnisses im BGB, Münster 1936.
(zitiert: Nachwirkungen)

Emmerich, Volker: Inhalt des Schuldverhältnisses — Leistungsstörungen, in: Grundlagen des Vertrags- und Schuldrechts, München 1974 = Reihe Zivilrecht, Band 1, S. 283 - 463.
(zitiert: Grundlagen)

— Recht der Leistungsstörungen, 2. Auflage, München 1986.
(zitiert: Leistunsstörungen)

Emmermann, Axel: Die Nachwirkung des Arbeitsverhältnisses, Hamburg 1973.
(zitiert: Nachwirkung)

Engel, Hubert: Die Rechtserheblichkeit betrieblicher Notlagen, Freiburg im Breisgau 1964.

Erman, Walter: Handkommentar zum Bürgerlichen Gesetzbuch, Band I, 7. Auflage, Münster 1981.
(zitiert: Erman und Bearbeiter)

Ernst, Bernd: Der Schutz des Betriebsgeheimnisses nach Vertragsende, Köln 1961.
(zitiert: Der Schutz des Betriebsgeheimnisses)

Esser, Josef: Schuldrecht, Bd. I — Allgemeiner Teil, 3. Auflage, Karlsruhe 1968.
(zitiert: Schuldrecht, Bd. I)

Esser, Josef / *Schmidt,* Eike: Schuldrecht, Band I, Allgemeiner Teil, 6. Auflage, Heidelberg 1984.
(zitiert: Schuldrecht, Bd. I)

Fabricius, Fritz: Leistungsstörungen im Arbeitsverhältnis, Tübingen 1970.
(zitiert: Leistungsstörungen)

Fabricius, Fritz / *Kraft*, Alfons / *Thiele*, Wolfgang / *Wiese*, Günther: Betriebsverfassungsgesetz, Gemeinschaftskommentar Band 1 und 2, Neuwied und Berlin, Stand: Band 1 1987; Band 2 1982.
(zitiert: Bearbeiter, GK-BetrVG)

Farthmann, Friedhelm: Der „personenrechtliche Charakter" des Arbeitsverhältnisses, in: RdA 1960, S. 5 - 9.

Fenn, Herbert: Fürsorgetheorie und Entgelttheorie im Recht der Arbeitsbedingungen, in: ArbuR 1971, S. 321 - 327.

Feudner, Bernd: Sicherheit und Widerruflichkeit von Betriebsrenten, in: DB 1984, S. 613 - 617.

Fikentscher, Wolfgang: Die Geschäftsgrundlage als Frage des Vertragsrisikos, München 1971.
(zitiert: Geschäftsgrundlage)

— Schuldrecht, 7. Auflage, Berlin, New York 1985.

Fischer, Peter: Das betriebliche Ruhegeld aus österreichischer Sicht, in: Betriebliche Sozialleistungen, hrsg. von Theodor Tomandl, Wien / Stuttgart 1975 = Wiener Beiträge zum Arbeits- und Sozialrecht, Band 2, S. 63 - 84.
(zitiert: Das betriebliche Ruhegeld)

Fischer, Wolfram: Die Pionierrolle der betrieblichen Sozialpolitik im 19. und beginnenden 20. Jahrhundert, in: Zeitschrift für Unternehmensgeschichte, hrsg. von Wilhelm Treue und Hans Pohl, Beiheft 12, Betriebliche Sozialpolitik deutscher Unternehmen seit dem 19. Jahrhundert, Wiesbaden 1978, S. 34 - 51.

Fitting, Karl / *Auffarth*, Fritz / *Kaiser*, Heinrich / *Heither*, Friedrich: Betriebsverfassungsgesetz, 15. Auflage, München 1987.

Forsbach, Walter: Bedeutung der geplanten Rentenstrukturreform für die betriebliche Altersversorgung, in: Betriebliche Altersversorgung 1987, S. 237 - 241.

Frey, Erich: Können Arbeitsverhältnisse angefochten werden? in: ArbuR 1953, S. 167 - 171.

— die Zumutbarkeit, ein arbeitsrechtliches Leitmotiv, in: JZ 1955, S. 106 - 108.

— Anmerkung zu BAG, Urteil vom 16. 3. 1966 — 1 AZR 340/65, in: ArbuR 1966, S. 351 f.

Friedeburg, Ludwig von / *Weltz*, Friedrich: Altersbild und Altersvorsorge der Arbeiter und Angestellten, Frankfurt am Main 1958 = Frankfurter Beiträge zur Soziologie, Sonderheft 1.

Fröhlich, Sigrid: Die soziale Sicherung bei Zünften und Gesellenverbänden, Berlin 1976 = Sozialpolitische Schriften, Heft 38.
(zitiert: Soziale Sicherung)

Frost, Marina: „Vorvertragliche" und „Vertragliche" Schutzpflichten, Berlin 1981 = Schriften zum Bürgerlichen Recht, Band 63.

Frotz, Gerhard: Die rechtsdogmatische Einordnung der Haftung für culpa in contrahendo, in: Gedenkschrift für Franz Gschnitzer, Aalen 1969, S. 163 - 180.

Galperin, Hans: Die Treuepflicht des Ruheständlers, in: DB 1950, S. 559.

— Ehrenschutz und Arbeitsverhältnis (I), in: DB 1963, S. 1321 - 1325.

— Anmerkung zum Urteil des Arbeitsgerichts Düsseldorf vom 23. 11. 1966 — 4 Ca 1692/66, AR-Blattei, Ehrenschutz im Arbeitsverhältnis, Entsch. 1.

Galperin, Hans / *Löwisch,* Manfred: Kommentar zum Betriebsverfassungsgesetz, Band II, 6. Auflage, Heidelberg 1982.
(zitiert: Kommentar, Bd. II)

Gamillscheg, Franz: Die Solidarität als Rechtsbegriff, in: Festschrift für Erich Fechner zum 70. Geburtstag, Tübingen 1973, S. 135 - 153.

— Gedanken zur Neuregelung der Wettbewerbsvereinbarungen, in: RdA 1975, S. 13 - 23.

Gamm, Otto-Friedrich Freiherr von: Wettbewerbsrecht, 5. Auflage, Köln, Berlin, Bonn, München 1987 = Wettbewerbs- und Wettbewerbsverfahrensrecht, Band 1.

Gaul, Dieter: 20 Jahre Arbeitnehmererfinderrecht, in: GRUR 1977, S. 686 - 703.

— Die betriebliche Altersversorgung in ihrer arbeitsrechtlichen Wertung, in: Die betriebliche Altersversorgung in fachübergreifender Wertung, Leverkusen 1979, S. 15 - 32.

— Der persönliche Geltungsbereich des Arbeitnehmererfindungsgesetzes, in: RdA 1982, S. 268 - 279.

— Wechselbeziehungen zwischen betrieblicher Altersversorgung und Wettbewerbsverbot, in: BB 1980, S. 57 - 62.

— Die Kennzeichnung des unerlaubten Wettbewerbs bei arbeitsrechtlichen Wettbewerbsbeschränkungen, in: BB 1984, S. 346 - 349.

— Die nachvertragliche Geheimhaltungspflicht eines ausgeschiedenen Arbeitnehmers, in: NZA 1988, S. 225 - 233.

Gaul, Dieter / *Bartenbach,* Kurt: Erfindungen eines gekündigten Arbeitnehmers, in: GRUR 1979, S. 750 - 753.

— Handbuch des gewerblichen Rechtsschutzes Band I, 3. Auflage, Köln 1969/1985.
(zitiert: Handbuch)

Gerhardt, Walter: Die Haftungsfreizeichnung innerhalb des gesetzlichen Schutzverhältnisses, in: JZ 1970, S. 535 - 539.

Gethmann, Alfons: Die gerichtliche Geltendmachung des Auskunftsanspruchs des ausgeschiedenen Arbeitnehmers bei Streit über den Umfang einer betrieblichen Versorgungszusage, in: DB 1979, S. 746 f.

Gierke, Otto von: Die Wurzeln des Dienstvertrages, in: Festschrift für Heinrich Brunner, Leipzig, München 1914, S. 37 - 68.

— Deutsches Privatrecht, Band 3, Schuldrecht, München, Leipzig 1917.
(zitiert: Deutsches Privatrecht, Bd. 3)

Gitter, Wolfgang: Anmerkung zu BAG, Urteil vom 17. 1. 1969 — 3 AZR 96/67, in: SAE 1970, S. 97 - 99.

Gladen, Albin: Geschichte der Sozialpolitik in Deutschland. Eine Analyse ihrer Bedingungen, Formen, Zielsetzungen und Auswirkungen, Wiesbaden 1974.
(zitiert: Geschichte der Sozialpolitik)

Görg, Klaus Hubert: Nachträgliche Geltungshindernisse und Leistungsstörungen bei Wettbewerbsvereinbarungen für die Zeit nach der Beendigung des Arbeitsverhältnisses, Köln 1969.
(zitiert: Nachvertragliche Geltungshindernisse und Leistungsstörungen bei Wettbewerbsvereinbarungen)

Götz, Heinrich: Nachvertraglicher Wettbewerb und Ruhegeld, in: Festschrift für G. Schiedermair, München 1976, S. 203 - 221.
(zitiert: Nachvertraglicher Wettbewerb)

Goldberg, Alfred / *Müller*, Helmut: Versicherungsaufsichtsgesetz, Berlin, New York 1980.
(zitiert: VAG)

Graef, Helga: Die betriebliche Altersfürsorge, Düsseldorf, ohne Erscheinungsjahr = Schriftenreihe der Landesvereinigung der industriellen Arbeitgeberverbände Nordrhein-Westfalens e. V., Heft Nr. 14.
(zitiert: Betriebliche Altersfürsorge)

Grell, Dieter: Der Betriebsinhaberwechsel, Berlin 1957 = Neue Kölner Rechtswissenschaftliche Abhandlungen, Band 7.

Griebeling, Gert / *Bepler*, Klaus: Der Versorgungsbesitzstand in der Rechtsprechung des Dritten Senats des Bundesarbeitsgerichts, in: Das Arbeitsrecht der Gegenwart, Bd. 25, Berlin 1988, S. 263 - 276.

Gröbling, Karl: Die Anrechnung „anderer Bezüge" auf Betriebsrenten, in: ArbuR 1977, S. 42 - 48.

Grüll, Ferdinand: Die Konkurrenzklausel, 4. Auflage 1983 = Schriften des Betriebsberaters, Band 13.

Grunsky, Wolfgang: Der Entzug eines vertraglichen Ruhegeldanspruchs nach Beendigung des Arbeitsverhältnisses — BAG, NJW 1968, 1444, in: JuS 1970, S. 16 - 20.

— Anmerkung zu BAG, Urteil vom 26. 2. 1976 — 3 AZR 166/75, AP Nr. 172 zu § 242 BGB Ruhegehalt.

— Anmerkung zu BAG, Urteil vom 14. 12. 1978 — 3 AZR 1070/77, AP Nr. 2 zu § 7 BetrAVG.

Grunsky, Wolfgang / *Wuppermann*, Michael: Anmerkung zu BAG, Urteil vom 5. 9. 1972 — 3 AZR 212/69, AP Nr. 159 zu § 242 BGB Ruhegehalt.

Gütner, Hans: Gesetzliches und richterliches Billigkeitsrecht, unzulässige Rechtsausübung und Verwirkung im Arbeitsrecht (I. Teil); in: ArbuR 1957, S. 169 - 182.

Gusseck, Lutz: Die Zumutbarkeit — ein Beurteilungsmaßstab? Berlin 1972 = Schriften zur Rechtstheorie, Heft 29.

Hagemann, Otto: Die Pension in der Rechtsprechung des Reichsarbeitsgerichts, Köln 1937.

Hanau, Peter: Probleme der Mitbestimmung des Betriebsrats über den Sozialplan, in: ZfA 1974, S. 89 - 121.

— Die Mitbestimmung in der betrieblichen Altersversorgung nach der neuen Rechtsprechung des Bundesarbeitsgerichts, in BB 1976, S. 91 - 96.

Hanau, Peter / *Adomeit*, Klaus: Arbeitsrecht, 9. Auflage, Frankfurt am Main 1988 = Juristische Lernbücher, Band 1.

Hanau, Peter / *Zimmermann*, Stefan: Höfer / Abt, Gesetz zur Verbesserung der betrieblichen Altersversorgung, Band 1: Arbeitsrechtlicher Teil, in: ZfA 1982, S. 639 - 651.

Hauck, Karl: Erwerbseinkommen und Altersrenten — ein Vergleich in der Europäischen Gemeinschaft, in: Deutsche Rentenversicherung 1986, S. 161 - 173.

Hefermehl, o. V.: Anmerkung zu BAG, Urteil vom 3. 8. 1960 — 5 AZR 51/60, AP Nr. 14 zu § 74 HGB.

— Anmerkung zu BAG, Urteil vom 20. 10. 1960 — 5 AZR 470/59, AP Nr. 16 zu § 74 HGB.

Heil, Willi: Die Nachwirkung der Treupflicht des Arbeitsverhältnisses, Gießen 1937. (zitiert: Die Nachwirkung der Treupflicht)

Heinze, Meinhard: Die Rechtsprechung des Bundesarbeitsgerichts im Jahre 1982, in: ZfA 1983, S. 409 - 650.

Heissmann, Ernst: Zur Herabsetzung von betrieblichen Ruhegeldverpflichtungen anläßlich der Rentenreform, in: BB 1957, S. 780 - 783.

— Die betrieblichen Ruhegeldverpflichtungen, 5. Auflage, Köln 1963. (zitiert: Ruhegeldverpflichtungen)

— Anmerkung zu BAG, Urteil vom 5. 11. 1965 — 3 AZR 116/65, AP Nr. 104 zu § 242 BGB Ruhegehalt.

— Die betriebliche Altersversorgung im System der sozialen Sicherung, Wiesbaden 1968.

— Die betriebliche Altersversorgung im Spiegel der sozialpolitischen Diskussion, Wiesbaden 1968.

Henkel, Heinrich: Zumutbarkeit und Unzumutbarkeit als regulatives Rechtsprinzip, in: Festschrift für Edmund Mezger zum 70. Geburtstag, München und Berlin 1954, S. 249 - 309.

— Einführung in die Rechtsphilosophie, 2. Auflage, München 1977. (zitiert: Rechtsphilosophie)

Henning, Friedrich-Wilhelm: Das vorindustrielle Deutschland 800 bis 1800, 3. Auflage, Paderborn 1977. (zitiert: Vorindustrielles Deutschland)

— Die Industrialisierung in Deutschland 1800 - 1914, Bd. 2, 4. Auflage, Paderborn 1978. (zitiert: Industrialisierung)

Hentschel, Volker: Das System der sozialen Sicherung in historischer Sicht 1880 bis 1975, in: Archiv für Sozialgeschichte, Band 18, 1978, S. 307 - 352.

Herholz, Felix: Das Schuldverhältnis als konstante Rahmenbeziehung, in: AcP 130, S. 257 - 324.

Herschel, Wilhelm: Arbeitsrecht in der Wohlstandsgesellschaft, in: RdA 1968, S. 402 - 404.

— Anmerkung zu BAG, Urteil vom 31. 10. 1972 — AZR 11/72, AP Nr. 80 zu § 611 BGB Fürsorgepflicht.

— Anmerkung zu BAG, Urteil vom 8. 2. 1983 — 3 AZR 463/80, AP Nr. 7 zu § 1 BetrAVG Treuebruch.

— Der Pensionär in der Betriebsverfassung, in: Festschrift für Marie Luise Hilger und Hermann Stumpf, München 1983, S. 311 - 315.

— Anmerkung zu BAG, Urteil vom 10. 4. 1984 — 3 AZR 57/82 AP Nr. 64 zu § 242 BGB Gleichbehandlung.

Heubeck, Georg / *Höhne*, Gerhard / *Paulsdorff*, Jürgen / *Weinert*, Wolfgang: Kommentar zum Betriebsrentengesetz, Band I: Arbeitsrechtliche Vorschriften (§§ 1 - 18 ohne Anhang), 2. Auflage, Heidelberg 1982.
(zitiert: Kommentar)

Hilfer, Willi: Das System sozialer Alterssicherung in der Bundesrepublik Deutschland, Köln, Berlin, Bonn, München 1982 = Schriftenreihe Sozialpolitik und Recht, Band 3.
(zitiert: System sozialer Alterssicherung)

Hilger, Marie Luise: Mitbestimmung des Betriebsrates bei der Verwaltung von Wohlfahrtseinrichtungen, in: Festschrift für Sitzler, Stuttgart 1956, S. 153 - 163.
(zitiert: Mitbestimmungsrecht)

— Rentenreform und betriebliche Ruhegeldzusagen, in: BB 1957, S. 296 - 299.

— Das betriebliche Ruhegeld, Heidelberg 1959 = Abhandlungen zum Arbeits- und Wirtschaftsrecht, Band 8.

— Änderung betrieblicher Versorgungszusagen im Hinblick auf den Wegfall der Versicherungspflichtgrenze in der Angestelltenversicherung, in: BB 1968, S. 712 - 716.

— Richterrecht in der betrieblichen Altersversorgung, in: RdA 1981, S. 6 - 13.

— Die Entwicklung des Richterrechts und seine Bedeutung für die betriebliche Altersversorgung, in: Soziale Sicherheit in den 80er Jahren, hrsg. von der Beratungs-GmbH für Altersversorgung, Steuerberatungsgesellschaft Dr. Dr. Ernst Heissmann und dem Deutschen Institut für Betriebswirtschaft e. V., Wiesbaden 1981, S. 60 - 78.

— Vertragsauslegung und Wegfall der Geschäftsgrundlage im betrieblich-kollektiven Bereich, in: Festschrift für Karl Larenz zum 80. Geburtstag, München 1983, S. 241 - 255.

Hockerts, Hans-Günter: Sicherung im Alter. Kontinuität und Wandel der gesetzlichen Rentenversicherung 1889 - 1979, in: Sozialgeschichte der Bundesrepublik Deutschland, hrsg. von Werner Conze und M. Rainer Lepsius, Industrielle Welt, Band 34, Stuttgart 1983, S. 296 - 323.

Höfer, Bernhard / *Ahrend*, Peter: Zur Aufrechterhaltung betrieblicher Versorgungsanwartschaften, in: DB 1972, S. 1824 - 1829.

Höfer, Reinhold / *Abt*, Oskar: Gesetz zur Verbesserung der betrieblichen Altersversorgung, Band 1, Arbeitsrechtlicher Teil, 2. Auflage, München 1982.

Höfer, Reinhold / *Küpper*, Peter: Die Änderung genereller betrieblicher Versorgungszusagen durch Betriebsvereinbarungen, in: BB 1982, S. 565 - 575.

Höhne, Gerhard: Die Einstellung betrieblicher Ruhegelder bei wirtschaftlichen Notlagen, in: BB 1967, S. 122 - 126.

Hölters, Wolfgang: Entzug von Ruhegeld und Ruhegeldanwartschaft nach Inkrafttreten des Betriebsrentengesetzes, in: DB 1975, S. 2179 - 2184.

Hoffmann, Klaus-Wilhelm: Die Bedeutung der Beendigung des Arbeitsverhältnisses für den Anspruch auf betriebliches Ruhegeld, Köln 1966.

Horn, Norbert: Vertragsdauer — Die Vertragsdauer als schuldrechtliches Regelungsproblem. Empfiehlt sich eine zusammenfassende Regelung der Sonderprobleme von Dauerschuldverhältnissen und langfristigen Verträgen? in: Gutachten und Vorschläge zur Überarbeitung des Schuldrechts, hrsg. vom Bundesminister der Justiz, Band 1, Köln 1981, S. 551 - 644.
(zitiert: Gutachten)

Hoyningen-Huene, Gerrick von: Die Billigkeit im Arbeitsrecht, München 1978 = Schriften des Instituts für Arbeits- und Wirtschaftsrecht der Universität zu Köln, Band 39.

— Ablösende Betriebsvereinbarungen für ausgeschiedene Arbeitnehmer, Pensionäre und leitende Angestellte? in: RdA 1983, S. 225 - 233.

— Betriebsverfassungsrecht, München 1983.

Hueck, Alfred: Anmerkung zu RAG, Urteil vom 21. 3. 1936 — RAG 303/35, ARS 26, S. 262 - 265.

— Der Treuegedanke im modernen Privatrecht, Sitzungsberichte der Bayerischen Akademie der Wissenschaften, Jahrgang 1944/46, Heft 7, München 1947.

— Rentenreform und betriebliche Ruhegeldverpflichtungen, in: RdA 1957, S. 401 - 405.

— Gedanken zur Neuregelung des Rechts der Arbeitnehmererfindungen, in: Festschrift für Arthur Nikisch, Tübingen 1958, S. 63 - 82.

— Einwirkungen der Rentenreform auf betriebliche Ruhegeldverpflichtungen, Düsseldorf 1958.
(zitiert: Einwirkungen)

Hueck, Alfred / *Nipperdey,* Hans Carl: Lehrbuch des Arbeitsrechts, Band I, Mannheim, Berlin, Leipzig 1928.
(zitiert: Arbeitsrecht, Bd. I, 1928)

— Lehrbuch des Arbeitsrechts, Band I, 3. - 5. Auflage, Mannheim, Berlin, Leipzig 1931.
(zitiert: Arbeitsrecht, Bd. I, 1931)

— Lehrbuch des Arbeitsrechts, Band I, 7. Auflage, Berlin und Frankfurt a. M. 1963.
(zitiert: Arbeitsrecht, Bd. I)

— Lehrbuch des Arbeitsrechts, Band II, Kollektives Arbeitsrecht, Zweiter Halbband (II/2), 7. Auflage, Berlin und Frankfurt a. M. 1970.
(zitiert: Arbeitsrecht, Bd. II/2)

Hueck, Götz: Anmerkung zu BAG, Urteil vom 17. 10. 1957 — 2 AZR 50/57, AP Nr. 29 zu § 242 BGB Ruhegehalt.

— Anmerkung zu BAG, Urteil vom 10. 12. 1971, AP Nr. 154 zu § 242 BGB Ruhegehalt.

Hürholz, Hans-Werner: Die Treuepflichten des Arbeitnehmers, Würzburg 1968.
(zitiert: Die Treuepflichten)

Isele, Hellmut Georg: Die Bedeutung Otto von Gierkes für das moderne Arbeitsrecht, in: Eranion für G. S. Maridakis, Band 2, Athen 1963, S. 285 - 300.

Jahnke, Volker: Die Mitbestimmung des Betriebsrates auf dem Gebiet der betrieblichen Altersversorgung, in: ZfA 1980, S. 863 - 900.

Jhering, Rudolf: Culpa in contrahendo oder Schadensersatz bei nichtigen oder nicht zur Perfection gelangten Verträgen, in: Jahrbücher für die Dogmatik des heutigen römischen und deutschen Privatrechts (JherJb.), Band 4 (1861), S. 1 - 112.

Jobs, Friedhelm: Otto von Gierke und das moderne Arbeitsrecht, Frankfurt a. M. 1968.

— Die Bedeutung Otto von Gierkes für die Kennzeichnung des Arbeitsverhältnisses als personenrechtliches Gemeinschaftsverhältnis, in: ZfA 1972, S. 305 - 343.

Käuffer, Josef: Die Vor- und Nachwirkungen des Arbeitsverhältnisses, Köln 1959. (zitiert: Vor- und Nachwirkungen)

Karakatsanis, Alexander: Die kollektivrechtliche Gestaltung des Arbeitsverhältnisses und ihre Grenzen, Heidelberg 1963 = Abhandlungen zum Arbeits- und Wirtschaftsrecht, Band 10. (zitiert: Die kollektive Gestaltung)

Kaskel, Walter: Arbeitsrecht, 3. Auflage, Berlin 1928.

Kegel, Gerhard: Verpflichtung und Verfügung — Sollen Verfügungen abstrakt oder kausal sein? in: Festschrift für F. A. Mann zum 70. Geburtstag, hrsg. von Flume, Hahn, Kegel, München 1977, S. 57 - 86.

Kemper, Kurt: Die Unverfallbarkeit betrieblicher Versorgungsanwartschaften von Arbeitnehmern, Düsseldorf/Frankfurt 1977 = Schriftenreihe der Betrieb. (zitiert: Unverfallbarkeit)

Kempff, Gilbert: „Treuepflicht" und Kündigungsschutz, in: DB 1979, S. 790 - 794.

Kindel, Karl-Wilhelm / *Schackow,* Eckart: Die Bedeutung der Altersgrenze in den Systemen der sozialen Sicherung, Berlin 1957 = Sozialpolitische Schriften, Heft 10. (zitiert: Die Bedeutung der Altersgrenze)

Kleeis, Friedrich: Die Geschichte der sozialen Versicherung in Deutschland, Nachdruck hrsg. von Dieter Dowe mit einer Einleitung von Florian Tennstedt, Berlin/Bonn 1981. (zitiert: Geschichte der sozialen Versicherung)

Klinke, Ulrich: Causa und genetisches Synallagma, Berlin 1983 = Schriften zum Bürgerlichen Recht, Band 77.

Köhler, Helmut: Unmöglichkeit und Geschäftsgrundlage bei Zweckstörungen im Schuldverhältnis, München 1971 = Münchener Universitätsschriften, Reihe der juristischen Fakultät, Band 19. (zitiert: Unmöglichkeit und Geschäftsgrundlage)

Köhler, Peter A.: Entstehung von Sozialversicherung. Ein Zwischenbericht, in: Bedingungen für die Entstehung und Entwicklung von Sozialversicherung, hrsg. von Hans F. Zacher, Berlin 1979 = Schriftenreihe für Internationales und Vergleichendes Sozialrecht, Band 3, S. 19 - 88. (zitiert: Entstehung von Sozialversicherung)

Köpcke, Günther: Typen der positiven Vertragsverletzung, Stuttgart, Berlin, Köln, Mainz 1965.

Koller, Ingo: Die Risikozurechnung bei Vertragsstörungen in Austauschverträgen, München 1979 = Münchener Universitätsschriften, Reihe der juristischen Fakultät, Band 39. (zitiert: Risikozurechnung)

Koller, Ingo / *Bender,* Reinhard: Anmerkung zu BAG, Urteil vom 8. 2. 1983 — 3 AZR 10/81, SAE 1984, S. 213 - 216.

Kramer, Ernst A.: Arbeitsvertragsrechtliche Verbindlichkeiten neben Lohnzahlung und Dienstleistung, Wien 1975 = Rechtswissenschaft und Sozialpolitik, Band 11. (zitiert: Arbeitsvertragsrechtliche Verbindlichkeiten)

— Vermögensrechtliche Aspekte der Treue- und Fürsorgepflicht, in: Treue- und Fürsorgepflicht im Arbeitsrecht, hrsg. von Theodor Tomandl, Wien/Stuttgart 1975 = Wiener Beiträge zum Arbeits- und Sozialrecht, Band 5, S. 107 - 135.
(zitiert: Vermögensrechtliche Aspekte)

Krejci, Heinz: Betriebsübergang und Arbeitsvertrag, Wien 1972 = Wiener Rechtswissenschaftliche Studien, Band 11.

— Wettbewerbsbeschränkung und Geheimhaltungs-Pflichten ausgeschiedener Arbeitnehmer, in: ÖZW 1975, S. 1 - 12.

Kreller, Hans: Fürsorge- und Treuepflicht im Arbeitsrecht, in: Zeitschrift der Akademie für deutsches Recht 1938, S. 302 - 305.

Kreutz, Peter: Die Rechtsprechung des Bundesarbeitsgerichts im Jahre 1972, in: ZfA 1973, S. 321 - 397.

— Grenzen der Betriebsautonomie, München 1979 = Schriften des Instituts für Arbeits- und Wirtschaftsrecht der Universität zu Köln, Band 42.
(zitiert: Grenzen)

— Die Problematik der Betriebszugehörigkeit bei der Betriebswahl, in: Gedächtnisschrift für Dietrich Schultz, Köln, Berlin, Bonn, München 1987, S. 209 - 234.

Kull, Bruno: Die Grundlagen, Grenzen und Nachwirkungen der arbeitsrechtlichen Treu- und Fürsorgepflicht, Heidelberg 1953.
(zitiert: Grundlagen)

Lampert, Heinz: Lehrbuch der Sozialpolitik, Berlin, Heidelberg, New York, Tokyo 1985.

Larenz, Karl: Anmerkung zu BAG, Urteil vom 14. 12. 1956 — 1 AZR 29/55, AP Nr. 3 zu § 611 BGB Fürsorgepflicht und zu BAG, Urteil vom 24. 11. 1956 — 2 AZR 345/56, AP Nr. 4 zu § 611 BGB Fürsorgepflicht.

— Geschäftsgrundlage und Vertragserfüllung, 3. Auflage, München und Berlin 1963 = Schriften des Instituts für Wirtschaftsrecht an der Universität Köln, Band 3.

— Methodenlehre der Rechtswissenschaft — Studienausgabe (um die ersten Kapitel verkürzte Ausgabe der 5. Auflage 1983), Berlin - Heidelberg 1983.
(zitiert: Methodenlehre)

— Allgemeiner Teil des deutschen Bürgerlichen Rechts, 7. Auflage, München 1989.
(zitiert: BGB AT)

— Lehrbuch des Schuldrechts, Band I, Allgemeiner Teil, 14. Auflage, München 1987.
(zitiert: Schuldrecht, Bd. I)

— Lehrbuch des Schuldrechts, Band II, Besonderer Teil, 1. Halbband, 13. Auflage, München 1986.
(zitiert: Schuldrecht, Bd. II)

Lehmann, Heinrich: Die Unterlassungspflicht im Bürgerlichen Recht. Unveränderter Nachdruck der Ausgabe München 1911, Frankfurt/Main = Abhandlungen zum Privatrecht und Zivilprozeß des deutschen Reiches, Band 15, 1. Heft.
(zitiert: Die Unterlassungspflicht)

Leitherer, Stephan: Die Belange des Versorgungsempfängers in § 16 des Gesetzes zur Verbesserung der betrieblichen Altersversorgung, Berlin 1983 = Schriften zum Sozial- und Arbeitsrecht, Band 69.
(zitiert: Die Belange des Versorgungsempfängers)

Lelonek, Heinz: Die Aufwendungen für den arbeitenden Menschen, in: Betriebliche Aufwendungen für den arbeitenden Menschen, hrsg. von Karl Osterkamp und Heinz Lelonek, Stuttgart und Düsseldorf 1956, S. 85 - 200.

Lemke, Bernhard: Sind die Leistungen des Arbeitgebers für betriebliche Versorgungseinrichtungen Arbeitslohn? in: BB 1957, S. 512 - 515.

Leonhard, Franz: Verschulden bei Vertragsabschluß, Berlin 1910.

Lieb, Manfred: Gemeinsame Anmerkung zu BAG, Urteil vom 12. 8. 1982 — 6 AZR 1117/79 und Beschluß vom 8. 12. 1982 — 5 AZR 316/81, SAE 1983, S. 130 - 134.

— Die Leistungspflicht des Pensions-Sicherungs-Vereins bei Überversorgung, in: BB 1983, Beilage 10.

Lieb, Manfred / *Westhoff*, Stefan: Voraussetzungen und Grenzen der Anpassung gemäß § 16 BetrAVG, in: DB 1976, S. 1958 - 1972.

Linnenkohl, Karl: Flexibilisierung (Verkürzung) der Lebensarbeitszeit: Arbeitnehmerstatus und „Zwangspensionierung" im Zusammenhang mit Vorruhestandsregelungen, in: BB 1984, S. 603 - 608.

Löwe, Helge: Der Interessenausgleich zwischen Arbeitgeber und Arbeitnehmer bei nachvertraglichem Wettbewerbsverbot, Frankfurt am Main, Bern, New York, Paris 1988 = Europäische Hochschulschriften: Reihe 2, Rechtswissenschaft, Band 716.
(zitiert: Nachvertragliches Wettbewerbsverbot)

Löwisch, Manfred: Anmerkung zu BAG, Urteil vom 11. 12. 1967 — 3 AZR 22/67, in: SAE 1968, S. 199 - 201.

— Die Verschlechterung von Individualansprüchen durch Betriebsvereinbarung, in: DB 1983, S. 1709 - 1713.

Löwisch, Manfred / *Hetzel*, Michael: Anmerkung zu BAG, Urteil vom 17. 1. 1980 — 3 AZR 456/78, in: SAE 1981, S. 68.

Lohauss, Gerhard: Betriebliche Alterssicherung der Arbeitnehmer aus personalwirtschaftlich/betrieblich- sozialpolitischer Sicht des Unternehmens, in: BFuP 1978, S. 437 - 445.

Lorenz, Egon: Anmerkung zu BAG, Urteil vom 7. 7. 1970 — 1 AZR 507/69, in: SAE 1971, S. 202 - 206.

Lorz, Wolfgang: Das Versorgungsniveau in der gesetzlichen und betrieblichen Altersversorgung, in: Die Rentenversicherung 1983, S. 1 - 4.

Mavridis, Vassili: Eingliederungstheorie, Vertragstheorie und Gemeinschaftstheorie, in: RdA 1956, S. 447 - 448.

— Vor- und Nachwirkungen der Fürsorgepflicht im Arbeitsrecht, in: ArbuR 1957, S. 225 - 230.

Mayer-Maly, Theo: Vorindustrielles Arbeitsrecht, in: RdA 1975, S. 59 - 63.

— Treue- und Fürsorgepflicht in rechtstheoretischer und rechtsdogmatischer Sicht, in: Treue- und Fürsorgepflicht im Arbeitsrecht, hrsg. von Theodor Tomandl, Wien/ Stuttgart 1975 = Wiener Beiträge zum Arbeits- und Sozialrecht, Band 5, S. 71 - 90.
(zitiert: Treue- und Fürsorgepflicht)

Meckl, Anton: Die Kürzung von Leistungen und Anwartschaften der betrieblichen Altersversorgung bei wirtschaftlichen Schwierigkeiten des Unternehmens, Würzburg 1984. (zitiert: Die Kürzung von Leistungen)

Meilicke, Heinz: Kürzung von Betriebsrenten, in: BB 1983, S. 73 - 79.

Mendigo, Hermann: Anmerkung zu BAG, Urteil vom 16. 3. 1956 — GS 1/55, in: ArbuR 1956, S. 221.

Miaskowski, von / *Wygodzinski:* Altenteil, Altenteilverträge, in: Handwörterbuch der Staatswissenschaften, Band 1, 4. Auflage, Jena 1923, S. 252 - 257.

Mickler, Helmut: Das Rechtsverhältnis zwischen Arbeitgeber und Arbeitnehmer bei Ruhegeldzahlungen durch eine rechtlich selbständige Versorgungseinrichtung, Heidelberg 1974.
(zitiert: Ruhegeldzahlungen)

Mitterauer, Michael: Arbeitsorganisation und Altenversorgung seit dem Mittelalter, in: Der alternde Mensch. Altern und Alter im Sozialgefüge, hrsg. von Michael Mitterauer, Wien 1977, S. 91 - 117.

— Familienwirtschaft und Altenversorgung, in: Vom Patriarchat zur Partnerschaft, hrsg. von Michael Mitterauer / Reinhard Sieder, 3. Auflage, München 1984 = Beck'sche Schwarze Reihe, Band 158, S. 179 - 202.

— Der Mythos von der vorindustriellen Großfamilie, in: Vom Patriarchat zur Partnerschaft, hrsg. von Michael Mitterauer / Reinhard Sieder, 3. Auflage, München 1984 = Beck'sche Schwarze Reihe, Band 158, S. 38 - 63.
(zitiert: Mythos)

Möller, Hans: Moderne Theorien zum Begriff der Versicherung und des Versicherungsvertrags, in: ZVers.Wiss 1962, S. 269 - 289.

Mohnen, Heinz: Nachwirkungen des Arbeitsverhältnisses, in: RdA 1957, S. 361 - 368.

Molitor, Erich: Sonderzuwendungen, in: RdA 1952, S. 124 - 130.

Moll, Wilhelm: Die Mitbestimmung des Betriebsrats beim Entgelt, Berlin 1977 = Schriften zum Sozial- und Arbeitsrecht, Band 30.
(zitiert: Mitbestimmung)

— Anmerkung zu BAG, Urteil vom 4. 5. 1982 — 3 AZR 1202/79, AP Nr. 6 zu § 87 BetrVG 1972 Altersversorgung.

Monatsberichte der Deutschen Bundesbank: Betriebliche Altersversorgung in der Bundesrepublik Deutschland, Heft 8, 1984, S. 30 - 37.

Monjau, Herbert: Die Schweigepflicht des Arbeitnehmers, in: DB 1956, S. 232 f.

— Das Ruhegeldversprechen, in: DB 1957, S. 188 - 191.

— Die Abwerbung von Arbeitskräften (Teil II), in: DB 1961, S. 135 - 138.

— Nachwirkende Treuepflichten, in: BB 1962, S. 1439 - 1442.

— Auswirkungen der nachwirkenden Fürsorgepflicht, in: ArbuR 1965, S. 323 - 327.

— Anmerkung zu BAG, Urteil vom 11. 12. 1967 — 3 AZR 22/67, AR-Blattei, Treuepflicht im Arbeitsrecht, Entscheidung 1.

Moos, Peter: Nachwirkende Vertragspflichten aus Arbeitsverhältnissen, in: RdA 1962, S. 301 - 307.

Motzer, Stefan: Die „positive Vertragsverletzung" des Arbeitnehmers, Köln, Berlin, Bonn, München 1982 = Abhandlungen zum deutschen und europäischen Handels- und Wirtschaftsrecht, Band 35.

Müller, Gerhard: Gesetzgebung und Richterrecht, in: DB 1981, S. 93 - 102.

Müller, Gernot: Der Leistungsbegriff im Arbeitsverhältnis, Würzburg 1973.
(zitiert: Leistungsbegriff)

Müller, Holger: Möglichkeiten und Grenzen der Gehaltsabsenkung in insolvenzbedrohten Unternehmen zur Meidung von Massenentlassungen, in:NZA 1985, S. 307 - 311.

Münchener Kommentar: Münchener Kommentar zum Bürgerlichen Gesetzbuch, Band 2, Schuldrecht, Allgemeiner Teil (§§ 241 - 432), 2. Auflage, München 1985.
(zitiert: Münch.Komm. u. Bearbeiter)

— Münchener Kommentar zum Bürgerlichen Gesetzbuch, Band 3, Schuldrecht, Besonderer Teil, 1. Halbband (§§ 433 - 651 k), München 1988.
(zitiert: Münch.Komm. u. Bearbeiter)

Müntinga, Hellmut: Die Pensionierung von Arbeitnehmern, Köln 1932.

Mugdan, Benno: Die gesamten Materialien zum Bürgerlichen Gesetzbuch für das Deutsche Reich, Band 2, Recht der Schuldverhältnisse, Aalen 1979.
(zitiert: Materialien, Bd. 2)

Nastelski, Karl: Der Schutz des Betriebsgeheimnisses, in: GRUR 1957, S. 1 - 8.

Nause, Helmut: Die Grenzen der Regelungsbefugnis von Arbeitgeber und Betriebsrat gegenüber dem einzelnen Arbeitnehmer bei Abschluß von Betriebsvereinbarungen, Göttingen 1982.
(zitiert: Grenzen)

Neumann, Lothar, F. / *Schaper,* Klaus: Die Sozialordnung der Bundesrepublik Deutschland, Bonn 1983 = Schriftenreihe der Bundeszentrale für politische Bildung, Band 176.
(zitiert: Die Sozialordnung)

Neumann-Duesberg, Horst: Kollektivvertrag und Individualrecht, in: JZ 1960, S. 525 - 529.

Nikisch, Arthur: Arbeitsrecht, Band I, 3. Auflage, Tübingen 1961.
(zitiert: Arbeitsrecht, Bd. I)

— Anmerkung zu BAG, Urteil vom 7. 5. 1966 — 3 AZR 529/65, AR-Blattei, Ruhegeld (-gehalt), Entscheidung 54.

Ogris, Werner: Der mittelalterliche Leibrentenvertrag, Wien, München 1961 = Wiener rechtsgeschichtliche Arbeiten, Band 6.

— Geschichte des Arbeitsrechts vom Mittelalter bis in das 19. Jahrhundert, in: RdA 1967, S. 286 - 297.

Otto, Hansjörg: Personale Freiheit und soziale Bindung, München 1978 = Schriften des Instituts für Arbeits- und Wirtschaftsrecht der Universität zu Köln, Band 38.
(zitiert: Personale Freiheit)

— Toleranz in den Arbeitsbeziehungen, in: ArbuR 1980, S.289 - 302.

Palandt: Bürgerliches Gesetzbuch, 48. Auflage, München 1989.
(zitiert: Palandt und Bearbeiter)

Partsch, Manfred: Prinzipien und Formen sozialer Sicherung in nichtindustriellen Gesellschaften, Berlin 1983 = Sozialpolitische Schriften, Heft 48.
(zitiert: Prinzipien und Formen sozialer Sicherung)

Peters, Horst: Die Geschichte der sozialen Versicherung, 3. Auflage, Sankt Augustin 1978 = Fortbildung und Praxis, Schriftenreihe der Zeitschrift „Wege zur Sozialversicherung", Heft 39.
(zitiert: Geschichte der sozialen Versicherung)

Pfarr, Heide / *Kittner,* Michal: Solidarität im Arbeitsrecht, in: RdA 1974, S. 284 - 295.

Pinther, Helmut: Ist das Arbeitsverhältnis ein personenrechtliches Gemeinschaftsverhältnis? in: ArbuR 1961, S. 225 - 230.

Planck: Kommentar zum Bürgerlichen Gesetzbuch nebst Einführungsgesetz, II. Band, 1. Hälfte, Recht der Schuldverhältnisse (Allgemeiner Teil), §§ 241 - 432, 4. Auflage, Berlin 1914.
(zitiert: Planck und Bearbeiter)

Pleiss, Ulrich: Freiwillige soziale Leistungen der industriellen Unternehmung = Veröffentlichung des Instituts für Industrieforschung der Freien Universität Berlin, Band 10, Berlin 1960.
(zitiert: Freiwillige soziale Leistungen)

Prölss, Erich / *Martin,* Anton: Versicherungsvertragsgesetz, 24. Auflage, München 1988.

Prölss, Erich / *Schmidt,* Reiner / *Frey,* Peter: Versicherungsaufsichtsgesetz, 10. Auflage, München 1989.
(zitiert: VAG)

Raiser, Thomas: Das Arbeitsverhältnis aus der Sicht der Organisationssoziologie, in: ZRP 1973, S. 13 - 19.

Ramm, Thilo: Die Anfechtung des Arbeitsvertrages, Karlsruhe 1955 = Freiburger Rechts- und staatswissenschaftliche Abhandlungen, Band 4.

— Die Aufspaltung der Arbeitgeberfunktionen, in: ZfA 1973, S. 263 - 295.

Rebel, Wolfgang: Der Widerruf des betrieblichen Ruhegeldes bei wirtschaftlicher Notlage des Arbeitgebers, Bergisch Gladbach: Eul. 1984 = Reihe Steuer, Wirtschaft und Recht, Band 8.
(zitiert: Widerruf des betrieblichen Ruhegeldes)

Reichsgerichtsräte-Kommentar: Das Bürgerliche Gesetzbuch mit besonderer Berücksichtigung der Rechtsprechung des Reichsgerichts und des Bundesgerichtshofes. Kommentar herausgegeben von Mitgliedern des Bundesgerichtshofes, II. Band, 1. Teil, §§ 241 - 413, 12. Auflage, Berlin, New York 1976.
(zitiert: RGRK und Bearbeiter)

Reichwein, Roland: Funktionswandlungen der betrieblichen Sozialpolitik, Köln und Opladen 1965.
(zitiert: Funktionswandlungen)

Reifenberg, Walter: Leibrenten- und Pensions-Vertrag, Göttingen 1930.

Reimer, Eduard / *Schade,* Hans / *Schippel,* Helmut: Das Recht der Arbeitnehmer-Erfindung, Kommentar zu dem Gesetz über Arbeitnehmer-Erfindungen vom 25. Juli 1957 und den Vergütungsrichtlinien, 5. Auflage, Berlin 1975.
(zitiert: Das Recht der Arbeitnehmer-Erfindung)

Reinhardt, o. V.: Anmerkung zum Urteil des LAG Hamburg vom 21. 5. 1949 — 20 Sa 271/49 — RdA 1950, S. 80.

Reuter, Dieter: Anmerkung zu BAG, Urteil vom 13. 3. 1975 — 3 AZR 446/74, AP Nr. 167 zu § 242 BGB Ruhegehalt.

— Gemeinsame Anmerkung zu BAG, Beschluß vom 8. 12. 1981 — 3 ABR 53/80 — und zu BAG, Urteil vom 8. 12. 1981 — 3 AZR 518/80, in: SAE 1983, S. 201 - 204.

— Anmerkung zu BAG, Urteil vom 17. 3. 1987 — 3 AZR 64/84, in: SAE 1987, S. 285 - 287.

Richardi, Reinhard: Kollektivgewalt und Individualwille bei der Gestaltung des Arbeitsverhältnisses, München 1968 = Münchener Universitätsschriften, Reihe der juristischen Fakultät, Band 6.
(zitiert: Kollektivgewalt und Individualwille)

— Anmerkung zu BAG, Urteil vom 30. 1. 1970 — 3 AZR 44/68, AP Nr. 142 zu § 242 BGB Ruhegehalt.

— Entwicklungstendenzen der Treue- und Fürsorgepflicht in Deutschland, in: Treue- und Fürsorgepflicht im Arbeitsrecht, hrsg. von Theodor Tomandl, Wien/Stuttgart 1975 = Wiener Beiträge zum Arbeits- und Sozialrecht, Band 5, S. 41 - 70.
(zitiert: Entwicklungstendenzen)

— Die Mitbestimmung des Betriebsrats bei der Regelung des Arbeitsentgelts, in:ZfA 1976, S. 1 - 44.

— Gemeinsame Anmerkung zu BAG, Urteil vom 16. 12. 1976 — AZR 761/75, AP Nr. 3 zu § 16 BetrAVG und zu BAG, Urteil vom 16. 12. 1976 — AZR 795/75, AP Nr. 4 zu § 16 BetrAVG.

Richter, Margarete: Der Anspruch auf Ruhegeld im Arbeitsrecht, Leipzig 1937.

Riemschneider, Karl August / *Barth,* Heinrich: Die Gefolgschaftserfindung, 2. Auflage, Berlin, Wien, Leipzig 1944.

Röhsler, Waldemar: Der Solidaritätsgedanke im Individualarbeitsrecht unter besonderer Berücksichtigung der Rechtsprechung des Bundesarbeitsgerichts, in: Das Arbeitsrecht der Gegenwart, Band 12, Berlin 1975, S. 107 - 120.

Röhsler, Waldemar / *Borrmann,* Helga: Wettbewerbsbeschränkungen für Arbeitnehmer und Handelsvertreter, Berlin 1981 = Grundlagen und Praxis des Arbeitsrechts, Band 6.
(zitiert: Wettbewerbsbeschränkungen)

Röpke, Otto: Arbeitsverhältnis und Arbeitnehmererfindung, Düsseldorf o. J.

Rosenmayr, Leopold und Hilde: Der alte Mensch in der Gesellschaft, Reinbek bei Hamburg 1978.
(zitiert: Der alte Mensch)

Rüthers, Bernd: Die unbegrenzte Auslegung, Tübingen 1968.

— Betriebsverfassungsrechtliches Mitbestimmungsrecht und Individualbereich, in: Rüthers-Boldt, Zwei arbeitsrechtliche Vorträge, München 1969, S. 7 - 46 = Schriftenreihe des Arbeitsgerichtsverbandes e. V.
(zitiert: Mitbestimmungsrecht)

— Solidaritätsprinzip und Vertragstreue im Arbeitskampf, in: ZfA 1972, S. 403 - 440.

— Entartetes Recht: Rechtslehren und Kronjuristen im Dritten Reich, München 1988. (zitiert: Entartetes Recht)

Sachsse, Christoph / *Tennstedt,* Florian: Geschichte der Armenfürsorge in Deutschland, Stuttgart, Berlin, Köln, Mainz 1980.
(zitiert: Geschichte der Armenfürsorge)

Sachverständigenkommission Alterssicherungssysteme: Darstellung der Alterssicherungssysteme und der Besteuerung von Alterseinkommen, Gutachten der Sachverständigenkommission vom 19. November 1983, Berichtsband 2, veröffentlicht durch die Bundesregierung, Der Bundesminister für Arbeit und Sozialordnung, Stuttgart, Berlin, Köln, Mainz 1983.
(zitiert: Sachverständigenkommission Alterssicherungssysteme, Berichtsband 2)

— Unterlagen zum empirischen und rechtlichen Vergleich der Alterssicherungssysteme, Anlageband A zum Gutachten der Sachverständigenkommission vom 19. November 1983, veröffentlicht durch die Bundesregierung, Der Bundesminister für Arbeit und Sozialordnung, Stuttgart, Berlin, Köln, Mainz 1983.
(zitiert: Sachverständigenkommission Alterssicherungssysteme, Anlageband A)

Säcker, Franz-Jürgen: Die Betriebsvereinbarung I, Übersicht, in: AR-Blattei, D, Betriebsvereinbarung I.
(zitiert: AR-Blattei, Betriebsvereinbarung I)

— Gruppenautonomie und Übermachtkontrolle im Arbeitsrecht, Berlin 1972 = Schriften zum Sozial- und Arbeitsrecht, Band 8.
(zitiert: Gruppenautonomie)

— Rechtliche Probleme des betrieblichen Ruhegeldes, in: Betriebliche Sozialleistungen, hrsg. v. Theodor Tomandl, Wien/Stuttgart 1974 = Wiener Beiträge zum Arbeits- und Sozialrecht, Band 2, S. 23 - 62.
(zitiert: Rechtliche Probleme)

Säcker, Franz-Jürgen / *Joost,* Detlev: Auswirkungen eines Betriebsübergangs auf Ruhestandsverhältnisse I, II, DB 1978, S. 1030 - 1035, 1078 - 1083.

Sampels, Hanns: Die Verschwiegenheitspflicht des Arbeitnehmers, Köln 1967.
(zitiert: Die Verschwiegenheitspflicht)

Schaub, Günter: Wettbewerbsbeschränkungen nach Beendigung des Arbeitsverhältnisses nach dem jetzigen Sttand der Rechtsprechung, vor allem des Bundesarbeitsgerichts, in: RdA 1971, S. 268 - 275.

— Einschränkung der Wettbewerbstätigkeit eines Ruhegeldberechtigten, in: BB 1972, S. 223 - 228.

— Die Anpassung von Betriebsrenten, in: NJW 1978, S. 2076 - 2081.

— Arbeitsrechtshandbuch, 6. Auflage, München 1987.
(zitiert: Handbuch)

Schaub, Günther / *Schusinski,* Ewald / *Ströer,* Heinz: Altersvorsorge, München 1976.

Scheben, Dieter: Rechtsstellung des Arbeitnehmers bei Altersversorgung durch eine betriebliche Unterstützungskasse, Köln 1978.
(zitiert: Betriebliche Unterstützungskassen)

Schering, Horst: Die nachvertraglichen Verbindlichkeiten des Arbeitnehmers, Köln 1972.
(zitiert: Verbindlichkeiten)

Scheuerle, Wilhelm A.: Das Wesen des Wesens, in: AcP 163, S. 429 - 471.

Schlegelberger: Handelsgesetzbuch, Band II, §§ 48 - 104, 5. Auflage, München 1973. (zitiert: Schlegelberger und Bearbeiter, HGB)

Schmähl, Winfried: Zur Einkommenssituation von Rentnern in der Bundesrepublik Deutschland, in: Die Angestelltenversicherung 1978, S. 417 - 431 und 483 - 496.

Schmidt, Eberhard: Gutachten über die Frage: Bedarf das Betriebsgeheimnis eines verstärkten Schutzes? Verhandlungen des sechsunddreißigsten Deutschen Juristentages, 1. Band, Berlin und Leipzig 1931, S. 101 - 230.
(zitiert: Gutachten)

Schmidt, Eike: Zur Ökonomie ergänzender Vertragspflichten unter besonderer Berücksichtigung von Konkurrenzschutzgeboten, in JA 1978, S. 597 - 605.

Schmidt, Ernst: Abwerbung von Arbeitskräften, AR-Blattei, D, Abwerbung von Arbeitskräften I.
(zitiert: Abwerbung von Arbeitskräften I)

Schmidt, Reimer: Die Obliegenheiten, Karlsruhe 1953 = Veröffentlichungen des Seminars für Versicherungswissenschaft der Universität Hamburg und des Versicherungswissenschaftlichen Vereins in Hamburg e. V., Heft 9.

Schnorr von Carolsfeld, Ludwig: Anmerkung zu BAG, Urteil vom 5. 8. 1976 — 3 AZR 491/75, AP Nr. 10 zu § 630 BGB.

Schröder, Rainer: Zur Arbeitsverfassung des Spätmittelalters, Berlin 1984 = Schriften zur Rechtsgeschichte, Heft 32.
(zitiert: Arbeitsverfassung)

Schulin, Bertram: Anmerkung zu BAG, Urteil vom 15. 9. 1977 — 3 AZR 654/76, EzA Nr. 6 zu § 16 BetrAVG.

— Fragen der Anpassung von Betriebsrenten, insbesondere das Problem der betriebsbezogenen Dynamisierung, in: ZfA 1979, S. 139 - 182.

— Anmerkung zu BAG, Urteil vom 19. 5. 1981 — 3 AZR 308/80, EzA Nr. 11 zu § 16 BetrAVG.

— Anmerkung zu BAG, Urteil vom 5. 7. 1979 — 3 AZR 197/78, SAE 1981, S. 17 - 21.

— Die Rechtsprechung des Bundesarbeitsgerichts im Jahre 1980, in: ZfA 1981, S. 577 - 739.

— Höfer / Abt, Gesetz zur Verbesserung der betrieblichen Altersversorgung, Kommentar, Band I: Arbeitsrechtlicher Teil, 2. neubearbeitete Auflage, München 1982, in: RdA 1983, S. 385 - 387.

— Änderung von betrieblichen Ruhegeldzusagen, in: DB 1984, Beilage 10.

— Sozialversicherungsrecht, 2. Auflage, Konstanz 1985.

Schwarz, Hansjürgen: Schutz und Verletzung von Betriebs- und Geschäftsgeheimnissen, in: AR-Blattei, D, Geheimnisschutz im Arbeitsrecht I.
(zitiert: AR-Blattei, Geheimnisschutz im Arbeitsrecht I)

Schwarz, Walter: Gedanken zur Wettbewerbsabrede, in: Festschrift für Hermann Hämmerle, Graz 1972, S. 349 - 371.

— Dauerschuldverhältnis und Dogmatik arbeitsvertraglicher Treuepflicht, in: Walter Wilburg zum 70. Geburtstag, Festschrift, Graz 1975, S. 355 - 368.

Schwarz, Walter / *Holzer,* Wolfgang: Die Treuepflicht des Arbeitnehmers und ihre künftige Gestaltung, Wien 1975 = Arbeit, Recht und Gesellschaft, Rechts- und sozialwissenschaftliche Schriftenreihe der Kammer für Arbeiter und Angestellte für Wien, Band 1.
(zitiert: Treuepflicht des Arbeitnehmers)

Schwarze, Klaus: Inwieweit sind Nachwirkungen eines privaten Arbeitsverhältnisses anzuerkennen? Köln 1966.
(zitiert: Nachwirkungen)

Schwerdtner, Peter: Fürsorgetheorie und Entgelttheorie im Recht der Arbeitsbedingungen, Heidelberg 1970 = Abhandlungen zum Arbeits- und Wirtschaftsrecht, Band 20.
(zitiert: Fürsorge- und Entgelttheorie)

— Die Änderung kollektivrechtlich begründeter Ruhegeldberechtigungen — Eine Auseinandersetzung mit dem Urteil des Bundesarbeitsgerichts vom 30. 11. 1973 — 3 AZR 96/73 —, in: ZfA 1975, S. 171 - 206.

— Arbeitsrecht I, Individualarbeitsrecht, München 1976.

— Quasi-Dynamisierung von Betriebsrenten? in: ZfA 1978, S. 553 - 596.

— Anmerkung zu BAG, Urteil vom 24. 3. 1977 — 3 AZR 649/76, SAE 1978, S. 60 - 66.

— Fürsorge- und Treuepflichten im Gefüge des Arbeitsverhältnisses oder: Vom Sinn und Unsinn einer Kodifikation des Allgemeinen Arbeitsvertragsrechts, in: ZfA 1979, S. 1 - 42.

— Der Insolvenzschutz von Betriebsrentenansprüchen bei Arbeitsverhältnissen mit Auslandsberührung, in: ZIP 1986, S. 1030 - 1037.

Siber, Heinrich: Grundriß des Deutschen Bürgerlichen Rechts, Band 2, Schuldrecht, Leipzig 1931.
(zitiert: Schuldrecht)

Siebert, Wolfgang: Das Arbeitsverhältnis in der Ordnung der nationalen Arbeit, Hamburg 1935.
(zitiert: Das Arbeitsverhältnis)

— Der Risikogedanke im Vertragsrecht, insbesondere im Versicherungsvertrag, in: Aktuelle Probleme der Versicherungswirtschaft vom Standpunkt der Versicherungswirtschaft betrachtet, hrsg. von Walter Rohrbeck, Berlin 1954, S. 125 - 139.
(zitiert: Der Risikogedanke im Vertragsrecht)

— Kollektivnorm und Individualrecht im Arbeitsverhältnis, in: Festschrift für Hans Carl Nipperdey zum 60. Geburtstag, München und Berlin 1955, S. 119 - 145.
(zitiert: Kollektivnorm)

— Anmerkung zu BAG, Urteil vom 19. 6. 1956 — 3 AZR 207/54, AP Nr. 2 zu § 57 BetrVG 1952.

— Faktische Vertragsverhältnisse, Karlsruhe 1958 = Juristische Studiengesellschaft Karlsruhe, Schriftenreihe, Heft 41.

Sieder, Reinhard: Probleme des Alterns im Strukturwandel der Familie, in: Vom Patriarchat zur Partnerschaft, hrsg. von Michael Mitterauer / Reinhard Sieder, 3. Auflage, München 1984, S. 162 - 178.
(zitiert: Probleme des Alterns)

Sieg, Karl: Anmerkung zu BAG, Urteil vom 10. 2. 1968 — 3 AZR 4/67, in: SAE 1968, S. 177 - 178.

— Grenzfälle der aufsichtspflichtigen Versicherungsunternehmen, in: ZVerWiss 1969 (Bd. 58), S. 495 - 516.
(zitiert: Grenzfälle)

— Anmerkung zu BAG, Urteil vom 3. 4. 1970 — 3 AZR 230/69, in: SAE 1971, S. 18 - 19.

— Zum Widerruf von Versorgungszusagen wegen wirtschaftlicher Notlage des Arbeitgebers, in: Betriebliche Altersversorgung 1982, S. 206 - 208.

Simitis, Spiros: Anmerkung zu BAG, Urteil vom 18. 11. 1967 — 3 AZR 471/66, SAE 1969, S. 5 - 7.

Sina, Peter: Zum nachvertraglichen Wettbewerbsverbot für Vorstandsmitglider und GmbH-Geschäftsführer, in: DB 1985, S. 902 - 905.

Söllner, Alfred: Der industrielle Arbeitsvertrag in der deutschen Rechtswissenschaft des 19. Jahrhunderts, in: Studien zur europäischen Rechtsgeschichte, hrsg. von Walter Wilhelm, Frankfurt am Main 1972, S. 288 - 303.
(zitiert: Der industrielle Arbeitsvertrag)

— Arbeitsrecht, 9. Auflage, München 1987.

Söllner, Alfred / *Meyer*, Jürgen A. E.: Nachwirkung des Arbeitsvertrages, in: AR-Blattei, D, Arbeitsvertrag — Arbeitsverhältnis X.
(zitiert: AR-Blattei, Arbeitsvertrag — Arbeitsverhältnis X)

Soergel: Bürgerliches Gesetzbuch mit Einführungsgesetz und Nebengesetzen, Band 2/1, Schuldrecht I/1 (§§ 241 - 432), 11. Auflage, Stuttgart 1986.
(zitiert: Soergel und Bearbeiter)

— Bürgerliches Gesetzbuch mit Einführungsgesetz und Nebengesetzen, Band 3, Schuldrecht II (§§ 516 - 704), 11. Auflage, Stuttgart 1980.
(zitiert: Soergel und Bearbeiter)

Sozialenquête: Soziale Sicherung in der Bundesrepublik Deutschland, Bericht der Sozialenquête-Kommission, Stuttgart/Berlin/Köln/Mainz o. J.
(zitiert: Soziale Sicherung in der Bundesrepublik Deutschland)

Spindler, Helga: Von der Genossenschaft zur Betriebsgemeinschaft, Kritische Darstellung der Sozialrechtslehre Otto von Gierkes, Frankfurt am Main 1982 = Rechtshistorische Reihe, Band 16.
(zitiert: Genossenschaft)

Staudinger, Julius von: Kommentar zum Bürgerlichen Gesetzbuch mit Einführungsgesetz und Nebengesetzen, Zweites Buch, Recht der Schuldverhältnisse, Einleitung zu §§ 241 ff.; §§ 241, 242; Gesetz zur Regelung des Rechts der Allgemeinen Geschäftsbedingungen, 12. Auflage, Berlin 1983.
(zitiert: Staudinger und Bearbeiter)

— Kommentar zum Bürgerlichen Geetzbuch mit Einführungsgesetz und Nebengesetzen, Zweites Buch, Recht der Schuldverhältnisse, §§ 255 - 327, 12. Auflage, Berlin 1979.
(zitiert: Staudinger und Bearbeiter)

— Kommentar zum Bürgerlichen Gesetzbuch mit Einführungsgesetz und Nebengesetzen, II. Band, Recht der Schuldverhältnisse, 3. Teil, §§ 611 - 704, 11. Auflage, 1958. (zitiert: Staudinger und Bearbeiter)

Stecher, Dieter: Die arbeitsrechtliche Fürsorgepflicht, in: RdA 1961, S. 261 - 267.

Stefan, Ernst H.: Bedingte Wettbewerbsverbote und Karenzzahlungsanspruch von Ruheständlern, in: BB 1980, S. 685 - 687.

Stege, Dieter / *Weinspach*, F. K.: Betriebsverfassungsgesetz, 5. Auflage, Köln 1984.

Steindorff, Ernst: Betriebsrenten für Arbeitnehmer und Organmitglieder auf der Grundlage der bisherigen Rechtsentwicklung, in: BB 1973, S. 1129 - 1135.

Steynitz, Jesko von: Mittelalterliche Hospitäler der Orden und Städte als Einrichtungen der sozialen Sicherung, Berlin 1970 = Sozialpolitische Schriften, Heft 26. (zitiert: Mittelalterliche Hospitäler)

Stoll, Heinrich: Die Lehre von den Leistungsstörungen, Tübingen 1936. (zitiert: Leistungsstörungen)

— Abschied von der Lehre von der positiven Vertragsverletzung, in: AcP 136, S. 257 - 320.

Straetmans, Ludwig: Betriebsvereinbarung und Ruhegeld unter besonderer Berücksichtigung des grundlegenden Beschlusses des Bundesarbeitsgerichts vom 16. 3. 1956 (GS 1/55, in: ArbuR 1969, S. 269 - 272).

Strätz, Hans-Wolfgang: Über sog. „Nachwirkungen" des Schuldverhältnisses und den Haftungsmaßstab bei Schutzpflichtverstößen, in: Festschrift für Friedrich Wilhelm Bosch zum 65. Geburtstag, Bielefeld 1976, S. 999 - 1013. (zitiert: Sog. „Nachwirkungen")

Streckel, Siegmar: Unverfallbarkeit von betrieblichen Ruhegeldanwartschaften — BAG, AP § 242 BGB — Ruhegehalt — Nr. 156, in: JuS 1974, S. 631 - 635.

Stürner, Rolf: Der Anspruch auf Erfüllung von Treue- und Sorgfaltspflichten, in: JZ 1976, S. 384 - 392.

Stumpf, Hermann: Die Versorgungsanwartschaft in der betrieblichen Altersversorgung, in: Festschrift für Wilhelm Herschel zum 85. Geburtstag, München 1982, S. 409 - 419. (zitiert: Die Versorgungsanwartschaft)

Tänzer, Arnulf: Die betriebliche Altersversorgung für Führungskräfte, in: Betriebliche Altersversorgung 1981, S. 45 - 47.

Tennstedt, Florian: Quellen zur Geschichte der Sozialversicherung, in: Zeitschrift für Sozialreform 1975, S. 225 - 233.

— Sozialgeschichte der Sozialversicherung, in: Handbuch der Sozialmedizin, Band III, hrsg. von Maria Blohmke, Christian von Ferber, Karl P. Kisker und Hans Schaefer, Stuttgart 1976, S. 385 - 492.

— Sozialgeschichte der Sozialpolitik in Deutschland, Göttingen 1981. (zitiert: Sozialgeschichte)

Teuteberg, Hans Jürgen: Geschichte der industriellen Mitbestimmung in Deutschland, Tübingen 1961. (zitiert: Industrielle Mitbestimmung)

Thiele, Wolfgang: Leistungsstörung und Schutzpflichtverletzung, in: JZ 1967, S. 649 - 657.

Thieme, Hans: Was bedeutet uns Otto von Gierke? in: De iustitia et iure. Festgabe für Ulrich von Lübtow zum 80. Geburtstag, Berlin 1980, S. 407 - 424.

Travlos-Tzanetatos, Dimitrios: Die Regelungsbefugnis der Betriebspartner und ihre Grenzen zum Einzelarbeitsverhältnis, Berlin 1974 = Schriften zum Sozial- und Arbeitsrecht, Band 11.
(zitiert: Regelungsbefugnis)

van den Daele, Wolfgang: Probleme des gegenseitigen Vertrages, Hamburg 1968 = Hamburger Rechtsstudien, Heft 61.

van der Ven, Frans: Sozialgeschichte der Arbeit, Band 2: Hochmittelalter und Neuzeit, München 1972.
(zitiert: Sozialgeschichte)

Vielhauer, Hans-Günther: Krupp-Altershilfe im Wandel der Zeiten, in: Betriebliche Altersversorgung 1965, S. 1 - 3.

Voelker, Christiane S.: Solidarität als Rechtspflicht im Arbeitsrecht, Würzburg 1977.
(zitiert: Solidarität als Rechtspflicht)

Vogt, Stefan: Entziehung von Ansprüchen und Anwartschaften auf betriebliche Altersversorgung, München 1978.
(zitiert: Entziehung von Ansprüchen)

Vollmer, Lothar: Bestandssicherung existenzgefährdeter Unternehmen durch Kürzung von Löhnen und Leistungen, in: DB 1982, S. 1670 - 1673.

Volmer, Bernhard: Arbeitnehmererfindungsgesetz, München und Berlin 1958.

— Begriff des Arbeitnehmers im Arbeitnehmererfindungsrecht, in: GRUR 1978, S. 329 - 335.

Volmer, Bernhard / *Gaul,* Dieter: Arbeitnehmererfindungsgesetz, 2. Auflage, München 1983.

Wannagat, Georg: Lehrbuch des Sozialversicherungsrechts, Band I, Tübingen 1965.

Weber, Hansjörg: Die Nebenpflichten des Arbeitgebers, in: RdA 1980, S. 289 - 299.

Weisemann, Ulrich / *Schrader,* Rolf: Wettbewerbsverbote während der Dauer und nach Beendigung eines Arbeitsverhältnisses, in: DB 1980, Beilage 4.

Weitnauer, Hermann: Anmerkung zu BAG, Urteil vom 10. 3. 1972 — 3 AZR 278/71, AP Nr. 156 zu § 242 BGB Ruhegehalt.

Wertenbruch, o. V.: Anmerkung zu BAG, Urteil vom 13. 5. 1970 — 5 AZR 385/69, AP Nr. 79 zu § 611 BGB Fürsorgepflicht.

Westphal, Jürgen: Betriebliche Ruhegelder bei veränderten wirtschaftlichen Verhältnissen des Unternehmens, Hamburg 1954.
(zitiert: Betriebliche Ruhegelder)

Weyers, Hans-Leo: Versicherungsvertragsrecht, Frankfurt am Main 1986.

Wieacker, Franz: Leistungshandlung und Leistungserfolg im Bürgerlichen Schuldrecht, in: Festschrift für H. C. Nipperdey zum 70. Geburtstag, Band I, München, Berlin 1968, S. 783 - 813.

Wiedemann, Herbert: Das Arbeitsverhältnis als Austausch- und Gemeinschaftsverhältnis, Karlsruhe 1966.
(zitiert: Austausch- und Gemeinschaftsverhältnis)

— Zum Widerruf von betrieblichen Versorgungszusagen, in: Festschrift für Walter Stimpel zum 68. Geburtstag am 29. 11. 1985, Berlin, New York 1985, S. 955 - 975.

Wiese, Günther: Beendigung und Erfüllung von Dauerschuldverhältnissen, in: Festschrift für Nipperdey zum 70. Geburtstag, 1965, Bd. I, S. 837 - 851.
(zitiert: Dauerschuldverhältnisse)

— Der Persönlichkeitsschutz des Arbeitnehmers gegenüber dem Arbeitgeber, in: ZfA 1971, S. 273 - 317.

Willoweit, Dietmar: Historische Grundlagen des Privatrechts, 4. Teil: Arbeit, in: JuS 1977, S. 573 - 578.

Windbichler, Christine: Anmerkung zu BAG, Urteil vom 9. 7. 1985 — 3 AZR 546/82, SAE 1987, S. 198 f.

Wlotzke, Otfried: Leistungspflicht und Person des Arbeitnehmers in der Dogmatik des Arbeitsvertrages, in: RdA 1965, S. 180 - 191.

Wolf, Ernst: Das Arbeitsverhältnis — Personenrechtliches Gemeinschaftsverhältnis oder Schuldverhältnis? Marburg 1970 = Beiträge zum Arbeitsrecht, Band 1.
(zitiert: Das Arbeitsverhältnis)

— „Treu und Glauben", „Treue" und „Fürsorge" im Arbeitsverhältnis, in: DB 1971, S. 1863 - 1868.

— Der Begriff Arbeitsrecht, in: 25 Jahre Bundesarbeitsgericht, hrsg. von Franz Gamillscheg, Goetz Hueck, Herbert Wiedemann, München 1979, S. 709 - 726.

Zeuner, o. V.: Anmerkung zu BAG, Urteil vom 14. 3. 1961 — 3 AZR 83/60, AP Nr. 78 zu § 242 BGB Ruhegehalt.

Zeuner, Albrecht: Überlegungen zum Begriff des Arbeitnehmers und zum Anwendungsbereich arbeitsrechtlicher Regeln, in: RdA 1975, S. 84 - 88.

Zöllner, Detlef: Die Funktionserfüllung der gesetzlichen Alterssicherung im Rückblick, in: Festschrift für Helmut Meinhold zum 65. Geburtstag, hrsg. von Klaus Schenke und Winfried Schmähl, Stuttgart, Berlin, Köln, Mainz 1980, S. 195 - 203.
(zitiert: Alterssicherung im Rückblick)

— Landesbericht Deutschland, in: Ein Jahrhundert Sozialversicherung, hrsg. von Peter A. Köhler und Hans F. Zacher, Berlin 1981 = Schriftenreihe für Internationales und Vergleichendes Sozialrecht, Band 6, S. 45 - 178.

Zöllner, Wolfgang: Die vorvertragliche und die nachwirkende Treue- und Fürsorgepflicht im Arbeitsverhältnis, in: Treue- und Fürsorgepflicht im Arbeitsrecht, hrsg. von Theodor Tomandl, Wien/Stuttgart 1975 = Wiener Beiträge zum Arbeits- und Sozialrecht, Band 5, S. 91 - 106.
(zitiert: Die vorvertragliche und die nachwirkende Treue- und Fürsorgepflicht)

— Privatautonomie und Arbeitsverhältnis, in: AcP 176 (1976), S. 221 - 246.

— Arbeitsrecht, 3. Auflage, München 1983.

FSC
www.fsc.org
MIX
Papier | Fördert gute Waldnutzung
FSC® C083411

Kolibri 360 GmbH
Ferdinand-Jühlke-Straße 7
99095 Erfurt, Deutschland
produktsicherheit@kolibri360.de

Druck:
CPI Druckdienstleistungen GmbH
im Auftrag der
Kolibri 360 GmbH
Ferdinand-Jühlke-Str. 7
99095 Erfurt